COMPLIANCE II

UMA ABORDAGEM MULTIDISCIPLINAR E MULTISETORIAL

Organizador

Éderson Garin Porto

Autores

Cleiber Clemente Bernardes, Dalete dos Santos, Aline Kelly Ribeiro Marcovicz Lins, Allan Vargas Ganz, Denner Franco Reis, Diego Kötz, Natália Maia Rodrigues Ferreira Pinto Linhares, Odair da Silva Rodrigues, Stanley Scherrer De Castro Leite, Aline Cristina Silva Landim, Débora Jayane De Melo Lima, Heloisa Rodrigues Da Rocha, Pedro Henrique Meirelles Borsari, Marina Sousa Da Silva, Gabriela Menta Baggio, Melissa Bisconsin Torres De Carvalho, Levy Leonardo De Luna Monteiro, Laura Mesquita, Natasha de Oliveira Mendes Machado.

AMBRA UNIVERSITY press

Copyright 2024 © by
Ambra University Press
All rights reserved.

Publisher: Ambra University Press
First edition: AUGUST 2024 (Revision 1.0a)

Author: Ederson Garin Porto; Allan Vargas Ganz; Dalete dos Santos; Diego Kötz; Melissa Bisconsin Torres de Carvalho; Débora Jayane de Melo Lima; Stanley Scherrer de Castro Leite; Levy Leonardo de Luna Monteiro; Aline Kelly Ribeiro Marcovicz Lins; Denner Franco Reis; Odair da Silva Rodrigues; Heloísa Rodrigues da Rocha; Gabriela Menta Baggio; Natasha de Oliveira Mendes Machado; Cleiber Clemente Bernardes; Marina Sousa da Silva; Natália Maia Rodrigues Ferreira Pinto Linhares; Aline Cristina Silva Landim; Pedro Henrique Meirelles Borsari; Laura Mesquita Costa de Carvalho.
Title: COMPLIANCE II: Uma abordagem multidisciplinar e multisetorial
Cover design: Ambra University Press
Book design: Ambra University Press
Proofreading: Ambra University Press

E-book format: EPUB
Print format: Print format: Paperback- 8 x 10 inch

ISBN: 978-1-952514-72-2 (Print - Paperback)
ISBN: 978-1-952514-73-9 (e-book – EPUB)

Ambra is a trademark of Ambra Education, Inc. registered in the U.S. Patent and Trademark Office.
Ambra University Press is a division of Ambra Education, Inc.
Orlando, FL, USA
https://press.ambra.education/ • https://www.ambra.education/

Editora: Ambra University Press
Primeira edição: agosto 2024 (Revisão 1.01)

Autores: Ederson Garin Porto; Allan Vargas Ganz; Dalete dos Santos; Diego Kötz; Melissa Bisconsin Torres de Carvalho; Débora Jayane de Melo Lima; Stanley Scherrer de Castro Leite; Levy Leonardo de Luna Monteiro; Aline Kelly Ribeiro Marcovicz Lins; Denner Franco Reis; Odair da Silva Rodrigues; Heloísa Rodrigues da Rocha; Gabriela Menta Baggio; Natasha de Oliveira Mendes Machado; Cleiber Clemente Bernardes; Marina Sousa da Silva; Natália Maia Rodrigues Ferreira Pinto Linhares; Aline Cristina Silva Landim; Pedro Henrique Meirelles Borsari; Laura Mesquita Costa de Carvalho.
Título: COMPLIANCE II: Uma abordagem multidisciplinar e multisetorial
Design da capa: Ambra University Press
Projeto gráfico: Ambra University Press
Revisão: Ambra University Press

Formato e-book: EPUB
Formato impresso: Capa mole - 8 x 10 polegadas

ISBN: 978-1-952514-72-2 (Impresso – capa mole)
ISBN: 978-1-952514-73-9 (e-book – EPUB)

Ambra é uma marca da Ambra Education, Inc. registrada no U.S. Patent and Trademark Office.
Ambra University Press é uma divisão da Ambra Education, Inc.
Orlando, FL, EUA
https://press.ambra.education/ • https://www.ambra.education/

SUMÁRIO

SOBRE OS AUTORES

EDERSON GARIN PORTO

Sócio do escritório Porto, Ustárroz & Dall'Agnol Advogados; mais de 20 anos de experiência na advocacia nas áreas de tributário, compliance, governança e startups; professor do mestrado profissional em direito da empresa e dos negócios da Unisinos; autor de diversos livros; pós-doutorado, Visiting Scholar, na UC Berkeley School of Law; doutorado em Direito pela Universidade Federal do Rio Grande do Sul, UFRGS; Mestrado em direito pela UFRGS; Bacharelado em direito pela PUC-RS.

ÁLLAN VARGAS GANZ

Altruísta e advogado, mestrando em Compliance pela Ambra University e professor de graduação em estágio na referida instituição, com certificações profissionais em Compliance Anticorrupção (CPC-A) e Financeiro (CPC-F) pela LEC-FGV. Pós-graduado lato sensu em Direito Imobiliário pela EPD. Consultor e especialista em GRC. Membro da comissão de Compliance da OAB/MG. Escritor da newsletter "Ética e Poesia".

DALETE DOS SANTOS

Sócia nas empresas J.SANTOS Assessoria e Consultoria Empresarial, Santos & Zanellatto Sociedade de advogados e Nutrisi Assessoria e Consultoria Nutricional, Advogada, Bióloga e Técnica Química, Auditora Líder de terceira parte em Sistemas de Gestão ISO (Qualidade, Meio Ambiente, Saúde e Segurança Ocupacional), Assessora empresas há mais de dez anos na implantação e manutenção de sistemas de Gestão, Licenciamentos Ambientais, Treinamentos e Desenvolvimento de Pessoas. Atuou como docente em Instituições públicas e privadas. Completa mais de vinte e cinco anos de atividade profissional em diversos segmentos empresariais como: Alimentos, Compósitos, Químicos, Plásticos, Metalúrgicos e de Ensino.

Diego Kötz

Profissional com sólida experiência como Key Account Manager em consultoria tributária e aduaneira. Formado em Administração de Empresas e com especializações em Liderança, Estratégia, Projetos e Business Administration. Mestrando em Administração com ênfase em Gestão.

Melissa Bisconsin Torres de Carvalho

Mestre em Ciências Jurídicas, com concentração em Direito dos Negócios e da Tecnologia, pela AMBRA University (2023). Especialista em Direito Tributário pela Universidade da Amazônia, Rede de Ensino Luiz Flávio Gomes e Instituto UVB (2009) e em Direito Penal e Processual Penal pela Universidade Gama Filho (2007). Graduada em Direito pela Faculdade de Ciências Humanas, Exatas e Letras de Rondônia (2004). Técnico Judiciário dos quadros da Justiça Federal de Primeiro Grau em Minas Gerais. Atua no assessoramento de magistrados federais (desde 2004) e exerceu atividades gerenciais em secretarias de varas federais (2006-2008, 2012 e 2017). Atuou como Técnico Judiciário no Tribunal de Justiça do Estado de Rondônia (2002) e como Fiscal do Meio Ambiente no Município de Porto Velho/RO (2001).

Débora Jayane de Melo Lima

Advogada, formada pela União Pioneira de Integração Social - UPIS, Brasília. Pós graduada - "lato sensu" - em advocacia tributária pela Universidade Cândido Mendes. Mestranda em Compliance pela Ambra University Orlando - Flórida.

Stanley Scherrer de Castro Leite

Auditor Técnico de Controle Externo do Tribunal de Contas do Estado do Amazonas (TCEAM), atualmente ocupando (pela 2 vez) o cargo de Secretario Geral de Controle Externo do TCEAM. Tecnólogo em Processamento de Dados (2004), Bacharel em Direito (2020), Bacharel em Contabilidade (2024), Pos graduado em Direito Público (2011), Pos graduado em Governance de TI (2022), Pos Graduado em Seguranca da Informacao (2022).

LEVY LEONARDO DE LUNA MONTEIRO

Profissional devidamente habilitado na OAB-RJ, com trajetória de 17 [dezessete] anos na aplicação do direito Penal e Processo Penal, formação especializada na área. Experiência no planejamento de estratégias, juntada de documentos, participação em audiências, realização de cálculos de indenização e formação de novos profissionais dentro dos padrões de excelência. O perfil arrojado permite buscar soluções inovadoras e assertivas como diferencial de sucesso.

ALINE KELLY RIBEIRO MARCOVICZ LINS

Aline Kelly Ribeiro Marcovicz Lins, juíza de Direito da 6ª Vara de Manaus/AM, pós-graduada em ciências criminais pela universidade Anhanguera/uniderp, pós-graduada em direito anticorrupção pela Enfam e mestranda em compliance pela Ambra University.

DENNER FRANCO REIS

Denner Franco Reis; Advogado. Master of Science in Legal Studies; Especialista em Direito Público; Pós-graduado em Licitações e Contratos; Especialista em Direito Administrativo. Atualmente é Procurador-Geral do Município de Coronel Fabriciano.

ODAIR DA SILVA RODRIGUES

Bacharel em DIREITO pelo Centro Universitário OPET (2006-2010). Pós Graduado em Direito Aplicado, com aperfeiçoamento pela Escola da Magistratura do Paraná (2011-2011). Pós-graduado Especialista em Gestão de Segurança pela Faculdade Batista de Minas Gerais (2020-2021). Pós-graduado Especialista em Direito Militar, pela Faculdade Batista de Minas Gerais (2022-2022). Pós-graduado Especialista em Perícia Judicial, pela Faculdade Batista de Minas Gerais (2022-2022). Mestrando em Direito pela Ambra University USA.

HELOÍSA RODRIGUES DA ROCHA

Auditora federal de controle externo no Tribunal de Contas da União (TCU) desde 2012. Mestranda em Direito pela Ambra University. Especialização em Direito Digital e Compliance pela Damásio Educacional / IBMEC. Especialização em Segurança da Informação pelo Instituto de Educação Superior de Brasília (IESB). Especialização em Orçamento Público pelo Instituto Legislativo Brasileiro (ILB) / Senado Federal.

Gabriela Menta Baggio

Mestranda em Ciências Jurídicas – Risco e Compliance da AMBRA UNIVERSITY. Graduação em Direito – CESUL – Centro Sul-americano de Ensino Superior – 2021. Analista de Assessoria Jurídica de Negócio Cresol - Cooperativa de Crédito – desde agosto de 2021, tendo como principais obrigações a análise de viabilidade jurídica e estudo de normativos no portifólio de produtos e serviços prestados pela instituição financeira.

Natasha de Oliveira Mendes Machado

Advogada e Consultora em Compliance; Mestranda em Compliance pela Ambra University; Pós Graduanda em Direito Tributário pelo Instituto de Ciências Jurídicas; Pós Graduada em Compliance, LGPD e Práticas Trabalhistas pelo Centro Universitário do Sul de Minas; Pós Graduada em Direito e Processo do Trabalho pela Faculdade Damásio.

Cleiber Clemente Bernardes

Mestrando em ESG, Pós-Graduado à título de especialização em Engenharia de Segurança do Trabalho, Engenharia Ambiental e Sanitária e MBA em Gestão de Projetos, Graduado em Engenharia Civil, formado em Tecnologia em Logística. Formação técnica à nível de segundo grau em Segurança do Trabalho, Meio Ambiente, Eletrônica e Bombeiro Civil; Instrutor e Examinador de Trânsito credenciado pelo DETRAN SP com todos os cursos especializados exigidos pelos distintos tipos de transporte rodoviário com habilitação A/E.

Marina Sousa da Silva

Médica atuante no atendimento ambulatorial e hospitalar. Investigadora de pesquisa clínica com ampla experiência em ensaios multi-cêntricos e randomizamos da indústria farmacêutica. Apaixonada por fazer da Medicina um instrumento para oferecer qualidade de vida e a diferença na vida das pessoas.

Natália Maia Rodrigues Ferreira Pinto Linhares

É formada em Direito pelo IESPLAN, especialista em Compliance e Integridade Corporativa pela PUC/MG. Adicionalmente, possui as certificações CPC-A, CPIIC, C31000. Atua há mais de 08 anos nas áreas de Compliance, Gestão de Riscos, Governança Corporativa, e Controles Internos.

Aline Cristina Silva Landim

Advogada, Especialista em Direito Civil e Processual Civil, MBA em Direito Empresarial, Mestranda pela Ambra University com ênfase em Risco e Compliance, Diretora Tesoureira da 189a Subseção da OAB de Guaíra, Professora de Pós Graduação no Grupo Anchieta.

Pedro Henrique Meirelles Borsari

Pedro Henrique Meirelles Borsari, advogado, especialista em Compliance (FGV-SP) e em direito agrário (FMP-RS). Atualmente mestrando em Compliance pela Ambra University e sócio do escritório Andraus e Borsari, com atuação em ações individuais e coletivas.

Laura Mesquita Costa de Carvalho

Laura Mesquita C. de Carvalho é graduada em Direito pela Universidade Salgado de Oliveira em Goiânia e em Secretariado Executivo Bilíngue pela PUC. Atualmente, é mestranda em Compliance pela Ambra University, na Flórida, EUA, e pós-graduanda em Direito do Consumidor, Direito do Trabalho e Processo do Trabalho pelo Grancursos, no Distrito Federal. Co Autora do livro: Compliance e Planejamento Estratégico da editora Ambra University Press.

PREFÁCIO

A atividade docente envolve intensa dedicação, mas também reserva momentos memoráveis. Posso afirmar sem sombra de dúvida que estar à frente da disciplina de Compliance no Programa de Pós-Graduação da Ambra University é um dos momentos mais gratificantes da minha carreira docente.

Explico. O simples fato de estar lecionando na pós-graduação é um marco de amadurecimento profissional porque se exige do docente mais do que a capacidade de transmitir o conteúdo. Espera-se que seja capaz de estimular a reflexão e engajar os pós-graduandos na difícil missão de pesquisar com seriedade. Sinceramente não posso afirmar se cumpro estes requisitos, todavia a publicação da presente obra é uma prova social de que estou no caminho certo. Digo isso sem apego à modéstia porque o leitor será capaz de se deparar com a qualidade do trabalho dos verdadeiros merecedores de elogio que são os autores dos artigos aqui compilados. Este trabalho é resultado de anos de pesquisa, refletem o amadurecimento da investigação sobre compliance e atendem a proposição que formulo a todas as turmas: busquem utilizar a pesquisa como forma de resolver problemas concreto! Usem a teoria, a ciência para solucionar problemas que possam melhorar o mundo que vivemos. Posso assegurar que todos os articulistas cumpriram a missão que lhes atribui.

Como disse lecionar na pós-graduação é muito gratificante. No espaço acadêmico de interação tive a oportunidade de conviver com os articulistas da obra e perceber que além de profissionais competentes, são seres humanos incríveis! Aline Cristina Silva Landim, Aline Kelly Ribeiro Marcovicz Lins, Allan Vargas Ganz, Cleiber Clemente Bernardes, Dalete dos Santos, Débora Jayane de Melo Lima, Denner Franco Reis, Diego Kötz, Gabriela Menta Baggio, Heloísa Rodrigues da Rocha, Laura Mesquita, Levy Leonardo de Luna Monteiro, Marina Sousa da Silva, Melissa Bisconsin Torres de Carvalho, Natália Maia Rodrigues Ferreira Pinto Linhares, Natasha de Oliveira Mendes Machado, Odair da Silva Rodrigues, Pedro Henrique Meirelles Borsari e Stanley Scherrer de Castro Leite foram, cada um a seu estilo, impecáveis nas suas atribuições e desenvolveram excelentes textos que merecem a atenção do caro leitor. A obra reúne pesquisas aplicadas de profissionais experientes que buscaram resolver problemas reais com a ajuda das ferramentas que o Compliance é capaz de oferecer. É um excelente trabalho de enfrentamento de questões atuais com o auxílio de estratégias que o profissional que atua com compliance é capaz de oferecer. Este livro é um convite para o aperfeiçoamento, estudo e reflexão sobre problemas atuais pelas lentes do Compliance.

Tenho dito que falar sobre Compliance é, em alguma medida, falar de relações humanas, relações sociais. O modelo de sociedade que desejamos viver e esperamos legar para as próximas gerações está diretamente associada à qualidade das instituições que seremos capazes de modelar. Pensar em Compliance é muito além de medidas de combate à corrupção, pode-se dizer que pensar em Compliance é pensar numa comunidade melhor, num país melhor. Dada a relevância com que devem ser encarados estes desafios é que os autores da obra buscaram enfrentar o tema e trataram de propor soluções para questões complexas.

A obra que agora chega ao mercado é o resultado da pesquisa de profissionais motivados a propor soluções para questões atuais e relevantes, possuindo como traço comum a convicção de que o Compliance pode contribuir de forma decisiva para o atingimento destes objetivos.

Como professor da disciplina, acompanhei o desenvolvimento das investigações e posso assegurar: cada um dos artigos merece a sua leitura e certamente lhe fará refletir. Espero e desejo uma excelente leitura.

COMO OS PROGRAMAS DE COMPLIANCE PODEM IMPACTAR POSITIVAMENTE NA CONSTRUÇÃO CIVIL BRASILEIRA E NA ECONOMIA NACIONAL

Autor:

Állan Vargas Ganz

CONCEITO DE CONSTRUÇÃO CIVIL

A construção civil é um ramo da engenharia, responsável por realizar obras de infraestrutura, pontes, casas, pavimentação etc. Por sua vez, o conceito de obra, segundo a Lei de Licitações, é a atividade estabelecida, por força de lei, como privativa das profissões de arquiteto e engenheiro que implica intervenção no meio ambiente que inova o espaço físico da natureza (BRASIL, 2021).

Já a engenharia como um todo, é a arte da conversão de recursos naturais em formas adequadas ao atendimento das necessidades humanas e, também, arma do exército (FERREIRA, 2019). Isso, porque a engenharia é e era intimamente relacionada aos interesses militares pelos seus objetivos de proteção e invasão de terras alheias.

Assim é que o termo engenharia civil se emergiu justamente para se opor à expressão de engenharia ligada aos interesses militares. O primeiro engenheiro civil que se tem notícia, foi o inglês, John Smeaton, no século XVII, o qual se autointitulou assim com a finalidade de elucidar que não praticava a engenharia com finalidades militares.

Neste sentido, a primeira escola de engenharia do Brasil foi a Academia Real Militar, posteriormente transformada na Escola Politécnica de Engenharia do Rio de Janeiro. Aquela ministrava estudos militares práticos para formação de oficiais de artilharia, engenharia, geógrafos e topógrafos.

A construção civil é milenar e revolucionou a forma dos seres humanos viverem no globo, pois possibilitou que pudessem deixar a atividade nômade, cultivar terras, se proteger das intempéries e de inimigos. Isso impactou e impacta até os dias de hoje diretamente na longevidade e na qualidade de vida das sociedades e civilizações humanas.

Ao longo dos séculos a construção civil foi se aprimorando e no Brasil impacta diretamente a sociedade no sentido de gerar a infraestrutura do país com rodovias, ferrovias, aeroportos, hospitais, escolas, casas, edifícios, sejam eles públicos ou privados, com saneamento básico, abrindo possibilidades para outros serviços da indústria, entre outros.

Seu impacto na economia e no PIB brasileiros, são de grande valia, conforme estudos publicados em 2021, pela Associação Brasileira de Incorporações Imobiliárias – ABRAINC, onde estimou-se que 7% do PIB nacional foi oriundo da construção civil, 10% dos trabalhadores brasileiros são empregados da construção civil e 9% de todos os tributos são gerados pelo setor (ABRAINC, 2021).

Contudo, seu impacto negativo também deve ser sopesado a fim de que possa ser reduzido e otimizar os impactos positivos. Infelizmente acidentes e tragédias ocorreram ao longo da história da construção civil o que, em razão disso foram elaborados manuais e normas de segurança que são rotineiramente revisados dentre outros mecanismos que visam a mitigar os riscos de tais acidentes. Por isso é necessário que haja uma gestão de riscos adequada.

Além dos acidentes mencionados, destaca-se aqui os riscos de falta de gestão adequada dos diversos tipos de contratos que existem na construção civil, que serão mais abaixo abordados e, ainda, principalmente, os riscos que envolvem a corrupção.

Estes também precisam se ter dentro do escopo da gestão de riscos, pois impactam o empreendimento e a qualidade dos recursos e da obra construída que é destinada ao seu consumidor final, seja a sociedade (quando tratar-se de obra pública), seja ao cliente (quando se tratar de obra privada).

E o principal mecanismo dentro de uma gestão de riscos para mitigar os riscos e os impactos da corrupção no empreendimento é o programa Compliance ou de integridade, albergado pela Lei Anticorrupção brasileira e seu respectivo decreto que a regulamenta e pelas normas internacionais da International Organization for Standardization – ISO e do Committee of Sponsoring Organizations of the Treadway Commission – COSO, que serão mais abaixo elencadas.

Desta forma, é necessário compreender antes, ao menos de forma rasa, do que se trata a gestão de riscos e o conceito de o que é risco.

CONCEITO E IMPACTOS DA CORRUPÇÃO NA SOCIEDADE BRASILEIRA

Segundo o dicionário Michaelis, corrupção é o ato de corromper, tornar podre, perverter ou adulterar. Ou, ainda, levar alguém, mediante quaisquer recompensas ou promessas, a não cumprir o dever e praticar ações ilegais.

Já segundo a Lei Anticorrupção brasileira, pode-se dizer que significa ato de atentar contra o patrimônio público nacional ou estrangeiro, princípios da administração pública ou compromissos internacionais, mediante, por exemplo o ato de:

> *"prometer, oferecer ou dar, direta ou indiretamente, vantagem indevida a agente público, ou a terceira pessoa a ele relacionada; (...) frustrar ou fraudar, mediante ajuste, combinação ou qualquer outro expediente, o caráter competitivo de procedimento licitatório público;(...)" (BRASIL, 2013)*

Neste sentido, a nova Lei de Licitações brasileira conceitua e exemplifica espécies de superfaturamento, o que não deixa de ser um ato que pode gerar dano ao patrimônio público e infringir princípios da administração pública, a saber:

> *"(...) dano provocado ao patrimônio da Administração, caracterizado, entre outras situações, por: a) medição de quantidades superiores às efetivamente executadas ou fornecidas; b) deficiência na execução de obras e de serviços de engenharia que resulte em diminuição da sua qualidade, vida útil ou segurança; c) alterações no orçamento de obras e de serviços de engenharia que causem desequilíbrio econômico-financeiro do contrato em favor do contratado; d) outras alterações de cláusulas financeiras que gerem recebimentos contratuais antecipados, distorção do cronograma físico-financeiro, prorrogação injustificada do prazo contratual com custos adicionais para a Administração ou reajuste irregular de preços (...)". (BRASIL, 2021)*

Como visto, os interesses militares eram amiúde envolvidos junto à engenharia e no ramo da construção civil não foi diferente, durante o período militar certas empresas de engenharia no Brasil se despontaram no mercado após receber privilégios para firmar contratos vultosos com o Poder Público e auferir lucros que possibilitaram que elas se mantivessem no topo mediante uma dinâmica de suborno dos sucessivos políticos. Uma delas, que passou a emitir ações na bolsa de valores de Nova Iorque foi a famosa Odebrecht, atualmente denominada Novonor.

Segundo o promotor de Justiça de São Paulo, especialista em crimes financeiros com PHD na Università di Bologna, autor de denúncia a grupo de empreiteiras em 2012, Dr. Marcelo Batlouni Mendroni, em entrevista ao jornal El País, afirmou que não existe uma prefeitura nesse país, um Estado, que não tenha esquema de superfaturamento de contratos de obras e serviços públicos e comparou algumas empresas da indústria de construção civil às máfias italianas.

De acordo com a ONU, a corrupção é o maior obstáculo ao desenvolvimento econômico-social e nos países emergentes os valores desviados chegam a ser 10 vezes maior do que o valor o qual seria destinado à sociedade. Ademais, de acordo com a Federação das Indústrias do Estado de São Paulo – FIESP em estudos publicados em 2010 cujos dados foram colhidos em 2008, o PIB nacional poderia ter crescido até mais 2,3% do que cresceu não fosse a corrupção, perfazendo, esta, o preço pago pela sociedade em 2008 de R$ 69,1 bilhões. Valor que poderia ser destinado a melhores serviços públicos.

Para além desses fatos, a entidade sem fins lucrativos, Transparency International, ressalta que a corrupção diminui a capacidade do Estado de proteger seus cidadãos, ameaçando a paz pelos conflitos armados o que, por sua vez, torna-se um sistema de retroalimentação já que os conflitos armados também criam um terreno fértil para a corrupção. Atualmente o Brasil ocupa o 94º lugar entre os 180 países que participam do Índice de Percepção da Corrupção (IPC), cujo primeiro lugar é da Dinamarca como país em que há menor percepção de corrupção.

COMPLIANCE NO MUNDO E NO BRASIL: CONCEITO E CONTEXTO HISTÓRICO

Em contraposição ao movimento de corrupção no Brasil, o instituto do Compliance, como ciência social e teórico-pragmática no âmbito das relações pessoais e interempresariais no âmbito de corporações e pessoas jurídicas, começou a surgir nos Estados Unidos mediante regulamentações nas áreas alimentícia, ferroviárias, bancária e financeira.

Com o crash da bolsa de valores, após 1929 novas legislações foram implementadas com o objetivo de restabelecer a segurança do mercado, ocasião em que foi criada a Security of Exchange Commission – SEC, a qual na década de 1960 instituiu a obrigatoriedade da presença de advogados(as) nas empresas submetidas à sua regulamentação e fiscalização na posição de Compliance Officer, para garantir que as mesmas estivessem agindo conforme suas respectivas normas aplicáveis, a fim de gerar segurança ao mercado.

Após o escândalo de Watergate, na década de 1970, descobriu-se que milhões de dólares estavam evadindo do país para subornar autoridades de outas nações. Daí, como solução, foi promulgada em 1977, pelos Estados Unidos a Foreing Corrupt Practice Act – FCPA, marcada por sua extraterritorialidade e possuir regras contábeis (books and records),) e anticorrupção, com possibilidade de penalizar pessoas físicas ou jurídicas, criminal ou civilmente, por subornar autoridades estrangeiras.

Além de normas de padronização internacional, outras legislações pelo globo foram implementadas, bem como convenções internacionais anticorrupção, inclusive com recepção pelo Brasil, o que redundou em alterações no Código Penal e a criação dentre outras legislações, a Lei Anticorrupção Brasileira – LAB.

Neste momento o Brasil já possuía normas de direito financeiro[1], de criminalização por atos de corrupção[2], atos contra o sistema financeiro[3], bem como a penalização por atos de improbidade administrativa de funcionários públicos[4], contra a lavagem de dinheiro e financiamento ao terrorismo[5].

Em 2013, ainda antes da promulgação da LAB, o país vivenciava manifestações populares em razão de altos preços no transporte público e escândalos de desvios de verbas públicas, superfaturamento e má-gestão nas construções dos estádios e infraestrutura das cidades para a Copa do Mundo de 2014.

Vê-se então que o mencionado diploma legal nasceu marcado também por um fato de relação com a engenharia civil, sobre supostos subornos, superfaturamento e má-gestão nas obras públicas dos estádios de futebol e infraestrutura das cidades para a Copa do Mundo que aconteceria no ano seguinte. Foi apenas em 2015, porém, que a LAB pôde ser efetivamente aplicada, pois era necessário regulamentar o procedimento a ser seguido para a fixação das multas e como os demais critérios se dariam, o que coube ao Decreto Federal n. 8.420/15 dispor.

Eis que, nesse momento, os requisitos objetivos de um programa de integridade emergiram no Direito Positivo brasileiro. A partir de então, escândalos de corrupção envolvendo empresas de engenharia civil começaram a suceder cotidianamente no Brasil, em razão de investigações, acordos, sanções e a mídia muito enfática sobre o tema.

Em 2016 iniciou uma das maiores operações da polícia civil que tomou proporções internacionais, qual seja, a conhecida Operação Lava-Jato. Daí em diante vários nomes de operações da polícia civil ficaram famosas como a Operação Lázaro, Saqueador, Black List, Quatro Mãos, Mato Cerrado, Inversão etc.

Daí que, em 2016, com as investigações no Brasil e em outros países sobre esta grande construtora brasileira, ela admitiu que pagou propina em 12 países diferentes e, por isso, realizou o maior acordo de leniência do mundo nos Estados Unidos, Brasil e Suíça.

Essa situação atraiu olhares do mundo todo e o mercado passou a demandar mais por profissionais de Compliance qualificados. Muitos estudos, palestras e cursos sobre as temáticas que envolvem anticorrupção e

---

1   Como, por exemplo, as seguintes leis: Lei Federal n. 4.320. 17 de março de 1964; Lei Complementar nº 101 de 4 de maio de 2000; Lei Federal n. 6.404 de 15 de dezembro de 1976.

2   Como, por exemplo, a Lei Federal n. Lei nº 10.763 de 12 de novembro de 2003 e a Lei Federal nº 10.467 de 1º de junho de 2002, que acrescentaram dispositivos legais ao Código Penal brasileiro (Decreto-Lei N. 2.848. 7 de dezembro de 1940).

3   E.g., Lei Federal n. 7.492. 16 de junho de 1986.

4   E.g., Lei Federal n. 8.429. 2 de junho de 1992.

5   E.g., Lei Federal n. 9.613. 3 de março de 1998.

antissuborno emergiram no país. Nessa época, em 2017, a ISO lançou a norma n. 37001 para a implementação de um sistema de gestão antissuborno nas empresas.

Justamente por isso é que o programa de Compliance é uma das ferramentas trazidas formalmente pelo sistema da Lei Anticorrupção brasileira como forma de gerar bem-estar, paz, qualidade e prosperidade à sociedade brasileira e às empresas, vez que o mercado cumpre melhor a sua função de circular bens e serviços quando há segurança, estabilidade e confiança, o que atinge diretamente no PIB nacional.

Eis mais um motivo para a implementação de um programa de Compliance em empresas de construção civil, para que possam crescer com longevidade e promover o desenvolvimento das cidades ao reduzir e mitigar os riscos de corrupção.

O QUE SÃO STAKEHOLDERS E QUAL SUA IMPORTÂNCIA PARA A GESTÃO DE RISCOS

Stakeholders são os impactados direta ou indiretamente pelas atividades e objetivos dos empreendimentos e pessoas jurídicas, sejam elas públicas ou privadas, com ou sem fins lucrativos. Os stakeholders podem ser categorizados entre primários e secundários. Aqueles, são os mais intimamente impactados com os negócios da companhia, como, acionistas, administradores, colaboradores, parceiros, fornecedores e clientes. Já esses estão mais distantes, como, a sociedade, o meio ambiente, as autoridades, escritórios de advocacia etc, sempre a depender do tipo de empreendimento e das atividades da pessoa jurídica.

Definir quem são os stakeholders é um dos primeiros passos para a avaliação de riscos, pois os stakeholders e o grau de interação com estes indicam as causas de risco, regulamentações, envolvimento com agentes públicos, impactos sociais e ambientais. Após, se torna mais claro o cenário para mitigar conflitos de interesse e alinhar os interesses da empresa com os dos seus stakeholders e compreender a extensão dos controles e conformidades aplicáveis.

No Brasil, o Compliance, tomou uma conotação muito forte voltada para o combate à corrupção, a qual, por sua vez, é um dos riscos que o Compliance pode tratar, além dos riscos de conflitos de interesses, fraudes internas e inconformidades de normas ou regulamentações externas e internas da pessoa jurídica aplicáveis às suas atividades.

Por isso é correto dizer que não há programa de Compliance ou de integridade que sejam fórmulas prontas para serem implementados em todas as empresas de construção civil ou demais ramos. Sua atuação, contudo, é crucial para uma boa Governança Corporativa, como a OCDE já manifestou que a integridade é uma pedra angular do sistema geral de boa governança (OCDE, 2017). Além disso, auxilia a Governança Corporativa a cumprir com seu princípio de accountability.

Enfim, o Compliance em sua plenitude pode oferecer à indústria de Engenharia Civil tratamentos além dos riscos de corrupção, mas de danos à própria organização, como à sua reputação, e é por isso que o Compliance não é um obstáculo ao sucesso empresarial, mas um caminho para este. O setor de Compliance de uma empresa auxilia a organização a atingir os seus objetivos de forma íntegra, o que poder-lhe-á gerar redução de custos de transação, longevidade, confiança do mercado, agregação de valor e rentabilidade com sustentabilidade.

QUEM SÃO OS STAKEHOLDERS NA CONSTRUÇÃO CIVIL E QUAL SUA IMPORTÂNCIA PARA OS PROGRAMAS DE COMPLIANCE

Entender quem são os stakeholders é essencial para delimitar o escopo de um programa de integridade. No contexto da construção civil pode-se dizer que serão no mínimo, primários: contratante, fornecedores, colaboradores e consumidores finais. Secundários: sociedade, meio ambiente, autoridades, escritórios de advocacia etc. Caso se tratar de obra pública, como uma ponte ou uma escola, a sociedade será stakeholder primário, pois serão os consumidores finais.

Se pudesse apontar uma ordem sobre o que é importante conhecer primeiro acerca do empreendimento, poder-se-ia apontar: 1º. conhecer os objetivos do empreendimento, 2º. conhecer seus stakeholders para alinhar suas expectativas junto ao objetivo do empreendimento, 3º. conhecer as atividades do empreendimento para atingir seus objetivos alinhados aos interesses dos stakeholders e poder mapear os riscos intrínsecos àquelas atividades que irão impactar no cumprimento do objetivo, 4º delimitar quais riscos serão da alçada da gerência de Compliance mitigar.

Isto, porque o Compliance pode atuar apenas nos riscos de corrupção e fraude como também em outros riscos legais e regulatórios como: direitos humanos, trabalhista, ambiental, tributário, ocupação do solo, formas de marketing e comercialização dos bens, entre outros.

Nestes estudos, todavia, enfocar-se-á nos riscos de corrupção e fraude que possam impactar no objetivo do empreendimento alinhado às expectativas de seus stakeholders primários e secundários e ao seu nível de tolerância ao risco.

Neste singelo ensaio, sinaliza-se a seguinte distinção entre o risco de corrupção e fraude. A primeira se revela no contato com agente público ao passo que a segunda, diz mais respeito ao contato interno da empresa ou terceiros particulares, que não se enquadrem no conceito de agente público insculpido na Lei de Improbidade Administrativa, como, seus funcionários, fornecedores, contratante ou clientes do setor privado, parceiros de negócio etc.

Por fim, as atividades de prevenir, detectar e remediar os riscos de corrupção e fraude irão nortear todo o programa de Compliance. Seus pilares, contudo, têm sido divididos da seguinte maneira: engajamento da alta administração; instância de Compliance independente com comunicação direta à alta administração; gestão de riscos (Risk Assessment ou Enterprise Risk Management); políticas, procedimentos e código de conduta; controles internos; treinamento e comunicação; canal de denúncia; investigações internas; due diligence; auditoria e monitoramento.

Não significa, todavia, que não possam ser utilizados outros pilares. Aqui serão abordados mais abaixo 04 (quatro) grupos de ações que irão abarcar estes pilares e sintetizar de forma dinâmica as ações centrais para um programa eficaz, segundo HOGAN, 2023, inspiradas na decisão da Securities And Exchange Commission – SEC de 2015, que as destacou ao avaliar o caso da BlackRock Advisors no conflito de interesses entre Daniel J. Rice e Rice Energy. Porém, antes de adentrar os referidos grupos de ações, faz-se mister aprofundar sobre os motivos e os aspectos práticos de um programa de Compliance, bem como gestão de riscos e as espécies de contratos de construção civil.

MOTIVOS E ASPECTOS PRÁTICOS PARA A IMPLEMENTAÇÃO DOS PROGRAMAS DE COMPLIANCE EM EMPRESAS DA CONSTRUÇÃO CIVIL BRASILEIRA

GESTÃO DE RISCOS E ESPÉCIES DE CONTRATOS NA CONSTRUÇÃO CIVIL

Diante de vários acidentes e imprevistos negativos ocorridos na história da construção civil, o mercado e as melhores práticas de Governança Corporativa começaram a demandar que os riscos dos empreendimentos fossem gerenciados.

Assim, espera-se que a alta administração das empresas viabilizem a criação de políticas e procedimentos que visem a prevenir, detectar e remediar esses riscos caso se materializem. Isso agrega valor à empresa, facilita linhas de crédito financeiro, diminui custos de transação, gera a confiança do mercado, prosperidade e longevidade do negócio.

Prevenir, significa atuar antes de um risco se materializar de modo a atingir a sua probabilidade de ocorrer e/ou o grau de seu impacto.

Detectar, implica atuar antes ou simultaneamente à materialização de um risco, de modo a acionar mecanismos de monitoramento e controle ou de segurança e contingenciamento.

Remediar é sanar ou responder imediatamente ou após a materialização de um risco, de modo que, preferencialmente já haja um procedimento ou plano de ação para o contingenciamento ou controle de segurança do risco ocorrido.

Risco, por sua vez, é um evento incerto que pode impactar positivamente ou negativamente sobre os objetivos de um empreendimento. Esse evento deve ser associado a uma probabilidade de ocorrência e um impacto (financeiro, reputacional, social, ambiental etc), para fins de sua classificação de nível de criticidade. Sua enunciação deve ser composta por três elementos: causa (origem), efeito (evento) e consequência (impacto sobre o objetivo). Todos estes elementos compreendem o risco. O risco positivo pode ser considerado oportunidade e o risco negativo deve ser considerado uma fraqueza, a qual precisa ser controlada e mitigada através da gestão do risco.

Não só a gestão dos riscos, mas o gerenciamento dos contratos de construção civil que uma empresa possui, são igualmente importantes e possuem pontos de interseção, principalmente no tocante ao controle deles. Para tanto, existem frameworks como a ISO (International Organization for Standardization) n. 31000:2009 e o COSO ERM (Committee of Sponsoring Organizations of the Treadway Commission – Enterprise Risk Management). Para os contratos de engenharia civil, também há padronizações internacionais: os chamados de "contratos FIDIC" (Federation Internacionale des Ingénieurs Conseils), cuja diversidade de contratos é denominada de "Rainbow FIDIC", porque seus modelos são categorizados por cores.

Isso facilita as negociações de cláusulas contratuais, a previsibilidade das obrigações e direitos, bem como promove a segurança de circulação de bens e serviços atinentes ao mercado do ramo, para as partes envolvidas.

Cada contratação pode possuir ainda formas diferentes de medição de desempenho para fins de pagamento e administração da obra, vez que no Direito Civil brasileiro apenas são previstos dois modelos privados (empreitada e prestação de serviços), o que é mais um ponto positivo para as padronizações internacionais dos contratos de engenharia, mesmo que realizados entre partes brasileiras.

Voltando ao assunto sobre os riscos do empreendimento na engenharia civil: por menor que seja a obra, esta carrega consigo diversos matizes de riscos, como por exemplo, relacionados à segurança dos trabalhadores, dos cidadãos perto da obra, de eventuais animais, do impacto ambiental, do impacto social, do impacto nos prédios ao redor e, na segurança do cliente final ao usufruir a construção.

Por isso atualmente se tornou imperioso mapeá-los por meio de risk assessment e categorizá-los, o que pode se dar por meio de dois critérios: probabilidade vs. impacto financeiro-socioambiental, onde cada um se torna um eixo. Um na horizontal, outro na vertical, de modo a formar quatro quadrantes. Após, torna-se mais fácil classificá-los em nível baixo, médio e alto ou crítico.

É recomendável, também, que a alta administração da empresa formalize e discuta sobre qual a tolerância de riscos que a empresa possuirá, a partir dessa tolerância explícita em diretrizes os stakeholders terão a base necessária para orientar suas condutas.

Técnicas de mapeamento de riscos envolvem entrevistas, formulários eletrônicos ou físicos, anônimos ou não, listagem de atividades e causas de riscos (risco raiz), brainstorms, planilhas FMEA, dashboards, bow-tie, entre outras que podem e devem ser criadas a depender das operações da empresa.

Somente após conhecer os riscos que envolvem um empreendimento e, quais deles são os que demandam maior atenção imediata, é que se pode começar um processo de mitigação desses riscos para preveni-los, detectá-los e remedia-los caso venham a se materializar. E é justamente disso, mitigar e tratar riscos de corrupção e fraude que se trata de um programa de integridade no Brasil, segundo o ordenamento jurídico em vigor.

No momento o que mais nos importa são os riscos de fraude ou corrupção, pois acredita-se que a empresa já possua um sistema de gerenciamento de riscos, seja por meio de frameworks como COSO ou ISO, sobre os quais merecem grande discurso apenas sobre eles e poderíamos perder o foco dos objetivos destes escritos.

Como há um número grande de atividades que envolvem a participação direta de pessoas, o risco da fraude encontra-se sempre presente. É difícil fiscalizá-lo e pode acarretar prejuízo para as empresas e aos stakeholders, como: a sociedade que paga um preço mais caro por algo que poderia ser mais barato ou colaboradores que deixam de ter bonificações pois a empresa nunca está com a rentabilidade desejada.

Importante também é entender que os contratos podem ser de meio, de fim, ou de meio e fim. Isto é, os materiais e a tecnologia utilizada importam ou não. Assim, outros riscos de fraude surgem por causa dos materiais, tecnologia e quantidade que foram contratados e precisam ser efetivamente aplicados, sob pena de ressarcimento ou multa.

Ainda há as subcontratações e maquinários alugados, que ocorrem com frequência e na maioria das vezes sem concorrência e com urgência para contratar, sob pena da obra parar: o cenário perfeito para fraudes.

Pensando em contratos entre partes privadas entende-se que são mais fáceis de gerenciar e monitorar, pois acompanham as melhores práticas e padrões internacionais de contratos como os do rainbow FIDIC, mencionados acima.

O mesmo não pode se dizer dos contratos de construção civil com a Administração Pública. Isto porque a nova Lei de Licitações prevê as seguintes modalidades de contrato de empreitada: por preço unitário; por preço global; integral.

ESPÉCIE DE CONTRATOS DE CONSTRUÇÃO CIVIL COM A ADMINISTRAÇÃO PÚBLICA E OBRIGATORIEDADE DE GESTÃO DOS RISCOS

O ordenamento jurídico brasileiro prevê conceitos importantes que merecem ser expostos abaixo para alinhar-se sobre seus significados. O primeiro vocábulo importante é "obra" que, segundo a nova Lei de Licitações brasileira significa:

> *"toda atividade estabelecida, por força de lei, como privativa das profissões de arquiteto e engenheiro que implica intervenção no meio ambiente por meio de um conjunto harmônico de ações que, agregadas, formam um todo que inova o espaço físico da natureza ou acarreta alteração substancial das características originais de bem imóvel; (...)." (BRASIL, 2021)*

Dito isso, o segundo vocábulo importante é o supramencionado "bem imóvel", que, por sua vez, para o Código Civil brasileiro (art. 79) é: o solo e tudo quanto se lhe incorporar natural ou artificialmente (BRASIL, 2002).

Eis que, assim, uma ponte é um bem imóvel, bem como uma árvore, a diferença é que, a ponte é uma obra (produzida artificialmente) e a árvore, não (produzida naturalmente).

Outro conceito importante é o de "prédio" que, do latim (predium), significa para o Direito: propriedade, bens de raiz, terras (OXFORD, n.d.). Ou seja, é o mesmo significado de bem imóvel. E por isso mesmo que casa é prédio para o Direito, assim como o edifício é prédio, pois prédio é o solo e tudo o quanto se lhe incorporar natural (árvore) ou artificialmente (obra). Por isso ponte também pode ser chamada de prédio.

Perpassados esses conceitos, cumpre destacar as modalidades de contratação de serviços de engenharia civil junto ao Poder Público, atualmente, segundo a Nova Lei de Licitações, publicada em 2021, a saber. Empreitada por preço unitário: contratação da execução da obra ou do serviço por preço certo de unidades determinadas (BRASIL, 2021). Empreitada por preço global: contratação da execução da obra ou do serviço por preço certo e total (BRASIL, 2021). Empreitada integral:

> *"contratação de empreendimento em sua integralidade, compreendida a totalidade das etapas de obras, serviços e instalações necessárias, sob inteira responsabilidade do contratado até sua entrega ao contratante em condições de entrada em operação, com características adequadas às finalidades para as quais foi contratado e atendidos os requisitos técnicos e legais para sua utilização com segurança estrutural e operacional; (...)" (BRASIL, 2021)*

Nestas modalidades de contratação, a administração pública tornou obrigatória as seguintes regras socioambientais, as quais somente serão possíveis de serem observadas com rigor mediante uma adequada gestão de riscos. Veja-se:

> *"I - disposição final ambientalmente adequada dos resíduos sólidos gerados pelas obras contratadas; II - mitigação por condicionantes e compensação ambiental, que serão definidas no procedimento de licenciamento ambiental; III - utilização de produtos, de equipamentos e de serviços que, comprovadamente, favoreçam a redução do consumo de energia e de recursos naturais; IV - avaliação de impacto de vizinhança, na forma da legislação urbanística; V - proteção do patrimônio histórico, cultural, arqueológico e imaterial, inclusive por meio da avaliação do impacto direto ou indireto causado pelas obras contratadas; VI - acessibilidade para pessoas com deficiência ou com mobilidade reduzida." (BRASIL, 2021)*

Ainda na Nova Lei de Licitações, é previsto como critério de desempate sobre qualquer contratação pública a verificação de um programa de integridade. E, já nas contratações públicas de construção civil acima de R$200.000.000,00 é obrigatória a implementação de um programa de integridade no prazo de 06 (seis) meses após assinado o contrato com a Administração Pública (BRASIL, 2021).

Importante ressaltar que o órgão licitante da Administração Pública, segundo a Nova Lei de Licitações, para quaisquer contratações, deverá implementar sistema de gestão de riscos e gerenciamento de contratos públicos. Daí é que é de interesse da empresa de engenharia em contratos inferiores a R$200.000.000,00 (duzentos milhões de reais) possuir também tais sistemas de gestão e uma boa Governança para verificar se os resultados indicados pela Administração pública em seu respectivo contrato estão conformes e não ser posteriormente responsabilizada. É o que se apresenta:

> *"As contratações públicas deverão submeter-se a práticas contínuas e permanentes de gestão de riscos e de controle preventivo, inclusive mediante adoção de recursos de tecnologia da informação, e, além de estar subordinadas ao controle social, sujeitar-se-ão às seguintes linhas de defesa: (...)".*
> *(BRASIL, 2021)*

> *"A alta administração do órgão ou entidade é responsável pela governança das contratações e deve implementar processos e estruturas, inclusive de gestão de riscos e controles internos, para avaliar, direcionar e monitorar os processos licitatórios e os respectivos contratos, com o intuito de alcançar os objetivos estabelecidos no caput deste artigo, promover um ambiente íntegro e confiável (...)". (BRASIL, 2021)*

Como se viu até aqui, atualmente é vital que as empresas de construção civil brasileiras implementem um programa de boa Governança Corporativa, gestão de riscos e de Compliance, caso queiram continuar a se manter no mercado.

IMPACTOS POSITIVOS NAS EMPRESAS DE CONSTRUÇÃO CIVIL DEVIDO A IMPLANTAÇÃO DE PROGRAMAS DE COMPLIANCE EFICAZES E SEUS RESPECTIVOS PILARES

Apesar de haver diferentes nomes que denominam um programa de Compliance, como, por exemplo, programa de integridade ou Programa de Ética e Compliance, o principal ponto que se pretende estudar neste estudo é sobre a sua capacidade de ser eficaz e cumprir com seus objetivos legais de prevenir, detectar e sanar desvios de conduta e fomentar a criação de uma cultura de integridade, isto é, proba e ética na empresa aos seus stakeholders que participem de suas atividades e operações.

Outro benefício de se implementar um programa de integridade eficaz é o de favorecer que a Governança Corporativa possa cumprir com seus princípios, como: transparência, contabilidade, equidade, isonomia e responsabilidade Corporativa. Ademais, esta, poderá garantir a prosperidade e longevidade do negócio que impactará positivamente na sociedade, meio ambiente e stakeholders.

Uma empresa preocupada com seus stakeholders, aumenta o seu valor de mercado na medida que é bem-vista por seus consumidores. Por isso é que a economia antiga, preocupada apenas com os shareholders (acionistas, controladores e proprietários) está cedendo lugar à economia voltada para os stakeholders, cujo conceito foi visto mais acima.

Isso se alinha justamente aos objetivos globais da ONU (chamados de ODS – Objetivos de Desenvolvimento Sustentável) e com as políticas de ESG – Enviromental, Social and Governance). Um programa de Compliance eficaz ajudará a atingir esses objetivos.

ENGAJAMENTO DA ALTA ADMINISTRAÇÃO E INSTÂNCIA DE COMPLIANCE INDEPENDENTE NA INDÚSTRIA DA ENGENHARIA CIVIL COM COMUNICAÇÃO DIRETA À ALTA DIREÇÃO

O engajamento da alta administração em uma empresa da Construção Civil corresponde pelo primeiro passo a ser dado, que é tomar a decisão de implementar um programa de Compliance e se comprometer com o seu sucesso, sem nepotismos, privilégios ou blindagens para nenhum membro da empresa. O engajamento significa o apoio ostensivo institucional e pelos membros da alta administração ao programa de Compliance, e o mais importante, mediante bons exemplos. Os exemplos são fundamentais, pois a melhor forma de ensinar é praticar o exemplo.

Alguns exemplos de práticas da alta administração em apoio ao programa de Compliance são: conceder a palavra ao Compliance Officer em reuniões da alta administração de forma periódica; proferir discurso Participar de treinamentos de Compliance com uma breve palavra ao início ou final.

Para a escolha do(a) gerente de Compliance aconselha-se sejam levados em conta os seguintes critérios: histórico reputacional; conhecimento e experiência em Compliance; conhecimento ou experiência em Governança ou Riscos; conhecimento ou experiência na Construção Civil. Ademais, aconselha-se que seja domiciliado no Brasil e que atue exclusivamente neste país.

Por fim, após o processo de contratação e nomeação do(a) gerente de Compliance, é imperioso que a alta administração assegure a ele(a) independência de atuação e um meio de comunicação direto àquela. Independência não significa que o(a) gerente possa fazer o que bem entender, significa que deve agir representando os interesses formalizados no estatuto ou políticas da empresa, sem proteger determinados stakeholders. Já a comunicação direta com a alta administração implica possuir meios de se comunicar com ela sem obstáculos, filtros ou interferências de outras áreas, setores ou secretariado.

PRINCIPAIS AÇÕES PARA IMPLEMENTAR UM PROGRAMA DE COMPLIANCE EFICAZ EM UMA EMPRESA DE ENGENHARIA CIVIL DE GRANDE, MÉDIO OU PEQUENO PORTE

Após o engajamento da Alta Administração e a definição de uma instância independente de Compliance, pode-se sugerir as seguintes sínteses de grupos de principais ações para a implementação de um programa de Compliance, que abarcarão todos os demais pilares expostos acima. Recomenda-se ainda, a utilização de um framework como COSO ou ISO.

PRIMEIRO GRUPO DE AÇÕES: MAPEAR E CLASSIFICAR OS RISCOS DE FRAUDE, CORRUPÇÃO, SUBORNO OU DESVIO DE CONDUTA EM NÍVEIS DE PROBABILIDADE E GRAU DE IMPACTO.

Mapear significa identificar ou listar todos os riscos e suas causas que envolvam cada uma das atividades da empresa, que não são poucas. Para tanto é recomendável realizar planilhas, entrevistas, brainstorms, entre outros, conforme já expostos mais acima.

Classificar implica categorizá-los entre níveis de risco baixo, médio, alto ou crítico levando em consideração critérios de probabilidade e impacto (financeiro, reputacional, social, ambiental etc.). É recomendável elaborar uma matriz de riscos e um gráfico de dois eixos, onde X será o grau de probabilidade e Y será o grau de impacto.

Este primeiro grupo de ações se relaciona com o objetivo de prevenir, vez que se está agindo antes do risco se materializar. Destina-se a cumprir com o pilar do risk assessment.

SEGUNDO GRUPO DE AÇÕES: ELABORAR POLÍTICAS E PROCEDIMENTOS QUE DIMINUAM A PROBABILIDADE OU O IMPACTO DOS RISCOS IDENTIFICADOS, COM DEFINIÇÃO CLARA DE PRINCÍPIOS E REGRAS, RESPONSABILIDADES, DIREITOS E DEVERES, PRERROGATIVAS E OBRIGAÇÕES, PENALIDADES E SANÇÕES APLICÁVEIS.

Elaborar políticas e procedimentos significa formalizar orientações, princípios e regras claras sobre as responsabilidades de cada stakeholder.

Políticas são geralmente documentos abrangentes que trazem os princípios e as regras basilares da empresa que passarão a ser melhores esclarecidas e regulamentadas objetivamente pelos procedimentos.

Exemplos são, a política anticorrupção que poderá prever a necessidade de haver um procedimento de brindes e hospitalidades e de um programa de Compliance, através do qual será elaborado um Código de Ética ou Conduta.

Faz-se mister ressaltar que não há um consenso na prática sobre a utilização do nome "Código de Conduta" ou "Código de Ética e de Conduta", vez que ambos se prestam a apontar princípios e regras desejadas que os stakeholders aos quais os procedimentos são aplicáveis, os cumpram em sua rotina.

Destaca-se que não há um código padrão para todas as empresas. Isto porque, cada uma delas possuem riscos distintos. E, o objetivo das políticas e procedimentos (dentre eles o Código de Conduta) é combater cada um dos riscos identificados na fase de risk assessment, priorizando-se aqueles classificados como de nível alto ou crítico.

Em razão disso é que se aconselha a elaborar um Código de Conduta específico para determinada atividade da empresa em que haja maior grau de risco, como, por exemplo, para stakeholders que interajam diretamente com agentes públicos em nome da empresa com poder de tomar decisões.

Ademais, o nível de risco antes da sua respectiva mitigação é chamado de "risco inerente o negócio" ao passo que após a sua mitigação, sua categorização pode deixar de ser alta ou crítica, tendo em vista os mecanismos de controle e monitoramento a serem previstos em procedimentos claros e conhecidos pelos respectivos stakeholders responsáveis.

Eis que, assim este segundo grupo de ações se relaciona com os seguintes objetivos do programa de Compliance e através das seguintes maneiras:

a.   prevenir (riscos de Compliance) – por meio de políticas gerais e de procedimentos específicos que incluam o o Código de Ética e de Conduta, o programa de comunicação e treinamentos, a obrigação de testes, controles internos e auditoria externa independente;

b.   detectar (riscos de Compliance) – através de procedimentos de monitoramento, de canal de denúncias com direitos de não retaliação, investigações internas e due diligence;

c.   remediar (riscos de Compliance) – mediante procedimento aplicação de sanções, autodenúncia (whistleblower), procedimento de contingenciamento;

d.   fomentar a cultura de Compliance – por meio procedimento ou programa de comunicação, treinamento, auditoria e aplicação de sanções.

Destaca-se que o escopo dos riscos de Compliance, foi definido em proposição mais acima quando tratado do escopo do Compliance atualmente no Brasil. Em suma, este grupo de ações se destinará a formalizar de modo claro todas as políticas e procedimentos (pilares) que envolverão o programa de Compliance.

TERCEIRO GRUPO DE AÇÕES: COMUNICAR E TREINAR OS STAKEHOLDERS RESPONSÁVEIS SOBRE AS POLÍTICAS E PROCEDIMENTOS DE INTEGRIDADE, MEDIANTE APRESENTAÇÕES, ESCLARECIMENTOS, DINÂMICAS E DIVULGAÇÕES PERIÓDICAS EM TODOS OS MEIOS DE COMUNICAÇÃO DA ORGANIZAÇÃO;

Neste contexto, o verbo "comunicar" significa: repassar, compartilhar e esclarecer informações sobre os procedimentos de Compliance àqueles aos quais lhes são aplicáveis, buscando sempre adequar a comunicação à forma de linguagem e cotidiano do interlocutor.

Já o termo "treinar", no cenário do programa de Compliance, quer dizer: simular riscos reais que podem acontecer para esclarecer qual é a conduta esperada pela empresa, segundo os seus procedimentos e Código de Ética, mediante apresentações, dinâmicas, quiz etc.

Este grupo de ações se destina a cumprir com o objetivo de prevenir os riscos de Compliance, vez que atuam antes do risco se materializar e, não há nelas, propriamente, dispositivos para detectar se um risco está ocorrendo ou responder de forma direta a um risco que já ocorreu. Também se presta a completar o objetivo de fomentar a cultura de Compliance na empresa.

Destaca-se que o escopo dos riscos de Compliance, foi definido em proposição mais acima quando tratado do escopo do Compliance atualmente no Brasil.

Em suma, este grupo de ações se destinará a tentar garantir que todos os stakeholders aos quais os procedimentos de Compliance são aplicáveis, realizem as condutas esperadas pela empresa, possuam a ciência dos procedimentos e demonstrem que teoricamente sabem como agir em situações previstas pelos referidos procedimentos (dentre eles, o Código de Conduta).

QUARTO GRUPO DE AÇÕES: MONITORAR E TESTAR SE AS POLÍTICAS E PROCEDIMENTOS ESTÃO SENDO OBSERVADOS (CANAIS DE DENÚNCIAS, CONTROLE INTERNO, AUDITORIA EXTERNA, INDICADORES, PARA FINS DE VALIDAR E MELHORAR CONTINUAMENTE O PROGRAMA)

O verbo "monitorar" neste ínterim, denota: acompanhar ou gerenciar o desempenho ou fatos correlatos a riscos de Compliance sobre ações ou condutas dos stakeholders (colaboradores, parceiros, fornecedores, representantes, sócios, controladores, administradores), através de Due Diligence, relatórios, formulários, dashboards, indicadores, KPI's (Key Performance Indicators) que serão analisados pelo(a) gerente de Compliance e reportados com independência à Alta Administração, conforme o procedimento elaborado.

Já o termo "testar", no panorama em tela, significa: realizar testes, provas, simulações ou auditorias internas ou externas que verifiquem o grau de aderência dos stakeholders às políticas e procedimentos da empresa, de modo a expedir relatórios e evidências que fundamentem a conclusão a fim de que a companhia possa melhorar continuamente os seus controles e os pilares de seu programa da Compliance.

Este conjunto de ações visam a detectar riscos materializados, responder (remediar) a eles mediante melhorias no programa de Compliance e prevenir que venham a ocorrer novamente, de modo a estimular uma cultura de Compliance mais aderente com aos seus procedimentos.

POSSÍVEIS IMPACTOS POSITIVOS NA SOCIEDADE DEVIDO A IMPLEMENTAÇÕES DE PROGRAMAS DE INTEGRIDADE NOS EMPREENDIMENTOS DA ENGENHARIA CIVIL BRASILEIRA

Para falar das consequências dos programas de integridade nas empresas de engenharia civil brasileiras na sociedade é necessário primeiramente falar sobre as consequências negativas que a corrupção traz à sociedade brasileira, vez que o principal efeito positivo do programa de integridade é remediá-la.

Infelizmente, a classe mais afetada pela corrupção na construção civil é a população desprivilegiada financeiramente, pois a aquela contribui diretamente para uma inflação dos preços das mercadorias e, contudo, o salário-mínimo não acompanha esta inflação.

Em paralelo, de acordo com estudos da Federação das Indústrias do Estado de São Paulo – FIESP, publicados em 2013[6], a renda per capita do Brasil poderia ser de US$ 9 mil (isto é, 15,5% maior do que o nível à época) e que representa 1,38% a 2,3% do Produto Interno Bruto (PIB) isto é, R$ R$ 41,5 bilhões a R$ 69,1 bilhões, este é o custo da corrupção. Valor e crescimento estes que poderiam ser destinados a melhores serviços públicos, hospitais, escolas, habitações, postos de saúde, saneamento básico, infraestrutura etc.

Já, segundo relatório do Escritório das Nações Unidas sobre Crimes e Drogas – UNODC:

> *"A corrupção é o maior obstáculo ao desenvolvimento econômico e social no mundo. A cada ano, US$1 trilhão são gastos em subornos, enquanto que cerca de US2,6 trilhões são desviados pela corrupção – uma soma equivalente a mais de 5% do PIB mundial. O Programa das Nações Unidas para o Desenvolvimento estima que nos países em desenvolvimento a quantia de fundos desviados de seus destinos pela corrupção é 10 vezes superior ao destinado a assistência oficial para o desenvolvimento." (UNODC, n.d., p.1. – grifo nosso)*

Noutro giro, os que mais ganham com a corrupção são aqueles que possuem uma posição financeira já privilegiada no país, pois ao subornar a classe política, recebem vultosos pagamentos mediante contratos com a Administração Pública, sem mencionar o superfaturamento e o atraso proposital na entrega da obra, forçando um aditivo e prejudicando diretamente a sociedade.

Sobre o a forma de corrupção e fraude chamada de superfaturamento, a nova Lei de Licitações brasileira esclarece as suas formas de ocorrer:

> *"(...) superfaturamento: dano provocado ao patrimônio da Administração, caracterizado, entre outras situações, por: a) medição de quantidades superiores às efetivamente executadas ou fornecidas; b) deficiência na execução de obras e de serviços de engenharia que resulte em diminuição da sua qualidade, vida útil ou segurança; c) alterações no orçamento de obras e de serviços de engenharia que causem desequilíbrio econômico-financeiro do contrato em favor do contratado; d) outras alterações de cláusulas financeiras que gerem recebimentos contratuais antecipados, distorção do*

---

6   A primeira publicação dos estudos ocorreu em 2010, porém foi atualizada em 2013.

cronograma físico-financeiro, prorrogação injustificada do prazo contratual com custos adicionais para a Administração ou reajuste irregular de preços;" (BRASIL, 2021 – grifo nosso)

O superfaturamento pode se dar, por exemplo, na espessura de asfalto a menor ou em mistura com insumos mais baratos do que foi contratado. Por menor que seja a economia nesse asfalto, o valor deveria ter sido repassado aos cofres públicos e, em uma via de milhares de quilômetros poderá representar no final da obra um ganho de milhões de reais em corrupção (subornando ou não agentes públicos fiscalizadores do contrato) e uma perda para a sociedade.

Mais do que isso, o asfalto não irá durar o mesmo tempo e com os buracos a surgir nas rodovias, os veículos que lá transitam serão afetados e culminará em mais prejuízos à sociedade, sem se falar na possibilidade de gerar um acidente com vítimas. Por consequência dos buracos, novas licitações poderão ser abertas cujas obras também poderá haver superfaturamentos. Este é um singelo exemplo representa efeitos macroeconômicos.

O mesmo pode ocorrer em uma obra do setor privado, isto é, sem envolvimento do governo, onde fraudadores superfaturam o contrato aproveitando da falta de controle e fiscalização na execução do mesmo, o que poderia ser evitado ou mitigado com o devido programa de Compliance.

CONSIDERAÇÕES FINAIS

Através de análise histórica, foi possível concluir que a ciência do Compliance assumiu papel essencial para a segurança e estabilidade dos negócios ao visar a conformidade entre o mundo ideal das regras do Direito e o mundo real da dinâmica do mercado (PORTO, 2023). Também se verificou que mundialmente o mercado demanda das empresas a mitigação de seus riscos e a nova Lei de Licitações brasileira caminhou neste sentido. Fatos que acenam ao futuro que as empresas as quais não seguirem nesta esteira poderão sucumbir.

Já sobre a construção, verificou-se que há milênios é uma atividade vital para a sobrevivência dos seres humanos, pois provê segurança contra intempéries e invasões, qualidade de vida e longevidade. Essa, contudo, esteve ao longo dos séculos relacionada aos interesses militares e no século XVIII começou a se desassociar do militarismo com o primeiro engenheiro civil, que se tem notícia, o então autointitulado, John Smeaton.

Foi possível verificar que como o Brasil já possuía desde os tempos coloniais uma dinâmica de processos de corrupção, a sua associação com a atividade da construção civil proveu muitos lucros aos seus empreendedores por meio de suborno a políticos sucessivos, predileções ilícitas e superfaturamentos nos contratos de construção civil no Brasil. Isso culminou no hiper crescimento de determinadas empresas brasileiras, onde mais tarde descobriu-se estarem envolvidas em processos de corrupção em nível mundial.

Verificou-se ainda, por meio de estudos publicados, que a corrupção impacta no PIB nacional em percentual considerável e que é o maior entrave para o desenvolvimento social. Também se viu que está intimamente relacionada com os conflitos armados em uma espécie de simbiose onde um fertiliza o terreno para o outro. Conclui-se também que um programa de Compliance eficaz pode contribuir para auxiliar a Governança Corporativa e Pública a gerenciar melhor os riscos dos empreendimentos de Construção Civil no Brasil, dentre eles os riscos ligados à corrupção e à fraude.

Desta forma, como o direito brasileiro prevê que o Compliance deve mitigar os riscos de corrupção e a nova Lei de Licitações segue neste sentido ao obrigar os órgãos públicos licitantes a realizarem a gestão dos riscos e dos contratos públicos, concluiu-se que os programas de integridade eficazes podem impactar positivamente na sociedade e nas entidades privadas e públicas que os implementaram, ao propiciar uma sociedade e mercado brasileiros mais seguros, democráticos, isonômicos e prósperos.

REFERÊNCIAS BIBLIOGRÁFICAS

ABRAINC. (2021). ABRAINC Explica: A importância da Construção Civil para impulsionar a economia brasileira. Disponível em: <https://www.abrainc.org.br/abrainc-explica/2021/06/28/abrainc-explica-a-importancia-da-construcao-civil-para-impulsionar-a-economia-brasileira/>. Acesso em: 02 de abril de 2023.

BARBA, Mariana Della. (2012). Corrupção no Brasil tem origem no período colonial, diz historiadora. BBC Brasil, São Paulo/SP, 4 de novembro, 2012. Seção Brasil. Disponível em <https://www.bbc.com/portuguese/noticias/2012/11/121026_corrupcao_origens_mdb>. Acesso em: 02 de abril de 2023.

BENTON, William. (1972). Encyclopedia Britanica Inc. Terminologia "construção civil". Society of Gentleman in Scotland. Vols. 8 e 20. Ed. International Copyright Union: USA.

BRASIL. (2022). Decreto Federal n. 11.129.

BRASIL, Governo Federal do. (2021). Plano De Gestão De Riscos Da Operacionalização Da Nova Lei De Licitações (PGRONLL). Disponível em: <https://www.gov.br/compras/pt-br/nllc/identificacao-e-avaliacao-de-riscos/identificacao-e-avaliacao-de-riscos-na-nll>. Acesso em: 28 de março de 2023.

BRASIL. (2021). Lei Federal nº 14.133.

BRASIL. (2013). Lei Federal n. 12.846.

BRASIL. (2003). Lei Federal n. 10.763.

BRASIL. (2002). Lei Federal nº 10.467.

BRASIL. (2002). Lei Federal nº 10.406.

BRASIL. (1998). Lei Federal n. 9.613.

BRASIL. (1992). Lei Federal n. 8.429.

BRASIL. (1986). Lei Federal n. 7.492.

BRASIL. (1964). Lei Federal n. 4.320.

CUNHA, Matheus e KALAY, Marcio El. (2019). Manual de Compliance: Compliance Mastermind. Vol. 1. – 1 ed. – São Paulo: Ed. LEC.

FERREIRA, Aurélio Buarque de Holanda. (2009). Novo dicionário Aurélio da língua portuguesa. Verbete "engenharia". Coordenação Marina Baird Ferreira, Margarida dos Anjos. - 4. ed. - Curitiba: Ed. Positivo.

HOGAN, Michael. (2022). Structuring a Compliance Program: a review of the key components of a compliance program. Aula online ministrada em 28 de julho de 2022. Orlando/FL. AMBRA UNIVERSITY.

Michaelis Online. (n.d.). Dicionário Online. Verbete "corrupção". Disponível em: < https://michaelis.uol.com.br/>. Acesso em: 28 de março de 2023.

OCDE. (2017). Recomendação do conselho da OCDE sobre integridade pública. Disponível em: <https://www.oecd.org/gov/ethics/integrity-recommendation-brazilian-portuguese.pdf>. Acesso em: 30 de março de 2023.

Oxford Languages Online. (n.d.). Dicionário Online. Verbete "prédio". Disponível em: <https://www.google.com/search?q=predio&oq=predio&aqs=edge..69i57j0i131i433i512j0i512l2j0i131i4   33i512l2j0i3j0i512.1693j0j1&sourceid=chrome&ie=UTF-8>.

Acesso em: 28 de março de 2023.

PORTO, Éderson Garin. (2022). Compliance e Governança: uma abordagem prática e objetiva. - 2. ed. rev. e ampl. – Porto Alegre: Ed. Lawboratory.

PORTO, Éderson Garin. (2023). Compliance: Governança e Programa de Integridade. Aulas online ministradas de fevereiro a março de 2023. Orlando/FL. AMBRA UNIVERSITY.

FIESP. (2013). Custo da corrupção no brasil chega a R$ 69 bi por ano. São Paulo/SP, 13 de maio de 2010, atualizado em 07 de fevereiro de 2013. <https://www.fiesp.com.br/noticias/custo-da-corrupcao-no-brasil-chega-a-r-69-bi-por-ano/> Acesso em: 29 de março de 2023.

UNODC. (n.d.). Corrupção e Desenvolvimento. Disponível em: < https://www.unodc.org/documents/lpo-brazil/Topics_corruption/Campanha-2013/CORRUPCAO_E_DESENVOLVIMENTO.pdf>. Acesso em: 25 de março de 2023.

Securities And Exchange Commission. (2015). Order instituting administrative and cease-and-desist proceedings, pursuant to sections 203(e) and 203(k) of the investment advisers act of 1940 and sections 9(b) and 9(f) of the investment company act of 1940, making findings, and imposing remedial sanctions and a ceaseand-desist order. Disponível em: <https://www.sec.gov/litigation/admin/2015/ia-4065.pdf>. Acesso em: 23 de março de 2023.

Transparência Internacional Brasil. (2022). Índice de percepção da corrupção 2022. Disponível em: <https://transparenciainternacional.org.br/ipc/>. Acesso em: 25 de março de 2023.

YAZIGI, Walid. (2008). A técnica de edificar. – 9. ed. rev. e ampl. – São Paulo: Pini: SinusCon.

El País. (2014). Para promotor especialista em carteis, algumas empresas atuam como a máfia. Marina Novaes. São Paulo. Disponível em: <https://brasil.elpais.com/brasil/2014/11/18/politica/1416338061_677570.html> Acesso em: 02 de abril de 2023.

PROGRAMA DE INTEGRIDADE E O SISTEMA DE GESTÃO INTEGRADO (ISO 9001:2015, ISO14001:2015, ISO45001:2018) DA ORGANIZAÇÃO

Autora:

Dalete dos Santos

O presente trabalho tem como foco trazer os pontos comuns da implantação de um Programa de Integridade em consonância com o Sistema de Gestão Integrado (NBR ISO 9.001, 14.001 e 45.001) já existente em uma Organização de economia mista.

O problema identificado foi que ambos os temas são tratados de forma independente no âmbito do Conselho de Administração e sucessivamente pelos gestores dos processos, os quais detém as demandas para a continuidade das Certificações nas Normas supra Citadas e pela implantação de um Programa de Integridade em atendimento a Lei Anticorrupção - Lei no 8429/2013, Lei de Improbidade Administrativa – Lei no 8666/1993, Lei das Licitações e contratos da Adm. Pública – Lei no 6404/1976 e Lei das Sociedades Anônimas – Lei no 6404/1976.

A metodologia utilizada foi a de avaliação da documentação existente no departamento "Sistema de Gestão Integrado- SGI" da organização, bem como entrevistas com os gestores tanto do SGI como do departamento denominado "Auditoria Interna" em que o tema Compliance e Governança Corporativa estão presentes, neste foram questionados a existência de documentos e práticas referente a um Programa de Integridade.

O resultado do trabalho consiste em relacionar a sinergia dos requisitos base dos pilares do Programa de Integridade (trazidos no Art. 42 do Decreto 8420/2015 que regulamenta a Lei no 12.846/2013 - conhecida como Lei Anticorrupção e Antissuborno) - com os requisitos das Normas ISO citadas, bem como propor plano de trabalho para a efetiva sinergia entre o SGI e o Programa de Integridade (atrelando os diversos ramos do Compliance e a estrutura de Governança Corporativa) da Organização objeto de estudo.

DESENVOLVIMENTO

Em linhas gerais, antes do desenvolvimento propriamente dito, foco desse trabalho, faz-se necessário trazer as definições, bem como a origem do Programa de Integridade e do Sistema de Gestão Integrado nas Organizações, no intuito de se fazer entender a efetiva possibilidade de interface entre ambos.

Necessário entender ainda que o ponto focal do desenvolvimento se refere a análise da estrutura atual da empresa para um possível Programa de Compliance atrelado às Normas ISO (International Standardization Organization), já existentes e certificadas (ISO 9001, 14001 e 45001) na organização de estudo de caso.

O QUE É O PROGRAMA DE INTEGRIDADE ? QUAL A BASE QUE SE DEVE UTILIZAR PARA INICIAR OS PRIMEIROS PASSOS?

O Programa de Integridade remete diretamente a expressão "Compliance", vocábulo comum na estrutura de Governança Corporativa do mundo empresarial atual no Brasil e no mundo.

Segundo Porto (2023) o significado da expressão "compliance" tem o intuito do entendimento de cumprir os requisitos legais e outros requisitos, eliminando ou reduzindo os riscos, daquela organização.

Em se tratando de Normas ISO - ABNT NBR, cumpre-se destacar as relacionadas a seguir, as quais estabelecem diretrizes e bases importantes para a implementação do Programa de Integridade, apesar disso não se fizeram presente na atual estrutura da organização, objeto do estudo:

i.   Norma ABNT NBR ISO 37001 – Sistemas de gestão antissuborno – A referida Norma traz a definição de suborno e as principais preocupações que o ato do suborno traz nas organizações. Entende-se que a conscientização destas consequências faz com que consiga através de sistemáticas adequadas fazer com que o suborno não ocorra dentro das empresas e que possa aumentar a confiança nas organizações pelos seus Clientes, provedores externos, demais entes públicos ou não.

ii.   Norma ABNT NBR ISO 31000 – Gestão de Riscos - um dos pilares que compõe o programa de integridade é a Gestão de Riscos, assim a ISO 31000 traz definições e diretrizes para uma estrutura adequada de gestão de riscos. Isto feito, contribuirá para a melhoria dos sistemas de gestão. Trata-se de uma sinergia importante com os demais sistemas de gestão implantados na empresa, ou seja, em se tratando do sistema de gestão de saúde e segurança ocupacional, por exemplo, quando em sinergia com a ISO 31000, a tratativa dos riscos, no intuito de diminuí-los ou eliminá-los seguirá padrões normativos que levará a um maior sucesso das ações tomadas.

PROCESSO DE GESTÃO DE RISCOS

COMUNICAÇÃO E CONSULTA

MONITORAMENTO E ANÁLISE CRÍTICA

Escopo, Contexto e Critério

Processo de Avaliação de riscos

Identificação de riscos

Análise de Riscos

Avaliação de Riscos

Tratamento de Riscos

Registro e Relato

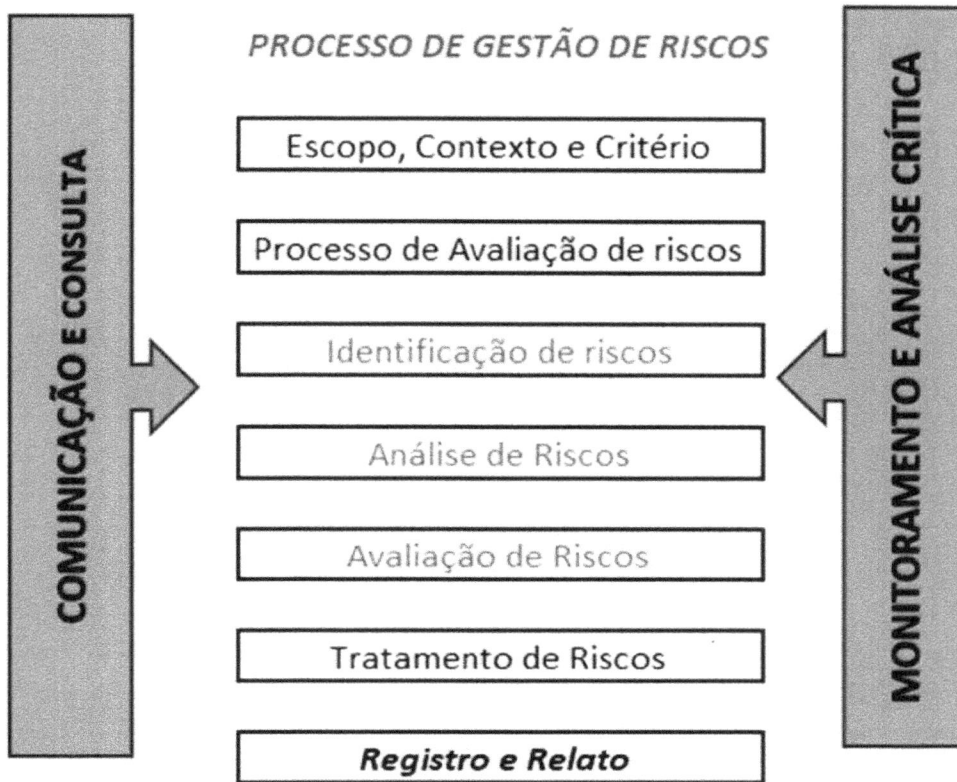

Figura adaptada pela Autora Fonte: Norma ISO 31000:2015

Do ponto de vista legal, o Programa de Integridade surgiu a partir da Lei no 12.846 de 2013 – Lei Anticorrupção, regulamentada pelo Decreto no 8.420/2015, o qual define no art. 41 o que é Programa de Integridade:

> *"Programa de integridade consiste, no âmbito de uma pessoa jurídica, no conjunto de mecanismos e procedimentos internos de integridade, auditoria e incentivo à denúncia de irregularidades e na aplicação efetiva de códigos de ética e de conduta, políticas e diretrizes com objetivo de detectar e sanar desvios, fraudes, irregularidades e atos ilícitos praticados contra a administração pública, nacional ou estrangeira."*

Conforme o documento Programa de Integridade para empresas Privadas, elaborado pela Controladoria-Geral da União (CGU), define-se ainda o respectivo Programa como:

"Programa de Integridade é um Programa de Compliance Específico para Prevenção, Detecção e Remediação dos Atos Lesivos Previstos na Lei 12.846/2013, que tem como foco, além da ocorrência de suborno, também fraudes nos processos de licitações e execução de contratos com o setor público".

Figura Adaptada pela Autora Fonte: CGU (setembro/2015)

A possibilidade de avaliação do programa está relacionada com a instauração de Procedimento Administrativo de Responsabilização – PAR, suscitado no Art. 5o, §4o do Decreto supracitado, que regulamentou a Lei 12.846 de 2013 – Lei Anticorrupção.

> *Art. 5o No ato de instauração do PAR, a autoridade designará comissão, composta por dois ou mais servidores estáveis, que avaliará fatos e circunstâncias conhecidos e intimará a pessoa jurídica para, no prazo de trinta dias, apresentar defesa escrita e especificar eventuais provas que pretende produzir.*
>
> *§ 4o Caso a pessoa jurídica apresente em sua defesa informações e documentos referentes à existência e ao funcionamento de programa de integridade, a comissão processante deverá examiná-lo segundo os parâmetros indicados no Capítulo IV, para a dosimetria das sanções a serem aplicadas*

De acordo ainda, com o Art. 42 do mesmo decreto, o programa de integridade será avaliado, quanto a sua existência e aplicação, com base em parâmetros específicos. Tais parâmetros serão correlacionados aos requisitos das Normas ISO, fruto desse trabalho na integração para com o Programa de Integridade, em tópico específico.

Relevante aqui destacar que a Lei Anticorrupção não exime a aplicação da Lei n.o 8429 de 1922 (Lei de improbidade Administrativa, que regulamenta o Art. 37, inciso XXI, da CRFB) e da Lei n.o 8666 de 1993 (Lei das Licitações e contratos da administração pública), visto que não trata de responsabilização penal, mas sim de responsabilidade civil e administrativa.

O QUE É UM SISTEMA DE GESTÃO INTEGRADO (SGI)?

O Sistema de Gestão, por sua vez, trata-se de um conjunto de elementos dispostos organizadamente para lidar habilmente com um tema específico produzindo resultados.

Implementar ou não um sistema de gestão é uma decisão estratégica ser adotada pela organização. As empresas buscam ter como ferramenta de gestão uma determinada sistemática baseada em normas certificáveis, pois dessa maneira objetivam ter resultados melhores nos seus indicadores de performance e, portanto, aumentar a probabilidade de sustentabilidade da organização.

Mas qual a finalidade de uma Certificação do Sistema de Gestão Integrado? Alguns deles, trazidos pelas Normas ISO, de forma geral podem ser destacados, tais como:

a) Atender requisitos legais e outros requisitos aplicáveis ao negócio da organização;

b) Executar oportunidades de melhoria, as quais com foco no Cliente, certamente aumentará sua satisfação e, portanto, estreitará seu vínculo com o provedor externo;

c) Identificar quais seus principais "gargalos", ou seja, seus riscos, associando-os ao contexto em que a organização está inserida e vinculando aos seus objetivos, cria-se então uma sinergia entre a Missão, Visão e Valores da Organização com o seu real propósito e práticas rotineiras.

Em suma, poder demonstrar para as partes interessadas que a organização pratica sua gestão em conformidade aos requisitos estabelecidos em norma do sistema de gestão, voltados para a conformidade legal, para o foco no cliente, na melhoria e proteção ambiental e nos cuidados de proteção aos trabalhadores, comunidade e usuários de seus produtos e serviços.

As Normas ISO estão divididas em elementos auditáveis, propiciando a recomendação de uma Certificação por organismo independente e sob a livre iniciativa da organização, independentemente do tamanho, número de funcionários, valor, tipo de prestação de serviços ou produto final fabricado.

As Normas aqui contempladas são: ISO 9001:2015 (Sistema de Gestão da Qualidade), ISO 14001:2015 (Sistema de Gestão Ambiental) e ISO 45001:2018 (Sistema de Gestão de Saúde e Segurança Ocupacional), todas possuem requisitos fundamentais comuns, quais sejam: Necessidade de Abordagem de Processos, Mentalidade de Risco e Metodologia PDCA para a implantação do próprio sistema e tratamento de desvios (P=plan, D= do , C= check, A=Action).

São elementos comuns, pois para quaisquer delas, implantada individualmente ou em conjunto, deve-se construir o sistema levando em consideração o detalhamento de cada um dos processos da organização, ou seja, suas entradas, saídas, recursos necessários, desenvolvimento pautado em atendimento de resultados, monitorados por indicadores e metas pré-estabelecidas, bem como suas interfaces, ou seja, os requisitos de fornecedores e clientes internos, análise crítica de resultados, de relatórios e de desvios, em atendimento a Política da Qualidade, Política Ambiental e Política de Saúde e Segurança Ocupacional aprovada pela Alta Direção da Organização e a(s) qual(is) deve ser a base da construção do Sistema de Gestão, uma vez que reflete o compromisso da Organização com os empregados, terceiros, sociedade, Clientes, acionistas e todas as demais partes interessadas.

Todo o Sistema deve estar disciplinado para ser eficaz e duradouro, assim o investimento da maior parte do tempo deve ser empregado na primeira fase – trata-se do "P"- Planejamento, posteriormente para a execução das ações, planejadas na primeira fase – trata-se da fase "D" – Fazer/Executar as Ações, posteriormente em avaliar os resultados, ou seja, terceira fase – trata-se do "C" – Checar/Verificar e por fim, a última fase "A", em que a padronização dar-se-á, conforme a verificação da eficácia de cada ação implementada.

A aplicação do ciclo PDCA garante a resolução dos problemas, transformando o conhecimento inicialmente abstrato em conhecimento concreto e portanto, permitindo a repetibilidade e execução de padrões reconhecidamente aprovados pela organização, que podem ser traduzidos em Políticas, Procedimentos, Códigos, Acordos, Instruções Operacionais, enfim e estes melhorados continuamente, "girando" o Ciclo PDCA em cada nova melhoria e/ou revisão do sistema de gestão integrado em todos os seus processos e níveis hierárquicos.

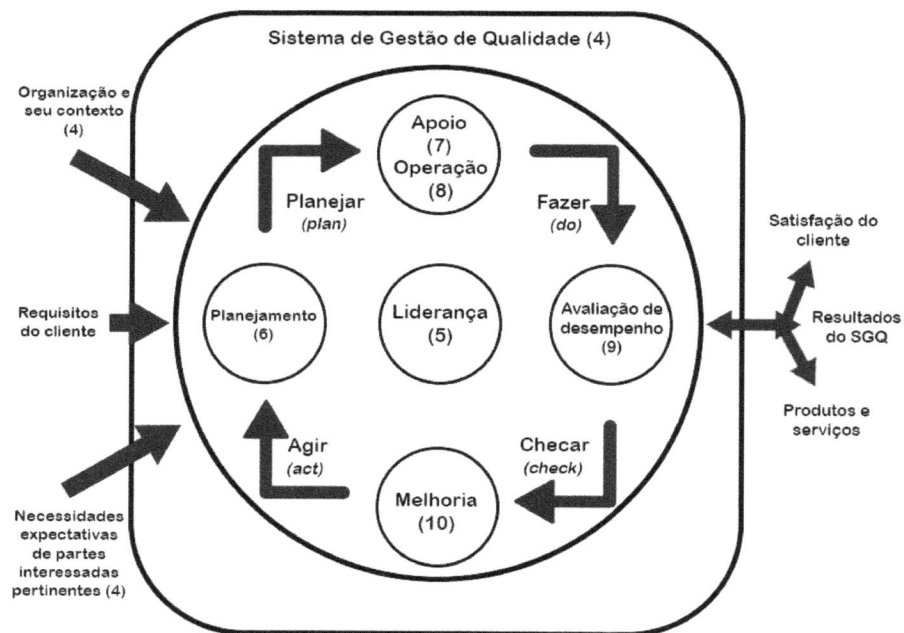

Fonte: Norma ISO 9001:2015

A implantação do sistema pode ou não ser seguido de um processo de recomendação à certificação por um organismo certificador acreditado, isto porque em não sendo um requisito de mercado e/ou do Cliente direto para fornecimento de produtos ou serviços a organização pode simplesmente implantar os sistemas, mas não necessariamente requerer uma Certificação. A questão é que a implantação do Sistema de Gestão invariavelmente trará benefícios à organização, tais quais, melhoria na performance dos processos, existência de indicadores consistentes para melhoria contínua de desempenho, maior visibilidade de mercado, credibilidade na prestação de contas, transparência, melhor comunicação e entendimento dos valores, missão e políticas direcionadoras para o sucesso dos negócios, por todos os colaboradores (funcionários e/ou terceiros), fornecedores e prestadores de serviço em geral.

Obviamente que a recomendação à certificação por um organismo independente é muito bem vista do ponto de vista comercial e reputacional, pois retrata os "olhos da sociedade" quanto aos modos operantes da organização, reconhecendo de forma positiva como a organização atende a satisfação dos seus clientes (ISO 9001), como a organização move esforços para garantir a proteção ambiental (ISO 14001) e como o compromisso com a integridade física e mental das pessoas (colaboradores/terceiros) é exercido, independentemente do tipo de produto ou prestação e serviço fornecidos. Tal reconhecimento é conferido quando sobretudo a alta administração da organização está intimamente ligada à tais políticas, demonstrada pelo alcance dos objetivos e metas de um planejamento sistêmico de cada um dos temas.

A numeração está em consonância com o denominado anexo SL das Normas em que apresentam a mesma itemização em quaisquer delas, uma melhoria das versões 2015 das Normas ISO 9001 e ISO 14001, a partir de então a ser adotada a todas as Normas ISO, assim como foi para a ABNT NBR ISO 45001 versão 2018.

A ilustração dos elementos auditáveis, das Normas em questão é a seguir demonstrada como uma conexão entre os elementos formando um quadrado perfeito, em que todos são fundamentais para o atendimento integral dos requisitos normativos, porém não independentes entre si.

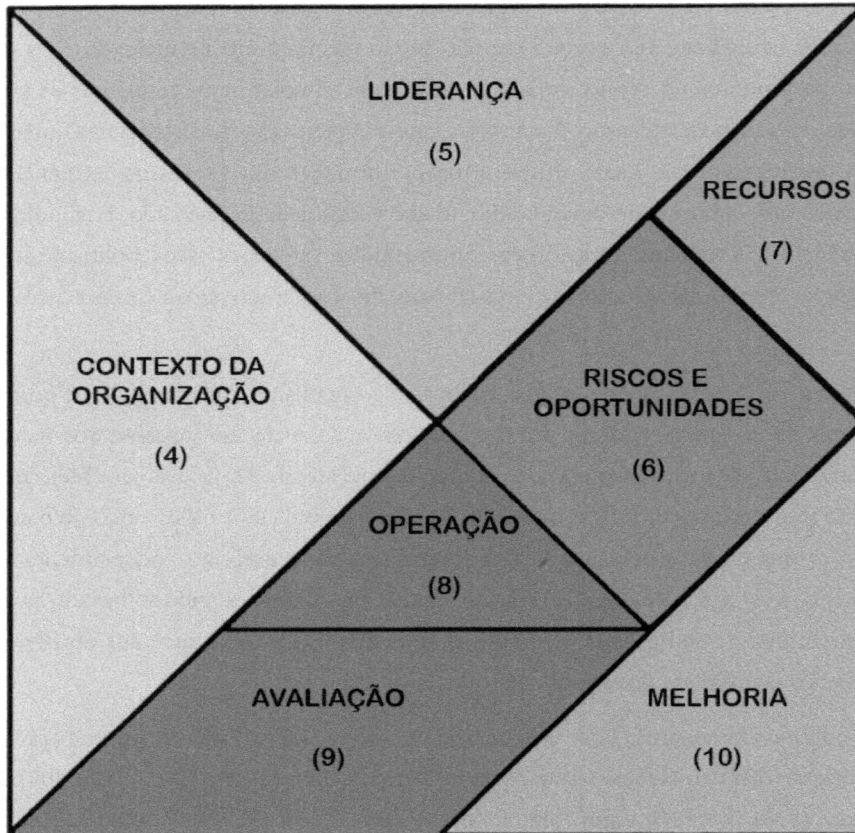

Figura Conexão entre os elementos Normativos- elaboração da Autora

A conexão entre os requisitos auditáveis (numerações 4 a 10, referem-se aos capítulos em que os quesitos são tratados nas Normas em questão) demonstra a Liderança no topo da figura geométrica de forma proposital, pois as Políticas devem não só ser aprovadas pela mais alta administração, mas por esta também praticadas, demonstrando a efetividade dos valores e missões baseados nas condutas e éticas comportamentais da organização, oriundos do seu Contexto, entendido com base nas questões internas e externas, suportado pelos Recursos humanos, financeiros e de infraestrutura disponíveis, mediante um levantamento o prévio dos Riscos e Oportunidades, com planos de ações consolidados para a mitigação de riscos e implementação das oportunidades, possibilitando uma Operação equilibrada com as expectativas das partes interessadas e monitorada por uma Avaliação constante, proporcionando Melhoria contínua, inclusive através do tratamento dos desvios observados, com metodologia específica (PDCA).

Sinergia entre o Programa de Integridade e o SGI

Pilares do Programa de Integridade

Os pilares do Programa Integridade considerados para o estudo de caso são trazidos pelo documento elaborado pela Controladoria Geral da União (CGU) são citados na íntegra, no intuito de embasar a tabela comparativa do item II.3.3.

"1°: Comprometimento e apoio da alta direção: O apoio da alta direção da empresa é condição indispensável e permanente para o fomento a uma cultura ética e de respeito às leis e para a aplicação efetiva do Programa de Integridade.

2°: Instância responsável pelo Programa de Integridade: Qualquer que seja a instância responsável, ela deve ser dotada de autonomia, independência, imparcialidade, recursos materiais, humanos e financeiros para o pleno funcionamento, com possibilidade de acesso direto, quando necessário, ao mais alto corpo decisório da empresa.

3°: Análise de perfil e riscos: A empresa deve conhecer seus processos e sua estrutura organizacional, identificar sua área de atuação e principais parceiros de negócio, seu nível de interação com o setor público – nacional ou estrangeiro – e consequentemente avaliar os riscos para o cometimento dos atos lesivos da Lei no 12.846/2013.

4°: Estruturação das regras e instrumentos: Com base no conhecimento do perfil e riscos da empresa, deve-se elaborar ou atualizar o código de ética ou de conduta e as regras, políticas e procedimentos de prevenção de irregularidades; desenvolver mecanismos de detecção ou reportes de irregularidades (alertas ou red flags; canais de denúncia; mecanismos de proteção ao denunciante); definir medidas disciplinares para casos de violação e medidas de remediação. Para uma ampla e efetiva divulgação do Programa de Integridade, deve-se também elaborar plano de comunicação e treinamento com estratégias específicas para os diversos públicos da empresa.

5°: Estratégias de monitoramento contínuo: É necessário definir procedimentos de verificação da aplicabilidade do Programa de Integridade ao modo de operação da empresa e criar mecanismos para que as deficiências encontradas em qualquer área possam realimentar continuamente seu aperfeiçoamento e atualização. É preciso garantir também que o Programa de Integridade seja parte da rotina da empresa e que atue de maneira integrada com outras áreas correlacionadas, tais como recursos humanos, departamento jurídico, auditoria interna e departamento contábil-financeiro." Controladoria Geral da União (2015, p.6).

Em sendo o comprometimento da alta direção considerado como o primeiro e mais importante dos pilares para a implantação do Programa de Integridade, é aqui o momento de atribuir a citação de que mesma importância é dada pelas Normas ISO.

Estabelece-se, portanto, uma das primeiras sinergias de se ter sucesso na implantação do Programa de integridade em interface com o SGI da organização, o que inclusive é recomendado nas Normas ISO, vejamos:

A seguir algumas referências importantes das diferentes Normas ISO serão apresentadas no sentido de trazer a significância do uso de Normas internacionalmente como referência para um sistema de gestão organizacional.

"O sucesso de um sistema de gestão ambiental depende do comprometimento de todos os níveis e funções da organização, começando pela Alta Direção... A Alta Direção pode efetivamente abordar seus riscos e oportunidades, integrando a gestão ambiental aos processos dos negócios da organização, o direcionamento estratégico e à tomada de decisão, alinhando-os com outras prioridades de negócios e incorporando a governança ambiental em seu sistema de gestão global."
ISO 14001 (2015) - negrito adaptado.

"A alta administração deve demonstrar liderança e comprometimento com o sistema de gestão de SST ao assumir responsabilidade e responsabilização gerais pela prevenção de lesões e doenças relacionadas ao trabalho, bem como pelo fornecimento de locais de trabalho e atividades seguros e saudáveis; ISO 45001 (2018) - negrito adaptado.

"A Alta Direção deve demonstrar liderança e comprometimento com relação ao sistema de gestão da qualidade: a) responsabilizando-se por prestar contas pela eficácia do sistema de gestão da qualidade; assegurando que a política da qualidade e os objetivos da qualidade sejam estabelecidos para o sistema de gestão da qualidade e que sejam compatíveis com o contexto e a direção estratégica da organização; c) assegurando a integração dos requisitos do sistema de gestão da qualidade nos processos de negócio da organização; d) promovendo o uso da abordagem de processo e da mentalidade de risco." ISO 9001 (2015) - negrito adaptado.

Assim, considera-se a Alta Administração (Liderança) como o pilar fundamental para que se dê os primeiros passos da implantação de um Programa de integridade, sem detrimento, obviamente dos demais, pautada na definição de políticas, controles internos aprovados pela alta direção e amplamente divulgados pelos diversos canais de comunicações destinados na linguagem e para o público apropriado.

"Espera-se que uma organização bem administrada tenha uma política de "Compliance" apoiada por sistemas de gestão para ajudá-la a cumprir com suas obrigações legais e compromisso com a

integridade. Uma política antissuborno é um componente de uma política geral de "Compliance". A política antissuborno e o sistema de gestão de apoio ajuda uma organização a evitar ou mitigar os custos, riscos e danos de envolvimento em suborno, para promover a confiança nas negociações comerciais e para melhorar sua reputação." ISO 37001 (2016).

No Programa de Integridade é a Alta Administração que tem a responsabilidade em fazer cumprir o Sistema de Gestão em Compliance em todos os níveis, bem como aplicação da metodologia PDCA, princípios estes não diferentes nas demais normas suscitadas no presente estudo.

Requisitos Normativos – Tabela comparativa entre as Normas ISO (9001,14001 e 45001).

ISO 9001:2015	ISO 14001:2015	ISO 45001:2018
4.1 Entendendo a organização e seu contexto	4.1 Entendendo a organização e seu contexto	4.1 Entendendo a organização e seu contexto
4.2 Entendendo as necessidades e expectativas de partes interessadas	4.2 Entendendo as necessidades e expectativas de partes interessadas	4.2 Entendendo as necessidades e expectativas dos trabalhadores e de outras partes interessadas
4.3 Determinando o escopo do sistema de gestão da qualidade	4.3 Determinando o escopo do sistema de gestão ambiental	4.3 Determinando o escopo do sistema de gestão de SST
4.4 Sistema de gestão da qualidade e seus processos	4.4 Sistema de gestão ambiental	4.4 Sistema de gestão de SST
5 Liderança	5 Liderança	5 Liderança e participação dos trabalhadores
5.1 Liderança e comprometimento	5.1 Liderança e comprometimento	5.1 Liderança e comprometimento
5.1.1 Generalidades		
5.1.2 Foco no cliente		
5.2 Política	5.2 Política ambiental	5.2 Política de SST
5.3 Papéis, responsabilidades e autoridades organizacionais	5.3 Papéis, responsabilidades e autoridades organizacionais	5.3 Papéis, responsabilidades e autoridades organizacionais
		5.4 Consulta e participação dos trabalhadores
6 Planejamento	6 Planejamento	6 Planejamento
6.1 Ações para abordar riscos e oportunidades	6.1 Ações para abordar riscos e oportunidades	6.1 Ações para abordar riscos e oportunidades

	6.1.1 Generalidades	6.1.1 Generalidades
	6.1.2 Aspectos ambientais	6.1.2 Identificação de perigos e avaliação de riscos e oportunidades
		6.1.2.1 Identificação de perigo
		6.1.2.2 Avaliação de riscos de SST e outros riscos ao sistema de gestão de SST
		6.1.2.3 Avaliação de oportunidades de SST e outras oportunidades para o sistema de gestão de SST
	6.1.3 Requisitos legais e outros requisitos	6.1.3 Determinação de requisitos legais e outros requisitos
	6.1.4 Planejamento de ações	6.1.4 Planejamento de ações
6.2 Objetivos da qualidade e planejamento para alcançá-los	6.2 Objetivos ambientais e planejamento para alcançá-los	6.2 Objetivos de SST e planejamento para alcança-los
	6.2.1 Objetivos ambientais	6.2.1 Objetivos de SST
	6.2.2 Planejamento de ações para alcançar os objet vos ambientais	6.2.2 Planejamento para alcançar os objetivos de SST
6.3 Planejamento de mudanças		
7 Apoio	7 Apoio	7 Suporte
7.1 Recursos	7.1 Recursos	7.1 Recursos
7.2 Competência	7.2 Competência	7.2 Competência
7.3 Conscientização	7.3 Conscientização	7.3 Conscientização
7.4 Comunicação	7.4 Comunicação	7.4 Comunicação
	7.4.1 Generalidades	7.4.1 Generalidades
	7.4.2 Comunicação interna	7.4.2 Comunicação interna
	7.4.3 Comunicação externa	7.4.3 Comunicação externa
7.5 Informação documentada	7.5 Informação documentada	7.5 Informação documentada
7.5.1 Generalidades	7.5.1 Generalidades	7.5.1 Generalidades
7.5.2 Criando e atualizando	7.5.2 Criando e atualizando	7.5.2 Criando e atualizando
7.5.3 Controle de informação documentada	7.5.3 Controle de informação documentada	7.5.3 Controle de informação documentada

8 Operação	8 Operação	8 Operação
8.1 Planejamento e controle operacionais	8.1 Planejamento e controle operacionais	8.1 Planejamento e controle operacionais
		8.1.1 Generalidades
		8.1.2 Eliminando perigos e reduzindo riscos de SST
		8.1.3 Gestão de mudanças
		8.1.4 Aquisição
		8.1.4.1 Generalidades
		8.1.4.2 Contratados
		8.1.4.3 Terceirização
8.2 Requisitos para produtos e serviços	8.2 Preparação e resposta a emergências	8.2 Preparação e resposta a emergências
9 Avaliação de desempenho	9 Avaliação de desempenho	9 Avaliação de desempenho
9.1 Monitoramento, medição, análise e avaliação	9.1 Monitoramento, medição, análise e avaliação	9.1 Monitoramento, medição, análise e avaliação de desempenho
9.1.1 Generalidades	9.1.1 Generalidades	9.1.1 Generalidades
9.1.2 Satisfação do cliente	9.1.2 Avaliação do atendimento aos requisitos legais e outros requisitos	9.1.2 Avaliação de conformidade
9.2 Auditoria interna	9.2 Auditoria interna	9.2 Auditoria interna
	9.2.1 Generalidades	9.2.1 Generalidades
	9.2.2 Programa de auditoria interna	9.2.2 Programa de auditoria interna
9.3 Análise crítica pela direção	9.3 Análise crítica pela direção	9.3 Análise pela administração
10 Melhoria	10 Melhoria	10 Melhoria
10.1 Generalidades	10.1 Generalidades	10.1 Generalidades
10.2 Não conformidade e ação corretiva	10.2 Não conformidade e ação corretiva	10.2 Incidente, não conformidade e ação corretiva
10.3 Melhoria contínua	10.3 Melhoria contínua	10.3 Melhoria contínua

Tabela de elaboração da Autora. Fonte: Normas ISO 9001:2015; 14011:2015 e 45001:2018

As setas em vermelho retratam a conexão entre os Pilares do Programa de Integridade com os Requisitos das Normas em questão, trazidos no tópico II.3.3.

COMPARAÇÃO ENTRE A APLICAÇÃO DOS PILARES DO PROGRAMA DE INTEGRIDADE COM OS REQUISITOS DAS NORMAS (ISO 9001, 14001 E 45001)

PILARES Programa Integridade	REQUISITOS ISO	TÓPICOS PRINCIPAIS
Comprometimento e apoio da **alta direção**	5,5.1, 9.3,	*Liderança e comprometimento; Análise crítica pela direção*
Instância **responsável** *pelo Programa de Integridade*	5.3 , 7.2, 6.1.4	*Papéis, responsabilidades e autoridades organizacionais; Competência*
Análise de **perfil** *e* **riscos**	4.1, 4.2, 4.3, 4.4, 5.1.2, 6.1, 6.1.2, 6.1.2.1, 6.1.2.2, 6.1.2.3, 6.1.3, 7.1, 7.2, 7.3,	*Entendendo a organização e seu contexto; Ações para abordar riscos e oportunidades; Identificação de perigos e avaliação de riscos e oportunidades; eliminando perigos e reduzindo riscos de SST; Competência;*
Estruturação das **regras e instrumentos**	5.2, 6.2, 7.4, 7.4.1, 7.4.2,7.4.3, 7.5,7.5.1, 7.5.2, 7.5.3, 8. 8.2,	*Política ambiental; política de *SST; Planejamento de ações para alcançar os objetivos ambientais; Comunicação interna; Comunicação externa; Informação documentada; Controle de informação documentada.*
Estratégias de **monitoramento contínuo**	8.1, 8.1.1, 8.1.2, 8.1.3, 8.1.4, 8.1.4.1, 8.1.4.2, 8.1.4.3, 9,9.1, 9.1.1,9.1.2, 9.2, 9.2.1,9.2.2, 9.3, 10, 10.1, 10.2,10.3	*Planejamento e controle operacionais; Gestão de mudanças; Avaliação de desempenho; Monitoramento, medição, análise e avaliação; Avaliação do atendimento aos requisitos legais e outros requisitos; Programa de auditoria interna; Análise crítica pela direção; Incidente, não conformidade e ação corretiva.*

*SST= Saúde e Segurança do Trabalho.

Tabela de elaboração da Autora. Fontes: Programa de Integridade da Controladoria Geral da União (2015) e Normas ISO 9001 (2015), ISO 14001(2015), ISO 45001 (2018)

A unificação Programa de Integridade e SGI

A unificação do Programa de Integridade dever-se-á ocorrer atrelada as diretrizes existentes de Governança Corporativa da empresa, ou ainda nas lacunas observadas a implementação das melhores práticas de Governança.

Segundo o Código de Governança Corporativa (2015), a definição de Governança Corporativa é dada como um sistema que permite a gestão da empresa através do envolvimento entre diversas partes interessadas, dentre elas: sócios, conselho de administração, diretoria, órgãos de fiscalização e controle, no intuito de trazer sustentabilidade ao negócio da organização, considerando o bem comum.

A Governança Corporativa tem como objetivo, fazer com que os seus princípios norteadores (os quais são considerados como os pilares básicos da Governança Corporativa, sejam eles: Equidade, Transparência, Responsabilidade Corporativa, Prestação de Contas):

a.   Tornem-se efetivos dentro da organização, com foco na preparação de abertura de capital, no que tange as empresas de capital fechado e atendimento às exigências do mercado, quando se trata de empresas de capital aberto;

b.   Fazer os princípios tornarem-se efetivos dentro da organização, monitorando indicadores e metas e contribuindo para o reconhecimento esperado, a lucratividade desejada, bem como o respeito para com a sociedade e o meio ambiente, com atuações éticas, não menos esperada aos olhos da sociedade e demais stakeholders.

Quando se fala em objetivos e metas, obviamente trata-se de seguir determinada diretriz, nesse caso a prática do Sistema de Gestão da "Governança Corporativa" e atingindo-se as metas, alcançar-se os objetivos demonstrando-se um Sistema eficaz.

Assim, mais uma vez temos a sinergia entre o SGI e o Programa de Integridade, em que a Governança Corporativa também deve fazer parte do Sistema de Gestão Integrado, posto ser também um Sistema.

No entanto, as organizações requerem a existência de um único Sistema em que todas as interfaces de processos ocorram, da mais alta escala a mais operacional, isso porque é a partir das decisões da Alta administração que devem vir os exemplos de "fazer o certo", de forma única. Não há de se falar em vários sistemas desconexos para atingir o objetivo fim da organização: atingir sua missão, através da prática de seus Valores, possível através do cumprimento de suas Políticas, Códigos, Acordos, Instrumentos, em sendo todos de igual importância, suportados por mecanismos de controle em uma crescente melhoria de performance.

O estudo de caso demonstrou um distanciamento substancial do departamento "Auditoria Interna" com o SGI, aquela pouco tinha conhecimento o que exatamente o SGI tinha como responsabilidade e qual a sinergia que o departamento "Auditoria Interna" deveria, de fato, ter com o SGI. Claramente o departamento em questão surgiu da necessidade de introduzir na organização o Programa de Integridade, mas este surgia desordenadamente, sem a integração saudável com o SGI já estruturado no caso prático, o que parece ser prática constante das organizações, na tentativa de implementar o Programa, porém sem base de um sistema de gestão coerente.

A estrutura atual da organização buscou seguir a sistemática do Manual de Boas Práticas de Governança Corporativa, com a implementação do departamento "Auditoria Interna", qual seja:

Figura Fonte: Código das Melhores Práticas de Governança Corporativa, 2015. p. 19

Percebe-se que trata apenas de uma parte da estrutura de Governança em que os diversos ramos de Compliance estão inseridos, através de processos de Due Diligence, envolvendo Auditorias Contábeis, tributárias, trabalhistas, ambientais, enfim.

Relevante considerar que conforme abordado no tópico II.3.2 e II.3.3 quanto a requisitos normativos, o Sistema de Gestão Integrado compreende, no capítulo Avaliação, a Sistemática de Auditoria Interna e inclusive Externa, ou seja, Auditoria Independente quando se trata de Certificação ou mesmo quando se trata de Auditoria Interna, porém efetuada por empresa terceirizada e assim considerada independente. Ou ainda Auditoria Independente contratada para a qualificação e/ou monitoramento da performance de fornecedores para manutenção de contratos vigentes ou sob condicionantes até tratamento de desvios considerados de risco aceitável, por prazo determinado e consensado entre as partes.

Além das auditorias em questão, vale ressaltar que é parte obrigatória do processo a realização de auditorias de conformidade legal nos sistemas de gestão ambiental e de saúde e segurança ocupacional, assim como a verificação constante de atendimento das legislações promulgadas, retificadas e/ou revogadas de acordo com o contexto interno e externo em que a organização está inserida, assim como aos interesses das partes interessadas.

O SGI demanda a necessidade de acesso direto à alta administração, assim como o "Compliance Office", do Programa de Integridade, para tomada de decisões estratégicas e sustentáveis aos negócios da empresa, tanto por atendimento à conformidade legal nos quesitos específicos das certificações, quanto pela manutenção dos Clientes, na avaliação da satisfação destes perante os acordos firmados.

As tratativas de Governança Corporativa são intimamente ligadas a estrutura de Sistema de Gestão Integrado.

Quanto interface da governança corporativa e o sistema de gestão ambiental (ISO 14001), o Código Melhores Práticas de Governança Corporativa cita:

O Código das Melhores Práticas de Governança Corporativa (2015), traz reflexão no sentido de como a gestão na prática de uma empresa deve ser entendida, quando afirma não depender apenas do arcabouço de atendimento de dispositivos legais e regulatórios, mas sim também da aprovação de demais partes interessadas em que a empresa esteja inserida em que aquelas sejam impactadas pelas atividades ali desenvolvidas por esta. Inclusive a gestão deve considerar não apenas questões negativas, mas também questões positivas.

Relevante citar que a aplicação não se restringe às questões ambientais, mas assim como as demais áreas que também apresentam regulamentações próprias compulsórias e/ou assumidas pela organização, e que mesmo não sendo obrigações legais, passam a vigorar como se leis fossem, pois foram assumidas entre organização e partes interessadas.

A proposta inicial é a da sinergia, na construção de um Sistema Único de Gestão, assim fazendo sentido a definição de Sistema de Gestão Integrado, em que todos as áreas/ departamentos/ setores da organização apresentam abordagem de processo bem estruturada e com interfaces bem conhecidas e comunicadas entre si.

O projeto de resolução do problema, objeto do estudo de caso, é estratégico, no qual o SGI deve ser o ponto focal da estrutura organizacional com a finalidade de manter a conexão apropriada entre os pilares da Governança Corporativa, das Certificações dos sistemas de gestão da qualidade, ambiental e de saúde e segurança ocupacional e dos pilares do Programa de Integridade (com os diversos ramos do Compliance, seja contábil, tributário, trabalhista, ambiental, societário, enfim).

A seguir é demonstrada uma estrutura de Governança Corporativa, baseada na figura anterior, do Código de Melhores Práticas de Governança Corporativa, no entanto com a proposta da inserção da cultura de um Sistema de Gestão Único, em que todas as interfaces entre a Alta Administração e os demais agentes alcancem a sinergia ideal.

Garantindo o entendimento e prática de todas as Políticas e Instrumentos de Controle da Organização e consequentemente seu sucesso, com riscos eliminados e/ou mitigados, oriundo das melhores tomadas de decisão e mínimo conflitos entre os agentes, através do consenso dos interesses de todos os stakeholders.

Figura de elaboração da Autora. Fonte: Código das Melhores Práticas de Governança Corporativa
(2015, p. 19)

Setas pretas - indicam a hierarquia

Setas azuis - necessidade de conexão para tomada de decisões estratégicas

CRONOGRAMA DO PLANO DE TRABALHO

Item	Etapa	Responsável	DEZ (2020)	JAN 1-4	FEV 5-9	MAR 10-13	ABR 14-17	MAI 18-21	JUN-DEZ (Manutenção)
1	Contato Inicial	S&Z/JS + Organização	■						
2	Reunião de Início Projeto	S&Z/JS + Organização	■						
3	Diagnóstico completo da documentação existente	S&Z/JS							
4	Reestruturação da Estrutura de Governança Corporativa, inclusive as Áreas Auditoria Interna e SGI	S&Z/JS + Organização							
5	Planejamento Estratégico, Revisão dos Documentos pertinentes à integração em conjunto com a Alta Direção/Responsável (inlcuisve Código de Conduta e Ética e as Política Integrada do SGI)	S&Z/JS + Organização							
6	Apresentação das Políticas/ Acordos/ Indicadores - (PARTE1) no Conselho Administrativo - após consenso com cada Responsável	S&Z/JS				■ (11)			
7	Material de Comunicação para divulgação e treinamentos das Políticas e demais documentos, ref. a PARTE 1	S&Z/JS + Organização							
8	Apresentação dos Principais Instrumentos de Controle (incluindo Canais de Denúncia, Tratamento e verificação de eficácia, bem como indicadores) - (PARTE2) no Conselho Administrativo - após consenso com cada Responsável	S&Z/JS				■ (11)			
9	Material de Comunicação para divulgação e treinamentos das Políticas e demais documentos, ref. a PARTE 2	S&Z/JS + Organização							
10	Elaboração do Plano de Treinamento e de Comunicação Contínuos (incluindo Código de Conduta e Ética e Políticas, com revisões constantes)	S&Z/JS							
11	Elaboração Plano de Trabalho contínuo para manutenção do Sistema de Gestão Único	S&Z/JS							

CONSIDERAÇÕES FINAIS

É inquestionável que a implementação do Programa de Integridade atrelado ao Sistema de Gestão Integrado (SGI) da Organização traz inúmeros benefícios.

Comparativamente à linguagem jurídica, poderíamos falar em "economia processual", porém nesse caso entendamos que, por outro lado, não há uma sentença com trânsito em julgado colocando "fim" em todo o processo, haja vista que conforme explanado, tanto o Programa de Integridade quanto o Sistema de Gestão Integrado passam, ou pelo menos devem passar, por Melhoria Contínua, ou seja, devem sempre ser revistos, estipulando novos objetivos com metas cada vez mais desafiadoras e por conseguinte um Programa de Integridade implementado com o resultado de ações íntegras sendo executadas na Organização e um Sistema de Gestão Integrado com excelência na Satisfação do Cliente, Integridade das Pessoas e Proteção e Preservação Ambiental, ambos com probabilidades cada vez menor de desvios serem gerados, mediante uma eficaz gestão de riscos, treinamentos e monitoramentos, num ciclo contínuo e por conseguinte infindável.

O Programa de Integridade e o SGI apresentam objetivos comuns quanto ao "Compliance" (Conformidade - Fazer o certo), o primeiro no que tange as diretrizes de práticas anticorrupção e antissuborno, este por sua vez ao atendimento de requisitos normativos livremente adotados, porém atrelado a necessidade de cumprimento a requisitos legais inerentes das atividades desenvolvidas e requisitos do Cliente estipulados contratualmente ou de outra forma consensados.

Os documentos, sejam os requeridos para o Programa de integridade sejam os exigíveis pelas Normas ISO, podem ser unificados garantindo um sistema de gestão único mais sólido, sem divergências, atribuindo esforços comuns para um único objetivo "fazer o certo" ao que se propôs fazer certo, garantindo ainda que as Políticas sejam atendidas, com base na Missão e Valores a que se propõe a organização. Relevante que neste ínterim o Código de Conduta e Ética seja adequadamente revisado considerando as Políticas do Sistema de Gestão Integrado, que passa a ser único.

O resultado converge com as expectativas das partes interessadas dentro de um contexto interno e externo que mediante a avaliação adequada dos riscos e elaboração e execução de planos de ações factíveis trarão como resultado um Programa de Integridade adequado e um Sistema de Gestão eficaz, obviamente não blindado de qualquer risco, uma vez que requerem constantes revisões e manutenções, porém com menor probabilidade de desvios significativos ocorrerem.

É evidente que a aplicação do Programa de Integridade vai além das tratativas comerciais com o poder público, podendo ser usado como modelo para a manutenção da sustentabilidade da organização e com total conexão e inclusão ao arcabouço de documentação que faz parte do SGI da organização, assim o Programa far-se-á documentação que compõe o SGI da Instituição, seja ela privada, pública, de economia mista, bem como quaisquer outras organizações, como ONGs, Associações, enfim.

As Normas 37001 e 31000 não foram objeto do estudo, sugere-se assim, como proposta de melhoria e segunda etapa do projeto, que as especificidades destas façam parte do SGI da organização.

REFERÊNCIAS BIBLIOGRÁFICAS

ABNT NBR ISO 37001:2018 Sistema de Gestão Antissuborno – Requisitos com Orientação para uso, Primeira edição 06.03.2017, versão corrigida 31.10.2019

ABNT NBR ISO 31000:2018 Gestão de riscos –¥ Diretrizes, Segunda edição 28.03.2018

ABNT NBR ISO 9001:2015 Sistemas de gestão da qualidade- Requisitos;

ABNT NBR ISO 14001:2015 Sistemas de gestão ambiental- Requisitos com orientações para uso;

ABNT NBR ISO 45001:2018 Sistema de gestão de saúde e segurança ocupacional - Requisitos com orientação para uso;

Código das Melhores Práticas de Governança Corporativa, 5aed, Instituto Brasileiro de Governança Corporativa – IBGC, 103 páginas, 2015.

Decreto No 8.420, de 18 de março de 2015, acesso em http://www.planalto.gov.br/ccivil_03/_ato20152018/2015/decreto/d8420.htm

Lei no 12.846 de 2013 – Lei Anticorrupção, acessada em http://www.planalto.gov.br/ccivil_03/_Ato2011-2014/2013/Lei/L12846.htm;

Lei n.o 8429 de 1922 - Lei de improbidade Administrativa;

Lei no 8666 de 1993 - Lei das Licitações e contratos da administração pública;

Porto, Éderson Gain. (2023). Compliance & Governança Corporativa – Uma abordagem prática e objetiva, Lawboratory Press.

Programa de Integridade para empresas Privadas - Controladoria-Geral da União (CGU), setembro de 2015, 1-28.

COMPLIANCE OFFICER: ORIGEM E IMPORTÂNCIA NA IMPLEMENTAÇÃO DO PROGRAMA DE INTEGRIDADE

Autor:

Diego Kötz

Para conhecermos a importância do Compliance Officer (CO) nas organizações, proponho um breve recuo à história para melhor compreensão de sua origem.

Após a criação do banco central americano[1] em 1913, quando o então presidente Woodrow Wilson sancionou a Lei do Federal Reserve, o mercado e a nação conseguiram uma certa estabilidade, apresentando crescimento econômico e financeiro, inclusive, com o índice Dow Jones [2]atingindo patamares de aumento nunca antes registados. Tudo isso tendo enfrentado uma recente crise financeira, em 1907 e, a iminente I Guerra Mundial, com seu início em meados de 1914.

O ano de 1929 nos Estados Unidos da América (EUA) foi um ano emblemático. Por conta da grande crise econômica de 1929, que se tornou conhecida popularmente como a grande depressão, o boom financeiro havia chegado ao fim, com o índice Dow Jones sofrendo quedas constantes e significativas, a ponto de voltar a apresentar índices semelhantes aos anteriores à queda somente em novembro de 1954.

Este cenário caótico gerou um movimento do governo e órgãos reguladores norte-americanos no sentido de buscar alternativas para regulamentar e estabilizar principalmente o sistema bancário, o qual gerou o plano de recuperação chamado New Deal, implementado durante o governo de Franklin D. Roosevelt em 1933.

---

[1]   Inicialmente chamado de Board of Governors of the Federal Reserve, atualmente leva somente o nome de Federal Reserve ou simplesmente FED. Fundado por um ato do Congresso em 1913, o objetivo principal do Federal Reserve era aumentar a estabilidade do sistema bancário americano.

[2]   Um índice do mercado de ações com base nos preços atuais de trinta ações industriais selecionadas negociadas na Bolsa de Valores de Nova York.

Nesta mesma época, é editado o Securities Act, instituição criada com o propósito de oferecer mais segurança e padrões ao mercado mobiliário, buscando um ambiente salutar nas negociações, evitando fraudes e garantindo que as informações sejam repassadas aos investidores de maneira integra.

O Securities Act evolui e em 1934 é adicionado à legislação norte americana o Security Exchange Act, onde o congresso cria a Securities Exchange Comission (SEC), esta última com poder para regulamentar e supervisionar as operações do mercado mobiliário através da exigência de relatórios corporativos, procurações de investidores regulares, bem como a regulamentação da divulgação de informações importantes, o tratamento de informações privilegiadas e dos registros de bolsas e outros para os agentes envolvidos no mercado de valores mobiliários do país.

Nas décadas seguintes, o governo norte americano realiza importantes projetos que ampliariam ainda mais a regulamentação, como por exemplo o Investment Advisers Act e o Investment Company Act (1940), a criação de um novo sistema monetário internacional, em uma convenção realizada em 1944 em Bretton Woods, onde se estabeleceu o Fundo Monetário Internacional (FMI) e também o Banco Internacional para Reconstrução e Desenvolvimento (BIRD), que em seguida seria rebatizado, recebendo o nome de Banco Mundial.

O The Treasury-Fed Accord, firmado em 1951 onde o Tesouro dos EUA e o Federal Reserve (FED) realizam um acordo que segrega a gestão entre a política monetária e da dívida do governo, o que serviu de base para a criação do FED Moderno.

O Bank Holding Company Act (1956), que concedeu ainda mais supervisão ao FED no setor bancário.

Estes e diversos outros movimentos do governo norte americano no sentido de aumentar a segurança e regulamentação do sistema financeiro de seu país, convergiram para que em 1960 a SEC passasse a exigir das companhias regulamentadas por ela a contratação de um profissional específico e dedicado para gerir e zelar por sua conduta aderente à integridade. Neste momento, inicia-se a chamada Era Compliance e nasce o profissional conhecido como Compliance Officer.

DESENVOLVIMENTO

Nos últimos dois anos, pessoas, físicas ou jurídicas, têm enfrentado um cenário desafiador, vivendo uma pandemia de COVID-19 que trouxe consigo um ambiente de razoável instabilidade e incertezas.

As políticas de distanciamento social geraram um grande movimento de adaptação, com isolamento social e regimes de home office. Neste contexto, as empresas tanto privadas quando públicas, têm enfrentado dificuldades ainda maiores em combater fraudes e aplicar uma política pautada em anticorrupção através de programas de compliance, o que reforça ainda mais a importância da figura do compliance officer nas organizações.

Considerando o conceito de compliance como sendo "um conjunto de regras, padrões, procedimentos éticos e legais, que, uma vez definido e implantado, será a linha mestra que orientará o comportamento da instituição no mercado em que atua, bem como a atitude dos seus funcionários" (Candeloro, Rizzo & Pinho, 2012, p. 30). Para que este conceito seja aplicado, faz se necessário a figura de um indivíduo imparcial que zele e conduza este processo dentro das organizações.

O Foreign Corrupt Practices Act (FCPA), Lei de Práticas de Corrupção no Exterior norte americana, criada em 1977, com o objetivo de combater a corrupção no exterior, foi um importante alicerce para a política de compliance global. Fomentada, é verdade, pelo escândalo político de corrupção no governo de Richard Nixon em 1972, escândalo este conhecido historicamente como Watergate.

Este movimento regulatório acabou criando penalidades severas à empresas norte-americanas, gerando certo desequilíbrio competitivo para estas empresas perante as demais concorrentes de outras nacionalidades, o que levou as autoridades norte americanas a recorrer à órgãos reguladores como Organização para Cooperação e Desenvolvimento Econômico (OCDE) e Organização das Nações Unidas (ONU), para que fossem aplicados princípios e rigores da FCPA também aos demais países, buscando assim um equilíbrio competitivo.

Através de convenções destas organizações e da Organização dos Estados Americanos (OEA), foram obtidos importantes avanços de anticorrupção em práticas comerciais, concedendo robustez aos programas de compliance e colocando o compliance officer também em evidência como um agente fundamental no combate à corrupção.

Novickis (2018, p.41) ressalta 3 pontos fundamentais para a eficácia de um setor de compliance:

"Para ser eficaz no cumprimento de sua finalidade, o setor de Compliance de uma empresa deve ser capaz de: 1. Inibir e reduzir a probabilidade do cometimento de qualquer desrespeito às Leis, a ditames éticos e normativas internas da corporação; 2. Detectar qualquer atividade indevida ou a exposição a níveis inaceitáveis de riscos; e 3. Reagir adequadamente a desvios verificados, permitindo a aplicação de punições administrativas e, se cabível, judiciais, sempre de forma rápida e justa (MAEDA, 2013, p. 171)."

Novickis (2018, p.41) em seu artigo Origem, Importância e Efetividade dos Programas de Compliance detalha importantes orientações do Federal Sentencing Guidelines, definidas pelo United States Sentencing Commission dos EUA, referente às características básicas de um programa de compliance eficaz:

"1. Procedimentos escritos e um código de conduta público; 2. A nomeação de um Compliance Officer – responsável pelo Programa – e contato periódico com a liderança sênior da empresa; 3. Evitar possuir no corpo da alta direção pessoas que tenham se envolvido em atividades ilegais ou contrárias a um Programa de Compliance; 4. Treinamentos e comunicação eficazes; 5. Monitoramento da eficácia do programa e procedimentos de auditoria definidos; 6. Estabelecimento de um canal de

denúncias que garanta anonimato, sigilo e não represália; 7. Mecanismos disciplinares definidos e efetivos; 8. Processos definidos para investigações internas e correção de não conformidades; e 9. Gestão de riscos para mapear riscos criminais relacionados à atividade da empresa (UNITED STATES SENTENCING COMISSION, 2016)."

O autor pontua também sobre os princípios básicos considerados no UK Bribery Act, legislação criada em 2010 no Reino Unido, com objetivos muito semelhantes ao FCPA norte americano. Para os ingleses, os princípios são seis:

"1. Dispor procedimentos escritos e bem definidos de conduta; 2. Demonstrar comprometimento do alto escalão da empresa com o Programa de Compliance; 3. Ser baseado em uma avaliação coerente de riscos de Compliance; 4. Realização de Due diligences nos setores das empresas e nas empresas parceiras/adquiridas; 5. Comunicação e treinamento efetivo dos colaboradores na matéria; e 6. Monitoramento e revisão das normas de Compliance (UNITED KINGDOM BRIBERY ACT, 2010)."

Tanto United States Sentencing Commission dos EUA quanto UK Bribery Act do Reino Unido pontuam a relevância no que tange a participação de um CO no programa de integridade. Seja diretamente como a comissão norte americana, destacando em seu ponto 2 a nomeação de um CO, ou indiretamente, como o UK Bribery Act definindo em seu ponto 5 a importância de comunicação e treinamento efetivo dos colaboradores na matéria, considerando a equipe envolvida no programa de integridade.

Para termos uma melhor dimensão global sobre a responsabilidade e importância do CO, a International Organization of Securities Commissions (IOSCO), órgão internacional que regulamenta os valores mobiliários, localizado na Espanha, descreve a responsabilidade do Compliance Officer em seu relatório de 2003:

"Responsável por aconselhar todas as linhas de negócios da Empresa e vários departamentos de suporte no que diz respeito às regras, regulamentos e políticas corporativas que regem as atividades comerciais coletivas do investimento provedores de serviço. O Compliance Officer fornece aconselhamento e suporte para transações comerciais e outras atividades da Empresa; coordena-se com outras funções de controle para comunicar-se efetivamente com reguladores e facilita transações, estruturação de produtos e desenvolvimento de negócios e encontra soluções inovadoras e criativas para questões regulatórias e de franquia."(COMMITTEE et al., 2003, p.6).

A Comissión Nacional del Mercado de Valores, da Espanha, descreveu em seu Código Unificado de Boa Governança das Companhias Abertas de 2015, em sua recomendação 46, as atividades fundamentais atribuídas ao CO, este referido no documento como "oficial de conformidade":

"a) Garantir o bom funcionamento dos sistemas de controle e gestão de riscos e, em particular, que todos os riscos significativos que afetam a sociedade sejam devidamente identificados, gerenciados e quantificados. b) Participar ativamente na preparação da estratégia de risco e nas decisões importantes sobre sua gestão. c) Garantir que os sistemas de controle e gestão de riscos mitiguem os riscos de forma adequada dentro da estrutura da política definida pelo conselho de administração."

Já sob a ótica do Australian Competition and Consumer Commission (ACCC), comissão reguladora criada pelo governo australiano em 1995 com o objetivo de proteger o direito dos consumidores, regulamentar e monitorar a indústria e suas práticas de preço, bem como, fomentar o comportamento anticorrupção nas companhias, Parker & Nielsen (2006, p.450) descrevem em seu artigo, orientações práticas sobre a implementação de programas de conformidade e o papel desempenhado pelo CO:

"Nomeação de um diretor ou gerente sênior com qualificações ou experiência adequadas como compliance officer, com a responsabilidade de garantir que o programa de conformidade seja efetivamente projetado, implementado e mantido;

Uma avaliação de risco para possíveis violações do Trade Practices ACT (TPA) e procedimentos para gerenciar esses riscos;

Uma declaração de política delineando o compromisso da empresa com a conformidade das práticas comerciais e um esboço estratégico de como esse compromisso com a conformidade com as práticas comerciais será realizado, incluindo um requisito para a equipe relatar problemas de conformidade e preocupações ao responsável pela conformidade, uma garantia de proteção aos denunciantes, e uma declaração de que a empresa tomará medidas internas contra qualquer pessoa que esteja consciente ou imprudentemente envolvida em uma violação e não os indenizará por qualquer ação externa tomada contra eles;

Um sistema de tratamento de reclamações de práticas comerciais;

Relatórios regulares do diretor de conformidade para o conselho e / ou alta administração sobre a eficácia contínua do programa de conformidade;

Treinamento regular e prático de práticas comerciais para todos os conselheiros, diretores, funcionários, representantes e agentes cujas funções possam colocá-los em risco de violar o TPA, incluindo sua incorporação em treinamento de indução; e

Revisões regulares da operação e eficácia do programa de conformidade."

Parker & Nielsen (2006, p.451-452) descrevem ainda a importância de as empresas buscarem a prática da autorregulação, o que seriam os requisitos mínimos de um sistema de conformidade e as responsabilidades atribuídas ao CO:

"1. Que deve haver uma responsabilidade claramente definida pela conformidade que é compartilhada entre;

Uma função de conformidade especializada (por exemplo, um compliance officer) com influência para determinar estratégias e prioridades para questões legais e de responsabilidade social, monitorar a conformidade, receber reclamações de partes interessadas internas e externas e ser responsável por coordenar relatórios sobre o desempenho de responsabilidade da empresa a agências governamentais e ao público e;

Uma agenda de supervisão de conformidade / autorregulação clara no nível do conselho. Isso pode ser alcançado por uma auditoria do conselho ou comitê de conformidade, um membro designado do conselho ou simplesmente tornando o programa de conformidade / autorregulação um item permanente da agenda nas reuniões ordinárias do conselho e;

Linhas de reporte e descrições de cargos que tornam a conformidade parte do trabalho de todos e constroem caminhos claros para o desempenho de conformidade e para que os problemas sejam levados diretamente ao topo por meio de uma linha de reporte independente da gestão de linha.

2. A empresa deve avaliar regularmente seus processos de compliance e desempenho, incluindo a extensão da implementação de processos de autorregulação: se seu escopo e estratégia permanecem apropriados para a organização; verificação dos relatórios de atividade e desempenho produzidos internamente; e avaliação do desempenho e dos resultados de toda a abordagem à gestão de conformidade dentro da corporação;

3. O sistema de disciplina interna de uma empresa deve dar suporte ao sistema de compliance. A gerência e os funcionários devem ser regular e rapidamente disciplinados por qualquer conduta imprópria no sistema de conformidade (e, também, ser recompensados por meio de avaliações de desempenho por contribuições positivas). Esse sistema disciplinar deve ser elaborado de forma a respeitar a integridade dos funcionários, se conectar com os valores dos funcionários e permitir que a empresa como um todo aprenda com os erros e comportamentos individuais, a fim de evitar que se repitam;

4. A empresa deve ter um sistema de engajamento com stakeholders externos. Deve ter mecanismos para identificar suas obrigações perante a lei e quaisquer outros padrões que deseje adotar voluntariamente (por exemplo, princípios mais amplos de direitos humanos) e ter sistemas que permitam que partes interessadas externas usem esses princípios para contestar ações corporativas e tomadas de decisão. Isso deve incluir, no mínimo, um sistema de tratamento de reclamações com capacidade para identificar padrões de reclamação e relatar esses problemas a alguém que possa resolvê-los."

Na China, apesar de questões culturais e políticas dificultarem a implementação de programas de conformidade efetivos, há um esforço por parte do governo e das empresas privadas em evoluir com tais programas.

A China Securities Regulatory Commission (CSRC), comissão que regula as operações no mercado mobiliário chinês, descreve em seu anúncio nº 30 sobre regras e regulações, intitulado Trial Provisions on Compliance Management of Securities Companies, nos artigos 8º, 9º, 11º,12º,13º,14º,15º,16º,17º,18º,19º,20º descrevem sobre a importância e qualificação necessária para que um profissional esteja habilitado para atuar como compliance officer e/ou diretor de conformidade. Detalha-se ainda suas competências, atribuições e obrigações necessárias para atuação no programa de compliance:

"Artigo 8º. Uma companhia de valores mobiliários deve ter o chief compliance officer, o chefe de compliance, para examinar, supervisionar e verificar o cumprimento da gestão operacional e das práticas da companhia e de seus funcionários. O supervisor chefe de compliance não deve ocupar cargos concorrentes incompatíveis com as responsabilidades de gestão de compliance, nem assumir funções semelhantes.

Os "Estatutos" de uma companhia de valores mobiliários devem especificar o status, responsabilidade, condições e procedimentos de nomeação e demissão do diretor de conformidade.

Artigo 9º. O diretor de conformidade deve atender às seguintes qualificações:

(1) ter adquirido a qualificação de alta administração de companhias de valores mobiliários;

(2) bom comando do negócio de valores mobiliários, leis e regulamentos de valores mobiliários, com experiência em gestão de conformidade; e

(3) tendo se envolvido no negócio de valores mobiliários por 5 anos ou mais e passado em exames profissionais relevantes, ou envolvido no negócio de advocacia por 8 anos ou mais; ou ter sido responsável pela supervisão profissional em autoridades de supervisão de valores mobiliários por 8 anos ou mais.

Os exames profissionais no parágrafo anterior referem-se ao exame de competência de gestão de conformidade de companhias de valores mobiliários organizadas pela Securities Association of China (SAC), exame judicial nacional e exame de barra.

Artigo 11º. Desde que um chief compliance officer não possa exercer as suas funções ou o cargo esteja vago, a sociedade de valores mobiliários em causa nomeará uma alta administração para cumprir as suas funções e enviará relatório por escrito às autoridades reguladoras de valores mobiliários do local onde está domiciliado está localizado dentro de 3 dias úteis a partir do dia da nomeação.

O responsável pelo exercício da função de chief compliance officer não pode dirigir-se a departamentos incompatíveis com responsabilidades de gestão de compliance, com tempo de atuação não superior a 6 meses.

Desde que o cargo de chief compliance officer esteja vago, a companhia de valores mobiliários em questão deve nomear a pessoa de acordo com o Artigo 9 deste documento no prazo de 6 meses.

Artigo 12º. O diretor de conformidade deve realizar exames de conformidade para o sistema de gestão interno, decisões significativas, novo produto e plano de negócios, e emitir um parecer por escrito sobre o exame de conformidade.

O diretor de conformidade deve realizar um exame de conformidade para os materiais de aplicação ou relatórios apresentados pelas empresas de acordo com as autoridades reguladoras de valores mobiliários, e confirmar nas aplicações ou relatórios escritos.

Artigo 13.º O Chief Compliance Officer deve adotar medidas eficazes para fiscalizar o cumprimento das sociedades e da gestão e práticas operacionais dos empregados, e realizar exames periódicos e não periódicos de acordo com as exigências das autoridades reguladoras de valores mobiliários e dos regulamentos das sociedades.

O diretor de conformidade deve implementar o sistema de combate à lavagem de dinheiro e isolamento de informações, fornecer consultoria de conformidade e treinamento para a alta administração, cada departamento e filial de acordo com os regulamentos das empresas, e lidar com reclamações e dicas relacionadas à violação de leis e regulamentos das empresas e os funcionários.

Artigo 14º. O diretor de conformidade, ao descobrir violação de leis e regulamentos por parte das empresas ou riscos ocultos de conformidade, deve relatar oportunamente às instituições internas estipuladas no "Contrato Social", bem como às autoridades reguladoras de valores mobiliários no local onde está localizado seu domicílio; se houver violação do padrão industrial e das regras de autorregulação, o chief compliance officer também deve relatar às organizações de autorregulação relevantes.

Quanto à violação de leis e regulamentos ou riscos ocultos de conformidade, o diretor de conformidade deve apresentar atempadamente opiniões de dissuasão e tratamento ao departamento de instituições relevantes e exortá-los a retificar. As sociedades devem comunicar o resultado da retificação às autoridades reguladoras de valores mobiliários do local de seu domicílio; se necessário, as empresas devem apresentar uma cópia às organizações de autorregulação.

Artigo 15º. Desde que as leis, regulamentos e regras sejam alteradas, o chief compliance officer deve sugerir, supervisionar e orientar a diretoria ou a alta administração das empresas para avaliar o impacto na gestão de compliance das empresas, modificar e aperfeiçoar o sistema de gestão e procedimentos de negócios relevantes.

Artigo 16º. O diretor de conformidade deve manter contato com as autoridades reguladoras de valores mobiliários e organizações de autorregulação e cooperar positivamente com seu trabalho.

O diretor de conformidade deve lidar em tempo hábil com a investigação exigida pelas autoridades reguladoras de valores mobiliários e organizações autorreguladoras, cooperar com seu exame e investigação para a empresa, rastrear e avaliar a implementação de opiniões regulatórias e requisitos.

Se o diretor de conformidade tiver dificuldade em julgar a conformidade da empresa de valores mobiliários e da gestão e práticas operacionais de sua equipe devido a leis, regulamentos e regras indefinidos, ele / ela pode consultar as autoridades reguladoras de valores mobiliários e as organizações autorreguladoras. As autoridades reguladoras de valores mobiliários e as organizações de autorregulação devem responder atempadamente.

Artigo 17º. O diretor de conformidade deve arquivar documentos relacionados ao desempenho de funções, incluindo pareceres de exame de conformidade, pareceres de consulta de conformidade, documentos da empresa assinados e papel de trabalho de exame de conformidade para referência imediata, e registrar a circunstância de desempenho de função.

Artigo 18º. A companhia de valores mobiliários deve salvaguardar a independência do chief compliance officer e dar pleno direito de conhecimento e investigação, conforme exigido no desempenho de suas funções.

O diretor de conformidade tem o direito de participar ou comparecer a reuniões relacionadas ao desempenho de funções, obter e examinar documentos e informações relevantes e solicitar aos funcionários relevantes das empresas que apresentem declarações sobre questões relacionadas.

Os acionistas, diretores e alta administração não devem violar os deveres e procedimentos estipulados para dar ordens diretamente ao diretor de conformidade ou interferir no trabalho; diretores, supervisores, alta administração, departamentos e filiais de empresas de valores mobiliários devem cooperar com o trabalho do diretor de conformidade. Além disso, eles não devem limitar ou interferir no desempenho de funções do chefe de conformidade por qualquer motivo.

Artigo 19º. Uma companhia de valores mobiliários deve fornecer os recursos humanos, recursos materiais, recursos financeiros e suporte técnico necessários para o desempenho das funções de seu diretor de conformidade.

Uma empresa de valores mobiliários deve, de acordo com as circunstâncias, incluindo o escopo dos negócios das empresas, escala de negócios e estrutura organizacional, criar um departamento de conformidade ou designar um departamento relevante (doravante denominado departamento de conformidade) para auxiliar o trabalho do diretor de conformidade e equipar o departamento de conformidade departamento com pessoal de gestão de conformidade adequado que possui experiência relevante.

O chief compliance officer, se necessário, pode contratar instituições profissionais externas ou funcionários para auxiliar no trabalho em nome da companhia de valores mobiliários.

Artigo 20º. Compete ao departamento de compliance, liderado pelo seu chief compliance officer, cumprir a gestão do compliance de acordo com os regulamentos das sociedades e as disposições do Compliance Officer. As demais atribuições assumidas pela área de compliance não devem ser incompatíveis com as responsabilidades da gestão de compliance."

No Brasil, considerando que a pauta sobre programas de integridade começou a surgir somente nos anos de 1990, sob forte influência da Lei sobre Práticas de Corrupção no Exterior (Foreign Corrupt Practices Act – FCPA) norte americana, a figura do compliance officer ainda carece de melhor descrição.

O País vem ao longo dos anos adotando medidas para ampliar e melhorar os programas de compliance. Alguns exemplos relevantes são a Lei de Improbidade Administrativa (Lei 8.429/92) que descreve sobre as sanções aplicáveis em decorrência das práticas improbadas. O Decreto nº 1,171/1994, que define o código de conduta dos servidores públicos federais. Já nos anos 2000, entra em vigor, com amparo constitucional, a Lei de Responsabilidade Fiscal nº 101/2000, estabelecendo normas financeiras públicas direcionadas para a responsabilidade na gestão fiscal. No ano de 2003 é recepcionada através do Decreto Legislativo N.º 348/2005 e promulgada pelo Decreto Presidencial

5.687/2006 a Convenção das Nações Unidas Contra a Corrupção, importante ferramenta no sentido de promover e reforçar de maneira mais ativa a prática de combate à corrupção.

A Lei de Acesso à Informação nº 12.527/2011, que dispõe sobre os procedimentos a serem observados pela União, Estados, Distrito Federal e Municípios a fim de garantir o acesso à informações foi um importante avanço no desenvolvimento de "compliance officers anônimos", pois a partir disto, qualquer cidadão poderia acessar e fiscalizar informações e dados públicos, o que gerou importantes movimentos de controle e fiscalização advindos da sociedade sobre a máquina pública, resultando na identificação e denúncias de superfaturamentos e mau uso dos recursos públicos.

Em 2013, a Lei 12.846/2013, chamada Lei Anticorrupção, regulamentada e com seus critérios para o funcionamento dos programas de integridade estabelecidos pelo Decreto 8.420/2015, descreveram, mesmo que de maneira tímida, algumas características e orientações importantes acerca do compliance officer. Em seu Capítulo IV, Artigo 42, Inciso IX, o Decreto 8.420/2015 reforça, mesmo que sem citar explicitamente o termo compliance officer, as delegações necessárias à figura de uma "instância interna responsável" para aplicação do programa de compliance:

> "IX - Independência, estrutura e autoridade da instância interna responsável pela aplicação do programa de integridade e fiscalização de seu cumprimento;"

Além disso, o Artigo 42, do Decreto 8.420/2015, detalha em seus Incisos I, II, III, IV, V, VI, VII, VIII, X, XI, XII, XIII, XIV, XV e XVI os parâmetros de avaliação do programa de integridade, o que também podemos considerar como atividades sob a gestão de um compliance officer:

> I - Comprometimento da alta direção da pessoa jurídica, incluídos os conselhos, evidenciado pelo apoio visível e inequívoco ao programa;

> II - Padrões de conduta, código de ética, políticas e procedimentos de integridade, aplicáveis a todos os empregados e administradores, independentemente de cargo ou função exercidos;

> III - padrões de conduta, código de ética e políticas de integridade estendidas, quando necessário, a terceiros, tais como, fornecedores, prestadores de serviço, agentes intermediários e associados;

> IV - Treinamentos periódicos sobre o programa de integridade;

> V - Análise periódica de riscos para realizar adaptações necessárias ao programa de integridade;

> VI - Registros contábeis que reflitam de forma completa e precisa as transações da pessoa jurídica;

VII - Controles internos que assegurem a pronta elaboração e confiabilidade de relatórios e demonstrações financeiros da pessoa jurídica;

VIII - Procedimentos específicos para prevenir fraudes e ilícitos no âmbito de processos licitatórios, na execução de contratos administrativos ou em qualquer interação com o setor público, ainda que intermediada por terceiros, tal como pagamento de tributos, sujeição a fiscalizações, ou obtenção de autorizações, licenças, permissões e certidões;

X - Canais de denúncia de irregularidades, abertos e amplamente divulgados a funcionários e terceiros, e de mecanismos destinados à proteção de denunciantes de boa-fé;

XI - Medidas disciplinares em caso de violação do programa de integridade;

XII - Procedimentos que assegurem a pronta interrupção de irregularidades ou infrações detectadas e a tempestiva remediação dos danos gerados;

XIII - Diligências apropriadas para contratação e, conforme o caso, supervisão, de terceiros, tais como, fornecedores, prestadores de serviço, agentes intermediários e associados;

XIV - Verificação, durante os processos de fusões, aquisições e reestruturações societárias, do cometimento de irregularidades ou ilícitos ou da existência de vulnerabilidades nas pessoas jurídicas envolvidas;

XV - Monitoramento contínuo do programa de integridade visando seu aperfeiçoamento na prevenção, detecção e combate à ocorrência dos atos lesivos previstos no art. 5º da Lei nº 12.846, de 2013; e

XVI - Transparência da pessoa jurídica quanto a doações para candidatos e partidos políticos.

Considerando os países pesquisados e seus programas de integridade, o quadro abaixo resume as principais atividades e/ou características relativas ao compliance officer:

Quadro 1: Principais Atividades e/ou Características atribuídas a um Compliance Officerz

Principais Atividades e/ou Características atribuídas a um Compliance Officer	
País	Atividades e/ou Carasterísticas
USA	*1. Inibir e reduzir a probabilidade do cometimento de qualquer desrespeito às Leis, a ditames éticos e normativas internas da corporação; 2. Detectar qualquer atividade indevida ou a exposição a níveis inaceitáveis de riscos; e; 3. Reagir adequadamente a desvios verificados, permitindo a aplicação de punições administrativas e, se cabível, judiciais, sempre de forma rápida e justa. Novickis (2018, p. 41)*

United Kingdom	*1. Dispor procedimentos escritos e bem definidos de conduta;* *2. Demonstrar comprometimento do alto escalão da empresa com o Programa de Compliance;* *3. Ser baseado em uma avaliação coerente de riscos de Compliance;* *4. Realização de Due diligences nos setores das empresas e nas empresas parceiras/adquiridas;* *5. Comunicação e treinamento efetivo dos colaboradores na matéria; e;* *6. Monitoramento e revisão das normas de Compliance UNITED KINGDOM BRIBERY ACT (2010).*
Espanha	*a) Garantir o bom funcionamento dos sistemas de controle e gestão de riscos e, em particular, que todos os riscos significativos que afetam a sociedade sejam devidamente identificados, gerenciados e quantificados.* *b) Participar ativamente na preparação da estratégia de risco e nas decisões importantes sobre sua gestão.* *c) Garantir que os sistemas de controle e gestão de riscos mitiguem os riscos de forma adequada dentro da estrutura da política definida pelo conselho de administração. COMISSIÓN NACIONAL DEL MERCADO DE VALORES (2015).*
Austrália	*Nomeação de um diretor ou gerente sênior com qualificações ou experiência adequadas como compliance officer, com a responsabilidade de garantir que o programa de conformidade seja efetivamente projetado, implementado e mantido;* *Uma avaliação de risco para possíveis violações do Trade Practices ACT (TPA) e procedimentos para gerenciar esses riscos;* *Uma declaração de política delineando o compromisso da empresa com a conformidade das práticas comerciais e um esboço estratégico de como esse compromisso com a conformidade com as práticas comerciais será realizado, incluindo um requisito para a equipe relatar problemas de conformidade e preocupações ao responsável pela conformidade, uma garantia de proteção aos denunciantes, e uma declaração de que a empresa tomará medidas internas contra qualquer pessoa que esteja consciente ou imprudentemente envolvida em uma violação e não os indenizará por qualquer ação externa tomada contra eles;* *Um sistema de tratamento de reclamações de práticas comerciais;* *Relatórios regulares do diretor de conformidade para o conselho e / ou alta administração sobre a eficácia contínua do programa de conformidade;* *Treinamento regular e prático de práticas comerciais para todos os conselheiros, diretores, funcionários, representantes e agentes cujas funções possam colocá-los em risco de violar o TPA , incluindo sua incorporação em treinamento de indução e;* *Revisões regulares da operação e eficácia do programa de conformidade.*

China	*Artigo 8º. Uma companhia de valores mobiliários deve ter o chief compliance officer, o chefe de compliance, para examinar, supervisionar e verificar o cumprimento da gestão operacional e das práticas da companhia e de seus funcionários. O supervisor chefe de compliance não deve ocupar cargos concorrentes incompatíveis com as responsabilidades de gestão de compliance, nem assumir funções semelhantes.* *Os "Estatutos" de uma companhia de valores mobiliários devem especificar o status, responsabilidade, condições e procedimentos de nomeação e demissão do diretor de conformidade.* *Artigo 9º. O diretor de conformidade deve atender às seguintes qualificações:* *(1) ter adquirido a qualificação de alta administração de companhias de valores mobiliários;* *(2) bom comando do negócio de valores mobiliários, leis e regulamentos de valores mobiliários, com experiência em gestão de conformidade; e* *(3) tendo se envolvido no negócio de valores mobiliários por 5 anos ou mais e passado em exames profissionais relevantes, ou envolvido no negócio de advocacia por 8 anos ou mais; ou ter sido responsável pela supervisão profissional em autoridades de supervisão de valores mobiliários por 8 anos ou mais.* *Os exames profissionais no parágrafo anterior referem-se ao exame de competência de gestão de conformidade de companhias de valores mobiliários organizadas pela Securities Association of China (SAC), exame judicial nacional e exame de barra.* *Artigo 11º. Desde que um chief compliance officer não possa exercer as suas funções ou o cargo esteja vago, a sociedade de valores mobiliários em causa nomeará uma alta administração para cumprir as suas funções e enviará relatório por escrito às autoridades reguladoras de valores mobiliários do local onde está domiciliado está localizado dentro de 3 dias úteis a partir do dia da nomeação.* *O responsável pelo exercício da função de chief compliance officer não pode dirigir-se a departamentos incompatíveis com responsabilidades de gestão de compliance, com tempo de atuação não superior a 6 meses.* *Desde que o cargo de chief compliance officer esteja vago, a companhia de valores mobiliários em questão deve nomear a pessoa de acordo com o Artigo 9 deste documento no prazo de 6 meses.* *Artigo 12º. O diretor de conformidade deve realizar exames de conformidade para o sistema de gestão interno, decisões significativas, novo produto e plano de negócios, e emitir um parecer por escrito sobre o exame de conformidade.* *O diretor de conformidade deve realizar um exame de conformidade para os materiais de aplicação ou relatórios apresentados pelas empresas de acordo com as autoridades reguladoras de valores mobiliários, e confirmar nas aplicações ou relatórios escritos.* *Artigo 13.º O Chief Compliance Officer deve adotar medidas eficazes para fiscalizar o cumprimento das sociedades e da gestão e práticas operacionais dos empregados, e realizar exames periódicos e não periódicos de acordo com as exigências das autoridades reguladoras de valores mobiliários e dos regulamentos das sociedades.*

China	O diretor de conformidade deve implementar o sistema de combate à lavagem de dinheiro e isolamento de informações, fornecer consultoria de conformidade e treinamento para a alta administração, cada departamento e filial de acordo com os regulamentos das empresas, e lidar com reclamações e dicas relacionadas à violação de leis e regulamentos das empresas e os funcionários. *Artigo 14º.* O diretor de conformidade, ao descobrir violação de leis e regulamentos por parte das empresas ou riscos ocultos de conformidade, deve relatar oportunamente às instituições internas estipuladas no "Contrato Social", bem como às autoridades reguladoras de valores mobiliários no local onde está localizado seu domicílio ; se houver violação do padrão industrial e das regras de autorregulação, o chief compliance officer também deve relatar às organizações de autorregulação relevantes. Quanto à violação de leis e regulamentos ou riscos ocultos de conformidade, o diretor de conformidade deve apresentar atempadamente opiniões de dissuasão e tratamento ao departamento de instituições relevantes e exortá-los a retificar. As sociedades devem comunicar o resultado da retificação às autoridades reguladoras de valores mobiliários do local de seu domicílio; se necessário, as empresas devem apresentar uma cópia às organizações de autorregulação. *Artigo 15º.* Desde que as leis, regulamentos e regras sejam alteradas, o chief compliance officer deve sugerir, supervisionar e orientar a diretoria ou a alta administração das empresas para avaliar o impacto na gestão de compliance das empresas, modificar e aperfeiçoar o sistema de gestão e procedimentos de negócios relevantes. *Artigo 16º.* O diretor de conformidade deve manter contato com as autoridades reguladoras de valores mobiliários e organizações de autorregulação e cooperar positivamente com seu trabalho. O diretor de conformidade deve lidar em tempo hábil com a investigação exigida pelas autoridades reguladoras de valores mobiliários e organizações autorreguladoras, cooperar com seu exame e investigação para a empresa, rastrear e avaliar a implementação de opiniões regulatórias e requisitos. Se o diretor de conformidade tiver dificuldade em julgar a conformidade da empresa de valores mobiliários e da gestão e práticas operacionais de sua equipe devido a leis, regulamentos e regras indefinidos, ele / ela pode consultar as autoridades reguladoras de valores mobiliários e as organizações autorreguladoras. As autoridades reguladoras de valores mobiliários e as organizações de autorregulação devem responder atempadamente. *Artigo 17º.* O diretor de conformidade deve arquivar documentos relacionados ao desempenho de funções, incluindo pareceres de exame de conformidade, pareceres de consulta de conformidade, documentos da empresa assinados e papel de trabalho de exame de conformidade para referência imediata, e registrar a circunstância de desempenho de função. *Artigo 18º.* A companhia de valores mobiliários deve salvaguardar a independência do chief compliance officer e dar pleno direito de conhecimento e investigação, conforme exigido no desempenho de suas funções. O diretor de conformidade tem o direito de participar ou comparecer a reuniões relacionadas ao desempenho de funções, obter e examinar documentos e informações relevantes e solicitar aos funcionários relevantes das empresas que apresentem declarações sobre questões relacionadas.

China	*Os acionistas, diretores e alta administração não devem violar os deveres e procedimentos estipulados para dar ordens diretamente ao diretor de conformidade ou interferir no trabalho; diretores, supervisores, alta administração, departamentos e filiais de empresas de valores mobiliários devem cooperar com o trabalho do diretor de conformidade. Além disso, eles não devem limitar ou interferir no desempenho de funções do chefe de conformidade por qualquer motivo.* *Artigo 19º. Uma companhia de valores mobiliários deve fornecer os recursos humanos, recursos materiais, recursos financeiros e suporte técnico necessários para o desempenho das funções de seu diretor de conformidade.* *Uma empresa de valores mobiliários deve, de acordo com as circunstâncias, incluindo o escopo dos negócios das empresas, escala de negócios e estrutura organizacional, criar um departamento de conformidade ou designar um departamento relevante (doravante denominado departamento de conformidade) para auxiliar o trabalho do diretor de conformidade e equipar o departamento de conformidade departamento com pessoal de gestão de conformidade adequado que possui experiência relevante.* *O chief compliance officer, se necessário, pode contratar instituições profissionais externas ou funcionários para auxiliar no trabalho em nome da companhia de valores mobiliários.* *Artigo 20º. Compete ao departamento de compliance, liderado pelo seu chief compliance officer, cumprir a gestão do compliance de acordo com os regulamentos das sociedades e as disposições do Compliance Officer. As demais atribuições assumidas pela área de compliance não devem ser incompatíveis com as responsabilidades da gestão de compliance. CHINA SECURITIES REGULATORY COMMISION (2008).*

Brasil	I - Comprometimento da alta direção da pessoa jurídica, incluídos os conselhos, evidenciado pelo apoio visível e inequívoco ao programa; II - Padrões de conduta, código de ética, políticas e procedimentos de integridade, aplicáveis a todos os empregados e administradores, independentemente de cargo ou função exercidos; III - padrões de conduta, código de ética e políticas de integridade estendidas, quando necessário, a terceiros, tais como, fornecedores, prestadores de serviço, agentes intermediários e associados; IV - Treinamentos periódicos sobre o programa de integridade; V - Análise periódica de riscos para realizar adaptações necessárias ao programa de integridade; VI - Registros contábeis que reflitam de forma completa e precisa as transações da pessoa jurídica; VII - Controles internos que assegurem a pronta elaboração e confiabilidade de relatórios e demonstrações financeiros da pessoa jurídica; VIII - Procedimentos específicos para prevenir fraudes e ilícitos no âmbito de processos licitatórios, na execução de contratos administrativos ou em qualquer interação com o setor público, ainda que intermediada por terceiros, tal como pagamento de tributos, sujeição a fiscalizações, ou obtenção de autorizações, licenças, permissões e certidões; IX - Independência, estrutura e autoridade da instância interna responsável pela aplicação do programa de integridade e fiscalização de seu cumprimento; X - Canais de denúncia de irregularidades, abertos e amplamente divulgados a funcionários e terceiros, e de mecanismos destinados à proteção de denunciantes de boa-fé; XI - Medidas disciplinares em caso de violação do programa de integridade; XII - Procedimentos que assegurem a pronta interrupção de irregularidades ou infrações detectadas e a tempestiva remediação dos danos gerados; XIII - Diligências apropriadas para contratação e, conforme o caso, supervisão, de terceiros, tais como, fornecedores, prestadores de serviço, agentes intermediários e associados; XIV - Verificação, durante os processos de fusões, aquisições e reestruturações societárias, do cometimento de irregularidades ou ilícitos ou da existência de vulnerabilidades nas pessoas jurídicas envolvidas; XV - Monitoramento contínuo do programa de integridade visando seu aperfeiçoamento na prevenção, detecção e combate à ocorrência dos atos lesivos previstos no art. 5º da Lei nº 12.846, de 2013 ; e XVI - Transparência da pessoa jurídica quanto a doações para candidatos e partidos políticos. DECRETO 8.420/2015, Art. 42.

CONSIDERAÇÕES FINAIS

Considerando a pesquisa detalhada sobre as características e relevância da figura de um profissional responsável pelo programa de integridade, seja através de um compliance officer, diretor de conformidade, supervisor de conformidade, chief compliance office (CCO), comitê de conformidade, ou qualquer outro título que defina o profissional de compliance, não há dúvidas que esta persona se mostra de fundamental na busca por um programa de integridade eficiente.

Comparando as políticas de compliance nos países envolvidos na pesquisa, compreende-se a importância do compliance officer na gestão, zelo e com alto grau de fiscalização por este profissional (ou setor) em todas as esferas e departamentos das companhias, sejam elas públicas ou privadas.

Chama a atenção sobre a responsabilidade e importância do CO, principalmente nos pontos relativos à gestão de riscos, que convergem em todos os países analisados. O quadro abaixo apresenta os pontos de convergência identificados:

Quadro 2 – Convergência de Valores – Gestão de Riscos

Convergência de Valores – Gestão de Riscos	
País	**Atividades e/ou Características**
USA	*Inibir e reduzir a probabilidade do cometimento de qualquer desrespeito às Leis, a ditames éticos e normativas internas da corporação;* *Detectar qualquer atividade indevida ou a exposição a níveis inaceitáveis de riscos; e;* *Reagir adequadamente a desvios verificados, permitindo a aplicação de punições administrativas e, se cabível, judiciais, sempre de forma rápida e justa. Novickis (2018, p. 41).*
United Kingdom	*Dispor procedimentos escritos e bem definidos de conduta;* *Ser baseado em uma avaliação coerente de riscos de Compliance;* *Realização de due diligences nos setores das empresas e nas empresas parceiras/adquiridas;* *Monitoramento e revisão das normas de Compliance. UNITED KINGDOM BRIBERY ACT (2010).*
Espanha	*Garantir o bom funcionamento dos sistemas de controle e gestão de riscos e, em particular, que todos os riscos significativos que afetam a sociedade sejam devidamente identificados, gerenciados e quantificados.* *Garantir que os sistemas de controle e gestão de riscos mitiguem os riscos de forma adequada dentro da estrutura da política definida pelo conselho de administração. COMISSIÓN NACIONAL DEL MERCADO DE VALORES (2015).*
Austrália	*Nomeação de um diretor ou gerente sênior com qualificações ou experiência adequadas como compliance officer, com a responsabilidade de garantir que o programa de conformidade seja efetivamente projetado, implementado e mantido;* *Revisões regulares da operação e eficácia do programa de conformidade.*

China	Uma companhia de valores mobiliários deve ter o chief compliance officer, o chefe de compliance, para examinar, supervisionar e verificar o cumprimento da gestão operacional e das práticas da companhia e de seus funcionários. O supervisor chefe de compliance não deve ocupar cargos concorrentes incompatíveis com as responsabilidades de gestão de compliance, nem assumir funções semelhantes. O Chief Compliance Officer deve adotar medidas eficazes para fiscalizar o cumprimento das sociedades e da gestão e práticas operacionais dos empregados, e realizar exames periódicos e não periódicos de acordo com as exigências das autoridades reguladoras de valores mobiliários e dos regulamentos das sociedades. O diretor de conformidade deve implementar o sistema de combate à lavagem de dinheiro e isolamento de informações, fornecer consultoria de conformidade e treinamento para a alta administração, cada departamento e filial de acordo com os regulamentos das empresas, e lidar com reclamações e dicas relacionadas à violação de leis e regulamentos das empresas e os funcionários. O diretor de conformidade, ao descobrir violação de leis e regulamentos por parte das empresas ou riscos ocultos de conformidade, deve relatar oportunamente às instituições internas estipuladas no "Contrato Social", bem como às autoridades reguladoras de valores mobiliários no local onde está localizado seu domicílio ; se houver violação do padrão industrial e das regras de autorregulação, o chief compliance officer também deve relatar às organizações de autorregulação relevantes. Quanto à violação de leis e regulamentos ou riscos ocultos de conformidade, o diretor de conformidade deve apresentar atempadamente opiniões de dissuasão e tratamento ao departamento de instituições relevantes e exortá-los a retificar. As sociedades devem comunicar o resultado da retificação às autoridades reguladoras de valores mobiliários do local de seu domicílio; se necessário, as empresas devem apresentar uma cópia às organizações de autorregulação.
Brasil	Padrões de conduta, código de ética, políticas e procedimentos de integridade, aplicáveis a todos os empregados e administradores, independentemente de cargo ou função exercidos; Padrões de conduta, código de ética e políticas de integridade estendidas, quando necessário, a terceiros, tais como, fornecedores, prestadores de serviço, agentes intermediários e associados; Análise periódica de riscos para realizar adaptações necessárias ao programa de integridade; Registros contábeis que reflitam de forma completa e precisa as transações da pessoa jurídica; Controles internos que assegurem a pronta elaboração e confiabilidade de relatórios e demonstrações financeiros da pessoa jurídica; Procedimentos específicos para prevenir fraudes e ilícitos no âmbito de processos licitatórios, na execução de contratos administrativos ou em qualquer interação com o setor público, ainda que intermediada por terceiros, tal como pagamento de tributos, sujeição a fiscalizações, ou obtenção de autorizações, licenças, permissões e certidões;

Como conclusão final desta pesquisa, trago a reflexão do importante papel do CO nas organizações, cada dia mais essencial e de papel extremamente relevante no sucesso da implementação de um programa de integridade.

De acordo com a pesquisa realizada, as principais políticas de compliance aplicadas no mundo possuem direta ou indiretamente a figura de um gestor, que busca zelar, monitorar e orientar através da ética e conduta das organizações as boas práticas de um programa de compliance.

Não resta dúvidas sobre a necessidade deste profissional no mercado, tendo em vista o movimento crescente das empresas no sentido de se adequarem aos programas de compliance exigidos pelo mercado. Pesquisas futuras poderão detalhar quais as características de soft e hard skills deste profissional, e maiores detalhes das características e políticas deste profissional em outros países.

REFERÊNCIAS

Berry, M. et al., (2013). Federal Reserve Act Signed into Law. Federal Reserve History. Acesso em 02 de janeiro de 2022. https://www.federalreservehistory.org/

Collins Dictionary. Documento eletrônico. Disponível em <https://www.collinsdictionary.com/pt/dictionary/english/dow-jones-industrial-average>. Acesso em 03 de janeiro de 2022.

Investor.Gov. Documento eletrônico. Disponível em < https://www.investor.gov/introduction-investing/investing-basics/role-sec/laws-govern-securities-industry#secexact1934>. Acesso em 03 de janeiro de 2022.

Candeloro, A. P. P.; Rizzo, M. B. M. de; Pinho, V. (2012). Compliance 360°: riscos, estratégias, conflitos e vaidades no mundo corporativo. Trevisan Editora Universitária.

Cnmv.Es. Documento eletrônico. Disponível em < http://www.cnmv.es/publicaciones/IOSCO.pdf >. Acesso em 06 de janeiro de 2022.

Parker, C. Nielsen, V. L. (2006). Do Businesses Take Compliance Systems Seriously? An Empirical Study of The Implementation of Trade Practices Compliance Systems in Australia. Melbourne University Law Review, 30, 441-494.

Csrc.Gov. Documento eletrônico. Disponível em < http://www.csrc.gov.cn/csrc_en/c102034/c1371436/content.shtml>. Acesso em 06 de janeiro de 2022.

Brasil. Decreto 8.420 de 18 de março de 2015. Acesso em 07 de janeiro de 2022. http://www.planalto.gov.br/ccivil_03/_ato2015-2018/2015/decreto/d8420.htm

Novickis, K. M. (2018). Origem, Importância e Efetividade dos Programas de Compliance. Compliance: Essência e Efetividade, 37-47.

COMPLIANCE ANTICORRUPÇÃO: CONDUTAS PREVISTAS NA LEI DA EMPRESA LIMPA DANOSAS SOB A PERSPECTIVA CRIMINAL.

Autora:

Melissa Bisconsin Torres de Carvalho

O ordenamento jurídico brasileiro possui diversas normas de combate à corrupção e à fraude, tanto de natureza administrativa e cível quanto penal.

Sem adentrar no mérito dos casos concretos nem emitir opiniões pessoais, importa ressaltar que, no Brasil, entre 2013 a 2015, época em que a sociedade brasileira vivenciava há quase uma década vários grandes escândalos de corrupção envolvendo empresas brasileiras e internacionais, empresários e agentes políticos de alto escalão, houve notável aumento da participação popular na vida política do país, clamando fortemente pela punição dos agentes, pessoas físicas e jurídicas, que causaram danos ao patrimônio público e à população em decorrência de atos de corrupção, por meio de massivas manifestações nas ruas e nos veículos de comunicação em geral, especialmente nas redes sociais.

Nesse cenário, e também para cumprir compromissos internacionais de combate à corrupção assumidos pelo Brasil, houve movimentação política para inserção de lei anticorrupção e antissuborno e, no ano de 2013, foi promulgada a primeira lei nacional direcionada exclusivamente para a repressão a atos de corrupção.

A Lei nº 12.846/2013, em vigor desde 2014, regulamentada pelo Decreto nº 8.420/2015, imputa responsabilização objetiva à pessoa jurídica que pratica atos ilícitos contra a administração pública, nacional ou estrangeira.

O presente artigo propõe a estudar as sanções e dispositivos relevantes ao Compliance previstas na Lei n.º 12.846/2013, e identificar se as condutas das pessoas jurídicas puníveis administrativamente e/ou civilmente descritas na referida norma anticorrupção são também revestidas de caráter penal.

Quanto ao problema em estudo, partindo-se do pressuposto de que a norma em estudo surgiu no ordenamento jurídico pátrio para suprir lacuna existente e punir pessoas jurídicas que praticam corrupção, entendendo o legislador como suficiente à prevenção e repressão a aplicação de penalidades administrativas e cíveis em desfavor das pessoas jurídicas, buscar-se-á identificar as sanções aplicadas e normas relevantes ao compliance, bem assim se as condutas ilícitas também são passíveis de punição Estatal por configurarem infrações criminais.

De forma a cumprir esse objetivo, a abordagem da presente pesquisa é qualitativa, importando analisar as sanções descritas na Lei Anticorrupção em comparação com condutas tipificadas na legislação penal comum e extravagante, sem esgotar o assunto.

A técnica de pesquisa empregada é documental e compreende a revisão bibliográfica, com a finalidade de estabelecer conceitos sobre compliance, compliance anticorrupção e corrupção, identificar a respectiva relação com a legislação anticorrupção e destacar as sanções administrativas e cíveis fixadas pelo legislador, referências que servirão para a etapa posterior da pesquisa, de apontar condutas que também possam ser enquadradas como infrações penais.

Este artigo está dividido, em seu desenvolvimento, em duas partes, iniciando pela definição de alguns conceitos envolvendo compliance anticorrupção, seguindo para breves comentários sobre a lei anticorrupção, as sanções nela previstas e outras disposições relevantes da norma para o Compliance, e depois para a identificação das condutas eventualmente também configuradas crimes.

COMPLIANCE ANTICORRUPÇÃO

Conceitos de compliance, compliance anticorrupção e corrupção.

Em breves linhas, compliance tem origem no verbo inglês to comply, consistindo em termo aplicado no meio corporativo mundial para significar a conformidade da corporação em relação às normas internas e externas.

Sintetizando, consiste em "do the right thing" (em português, faça a coisa certa).

Noutras palavras, a empresa estará em conformidade se atender às exigências da legislação nacional e internacional, interna e externa, e outras normas referentes às atividades desenvolvidas, concretizando a adaptação de tal cultura na organização, em todos os setores.

Antes de conceituar compliance anticorrupção, também será esclarecedor lembrar o significado de corrupção.

O Dicionário da Língua Portuguesa divulgado on-line pela Academia Brasileira de Letras, em constante aprimoramento e atualização, até a presente data não conceitua a palavra corrupção.

No Michaelis on-line constam seis significados, importando destacar três: "4 Degradação de valores morais ou dos costumes; devassidão, depravação. 5 Ato ou efeito de subornar alguém para vantagens pessoais ou de terceiros. 6 Uso de meios ilícitos, por parte de pessoas do serviço público, para obtenção de informações sigilosas, a fim de conseguir benefícios para si ou para terceiros ".

Sobre o conceito de corrupção, importa ainda destacar as explicações de Zimmer e Nohara (2021):

> *"[...] compreendeu-se a corrupção de diferentes modos, de acordo com a percepção que se teve do problema em cada contexto histórico. Para exemplificar, o Banco Mundial definiu corrupção como 'abuso do cargo público para obtenção de ganhos privados' – ou abuso da função pública, para ser mais preciso e abrangente.[1]*
>
> *Demonstrando compreensão semelhante sobre o tema, ao descrever a corrupção como 'abuso da autoridade ou confiança pública para benefício privado', está o trabalho desenvolvido pelo Fundo Monetário Internacional.[2]" (n.p., tópico 1, terceiro parágrafo)*

Ou seja, a corrupção é uma das formas de apropriação da coisa pública, prática gravemente danosa por serem os recursos públicos escassos e comprometer a concretização das políticas públicas essenciais voltadas ao conceito de mínimo existencial.

Zimmer e Nohara (2021, n.p., tópico 1, décimo segundo parágrafo) também afirmam que a "corrupção está associada a baixo níveis de investimento e crescimento, já que provoca redução na efetividade das políticas industriais e encoraja as empresas a operarem de forma não oficial, por meio de violação de leis tributárias e regulatórias".

A prática de atos de corrupção fere princípios constitucionais e administrativos caros (art. 37 da Constituição Federal), como o da legalidade, impessoalidade, moralidade, integridade, imparcialidade administrativa, prestação de contas, responsabilidade, transparência, entre outros.

O compliance está ligado diretamente à Lei Anticorrupção em estudo.

O compliance anticorrupção representa a prática de integridade da organização, privada ou pública, voltada a mitigar os riscos de que se concretizem atos danosos ao patrimônio público.

Portanto, estar em conformidade com as normas anticorrupção, significa a atuação da organização com transparência e integridade, afastando-se, deste modo, de punições por práticas administrativas irregulares ou

---

[1]   Trata-se de tradução literal de "the abuse of public office for private gain". Cf. WORLD BANK GROUP, Poverty Reduction and Economic Management. Helping Countries Combat Corruption, p. 8.

[2]   Com efeito, para o Fundo Monetário Internacional corrupção é o "abuse of public authority or trust for private benefit". INTERNATIONAL MONETARY FUND. The IMF and good governance, factsheet. [S.l., s.n.], Mar. 2016. Available at: <http://www.imf.org/external/np/exr/facts/pdf/ gov.pdf>. Access on: jan. 24, 2018.

antiéticas, bem assim de danos à imagem, acaso adote condutas e medidas visando a impedir, identificar e remediar a ocorrência de atos fraudulentos, irregulares ou corrompidos, mediante programa de integridade.

Consiste numa linha moderna de pensamento e transformação cultural clamada crescentemente pela sociedade, que exige das organizações rápidas soluções voltadas à integridade e sustentabilidade.

A nova geração de consumidores e investidores têm atenção maior à cultura de boas práticas de governança corporativa e compliance em suas várias linhas, sendo a adoção de posturas éticas uma das principais preocupações de uma organização que visa ao sucesso.

Certo é que as normas despontadas com foco no combate ao abuso da função pública para alcance de ganhos privados, isto é, a política anticorrupção, a exemplo da lei objeto deste estudo, fortalecem o Estado de Direito e enfrentam as mazelas decorrentes da antiga cultura política viciada pelo patrimonialismo e pessoalidade das relações.

BREVE ESTUDO DA LEI ANTICORRUPÇÃO (LEI Nº 12.846/2013)

A Lei nº 12.846/2013 trouxe inovações no ordenamento jurídico pátrio ao dispor sobre sanções administrativas e cíveis em desfavor das pessoas jurídicas, suprindo lacunas e condensando em um só diploma algumas sanções de natureza administrativa e cível anteriormente previstas na legislação esparsa.

Conhecida como Lei Antissuborno, Lei Anticorrupção ou Lei da Empresa Limpa, trata acerca da responsabilização civil e administrativa de pessoas jurídicas que pratiquem atos que afetem a administração pública, nacional ou estrangeira. Foi regulamentada no ano de 2015 por meio do Decreto nº 8.420.

Referida lei inova ao fixar a responsabilidade objetiva de pessoas jurídicas que cometam, em benefício ou interesse próprio, qualquer ato nela tipificado como ilícito administrativo ou civil, e também no enfrentamento a atos danosos à administração pública estrangeira, e não apenas nacional, de qualquer dos Poderes da República e esferas de governo, conforme prevê o artigo 1º, parágrafo único[3].

---

3   "Art. 1º Esta Lei dispõe sobre a responsabilização objetiva administrativa e civil de pessoas jurídicas pela prática de atos contra a administração pública, nacional ou estrangeira.

Parágrafo único. Aplica-se o disposto nesta Lei às sociedades empresárias e às sociedades simples, personificadas ou não, independentemente da forma de organização ou modelo societário adotado, bem como a quaisquer fundações, associações de entidades ou pessoas, ou sociedades estrangeiras, que tenham sede, filial ou representação no território brasileiro, constituídas de fato ou de direito, ainda que temporariamente."

Para aplicação da Lei da Empresa Limpa também devem ser preenchidos os requisitos de tipificação em um ou mais dos atos capitulados no respectivo art. 5º e que o sujeito ativo seja pessoa jurídica elencada no citado parágrafo único do art. 1º:

> *"[...] sociedades empresárias e às sociedades simples, personificadas ou não, independentemente da forma de organização ou modelo societário adotado, bem como a quaisquer fundações, associações de entidades ou pessoas, ou sociedades estrangeiras, que tenham sede, filial ou representação no território brasileiro, constituídas de fato ou de direito, ainda que temporariamente".*

A competência para apurar, processar e julgar os atos ilícitos previstos na Lei Anticorrupção é atribuída à autoridade máxima de cada órgão ou entidade dos Poderes Executivo, Legislativo e Judiciário, que agirá de ofício ou provocado, observados os princípios do contraditório e ampla defesa. Incumbe à Controladoria-Geral da União - CGU[4] no âmbito do Poder Executivo Federal, cujas regras previstas poderão ter aplicação análoga nos Estados, Distrito Federal e Municípios.

A responsabilidade das pessoas jurídicas tratada na lei em estudo é objetiva e poderá ser apurada na via administrativa, podendo ensejar aplicação de sanções administrativas, assim como na via judicial, situação em que será passível aplicação de penalidades administrativas e cíveis.

Algumas condutas previstas na Lei Anticorrupção têm tipificação também na esfera criminal, conforme veremos no subitem 2.3, a seguir.

---

4   "Art. 8º A instauração e o julgamento de processo administrativo para apuração da responsabilidade de pessoa jurídica cabem à autoridade máxima de cada órgão ou entidade dos Poderes Executivo, Legislativo e Judiciário, que agirá de ofício ou mediante provocação, observados o contraditório e a ampla defesa.

§ 1º A competência para a instauração e o julgamento do processo administrativo de apuração de responsabilidade da pessoa jurídica poderá ser delegada, vedada a subdelegação.

§ 2º No âmbito do Poder Executivo federal, a Controladoria-Geral da União - CGU terá competência concorrente para instaurar processos administrativos de responsabilização de pessoas jurídicas ou para avocar os processos instaurados com fundamento nesta Lei, para exame de sua regularidade ou para corrigir-lhes o andamento.

Art. 9º Competem à Controladoria-Geral da União - CGU a apuração, o processo e o julgamento dos atos ilícitos previstos nesta Lei, praticados contra a administração pública estrangeira, observado o disposto no Artigo 4 da Convenção sobre o Combate da Corrupção de Funcionários Públicos Estrangeiros em Transações Comerciais Internacionais, promulgada pelo Decreto nº 3.678, de 30 de novembro de 2000.

Art. 16 [...] § 10. A Controladoria-Geral da União - CGU é o órgão competente para celebrar os acordos de leniência no âmbito do Poder Executivo federal, bem como no caso de atos lesivos praticados contra a administração pública estrangeira."

SANÇÕES DA LEI ANTICORRUPÇÃO

A Lei nº 12.846/2013, no capítulo III, dispõe quais sanções são aplicáveis, valendo transcrever o disposto nos artigos 6º e 7º:

"Art. 6º Na esfera administrativa, serão aplicadas às pessoas jurídicas consideradas responsáveis pelos atos lesivos previstos nesta Lei as seguintes sanções:

I - multa, no valor de 0,1% (um décimo por cento) a 20% (vinte por cento) do faturamento bruto do último exercício anterior ao da instauração do processo administrativo, excluídos os tributos, a qual nunca será inferior à vantagem auferida, quando for possível sua estimação; e

II - publicação extraordinária da decisão condenatória.

§ 1º As sanções serão aplicadas fundamentadamente, isolada ou cumulativamente, de acordo com as peculiaridades do caso concreto e com a gravidade e natureza das infrações.

§ 2º A aplicação das sanções previstas neste artigo será precedida da manifestação jurídica elaborada pela Advocacia Pública ou pelo órgão de assistência jurídica, ou equivalente, do ente público.

§ 3º A aplicação das sanções previstas neste artigo não exclui, em qualquer hipótese, a obrigação da reparação integral do dano causado.

§ 4º Na hipótese do inciso I do caput , caso não seja possível utilizar o critério do valor do faturamento bruto da pessoa jurídica, a multa será de R$ 6.000,00 (seis mil reais) a R$ 60.000.000,00 (sessenta milhões de reais).

§ 5º A publicação extraordinária da decisão condenatória ocorrerá na forma de extrato de sentença, a expensas da pessoa jurídica, em meios de comunicação de grande circulação na área da prática da infração e de atuação da pessoa jurídica ou, na sua falta, em publicação de circulação nacional, bem como por meio de afixação de edital, pelo prazo mínimo de 30 (trinta) dias, no próprio estabelecimento ou no local de exercício da atividade, de modo visível ao público, e no sítio eletrônico na rede mundial de computadores.

[...]

Art. 7º Serão levados em consideração na aplicação das sanções:

I - a gravidade da infração;

II - a vantagem auferida ou pretendida pelo infrator;

III - a consumação ou não da infração;

IV - o grau de lesão ou perigo de lesão;

V - o efeito negativo produzido pela infração;

VI - a situação econômica do infrator;

VII - a cooperação da pessoa jurídica para a apuração das infrações;

VIII - a existência de mecanismos e procedimentos internos de integridade, auditoria e incentivo à denúncia de irregularidades e a aplicação efetiva de códigos de ética e de conduta no âmbito da pessoa jurídica;

IX - o valor dos contratos mantidos pela pessoa jurídica com o órgão ou entidade pública lesados; e

X - (VETADO).

Parágrafo único. Os parâmetros de avaliação de mecanismos e procedimentos previstos no inciso VIII do caput serão estabelecidos em regulamento do Poder Executivo federal."

Como visto, a Lei Anticorrupção estabelece fator atenuante das sanções no caso de "existência de mecanismos e procedimentos internos de integridade e a aplicação efetiva de códigos de ética e de conduta no âmbito da pessoa jurídica" (inciso VII).

As condutas danosas contra o patrimônio público nacional ou estrangeiro, contra os princípios da administração pública ou contra os compromissos internacionais assumidos pelo Brasil (administração pública, nacional ou estrangeira), consideradas infrações administrativas e cíveis, estão previstas no rol do art. 5º da lei em estudo.

Importa destacá-las para melhor assimilação dos tipos, visando à posterior comparação com outras infrações previstas na legislação penal, conforme transcrição abaixo:

"CAPÍTULO II

DOS ATOS LESIVOS À ADMINISTRAÇÃO PÚBLICA NACIONAL OU ESTRANGEIRA

Art. 5º Constituem atos lesivos à administração pública, nacional ou estrangeira, para os fins desta Lei, todos aqueles praticados pelas pessoas jurídicas mencionadas no parágrafo único do art. 1º, que atentem contra o patrimônio público nacional ou estrangeiro, contra princípios da administração pública ou contra os compromissos internacionais assumidos pelo Brasil, assim definidos:

I - prometer, oferecer ou dar, direta ou indiretamente, vantagem indevida a agente público, ou a terceira pessoa a ele relacionada;

II - comprovadamente, financiar, custear, patrocinar ou de qualquer modo subvencionar a prática dos atos ilícitos previstos nesta Lei;

III - comprovadamente, utilizar-se de interposta pessoa física ou jurídica para ocultar ou dissimular seus reais interesses ou a identidade dos beneficiários dos atos praticados;

IV - no tocante a licitações e contratos:

a) frustrar ou fraudar, mediante ajuste, combinação ou qualquer outro expediente, o caráter competitivo de procedimento licitatório público;

b) impedir, perturbar ou fraudar a realização de qualquer ato de procedimento licitatório público;

c) afastar ou procurar afastar licitante, por meio de fraude ou oferecimento de vantagem de qualquer tipo;

d) fraudar licitação pública ou contrato dela decorrente;

e) criar, de modo fraudulento ou irregular, pessoa jurídica para participar de licitação pública ou celebrar contrato administrativo;

f) obter vantagem ou benefício indevido, de modo fraudulento, de modificações ou prorrogações de contratos celebrados com a administração pública, sem autorização em lei, no ato convocatório da licitação pública ou nos respectivos instrumentos contratuais; ou

g) manipular ou fraudar o equilíbrio econômico-financeiro dos contratos celebrados com a administração pública;

V - dificultar atividade de investigação ou fiscalização de órgãos, entidades ou agentes públicos, ou intervir em sua atuação, inclusive no âmbito das agências reguladoras e dos órgãos de fiscalização do sistema financeiro nacional.

§ 1º Considera-se administração pública estrangeira os órgãos e entidades estatais ou representações diplomáticas de país estrangeiro, de qualquer nível ou esfera de governo, bem como as pessoas jurídicas controladas, direta ou indiretamente, pelo poder público de país estrangeiro.

§ 2º Para os efeitos desta Lei, equiparam-se à administração pública estrangeira as organizações públicas internacionais.

§ 3º Considera-se agente público estrangeiro, para os fins desta Lei, quem, ainda que transitoriamente ou sem remuneração, exerça cargo, emprego ou função pública em órgãos, entidades estatais ou em representações diplomáticas de país estrangeiro, assim como em pessoas jurídicas controladas, direta ou indiretamente, pelo poder público de país estrangeiro ou em organizações públicas internacionais."

Consistindo em previsão legal inovadora, a Lei da Empresa Limpa prevê a responsabilização objetiva das pessoas jurídicas, afastando qualquer discussão sobre culpa do agente responsável pela prática infracional.

Assim, recaindo sobre a pessoa jurídica a responsabilidade, basta comprovar o fato, o resultado e o nexo de causalidade entre eles, acarretando, assim, maior celeridade no processo de apuração e julgamento da pessoa jurídica responsável.

Outras disposições relevantes

Sobre o processo administrativo, a competência para apurar, processar e julgar os atos ilícitos previstos na Lei Anticorrupção é atribuída à autoridade máxima de cada órgão ou entidade dos Poderes Executivo, Legislativo e Judiciário, que agirá de ofício ou provocado, observados os princípios do contraditório e ampla defesa.

Incumbe à Controladoria-Geral da União - CGU no âmbito do Poder Executivo Federal, com competência concorrente para instaurar PAR (processo administrativo de responsabilização), cujas regras previstas poderão ter aplicação análoga nos Estados, Distrito Federal e Municípios. Vejamos as disposições da Lei Anticorrupção e Antissuborno:

"Art. 8º A instauração e o julgamento de processo administrativo para apuração da responsabilidade de pessoa jurídica cabem à autoridade máxima de cada órgão ou entidade dos Poderes Executivo, Legislativo e Judiciário, que agirá de ofício ou mediante provocação, observados o contraditório e a ampla defesa.

§ 1º A competência para a instauração e o julgamento do processo administrativo de apuração de responsabilidade da pessoa jurídica poderá ser delegada, vedada a subdelegação.

§ 2º No âmbito do Poder Executivo federal, a Controladoria-Geral da União - CGU terá competência concorrente para instaurar processos administrativos de responsabilização de pessoas

jurídicas ou para avocar os processos instaurados com fundamento nesta Lei, para exame de sua regularidade ou para corrigir-lhes o andamento.

[...]

Art. 9º Competem à Controladoria-Geral da União - CGU a apuração, o processo e o julgamento dos atos ilícitos previstos nesta Lei, praticados contra a administração pública estrangeira, observado o disposto no Artigo 4 da Convenção sobre o Combate da Corrupção de Funcionários Públicos Estrangeiros em Transações Comerciais Internacionais, promulgada pelo Decreto nº 3.678, de 30 de novembro de 2000.

[...]

Art. 16 [...] § 10. A Controladoria-Geral da União - CGU é o órgão competente para celebrar os acordos de leniência no âmbito do Poder Executivo federal, bem como no caso de atos lesivos praticados contra a administração pública estrangeira."

O regulamento criado pelo Decreto nº 8.420, de 18/3/2015, estabelece o rito de apuração no Processo Administrativo de Responsabilização, fixando a competência, atribuições, prazos, forma de intimação, recursos cabíveis, dever de observância ao devido processo legal, entre outros, nos arts. 2º a 14.

A Lei Anticorrupção, no art. 15, fixa que "a comissão designada para apuração da responsabilidade de pessoa jurídica, após a conclusão do procedimento administrativo, dará conhecimento ao Ministério Público de sua existência, para apuração de eventuais delitos".

De grande importância para o Compliance, o decreto regulamentador dispõe sobre a possibilidade de acordo de leniência, cujas condições de forma cumulativa estão previstas no art. 16, em três incisos:

"Art. 16. A autoridade máxima de cada órgão ou entidade pública poderá celebrar acordo de leniência com as pessoas jurídicas responsáveis pela prática dos atos previstos nesta Lei que colaborem efetivamente com as investigações e o processo administrativo, sendo que dessa colaboração resulte:

I - a identificação dos demais envolvidos na infração, quando couber; e

II - a obtenção célere de informações e documentos que comprovem o ilícito sob apuração.

§ 1º O acordo de que trata o caput somente poderá ser celebrado se preenchidos, cumulativamente, os seguintes requisitos:

I - a pessoa jurídica seja a primeira a se manifestar sobre seu interesse em cooperar para a apuração do ato ilícito;

II - a pessoa jurídica cesse completamente seu envolvimento na infração investigada a partir da data de propositura do acordo;

III - a pessoa jurídica admita sua participação no ilícito e coopere plena e permanentemente com as investigações e o processo administrativo, comparecendo, sob suas expensas, sempre que solicitada, a todos os atos processuais, até seu encerramento.

§ 2º A celebração do acordo de leniência isentará a pessoa jurídica das sanções previstas no inciso II do art. 6º e no inciso IV do art. 19 e reduzirá em até 2/3 (dois terços) o valor da multa aplicável.

§ 3º O acordo de leniência não exime a pessoa jurídica da obrigação de reparar integralmente o dano causado.

§ 4º O acordo de leniência estipulará as condições necessárias para assegurar a efetividade da colaboração e o resultado útil do processo.

§ 5º Os efeitos do acordo de leniência serão estendidos às pessoas jurídicas que integram o mesmo grupo econômico, de fato e de direito, desde que firmem o acordo em conjunto, respeitadas as condições nele estabelecidas.

§ 6º A proposta de acordo de leniência somente se tornará pública após a efetivação do respectivo acordo, salvo no interesse das investigações e do processo administrativo.

§ 7º Não importará em reconhecimento da prática do ato ilícito investigado a proposta de acordo de leniência rejeitada.

§ 8º Em caso de descumprimento do acordo de leniência, a pessoa jurídica ficará impedida de celebrar novo acordo pelo prazo de 3 (três) anos contados do conhecimento pela administração pública do referido descumprimento.

§ 9º A celebração do acordo de leniência interrompe o prazo prescricional dos atos ilícitos previstos nesta Lei.

§ 10. A Controladoria-Geral da União - CGU é o órgão competente para celebrar os acordos de leniência no âmbito do Poder Executivo federal, bem como no caso de atos lesivos praticados contra a administração pública estrangeira."

Apenas exemplificando a aplicação da benesse na atualidade, o Ministério Público Federal do Paraná (MPF/PR) divulgou no site institucional[5] que, no dia 24 de junho de 2021, os acordos de leniência celebrados pelo referido órgão ministerial no âmbito da operação denominada Lava Jato restituíram acima de R$ 6 bilhões aos cofres públicos, destinados às entidades que sofreram lesões, a citar a União, a Petrobrás e o Estado do Paraná.

Citou que, naquela data, a empresa Technip Brasil transferiu para a Petrobrás a quantia de R$ 271.100.944,19, isto se deu em razão do cumprimento ao acordo de leniência que foi celebrado junto ao Ministério Público Federal, "resultado das apurações conduzidas pela força-tarefa Lava Jato a respeito de pagamentos de vantagens indevidas envolvendo pessoas ligadas à Technip Brasil e à Flexibras, ambas pertencentes ao grupo Technip".

Constou da mesma divulgação feita pelo MPF/PR, que o supracitado acordo é histórico, firmado no mês de junho do ano de 2019, consistindo na "primeira negociação global no âmbito da Lava Jato, com atuação conjunta entre o MPF, a Controladoria-Geral da União (CGU), a Advocacia-Geral da União (AGU) e o Departamento de Justiça Norte-Americano (DoJ)".

Na mesma nota oficial, o MPF afirmou ter realizado 17 acordos de leniência com pessoas jurídicas, visando a ressarcir a sociedade brasileira dos danos acarretados pela corrupção sistêmica deslindada pela "Lava Jato", as quais firmaram a restituição de quantia superior a doze bilhões de reais, valor que aumentará com as correções monetárias previstas nos contratos.

Relevante citar que, devido a prática dos atos expressos na Lei Anticorrupção, no art. 5º, a mesma lei prevê que os entes federativos, por intermédios dos órgãos de representação judicial ou das advocacias, bem assim o Ministério Público, têm atribuição para demandar em juízo buscando sejam aplicadas as sanções previstas no art. 19, valendo destacá-las:

"Art. 19. Em razão da prática de atos previstos no art. 5º desta Lei, a União, os Estados, o Distrito Federal e os Municípios, por meio das respectivas Advocacias Públicas ou órgãos de representação judicial, ou equivalentes, e o Ministério Público, poderão ajuizar ação com vistas à aplicação das seguintes sanções às pessoas jurídicas infratoras:

I - perdimento dos bens, direitos ou valores que representem vantagem ou proveito direta ou indiretamente obtidos da infração, ressalvado o direito do lesado ou de terceiro de boa-fé;

II - suspensão ou interdição parcial de suas atividades;

III - dissolução compulsória da pessoa jurídica;

---

5   Acordos de leniência celebrados pelo MPF no âmbito da Lava Jato já devolveram mais de R$ 6 bilhões para os cofres públicos, 24 de junho de 2021, acessado em http://www.mpf.mp.br/pr/sala-de-imprensa/noticias-pr/valor-devolvido-aos-cofres-publicos-em-leniencias-com-o-mpf-ultrapassam-r-6-bilhoes

IV - proibição de receber incentivos, subsídios, subvenções, doações ou empréstimos de órgãos ou entidades públicas e de instituições financeiras públicas ou controladas pelo poder público, pelo prazo mínimo de 1 (um) e máximo de 5 (cinco) anos.

§ 1º A dissolução compulsória da pessoa jurídica será determinada quando comprovado:

I - ter sido a personalidade jurídica utilizada de forma habitual para facilitar ou promover a prática de atos ilícitos; ou

II - ter sido constituída para ocultar ou dissimular interesses ilícitos ou a identidade dos beneficiários dos atos praticados.

§ 2º (VETADO).

§ 3º As sanções poderão ser aplicadas de forma isolada ou cumulativa.

§ 4º O Ministério Público ou a Advocacia Pública ou órgão de representação judicial, ou equivalente, do ente público poderá requerer a indisponibilidade de bens, direitos ou valores necessários à garantia do pagamento da multa ou da reparação integral do dano causado, conforme previsto no art. 7º , ressalvado o direito do terceiro de boa-fé."

Outro aspecto importante ao compliance é que a punição das pessoas jurídicas é divulgada amplamente, dando caráter de maior gravidade para as infrações em apuração e moldando o comportamento das organizações que se relacionam com o Poder Público, criando a cultura de conformidade anticorrupção.

A Lei Anticorrupção, nos termos do art. 23, criou o CNEP - Cadastro Nacional de Empresas Punidas no âmbito do Poder Executivo Federal, para reunir e dar publicidade às "sanções aplicadas pelos órgãos ou entidades dos Poderes Executivo, Legislativo e Judiciário, de todas as esferas". Criou também o CEIS - Cadastro Nacional das Empresas Inidôneas ou Suspensas (art. 23).

Por fim, a Lei Anticorrupção prevê prazo prescricional quinquenal (art. 25), interrompida com o PAR ou acordo de leniência.

CARÁTER PENAL DE ALGUMAS SANÇÕES DA LEI DA EMPRESA LIMPA

Primeiro, importa ressaltar que a Lei Anticorrupção não se trata de lei penal.

As multas e sanções que estão dispostas na lei pesquisada ocorrem no âmbito civil e administrativo, responsabilizando de forma objetiva as pessoas jurídicas em decorrência dos atos praticados por seus gestores.

Isto ocorre diferente no direito material penal, em que pessoas físicas são punidas por condutas dolosas ou culposas, comissivas ou omissivas, previstas no Código Penal Brasileiro e em leis esparsas, a citar a Lei das Licitações nº 8.666/93 (tipos penais recentemente revogados em abril de 2021, passaram a constar do Código Penal).

Outras leis punem ilícitos não penais praticados por pessoas físicas, a exemplo da Lei da Improbidade Administrativa nº 8.429/92 (LIA), de natureza cível.

Ambas as leis protegem a moralidade pública e punem também pessoas jurídicas, contudo, prevalece a especialidade da Lei Anticorrupção quanto à pessoa jurídica, pois prevê penalidades diversas e a responsabilização objetiva, enquanto a LIA apura dolo e culpa dos gestores.

Algumas penalidades cíveis da LIA não se aplicam a pessoas jurídicas, a exemplo da perda da função pública e suspensão dos direitos políticos, sendo possível a condenação à perda dos bens ou valores acrescidos ilicitamente ao patrimônio, "pagamento de multa civil equivalente ao valor do acréscimo patrimonial e proibição de contratar com o poder público ou de receber benefícios ou incentivos fiscais ou creditícios, direta ou indiretamente, ainda que por intermédio de pessoa jurídica da qual seja sócio majoritário"(art. 12, inciso I, da Lei nº 8.429/92). A disposição penal da LIA, crime do art. 19, também se aplica apenas a pessoa natural.

Nesse sentido, o § 2º do art. 2º da Lei nº 8.429/92, na recente redação acrescida pela Lei nº 14.230, de 25 de outubro de 2021, estabeleceu que as sanções da referida lei "não se aplicarão à pessoa jurídica, caso o ato de improbidade administrativa seja também sancionado como ato lesivo à administração pública de que trata a Lei nº 12.846, de 1º de agosto de 2013".

A Lei Anticorrupção, em seu art. 30, dispõe que "a aplicação das sanções nela previstas não afeta os processos de responsabilização e aplicação de penalidades decorrentes de: I - ato de improbidade administrativa nos termos da Lei nº 8.429, de 2 d ejunho de 1992; e II - atos ilícitos alcançados pela Lei nº 8.666, de 21 de junho de 1993, ou outras normas de licitações e contratos da administração pública".

Consultando o Código Penal, observa-se que a corrupção está descrita em sete tipos penais, sendo um deles crime sexual contra vulnerável (corrupção de menores); três previstos no capítulo dos crimes contra a saúde pública (corrupção de água potável, corrupção de substância ou produtos alimentícios e corrupção de produto destinado a fins terapêuticos ou medicinais); e, no que interessa a esta pesquisa, três tipos principais constam entre aqueles previstos como crime contra a administração pública. São eles: corrupção passiva[6], corrupção ativa[7] (contra a administração em geral) e corrupção ativa em transação comercial internacional[8] (contra a administração pública estrangeira).

Com o fito de resguardar de modo satisfatório a realização dos procedimentos licitatórios, a Lei nº 8.666/93 estabeleceu a responsabilização do agente público ou privado, conforme tipos penais dos artigos 89 a 99, revogados pela novel Lei nº 14.133, de 1º de abril de 2021.

Os crimes de licitação passaram a constar do Código Penal Brasileiro, dos artigos 337-E a 337-P, conforme artigo 178 da novel Lei de Licitações.

Diferente de tais normas penais, a Lei Anticorrupção visa reprimir infrações praticadas por pessoas jurídicas, apenas.

---

6   Corrupção passiva

"Art. 317 - Solicitar ou receber, para si ou para outrem, direta ou indiretamente, ainda que fora da função ou antes de assumi-la, mas em razão dela, vantagem indevida, ou aceitar promessa de tal vantagem:

Pena – reclusão, de 2 (dois) a 12 (doze) anos, e multa.   (Redação dada pela Lei nº 10.763, de 12.11.2003)

§ 1º - A pena é aumentada de um terço, se, em conseqüência da vantagem ou promessa, o funcionário retarda ou deixa de praticar qualquer ato de ofício ou o pratica infringindo dever funcional.

§ 2º - Se o funcionário pratica, deixa de praticar ou retarda ato de ofício, com infração de dever funcional, cedendo a pedido ou influência de outrem:

Pena - detenção, de três meses a um ano, ou multa."

7   Corrupção ativa

"Art. 333 - Oferecer ou prometer vantagem indevida a funcionário público, para determiná-lo a praticar, omitir ou retardar ato de ofício:

Pena – reclusão, de 2 (dois) a 12 (doze) anos, e multa. (Redação dada pela Lei nº 10.763, de 12.11.2003)

Parágrafo único - A pena é aumentada de um terço, se, em razão da vantagem ou promessa, o funcionário retarda ou omite ato de ofício, ou o pratica infringindo dever funcional."

8   Corrupção ativa em transação comercial internacional

"Art. 337-B. Prometer, oferecer ou dar, direta ou indiretamente, vantagem indevida a funcionário público estrangeiro, ou a terceira pessoa, para determiná-lo a praticar, omitir ou retardar ato de ofício relacionado à transação comercial internacional: (Incluído pela Lei nº 10.467, de 11.6.2002)

Pena – reclusão, de 1 (um) a 8 (oito) anos, e multa. (Incluído pela Lei nº 10.467, de 11.6.2002)

Parágrafo único. A pena é aumentada de 1/3 (um terço), se, em razão da vantagem ou promessa, o funcionário público estrangeiro retarda ou omite o ato de ofício, ou o pratica infringindo dever funcional. (Incluído pela Lei nº 10467, de 11.6.2002)"

Contudo, o legislador optou pela responsabilização nas esferas cível e administrativa da pessoa jurídica sob a justificativa de "que o Direito Penal não oferece mecanismos efetivos ou céleres para punir as sociedades empresárias, muitas vezes as reais interessadas ou beneficiadas pelos atos de corrupção", conforme justificativas da Exposição de Motivos Interministerial - EMI Nº 000112009 - CGU/MJ/AGU (item "10") sobre o Projeto de Lei da Câmara nº 39/2013, apresentadas à Presidência da República, em 23/10/2009, pelo, divulgada pelo Senado Federal[9].

Matias (2021, p. 81), citando Veríssimo (2018, p. 178), anotou que essa escolha do legislador merece reflexão, pois a lei ora em estudo visa a responsabilizar pessoas jurídicas pelo cometimento de ilícitos de corrupção previstos em convenções internacionais. Ele também esclarece que, para a citada autora, "não há como contestar a natureza penal da corrupção" e conclui que se trata, "portanto, de responsabilidade em face de crimes, razão pela qual indaga se a imposição de sanções administrativas e civis seriam suficientemente dissuasivas para coibir a prática dessas condutas".

De fato, vários tipos considerados infrações cíveis e administrativas têm similaridade com os crimes previstos no Código Penal.

Sem intenção de esgotar o assunto, exemplificaremos alguns, citando primeiro o texto da Lei Anticorrupção, seguido da tipificação no Código Penal Brasileiro:

Art. 5º, inciso I, da Lei nº 12.846/13

"I - prometer, oferecer ou dar, direta ou indiretamente, vantagem indevida a agente público, ou a terceira pessoa a ele relacionada".

Código Penal, art. 333 (corrupção ativa)

"Art. 333 – Oferecer ou prometer vantagem indevida a funcionário público, para determiná-lo a praticar, omitir ou retardar ato de ofício".

Art. 5º, inciso IV, a, da Lei nº 12.846/13

"IV - no tocante a licitações e contratos:

---

9   Projeto de Lei da Câmara nº

39, de 2013. Dispõe sobre a responsabilização administrativa e civil de pessoas jurídicas pela prática de atos contra a administração pública, nacional ou estrangeira, e dá outras providências. Acessado em https://legis.senado.leg.br/sdleg-getter/documento?dm=4003715&ts=1630411033257&disposition=inline

a) frustrar ou fraudar, mediante ajuste, combinação ou qualquer outro expediente, o caráter competitivo de procedimento licitatório público."

Código Penal, art. 337-F (Frustração do caráter competitivo de licitação)

"Art. 337-F. Frustrar ou fraudar, com o intuito de obter para si ou para outrem vantagem decorrente da adjudicação do objeto da licitação, o caráter competitivo do processo licitatório: (Incluído pela Lei nº 14.133, de 2021)

Pena - reclusão, de 4 (quatro) anos a 8 (oito) anos, e multa.   (Incluído pela Lei nº 14.133, de 2021)"

Art. 5º, inciso IV, b, da Lei nº 12.846/13

"IV - no tocante a licitações e contratos:

[...] b) impedir, perturbar ou fraudar a realização de qualquer ato de procedimento licitatório público."

Código Penal, art. 337-I (Perturbação de processo licitatório)

"Art. 337-I. Impedir, perturbar ou fraudar a realização de qualquer ato de processo licitatório: (Incluído pela Lei nº 14.133, de 2021)

Pena - detenção, de 6 (seis) meses a 3 (três) anos, e multa.   (Incluído pela Lei nº 14.133, de 2021)"

Neste sentido, denota-se existir na Lei Anticorrupção o caráter de norma penal encoberta.

Defendendo a tese de condutas tipificadas na Lei da Empresa Limpa como crimes de corrupção, Matias (2021, p. 90) conclui que:

"[...]Ainda que o legislador tenha optado pela responsabilização administrativa e civil da pessoa jurídica, sob o argumento de que Direito Penal não oferece mecanismos efetivos ou céleres para punir as sociedades empresárias, muitas vezes as reais interessadas ou beneficiadas pelos atos de corrupção, há um claro caráter de norma penal encoberta na Lei Anticorrupção brasileira, principalmente porque não há como contestar a natureza penal da corrupção.

Por outro lado, essa escolha merece reflexão, pois a Lei Anticorrupção pretende responsabilizar civil e administrativamente pessoas jurídicas por condutas tipificadas como crimes de corrupção, previstos tanto em acordos internacionais firmados, como na própria legislação pátria, gerando dúvidas acerca da eficácia das medidas dissuasivas [...]" (p. 90).

Ainda sobre as perspectivas penais, é bom ressaltar que a Lei Anticorrupção tem estreita ligação com a Lei de Improbidade Administrativa, sendo especial em relação a esta quando o ato de improbidade também seja sancionado como ato danoso à administração pública tipificado na Lei nº 12.846, de 1/8/2013. Ambas cuidam do Direito Administrativo sancionador.

Nesta linha, o Supremo Tribunal Federal (STF) pronunciou que a ação de improbidade administrativa se trata de um instrumento de Direito Penal sancionador, em caso em que admitiu a utilização de instrumento típico de Direito Penal (colaboração premiada no âmbito civil).

O STF, em 26/4/2019, afetou em repercussão geral o Tema nº 1043, que trata da "utilização da colaboração premiada no âmbito civil, em ação civil pública por ato de improbidade administrativa movida pelo Ministério Público em face do princípio da legalidade (CF, artigo 5º, II), da imprescritibilidade do ressarcimento ao erário (CF, artigo 37, §§ 4º e 5º) e da legitimidade concorrente para a propositura da ação (CF, artigo 129, §1º)".

Como dito, no art. 30, a Lei Anticorrupção dispõe que a aplicação das penalidades nela previstas "não afeta os processos de responsabilização e aplicação de penalidades decorrentes de ato de improbidade administrativa" nos termos da Lei nº 8.429/92 e de "atos ilícitos alcançados" pela Lei nº 8.666/93 ou "outras normas de licitações e contratos da administração pública".

CONSIDERAÇÕES FINAIS

Neste estudo foi possível conceituar compliance e sua relação com a legislação anticorrupção, bem como foi possível aprofundar sobre o exame das sanções administrativas e cíveis previstas na Lei Anticorrupção e dela extrair algumas perspectivas criminais.

Conforme citaram os idealizadores do supracitado anteprojeto convertido na Lei nº 12.846/2013, no item 3 da EMI Nº 00011 2009 - CGU/MJ/AGU, "a corrupção compromete a legitimidade política, enfraquece as instituições democráticas e os valores morais da sociedade, além de gerar um ambiente de insegurança no mercado econômico, comprometendo o crescimento econômico e afugentando novos investimentos".

A aplicação da norma estudada permite melhor controle da corrupção, o que é fundamental ao fortalecimento das instituições democráticas e viabilização do crescimento econômico.

Uma vez existente a hipótese de corrupção, qualquer empresa, seja ela pública ou privada, é essencial a organização da gestão desses riscos, de modo a proteger diretamente a própria organização e, indiretamente, o interesse e patrimônio público.

Para o sucesso da organização e manutenção da cultura de conformidade, afastando condutas viciosas, é essencial a transparência e a responsabilidade social e, especialmente, o comprometimento da alta direção da organização com programa de integridade que a aborde tolerância zero em relação a suborno e outros atos de corrupção, conforme recomendação da norma ISO 37001; além do treinamento dos funcionários e terceiros para a identificação de situações de risco e possíveis pagamentos indevidos, bem assim a forma de atuar nesses casos.

Recomenda-se que tal sistema seja monitorado e executado por setor diretamente responsável e dotado de autonomia e atribuições previstas em normas internas da corporação, bem assim que se mantenha criteriosa análise de riscos, publicação de código de conduta e efetiva aplicação de políticas e procedimentos de controle, além da avaliação pelos stakeholders por meio de canais de comunicações e denúncia que concedam segurança e confiança aos denunciantes e permitam permanente monitoramento.

REFERÊNCIAS

BRASIL. ABNT NBR ISO 37001:2017. Sistemas de gestão antissuborno - Requisitos com orientações para uso. (06 mar. 2017). Acessado em 10 de janeiro de 2022, em https://www2.camara.leg.br/atividade-legislativa/comissoes/grupos-de-trabalho/55a-legislatura/comissao-de-juristas-administracao-publica/documentos/outros-documentos/NBRISO370012017.pdf

BRASIL. Constituição (1988). Constituição da República Federativa do Brasil de 1988. Brasília, DF: Presidência da República [2021]. Acessado em 10 de janeiro de 2022, em: http://www.planalto.gov.br/ccivil_03/constituicao/constituicao.htm

BRASIL. Decreto-Lei nº 2.848, de 7 de dez. de 1940. Código Penal. Acessado em 12 dezembro de 2021, em http://www.planalto.gov.br/ccivil_03/decreto-lei/del2848compilado.htm

BRASIL (1992). Lei nº 8.429, de 2 de junho de 1992. Dispõe sobre as sanções aplicáveis em virtude da prática de atos de improbidade administrativa, de que trata o § 4º do art. 37 da Constituição Federal; e dá outras providências. Acessado em 5 de jan de 2022, em: http://www.planalto.gov.br/ccivil_03/leis/l8429.htm

BRASIL (1992). Lei nº 8.666, de 21 de jun 1993. Regulamenta o art. 37, inciso XXI, da Constituição Federal, institui normas para licitações e contratos da Administração Pública e dá outras providências. Acessado em 5 de janeiro de 2022, em: http://www.planalto.gov.br/ccivil_03/leis/l8666cons.htm

BRASIL. Lei nº 12.846, de 1º de agosto de 2013. Dispõe sobre a responsabilização administrativa e civil de pessoas jurídicas pela prática de atos contra a administração pública, nacional ou estrangeira, e dá outras providências. Acessado em 12 de dezembro. de 2021, em http://www.planalto.gov.br/ccivil_03/_ato2011-2014/2013/lei/l12846.htm

BRASIL. Decreto nº 8.420, de 18 de março de 2015. Regulamenta a Lei nº 12.846, de 1º de agosto de 2013, que dispõe sobre a responsabilização administrativa de pessoas jurídicas pela prática de atos contra a administração pública, nacional ou estrangeira e dá outras providências. Acessado em 12 dezembro de 2021, em http://www. planalto.gov.br/ccivil_03/_Ato2015-2018/2015/Decreto/D8420.htm

BRASIL. Lei nº 14.133, de 1º de abril de 2021. Lei de Licitações e Contratos Administrativos. Acessado em 8 de janeiro de 2022, em http://www.planalto.gov.br/ccivil_03/_Ato2019-2022/2021/Lei/L14133.htm#art193

DE CARLI, C. V. Anticorrupção e compliance: a (in)capacidade da lei 12.846/2013 para motivar as empresas brasileiras à adoção de programas e medidas de compliance. Acessado em 8 janeiro de 2022, em https://lume.ufrgs. br/bitstream/handle/10183/149239/001005078. pdf?sequence=1&isAllowed=y

DLP - Dicionário da língua portuguesa [on-line]. Acessado em 3 janeiro de 2022, em https://www.academia. org.br/nossa-lingua/dicionario-da-lingua-portuguesa

MICHAELIS. Dicionário da língua portuguesa [on-line]. Acessado em 3 jan. 2022, em https://michaelis.uol. com.br/busca?r=0&f=0&t=0&palavra=corrup%C3%A7%C3%A3o

MATIAS, J. M. S. Aspectos penais da Lei Anticorrupção. Revista TCU / 147. janeiro-junho/2021. 78-98. Acessado em 10 dezembro 2021, de file:///C:/Users/Samsumg/Downloads/1699-Texto%20do%20artigo-3364-1-10-20210616. pdf

MINISTÉRIO PÚBLICO FEDERAL DO PARANÁ(2021). Acordos de leniência celebrados pelo MPF no âmbito da Lava Jato já devolveram mais de R$ 6 bilhões para os cofres públicos. (24 de junnho de 2021). Acessado em 24 de jan. 2022, em http://www.mpf.mp.br/pr/sala-de-imprensa/noticias-pr/valor-devolvido-aos-cofres-publicos-em-leniencias-com-o-mpf-ultrapassam-r-6-bilhoes

SENADO FEDERAL, em Brasília. Justificativa - Senado Federal - Exposição de Motivos Interministerial - EMI Nº 000112009 - CGU/MJ/AGU sobre a proposição PLC nº 39/2013 (13 de outubro 2009). Acessado em 24 jan. 2022, em https://legis.senado.leg.br/sdleg-getter/documento?dm=4003715&ts=1630411033257&disposition=inline

SUPREMO TRIBUNAL FEDERAL. ARE 1175650 RG/PR - PARANÁ. Tribunal Pleno. Relator Min. Alexandre de Moraes. Julgamento em 25 abr. 2019. Publicação 07 mai. 2019. Acessado em 24 jan. 2022, em https://jurisprudencia. stf.jus.br/pages/search/repercussao-geral10522/false

ZIMMER Jr., A; NOHARA, I. P. D (2021). Compliance Anticorrupção e das Contratações Públicas [livro eletrônico] / coordenação ALMEIDA, L. E.; NOHARA, I. P. D. 1. ed. São paulo: Revista dos Tribunais. n.p. https:// next-proview.thomsonreuters.com/title

COMPLIANCE COMO FERRAMENTA DE COMBATE A CORRUPÇÃO

Autora:

Débora Jayane de Melo Lima

À vista de diversos eventos de corrupção, amplamente noticiados pela mídia no Brasil, sobretudo o "famigerado" caso descoberto na Operação Lava Jato, envolvendo a Petrobras, este estudo se propõe a identificar eventuais falhas no Programa de Compliance dessa empresa estatal de economia mista, os pilares indispensáveis para qualquer programa de compliance de sucesso independente do segmento e qual a ligação que o compliance tem com o combate a corrupção.

De modo geral, o sucesso de uma empresa, qualquer que seja seu porte e sua área, pública ou privada, depende do cumprimento da legislação, de códigos de conduta, de regulamentos, entre outros, sem os quais essa empresa estará, potencial e concretamente, predestinada ao fracasso., seja esse em termos de credibilidade no mercado, seja em termos de reconhecimento social ou, até mesmo, em termos de resultados financeiros.

Nesse cenário, uma empresa que está em compliance – ou seja, que está "em conformidade com leis, contratos, regulamentos e outras fontes normativas, além de adotar preceitos éticos e de transparência" (Maluf, 2022, p. 2) – tem grandes chances de sucesso e de diminuição concreta nos riscos de agência. O mais preocupante, contudo, é constatar que, se não houver comprometimento do alto escalão, a estrutura organizacional vai ruir. Vieses ou lacunas de controle ou de comprometimento se transformam em oportunidades para práticas ilegais, sendo a corrupção uma delas. Aliás, não é demais afirmar que a corrupção movimenta bilhões de reais e que não faltam interessados em se arriscar ao máximo, na busca por lucros financeiros advindos de qualquer meio. Empresas que não cumprem efetivamente seus próprios códigos de conduta são motivo de preocupação, por não fiscalizarem nem investirem em treinamentos para os funcionários.

Corrupção é a primeira coisa que vem à mente quando se ouve falar em favorecimento e em oportunidades na relação empresas e o Estado. Lacunas ou vieses de controle são um campo para ações ilícitas, sem qualquer respaldo na lei, as quais envolvem suborno em troca de benefícios privados (Lazzarini, 2011).

A Petrobras, foco deste trabalho, mesmo com um programa de compliance, fez parte de um dos maiores eventos de corrupção do país, o que pode demonstrar falhas de controle ou ineficiência de ferramentas nesse sentido.

Em geral, o compliance só é eficaz após análise minuciosa das necessidades de conformidade de cada área da organização, principalmente em relação aos riscos.

Quando a empresa valoriza a integridade e a conduta ética, os resultados são visíveis, pois os riscos de corrupção e fraude são necessariamente mitigados. Mas para isso, a alta liderança deve incentivar o comportamento ético e por falar claramente sobre a necessidade de se manter a conformidade e as consequências por seu não cumprimento.

Diante dos escândalos de corrupção nos últimos anos, o compliance se mostrou indispensável à sobrevivência das empresas/organizações, independentemente do porte e da área, como já dito. É que a área de compliance que se apresenta como o principal mecanismo de defesa da integridade das corporações, a ponto de garantir o foco nas atividades primordiais e de, ao mesmo tempo, minimizar os riscos que toda atividade tem, gerando menos conflitos internos e externos e promovendo sua alavancagem competitiva.

Conforme se verifica, um dos maiores problemas enfrentados é, sem dúvida, o combate à corrupção. Trata-se inevitavelmente de falhas na fiscalização, em canais de denúncia, ausência de treinamento constante de todos os funcionários e principalmente falta de punição exemplar para os envolvidos. No entanto, não reconhecer que a aplicação da lei não tem o mesma configuração penal para todos também é uma falha. Assim, reveste-se de particular importância a busca constante pelo cumprimento das regras, independentemente de quem ocupa determinado cargo, seja na iniciativa privada, seja, principalmente, na iniciativa pública. Nessa ótica, com mais razão ganha particular relevância a condenação de grandes figuras na política brasileira, uma vez que eles são gestores da res pública e não justifica receberem tratamento diferente do tratamento dispensado a um cidadão comum, que tenha cometido o mesmo erro. Entre outras violações, isso gera insegurança jurídica e crise institucional.

Warde (2018) se refere a cinco grandes efeitos da corrupção, os quais vão desde o obstáculo ao desenvolvimento das nações, aumento da pobreza e afronta à dignidade das pessoas até a desnaturalização das instituições – isto é, quando a corrupção se institucionaliza, e elas "perdem" a razão de sua natureza original para as submeter às finalidades próprias dessa atividade ilícita. Na perspectiva dos níveis de Poder estatal, em ações relacionadas à corrupção, o entendimento é de que enquanto o Executivo administra os serviços, o Legislativo cria as leis, e o Judiciário elabora as sentenças, tudo seguindo a mesma direção. Infelizmente, esses são episódios corriqueiros no país.

Nessa perspectiva, o compliance objetiva garantir a conformidade com as leis, regulamentos e padrões éticos, buscando evitar - ou pelo menos minorar - práticas ilegais, multas, litígios e danos àquilo que a empresa busca construir junto à sociedade: sua imagem. A propósito, o próprio termo "compliance", do inglês to comply, quer dizer conformidade. De acordo com Zanetti (2016),

> Analisando-se uma conduta abstrata que se afina com o padrão previamente determinado, verifica-se se a conduta concreta atende àqueles pressupostos. Daí poder-se aferir se determinada ação ou omissão está de acordo com o prescrito, ou com o planejado. Trata-se do ato de proceder, ou deixar de proceder, de acordo com um comando previamente traçado (p. 51).

Para que isso seja alcançado e seja eficiente, é necessária a aplicação de mecanismos, como: compromisso de todos os envolvidos – o que também se aplica aos políticos e aos juízes que acreditam estar acima da lei; um código de conduta claro; treinamento e fiscalização constante; canal de denúncia e, principalmente, estabelecimento de punição para os envolvidos em práticas ilícitas.

A globalização e a consequente integração de mercados, acirrando a concorrência empresarial, também terminaram por incentivar a cultura do consumo e o predomínio da ganância. E em situações de crise financeira, algo é posto em xeque: a capacidade de as corporações, as estatais e até o mercado, como um todo, gerirem os riscos surgidos com seriedade. Um diferencial que, sem dúvida, trará benefícios concretos para todos os envolvidos (stakeholders) é o comprometimento do alto escalão com a implantação de um programa de integridade ou de compliance. Para tanto, as organizações precisam analisar cuidadosamente as áreas que apresentam maiores riscos no cometimento de ilícitos, tendo sempre presente que cada programa é único e vai atender às necessidades particulares da empresa, já que não existe uma fórmula que atenda a todos os problemas possíveis de acontecer.

Nesse contexto, a proposta deste trabalho inclui sugestões e a apresentação de ferramentas necessárias à implantação eficiente do compliance em empresa estatal, com base no exemplo da Petrobrás. Essa, apesar de seu programa de integridade, foi devastada com desvios de recursos na casa de bilhões e ainda sofre as consequências disso, após ter sua imagem denegrida e sua credibilidade arrasada. Para tanto, será feita uma análise concreta do programa de compliance dessa estatal, para identificar eventuais falhas e verificar necessidades de aprimoramento das ferramentas e de mitigação de riscos.

Com base nos dados obtidos, será realizada uma análise dos pontos críticos e falhos para o sucesso do compliance e quais as medidas recomendadas para sanar tais problemas. Dentro disso, busca-se uma melhor compreensão de como os riscos de agência funcionam na prática, nos desafios de grandes corporações e quais áreas merecem mais treinamento e vigilância.

O trabalho se divide em quatro partes, quais sejam: na primeira, apresentam-se conceitos e os principais marcos regulatórios no Brasil; na segunda, abordam-se as ferramentas indispensáveis para a eficiência de um programa de compliance em qualquer segmento, mencionando a importância da independência do profissional que atua nessa área. Também descreve o quão positivo o compliance é para a empresa e para todos os stakeholders; sem dúvida, um instrumento essencial no combate à corrupção. Consequentemente, isso trará benefícios visíveis não apenas para a atividade econômica, mas para toda a sociedade; na terceira, faz-se a análise da organização objeto do estudo, demonstrando-se onde o compliance, de fato, fracassou ou pelo menos não teve os resultados almejados; na quarta são apresentadas sugestões de melhoria e de aperfeiçoamento.

CONCEITO DE COMPLIANCE

O uso do termo "compliance", que significa estar em conformidade (como já dito), tem por objetivo principal evitar ou minimizar os riscos a que toda atividade empresarial está submetida.

Como bem assegura Assi (2018), o compliance se destacou após diversos escândalos envolvendo corrupção e lavagem de dinheiro. Com isso, todos os stakeholders – sócios, acionistas, administradores, parceiros – exigem uma atuação proba e transparente das empresas. Para tal, elas são direcionadas a mudanças em suas atividades negociais, baseadas em elementos das boas práticas de governança, com exigências de maiores cuidados e atenção aos processos de tomadas de decisão, essencialmente no que tange ao distanciamento dos interesses pessoais. Mormente no trato com agentes públicos, deve-se pugnar pela neutralização de qualquer aspecto nesse sentido, em prol do melhor interesse comum. O foco é evitar subornos como desculpa à manutenção da lucratividade.

Estar em conformidade ou em compliance vai muito além de cumprir as normas e regulamentos internos e externos, uma vez que evita diversas consequências danosas para a empresa e para os stakeholders. Com efeito, serão reduzidos os casos de corrupção, de desvios de dinheiro e da respectiva "lavagem", de suborno, de fragilidade da empresa diante do mercado e, até, de falência.

Conforme explicado, o compliance passou a ser uma ferramenta indispensável no combate à fraude e à corrupção. Logo, empresas que se determinarem a implementar um programa de compliance devem ter compromisso com a prática da boa governança, bem como prezar pela transparência e pela ética.

Pode-se afirmar que uma empresa que está em compliance tem maiores chances de sucesso corporativo, uma vez que investidores e acionistas terão uma imagem positiva dela, de seu compromisso não apenas com a conformidade, o cumprimento das normas e ações com transparência, mas principalmente porque, diante de suspeitas no cometimento de atos ilícitos, terá uma postura rígida de repressão e de correção.

> Neste aspecto é importante que a organização adote o sistema Compliance como valor fundamental e inserindo-o na cultura corporativa, criando prioridades, estratégias e comprometimento, visando o crescimento dos negócios. Cita-se como exemplo as principais características: Envolvimento da alta da direção, recursos adequados, autonomia e independência da equipe, análises de riscos, monitoramento e revisão das ações (Cruz & Cruz, 2022, p. 12).

Esses efeitos revelam muito mais do que regras de conformidade; relevam uma urgência no trato das empresas, comprometimento dos envolvidos e como a imagem das corporações serão vistas em âmbito nacional e internacional. Corporações que estão em compliance têm maiores chances de crescimento e de valorização.

Espera-se, com isso, que todos estejam comprometidos e que haja uma mudança na cultura da corporação, com respeito às normas e aos regulamentos, mas, principalmente, que todos façam a coisa certa porque esse é o comportamento esperado. Nesse ritmo, é apenas questão de tempo, de pouco tempo, para se ter uma mudança visível na gestão de empresas, no trato com o dinheiro público, na cultura ética e nos padrões de integridade.

Vê-se, pois, que essa realidade está cada dia mais próxima, frente aos eventos diversos de corrupção que assolam o país e que não apenas trazem consequências nefastas e irreversíveis, mas denigrem a imagem da empresa e muitas vezes são expurgadas do mercado, sem qualquer chance de retorno. Logo, não parece haver razão para se deixar de buscar e de aprimorar as ferramentas do compliance. Acreditando tratar-se de um ciclo vicioso de difícil alteração – haja vista muitas vezes encontrar-se entranhado na cultura pessoal –, a mudança pode começar com a ação de cada um, de forma individual, buscando um objetivo comum.

Por todas essas razões, cada acionista, administrador, investidor e funcionário deve estar atento se todas as normas e regulamentos, se eles estão de fato sendo cumpridos. É uma espécie de fiscalização recíproca, todos cuidando da imagem da empresa que fazem parte e, no final todos ganham.

É preciso ressaltar que, para alcançar essa mudança no comportamento de todos, além de treinamento constante, inevitavelmente deverá haver uma constante fiscalização e, ainda assim, esperar resultados a médio e longo prazo. O comportamento ético deve se tornar corriqueiro, porque, além de zelar pela imagem da empresa, evitar o cometimento de atos ilícitos. E isso, sem dúvida, trará maiores lucros e cumprirá a missão da empresa que zela pelo cumprimento das leis.

Embora seja exigida independência do profissional de compliance para que as atividades sejam executadas com autonomia e profissionalismo, é preciso que todos estejam envolvidos no cumprimento da missão da empresa. Ao contrário do que a maioria acredita, os profissionais de compliance podem ter diferentes formações; logo, não é exclusividade dos profissionais de direito. O que todos eles terão em comum é que atuarão na gestão e na implementação do programa em empresas com vistas a garantia de seu bom desempenho.

Principais marcos regulatórios no Brasil

Quando o assunto é compliance, os principais marcos regulatórios são a Lei nº 12.846/2013, Lei Anticorrupção, e a Lei nº 13.709/2018, Lei Geral de Proteção de Dados (LGPD). A Lei Anticorrupção teve influência da legislação norte- americana (Foreign Corrupt Practices Act) e dispõe sobre a responsabilidade objetiva das empresas e de seus gestores pela prática de atos ilícitos contra a Administração Pública, tanto na esfera administrativa como na esfera civil.

Essa lei, em sua disposição sobre o combate e sobre a repressão à corrupção exclusivamente, mesmo tendo representado um grande avanço da legislação brasileira, não previu responsabilidades na esfera criminal. Na prática, o que mudou com o advento da Lei Anticorrupção foi o fato de as empresas se responsabilizarem objetivamente por atos ilícitos de algum colaborador. Ela pode sofrer punição, sem que isso exija produção de provas.

Já a Lei Geral de Proteção de Dados tem como finalidade a proteção à privacidade do cidadão. A Constituição Federal de 1988 trata dos direitos fundamentais, os quais integram a privacidade e a liberdade. A Lei de Proteção de Dados veio justamente para regulamentar tais direitos, previstos constitucionalmente, e para protegê-los. Uma empresa que está em conformidade com as leis zela pelos dados de seus funcionários por meio de controles internos, evitando que eles se destinem a objetivos escusos, a exemplo do destino dados por hakers.

Saliente-se que, embora tenham sido citadas apenas duas leis como referências diretas ao compliance, outras também têm ligação e importância dentro do compliance, uma vez que, estar em conformidade é justamente respeitar a legislação vigente. Entre essas outras, podem ser citadas: a Lei nº 8.429/92, Lei de Improbidade Administrativa, alterada pela Lei nº 14.230/21; a Lei nº 9.613/98, Lei de Lavagem de Dinheiro (alterada pela Lei nº 12.683/12); a Lei nº 12.527/2011, Lei de Acesso à Informação, entre outras igualmente importantes.

PROGRAMA DE COMPLIANCE E FERRAMENTAS INDISPENSÁVEIS

Estar em compliance exige esforço contínuo e comprometimento de todos os colaboradores, incluindo fornecedores e parceiros. Afinal, apenas com a união de esforços será possível e viável mudar a cultura de uma corporação/empresa, na qual atuar de forma ética é um de seus valores e missão.

O compliance é uma ferramenta indispensável para orientar o comportamento de uma empresa, corporação ou estatal, proporcionando transparência e segurança com quem se relaciona. Mas para alcançar o objetivo primordial, que é a prática de boas condutas, deve-se ter em mente alguns pilares para sustentar o programa de integridade. Esses elementos podem variar, mas, de uma forma ou de outra, toda corporação os possui.

Não existe programa de compliance sem controle interno das atividades. É justamente nessa primeira etapa que são analisados, observados e, posteriormente, corrigidas as falhas em determinados setores. Dependendo do tamanho da empresa, esse controle se torna impossível, pois diversos são os setores, problemas e colaboradores. Por isso, faz-se necessário um canal de denúncias, para que o profissional de compliance tenha conhecimento do que está ocorrendo e quais providências deverão ser tomadas para sanar o problema.

Outro pilar indispensável é o due diligence (diligência devida) que, em linhas gerais prevê que o programa não esteja reduzido aos colaboradores da corporação, estatal ou empresa. Em outras palavras, significa a preocupação que eles têm com as pessoas com quem se relacionam, incluindo acionistas, fornecedores, distribuidores, colaboradores, stakeholders. Em linhas gerais, seria uma investigação para ver se as empresas com as quais tal corporação ou estatal se relaciona cumpre as normas éticas, evitando futuros prejuízos, riscos, ameaças e prática de ilícitos.

Por último e não menos importante, tem-se a auditoria. Com um plano de execução em mãos, parte-se para a implantação do programa. O sucesso depende da avaliação constante; se tudo o que está previsto, por exemplo, no código de conduta, está de fato sendo seguido e executado pelos envolvidos e se as pessoas estão comprometidas com a nova política da empresa. Segundo Villela et al. (2021), as auditorias não apenas analisam se o compliance está agindo em conformidade, mas apontam e certificam acertos e possíveis falhas. Com isso, é possível fazer um balanço do que é preciso para aperfeiçoar o programa, tendo em vista que essa análise e a busca de melhoria devem ser constantes. Já o due diligence é ferramenta de gerenciamento de riscos, que visa à prevenção de irregularidades.

Empresas que implementam o programa de compliance se tornam mais fortalecidas em termos gerais, seja imprimindo mais confiança frente aos consumidores, seja ampliando oportunidades de linhas de crédito. Em resumo, rumam à eficiência e a uma ascensão longa (Lamounier et al., 2023).

No Brasil, com tantos episódios de corrupção, implementar um programa de compliance se tornou uma questão de sobrevivência empresarial. Além dos benefícios já referidos, outro fator de importância que vem sendo observado por aqueles que estão aderindo à política de compliance é o fato de ter uma conduta ética e proba também se tornou uma ferramenta de marketing, pois isso demonstra seriedade e respeito para com quem se relaciona. Do contrário, conforme Carloto (2021) observa, empresas, como a Petrobrás, tiveram grandes prejuízos financeiros e de imagem. Esses dois itens estão interligados, já que o prejuízo de imagem também traz prejuízo financeiro, ambos consequência da falta de compliance.

É interessante, aliás, que sejam observadas quais empresas criam resistência para aderir ao compliance, pelo fato de isso demonstrar o quão comprometida ela está em combater atos ilícitos, desvios de verbas (públicas ou privadas), prática de suborno entre outras ilicitudes que comprometem a imagem e o funcionamento empresarial. Conforme já explicado, empresas que investem em compliance tornam-se mais aptas ao sucesso, o que se reflete em uma de suas finalidades maiores, que é o lucro.

Em outra perspectiva, o maior desafio encontrado pela maioria dos investidores, acionistas e empresários para implantar um programa de compliance é o custo do respectivo investimento. No entanto, vale a pena ressaltar que na relação entre os gastos em treinamentos, cursos e capacitação dos profissionais e os benefícios resultantes, esse são bem maiores, principalmente se a efetividade do programa evita o desvio de bilhões, como o que ocorreu na Petrobrás.

No mundo corporativo ou em qualquer ramo, para que se obtenha sucesso, é necessário investir, principalmente na capacitação dos funcionários. Com o compliance não seria diferente, ainda mais com as ocorrências constantes de corrupção tendendo a desenvolver praticamente um costume nesse sentido.

Como bem ressaltado por Carloto (2021), o mundo corporativo vem mudando e, em nível internacional, as empresas vêm exigindo de outras, com as quais mantêm alguma forma de relação condutas éticas, boas práticas de governança e um efetivo programa de compliance. Esse conjunto de exigências remete a um dos pilares do due diligence.

Em resumo, vários são os benefícios e os desafios do compliance, ferramenta com tendência de sucesso e de crescimento exponencial nas grandes corporações, seja em âmbito nacional e internacional. É demonstrativa do quanto cada uma está comprometida a fazer a coisa certa, detectando falhas, corrigindo-as e aperfeiçoando cada vez mais seus mecanismos de combate a todo e qualquer ato ilícito.

Ao longo deste capítulo, discutiram-se os pilares indispensáveis a qualquer programa de compliance, como o controle interno, o canal de denúncias, o due diligence e a auditoria. Em uma sociedade cada vez mais complexa, com acesso quase instantâneo a tudo que acontece no mundo inteiro, ter um programa individual, pensado única e exclusivamente nas necessidades de uma determinada corporação, é algo que, sem dúvida, trará benefícios notórios a corporação que aderiu ao programa de compliance.

No entanto, é importante afirmar que o compliance não representa uma "solução mágica" para todos os problemas, como referido. É necessário um esforço conjunto de acionistas, investidores, administradores, funcionários, de todos os envolvidos em determinada atividade, para garantir que o programa seja efetivo. Em suma, o compliance é uma ferramenta valiosa para minimizar riscos, guiar o comportamento da empresa e de seus funcionários e demonstrar segurança nas atividades econômico-financeiras que vêm sendo exercidas. Para isso, é preciso continuar aprimorando e aperfeiçoando as ferramentas para garantir que ela cumpra seu papel de forma eficaz.

O COMPLIANCE NA PETROBRAS

Ao analisar um exemplo prático de uma empresa ou estatal que implantou o programa de compliance, a primeira coisa a ser observada, sem dúvida, é sua eficiência. No presente capítulo, será feita uma análise da Petrobrás que, após diversos eventos de corrupção, amplamente divulgados e comentados mundo afora, mostraram seu programa de compliance não foi capaz de evitar desvios bilionários, pelo fato de a empresa integrar um dos maiores esquemas de corrupção no país. Após pesquisa na internet, foi possível verificar que a empresa, embora contasse com uma alta direção, não reforçava os controles internos - primeiro pilar da compliance –, nem a conduta geral dos funcionários. Aliás, seu Código de Conduta era conhecido por muito poucos.

Vladimir Netto (2016), em sua pesquisa sobre a Operação Lava Jato, demonstrou, com descrição de fatos e de documentos, que a Petrobras havia sido "saqueada" e os "saqueadores" levaram os recursos para fora do país, isto é, dificilmente teria de condições de ser devolvidos.

Por fatos como esse, sempre que se noticiam grandes eventos de corrupção, fica a certeza de que é indispensável a implantação de um programa de compliance e que essa é uma ferramenta que deve estar em constante atualização:

> A Petrobras, apenas para exemplificar, foi uma empresa que esteve envolvida em escândalos de corrupção e na conjuntura presente é adepta de práticas de governança corporativa responsável através da implantação de sistemas de compliance, de modo que, seja possível a prevenção e detecção tempestivamente dos desvios éticos possivelmente ocorrentes, possibilitando corrigi-los e se for o caso, punir aqueles comprovadamente cometidos (Villela et al., 2021, p. 148).

O primeiro passo para a eficácia do compliance é a detecção de riscos, verificada em uma análise interna. Em seguida, devem-se adotar medidas visando a corrigir falhas detectadas. Conforme citado, analisando o atual programa de compliance da Petrobras, verificou-se que houve uma mudança significativa na forma como a estatal vem lidando com as ferramentas do compliance após o evento ilícito em que se envolveu, demonstrando que está disposta a enfrentar com mais seriedade o problema da corrupção. Esse autor deixa claro que a detecção dos desvios éticos deve ocorrer de forma tempestiva.

A corrupção é um tema que deve ser tratado abertamente. Conforme explica Sandel (2021), "o vazio moral da política contemporânea tem algumas explicações", e uma das tantas explicações é tentar eliminar os ideais do discurso público. Para esse autor, na perspectiva equivocada de se evitarem confrontos sectários de ordem política, insiste-se para que "os cidadãos deixem suas convicções morais e espirituais para trás ao entrar na arena pública" (p. 19).

Com efeito, ao se tratar da corrupção, diversos questionamentos e reflexões são levantados. Trata-se de um desafio político e moral, já que o mais seguro e recomendável é a prevenção de um ilícito, em vez da recuperação de seu produto. Aliás, nem sempre essa recuperação se torna possível, como é o caso do fruto dos desvios bilionários na Petrobras, depositados em paraísos fiscais, nos quais a legislação que trata das origens do dinheiro não é tão rígida, como em alguns países.

Assim, reveste-se de particular importância que todos estejam comprometidos, em especial aqueles que ocupam cargos de maior escalão em uma corporação, com as boas práticas de governança. Sob essa ótica, ganha particular relevância a análise concreta do programa de compliance. Assim, é possível medir onde ele obteve maiores resultados e onde deve ser corrigido ou aprimorado, já que o programa não é estático, mas se adequa às necessidades de cada empresa, na medida em que vão surgindo novos riscos.

Nesse sentido, Assi (2018) afirma que a alta cúpula da administração não deve se limitar a assinar manuais, mas principalmente endossá-los com exemplos, seguindo literalmente seus critérios, no que diz respeito ao incentivo a denúncias e a punições. Inclusive e principalmente, os altos administradores devem se submeter aos mesmos ditames dos manuais, caso alguém de seu corpo seja infrator dos regramentos estabelecidos. Isso também é estar em conformidade com os regulamentos por ela defendidos.

Conforme citado, códigos de condutas, regulamentos e manuais devem ser observados por todos e, uma vez descumpridos, os responsáveis de antemão terão conhecimento das consequências. Isso gera segurança jurídica e transparência, já que a lei vale de igual forma para todos.

Desse modo, a maior dificuldade é o engajamento, o compromisso com a ética e a moral de todos os funcionários. Criar um código de conduta não é o problema central, mas respeitar as normas ali previstas. Da mesma forma, criar um canal de denúncias não trará, por si, só resultados concretos; é indispensável garantir o sigilo de quem faz as denúncias por esses canais, evitando represálias e perseguições e, principalmente, demonstrando, na prática, o compromisso e o engajamento.

O fazer a coisa certa deve ser a política empresarial dominante. Os exemplos comportamentais são mais marcantes que a mera discursividade. É preciso que se faça, enquanto modo de prática arraigada, o bem agir. As empresas devem ser respeitadas aos olhos dos cidadãos, por seus empregados e também por aqueles que com ela estabeleça negócios, a reputação faz-se largamente observada e acompanhada de perto por vários segmentos sociais (Villela et al., 2021, p. 187).

Pode-se dizer que após a implantação do programa de compliance com regras de conduta será observada se a cultura empresarial, de fato, cumprir seus deveres. Se não cumpridos, que soluções podem ser passíveis de corrigir? Fica claro que tão importante como a implantação do compliance é seu constante monitoramento.

Nesse sentido, em termos de monitoramento, chama a atenção a constatação de que, na maioria dos casos envolvendo escândalos de corrupção, são os detentores dos maiores cargos os responsáveis pelos desvios. Fica implícita muitas vezes, nesses casos, a certeza de impunidade. Por isso, é importante que haja uma mudança na atuação dos órgãos públicos no trato da corrupção e que o judiciário atue de forma imparcial, como determina a legislação. Assim como as empresas, o judiciário deve estar em conformidade; a compliance também alcança esse Poder. Aliás, é indispensável que isso ocorra ou haverá uma crise institucional e de moralidade (tema para outra pesquisa).

Após os escândalos envolvendo a Petrobras, foram levantados alguns questionamentos, com vistas a esvaziar o Operação Lava Jato, entre eles: e se grandes empresas nacionais fossem à falência, o que aconteceria? O que fazer para conter o desemprego? Deve ficar claro que o descumprimento de normas regulatórias trazem consequências inevitavelmente e que o desemprego e a inflação são exemplos delas.

Sobre o esquema de corrupção na Petrobras, Vladimir Netto (2016) concluiu que a primeira constatação foi a de que o gasto foi maior do que o que se podia ter. "A segunda, imposta pelos fatos revelados nas investigações, é que, além de gastar a rodo, o governo montou uma imensa máquina de corrupção nas empresas estatais" (p. 8).

Conforme explicado, se não houver o compromisso de todos os envolvidos, especialmente de grandes autoridades e funcionários que ocupam os cargos de maior escalão dentro da empresa, o programa de compliance estará fadado ao fracasso, não passando de uma formalidade sem a prática correspondente.

No caso da Petrobras, esse autor deixa claro que o governo montou uma máquina de corrupção. Daí, pode-se concluir que, para que fosse possível articular esse "projeto de corrupção", hoje conhecido como Operação Lava Jato, seria preciso corromper não apenas os funcionários internos da Petrobras, como também aqueles que, em tese, deveriam zelar pela guarda da Constituição em um futuro julgamento. E foi o que de fato ocorreu, sem grandes consequências para os saqueadores.

Quando o lucro, fruto da corrupção, ultrapassa a casa dos bilhões parece óbvio que há uma maior aceitação e concordância em participar de empreitadas desse tipo. Isso porque, além da certeza de impunidade, há o entendimento de que agir em conluio com autoridades detentoras do poder de decidir traz alguma segurança. Por meio de malabarismos jurídicos tendenciosos, sai impune quem foi responsável por desviar bilhões de uma das maiores estatais do mundo. Afinal, trata-se de interesses políticos e de troca de favores, um ciclo vicioso que perdura há décadas, sem qualquer punição exemplar.

SUGESTÃO PARA MELHORIA E APERFEIÇOAMENTO DO PROGRAMA

Um dos principais meios para detectar uma violação no programa de compliance é o canal de denúncia. Ocorre que, antes de levar ao conhecimento do superior responsável, deve-se avaliar a veracidade da denúncia, para saber se de fato se trata de uma violação de compliance ou violação na gestão da empresa ou áreas afins. Ou seja, após confirmar que a denúncia é plausível, que possui indícios de veracidade, devem ser tomadas as medidas corretivas de maneira adequada, proporcional à violação. Isso implica em aplicar as ações necessárias para corrigir a situação e evitar que a violação seja recorrente, levando em consideração a gravidade do problema.

O perfil dos profissionais de compliance é, portanto, fazer uma constante avaliação do programa de integridade, comunicando de forma eficaz as ideias para aprimoramento e possíveis correções. Afinal, para que o programa cumpra o objetivo pelo qual foi criado, deverá estar sempre atualizado.

Na visão de Porto (2020), a principal referência para o monitoramento e para a avaliação dos programas de compliance integridade é o ISO 19.600/2014, norma internacional que estabelece algumas premissas para determinar o sucesso do compliance. Entre essas premissas estão: sensibilizar e motivar a equipe, definir o escopo, definir política de compliance, definir objetivos e metas, elaborar procedimentos internos, identificar riscos, definir papéis de responsabilidades, definir os indicadores e realizar auditorias.

Como explicado, uma ferramenta indispensável para o sucesso do compliance é o controle interno por meio, também, de canais de denúncia que garantam o anonimato e principalmente a punição exemplar dos infratores.

O poder é legítimo quando atende ao interesse público, sem privilégios àqueles que se valem do cargo ou função que exercem. De acordo com Alves (2021), os "ratos palacianos" se utilizam do discurso dos pobres sem ter qualquer afinidade com eles que são usados, apenas para obtenção de espaços e alcance/manutenção de prestígio em cargos de mando. Esse autor deixa claro que a história da política brasileira é uma trajetória de privilegiados, na qual alguns se valem de riquezas para alcançar o governo e delas desfrutar com despudor; outros usando os mandatos ou os cargos oficiais para fazerem fortuna.

O termo "corrupção" tem o sentido de romper com os valores éticos e morais, e isso traz consequências ainda piores, quando são cometidas por aqueles que ocupam um cargo de maior responsabilidade e que têm poder de decisão. Isso remete aos valores que são defendidos quando se implementa um programa de compliance, já que ele visa evitar ou minorar a prática da corrupção.

A Lei Anticorrupção significou um marco na seara privada, na medida em que estabeleceu a responsabilização de pessoas jurídicas, de forma objetiva, pela prática de atos contra a administração pública, nacional ou estrangeira, nos âmbitos administrativos e cível.

O compliance tem papel fundamental no combate a atos ilícitos, como a corrupção, não sendo demais lembrar, nesse sentido, que seu objetivo primordial é evitar ou minorar os danos causados por esses atos. A fraude não é exclusiva na relação com o bem público; ela se estende ao mundo global das organizações, inclusive na área privada. Muitas vezes, os resultados financeiros das empresas, frente a condições momentâneas de mercado, evidenciam seus resultados financeiros. Nesse sentido:

> Não teremos êxito se não trabalharmos sobre as causas da corrupção. E a causa imediata é a profunda indisciplina jurídica das relações entre Estado e empresa, a falta de um regramento democraticamente discutido e instituído sobre o lobby pré-eleitoral, que se resume no financiamento de campanha, mas também de um regramento que se ocupe das pressões inevitáveis que a sociedade civil organizada exerce sobre os governos e os agentes públicos, num contínuo lobby pós-eleitoral (Warde, 2018, p. 14).

Esse autor deixa claro que se deve eliminar a causa da corrupção, do contrário, não haverá êxito no combate a esse problema que perpassa décadas. A ganância desenfreada de quem ocupa cargos dos mais altos escalões e a consequente impunidade pelos ilícitos cometidos apenas fortalecem esse sistema de desvios, de propina, de suborno e de lavagem de dinheiro, ao deixar claro que "o crime compensa", desde que se tenham aliados corretos.

Diante do exposto, fica claro que a corrupção vai continuar enquanto não houver um verdadeiro enfrentamento dessa questão, buscando compreender a causa. Outro ponto importante é a eficiência no julgamento de quem comete ato ilícito. Quando houver punições exemplares, o mais provável é que os índices de corrupção diminuam.

Pelo que foi visto, entende-se que programas de compliance são indispensáveis tanto para empresas privadas como para instituições públicas. Porém, ainda se está longe de resolver todo e qualquer problema apenas com boas intenções e com programas de integridade. O monitoramento e a medição da eficiência desses programas devem ser constantes, assim como o treinamento dos funcionários e o funcionamento de um canal de denúncias que garanta o anonimato de quem está disposto a apontar possíveis fraudes, sem consequências futuras, como ameaças e represálias. Os funcionários de qualquer empresa têm o dever de conhecer seu código de conduta, pois isso trará segurança jurídica, principalmente para eles, e transparência frente a outras empresas e aos stakeholders.

CONSIDERAÇÕES FINAIS

Esta pesquisa possibilitou analisar como o compliance se estrutura, quais os pilares fundamentais para qualquer segmento e identificar que elementos podem ser essenciais ao sucesso de um programa nesse sentido em empresa públicas ou privadas. Isso, além de trazer uma reflexão acerca dos benefícios de aderir ao compliance, entre eles, o compromisso com a moralidade e com a ética, com a imagem e com a reputação da empresa frente aos clientes, às empresas parceiras e ao mercado em geral. Também permitiu uma análise mais detalhada sobre as causas da corrupção dentro de uma empresa e os efeitos nefastos dela decorrente.

De modo geral, a responsabilização objetiva da empresa e dos dirigentes, frente a atos ilícitos de seus funcionários contra a Administração Pública nacional ou estrangeira, como prevê a Lei Anticorrupção, foi um grande avanço e um marco na estudo do compliance. Mas ainda existem diversas dificuldades para implantar e ter êxito no programa, como: o interesse e o engajamento dos funcionários que ocupam os cargos de níveis elevado dentro de uma empresa, dando exemplo aos de hierarquia inferior e um canal de denúncia efetivo, que garanta o sigilo e anonimado, de forma a incentivar sua utilização e treinamento constante dos funcionários.

Também é imprescindível para o sucesso do programa de compliance que todos conheçam o conteúdo do código de conduta, que esteja em uma linguagem acessível para a compreensão geral.

Se uma empresa, de fato está em compliance, ou seja, possui um conjunto de regras e procedimentos de controles internos para garantir uma atuação moral e ética, sem dúvidas ela também fará uma análise minuciosa e investigativa das empresas com as quais busca investimentos por meio do due diligence. Desse modo, a empresa estará zelando por sua imagem, reputação e evitando futuros prejuízos.

Após a publicação da Lei Anticorrupção, diversas empresas aderiram ao programa de compliance. A Petrobras, que foi objeto da presente pesquisa, redefiniu suas diretrizes, buscando corrigir falhas em seu programa de integridade. Diante disso, acredita-se que diversas outras empresas irão aderir cada vez mais ao compliance em seus segmentos, observando suas peculiaridades, suas necessidades e seus riscos. Embora o principal desafio seja o investimento inicial para implantação do compliance, as empresas já perceberam que os benefícios são maiores e que esse é o caminho para um futuro promissor.

O canal de denúncias é fundamental em qualquer programa de compliance, independentemente de se tratar de uma empresa pública ou privada. É através desse meio de comunicação que os superiores tomarão conhecimento de possíveis falhas dentro da empresa e, a partir da verificação da informações, havendo verossimilhança, podem iniciar uma investigação para responsabilizar os que praticaram qualquer ilícito, observando a proporcionalidade do ato praticado e as consequências delas advindas.

A auditoria interna é complementada pelo compliance, ambos caminhando de mãos dadas: enquanto esse cria ferramentas e mecanismos para prevenir e para detectar ilícitos ou condutas não probas, com base no código de conduta e no canal de denúncias, aquela analisa o cumprimento dessas normas, por meio de inspeções pontuais.

Já o treinamento, por trazer resultados em curto prazo, tem grande aceitação tanto da empresa como dos colaboradores, pois objetiva aumentar a eficiência e a produtividade, além de promover maior segurança no trabalho e a correção de atividades. Outro benefício é que, com o treinamento, os colaboradores vão demonstrar onde trabalham melhor, onde são mais produtivos e, com isso, suas habilidades serão direcionadas para tarefas específicas.

A importância e a oportunidade do assunto tornam necessário o desenvolvimento de pesquisas e/ou projetos voltados para a formação continuada dos funcionários, a fim de que desenvolvam competências e habilidades que possam assegurar a eficiência no programa de compliance, com redução de riscos, conflitos internos e melhores resultados para a empresa. Como consequência, o ambiente corporativo se tornará mais seguro, a empresa demonstrará mais transparência para sos investidores e para a população, e os funcionários cumprirão e incentivarão o cumprimento das normas internas; logo, todos se beneficiarão.

Assim, aderir a um programa de compliance permite que os profissionais contribuam para a mudança cultural da empresa, zelando pela ética e pelo comportamento probo, motivando os demais a seguirem seus exemplos; contribui para o crescimento exponencial da empresa. Cumprir os valores da empresa, agindo em conformidade com a legislação, trará não apenas benefícios de curto e de médio prazo, mas manterá o segmento no topo por décadas, com impacto positivo para as futuras gerações.

REFERÊNCIAS

Alves, L. S. (2021). Rataria: corrupção política no Brasil. Joinville.

Assi, M. (2018). Compliance, como implementar. São Paulo : Trevisan.

Carloto, S. (2021). O compliance trabalhista e a efetividade dos direitios humanos dos trabalhadores. São Paulo: LTR.

Cruz, A.M & Cruz L.M. (2022). Novas interfaces sobre gestão pública. Curitiba: Baga.

Lamounier, G. M. (2023). Desafios do Direito na Contemporaneidade - volume 4. Belo Horizonte: Expert.

Lazzarini, S. G. (2011). Capitalismo de Laços - Os donos do Brasil e suas conexões. Rio de Janeiro: Elsevier.

Maluf , G. de B. (2022). Compliance: o que é, quais os tipos e como aplicá-lo na sua empresa? Recuperado em 8 de janeiro de 2024, de https://uplexis.com.br/ artigos/compliance-o-que-e-quais-os-tipos-e-como-aplica-lo-na-sua-empresa/

Matias, J. N., & Melo, Á. M. (2022). Direito Privado e Contemporaneidade. Fortaleza: Mucuripe.

Porto, É. G. (2020). Compliance e governança corporativa: uma abordagem prática e objetiva. Porto Alegre.

Sandel, M. J. (2021). O que o dinheiro não compra - Os limites morais do mercado. Rio de Janeiro: Civilização Brasileira.

Silva, R. B. (2018). O que é compliance? Conceitos e ferramentas na visão de um auditor interno. Rio de Janeiro: Albatraz.

Villela, D. R., & D. R., & Vilela, D. R. (2021). Direito Premial Trabalhista e Compliance. Belo Horizonte: Expert.

Vladimir Netto, V. (2016). Lava Jato - O juiz Sergio Moro e os bastidores da operação que abalou o Brasil. Rio de Janeiro: Primeira Pessoa.

Warde, W. (2018). O espetáculo da corrupção - Como o sistema corrupto e o modo de combatê-lo estão destruindo o país. São Paulo: Casa dos Mundos.

Zanetti, A.F.de (2016). Lei anticorrupção e compliance. Revista Brasileira de Est. da Função Pública, 5 (15), 35-60. Recuperado em 9 de janeiro de 2024, de https://editoraforum.com.br/wp-content/uploads/2017/03/lei-anticorrupcao-compliance-artigo.pdf

TECH CYBER COMPLIANCE

.

Autor:

Stanley Scherrer de Castro Leite

Um mundo altamente interligado – com 59,6% da população conectada à rede mundial de computadores (Banco Mundial, 2021) - cada vez mais dependente e denso de noveis tecnologias de informação e comunicação tais como Big Data, Cloud, IA e Machine Learning, vem suscitando, ao longo do tempo, um rápido crescimento da importância da Segurança da Informação no ciberspaco – doravante denominada cibersegurança – alavancando-a ao patamar estratégico para qualquer corporação, quer público quer privada.

Recente pesquisa da Information Systems Audit and Control Association (ISACA) e Protivity (2022) com mais de 7500 líderes em auditoria de TI elencou os 10 principais riscos tecnológicos a serem enfrentados pela comunidade global.

Observa-se, pois que, tanto em 2021 quanto em 2022, à preocupação com cibersegurança alcança o 1º lugar corroborando a improtância dessa issue para a sustentabilidade de qualquer entidade.

A atuação de Hackers não éticos e o advento de Leis de Privacidade de dados pessoais, as quais emanaram em profusão nos últimos anos tais como o General Data Protection Regulation (GDPR) Europeu, a Lei Geral de Proteção de Dados (LGPD) brasileira, e inúmeras outras normas americanas[1], dada a intersecção que o tema apresenta com a cibersegurança, acaba por reforçar o caráter premente da melhoria da Governança nessa área.

Assim, importa ressaltar que a presente obra busca averiguar em que medida o compliance e todo o seu referencial – leis, regulações, atos, diretrizes – contribui para eliminar ou mesmo mitigar os problemas advindos dos riscos com a cybersegurança, tendo como foco precípuo o arcabouço normativo e regulatório americano.

DESENVOLVIMENTO

cibersegurança é "a proteção de sistemas, redes e dados contra ataques cibernéticos". (ISO/IEC 27000:2018). A cibersegurança busca, pois, assegurar a integridade, confidencialidade e disponibilidade dos dados e informações

---

1   Algumas delas serão apresentadas no anexo a presente obra.

que transitam na internet, bem como proteger a privacidade dos usuários e assegurar o bom funcionamento dos sistemas.

A cibersegurança é um campo multidisciplinar que envolve várias áreas das ciências, incluindo a ciência da computação, engenharia de software, criptografia, redes de computadores, psicologia, direito e ética. Além disso, a cibersegurança também abrange aspectos técnicos e não técnicos, como a gestão de riscos, a conformidade regulatória, a conscientização do usuário e a resposta a incidentes de segurança.

Assim, o conhecimento dessas áreas é fundamental para a proteção dos sistemas de informação e da privacidade dos usuários, e é necessário que profissionais da área de cibersegurança tenham uma formação ampla e atualizada para lidar com as ameaças e desafios em constante evolução.

Após a conceituação inicial do objeto do presente trabalho e para fins de contextualizar alguns pontos que reputamos essenciais quanto ao presente tema – inclusive para o fenômeno que se origina quando do desrespeito à segurança no cyberespaço (Cybercrime) - passaremos a efetuar algumas digressões acerca de temáticas específicas dando assim uma visão abrangente, panorâmica e "larga" ao leitor.

DEFINIÇÃO DE CIBERCRIME

No que se refere ao Cibercrime, por sua vez, temos que o mesmo é "qualquer crime que seja cometido utilizando tecnologias da informação e comunicação". (UNODC, 2013). Os cibercriminosos podem atuar de forma individual ou em grupo, buscando obter lucro financeiro, prejudicar empresas ou indivíduos, ou simplesmente causar danos e transtornos. O cibercrime é uma ameaça crescente na era digital, e exige que as organizações e indivíduos estejam preparados para se proteger contra ele. Sobre o tema Schreider (2020, p.17/18) assim estatui:

> Não existe uma definição universal de cibercrime; entretanto, existe um consenso geral de que o cibercrime divide-se em duas categorias. A primeira categoria são os crimes atuais que agora são cometidos usando computadores e redes. A segunda inclui crimes que evoluíram especificamente na era do computador e usam métodos sofisticados para cometer crimes. As definições de cibercrime têm semelhanças fundamentais em sentido amplo; no entanto, existe uma gama diversificada de opiniões.

> Não é de surpreender que muitos tribunais também tenham interpretações variadas de crimes cibernéticos, incluindo como soletrar o termo com ele, muitas vezes referido como crime cibernético ou cibercrime.

> Contribuir para a disparidade de definições é o cenário em mudança da tecnologia. Computação em nuvem, infraestrutura definida por software, big data, computação móvel e a terceirização praticamente eliminou muitas definições de cibercrime. Uma clara e concisa definição de cibercrime

estabelece a base adequada para o desenvolvimento de políticas e práticas para detectar, prevenir e mitigar infrações.

Uma definição compreensível de cibercrime preenche a lacuna entre a lei e seu programa de cibersegurança e traz clareza às partes de seu programa de cibersegurança que tratam de crimes.

A despeito da sombra a qual o autor supra coloca quanto à definição do termo, poucas identações depois o mesmo assevera: "O cibercrime é um ato criminoso no qual equipamentos baseados em computador, serviços automatizados ou mecanismos de comunicação são o objeto ou o meio de perpetrar ofensas legais ou regulamentares restritas ou proibidas" (Schreider, 2020, p.27).

Taxonomia do Cibercrime

A taxonomia do cibercrime é um sistema de classificação usado para categorizar diferentes tipos de crimes cibernéticos. Os crimes cibernéticos são crimes que envolvem o uso de computadores ou da Internet e podem variar de roubo de identidade e fraude financeira a perseguição cibernética e terrorismo cibernético. Existem muitas maneiras diferentes de classificar crimes cibernéticos, mas alguns métodos comuns incluem: A taxonomia do cibercrime é um sistema de classificação usado para categorizar diferentes tipos de crimes cibernéticos. Os crimes cibernéticos são crimes que envolvem o uso de computadores ou da Internet e podem variar de roubo de identidade e fraude financeira a perseguição cibernética e terrorismo cibernético.

- O alvo do crime: Os crimes cibernéticos podem ser classificados com base em quem ou o que está sendo alvo. Por exemplo, um cibercrime pode ter como alvo indivíduos, empresas, agências governamentais ou infraestrutura crítica.

- A natureza do crime: Os crimes cibernéticos podem ser classificados com base no tipo de atividade que está sendo realizada. Por exemplo, um cibercrime pode envolver hacking, malware, phishing ou ataques de negação de serviço.

- A motivação do perpetrador: Os crimes cibernéticos podem ser classificados com base no motivo pelo qual o perpetrador está cometendo o crime. Por exemplo, um cibercrime pode ser motivado por ganhos financeiros, objetivos políticos ou ideológicos, vingança ou satisfação pessoal.

- A localização do perpetrador: Os crimes cibernéticos podem ser classificados com base na localização do perpetrador. Por exemplo, um cibercrime pode ser cometido por um indivíduo no mesmo país que a vítima ou por um grupo localizado em outro país.

A taxonomia do crime cibernético é importante para os profissionais de aplicação da lei e segurança cibernética na medida em que os ajuda a entender os diferentes tipos de ameaças que podem enfrentar e a desenvolver estratégias apropriadas para prevenção e resposta. Ao categorizar os crimes cibernéticos em diferentes tipos, é mais fácil identificar padrões e tendências e desenvolver contramedidas eficazes para mitigá-las ou mesmo extinguí-las.

Com relação ao tema, com base no livro Cybersecurity Law, Standards and Regulations, 2ª edição de Tari Schreider elencamos abaixo uma possível classificação dos crimes cibernéticos dividindo os mesmos nas classes: crimes orientados a pessoas x crimes orientados a tecnologia:

Tabela 1: Taxonomia dos crimes cibernéticos

Item \ Taxonomia	Crimes Orientados a Pessoas	Crimes Orientados a Tecnologia
1	Fraude de taxa antecipada (Advance Fee Fraud)	Vandalismo cibernético (Cyber Vandalism)
2	Ciberativismo (Cyber Activism)	Roubo de dados (Data Theft)
3	Cyberbullying (Cyber Bullying)	Negação de Serviço Distribuída (DDoS)
4	Chantagem Cibernética (Cyber Blackmail)	Vendas de kits de exploração (Exploit Kit Sales)
5	Espionagem cibernética (Cyber Espionage)	Hackear (Hacking)
6	Vingança cibernética (Cyber Revenge)	Roubo de identidade (Identity Theft)
7	Cybersquatting (Cybersquatting)	Malware (Malware)
8	Perseguição Cibernética Cyber Stalking)	Ataques de Phishing (Phishing Attacks)
9	Terrorismo cibernético (Cyber Terrorism)	Conteúdo proibido ou ilegal (Prohibited or I. Content)
10	Romance Golpe (Romance Scam)	Ransomware
11	Engenharia social (Social Engineering)	Scareware
12	Roubo de serviço (Theft of Service)	Spamming

Fonte: Cybersecurity Law, Standards and Regulations, 2ª edição de Tari Schreider

OFENSAS EM CIBERSEGURANÇA: CONSEQUÊNCIAS CÍVEIS X CRIMINAIS

Eventualmente, tanto os órgãos como os agentes de segurança cibernética das corporações deverão possuir conhecimento para lidar com causas de natureza cíveis ou criminais.

As causas criminais resultarão ou de uma pessoa de dentro da entidade que comete um crime cibernético ou um agente externo que hackeia os sistemas da entidade. Por outro lado as causas cíveis ocorrerão quando a organização processa uma empresa ou mesmo os funcionários dela pelos danos ocasionados em virtude de um ataque cibernético. Em ambas as siuações a empresa e respectivos servidores deverão estar preparados para atuar ao longo do processo quer na função de autor ou réu.

Por elucidativo citamos abaixo exemplo das duas situações supra colacionadas nos socorrendo de Schreider (2020, p. 26):

> *Em um caso civil, como autor, você alegaria que alguma entidade não cumpriu um dever jurídico. Por exemplo, você seria o autor da ação se sua empresa estiver processando um provedor de serviços de nuvem que expôs os dados dos seus clientes devido a um erro de configuração no firewall. Como réu, uma entidade estaria acusando sua organização.*
>
> *O governo ou uma entidade privada o acusariam (o réu), e seu papel será reunir evidências para refutar o suposto delito. Por exemplo, você será o réu se uma ação coletiva é movida contra sua empresa após um incidente de hacking em que os dados dos clientes foram roubados.*

ENTENDENDO OS ELEMENTOS BÁSICOS DA LEI CRIMINAL

No contexto da cibersegurança, a lei penal americana desempenha um papel fundamental na prevenção e combate a crimes cibernéticos. Com o crescente uso da tecnologia, os crimes cibernéticos se tornaram cada vez mais comuns, e a lei penal americana precisou se adaptar para enfrentar esses novos desafios.

Seria quase impossível construir conexões com a lei em seu plano de cibersegurança sem pelo menos conhecer os fundamentos do ramo do direito vinculado aos cibercrimes – o direito penal. Quando se conhece os institutos, regras e princípios canônicos do sistema penal tais como culpa, inocência, queixa, etc você pode criar programas de segurança cibernética otimizados e que tratem adequadamente das questões legais atinentes ao tema.

Uma das maiores desconexões nos programas de segurança cibernética e a lei está na área de políticas de segurança. Você precisará questionar se as políticas de segurança vigentes na entidade fomentam de forma efetiva que os funcionários atuem em um padrão igual ou mais alto do que a lei a que se vinculam.

A lei penal americana é baseada nos princípios da justiça e igualdade perante a lei. Os elementos básicos da lei penal incluem a tipicidade, que define o comportamento que é considerado crime; a ilicitude, que é a violação de uma norma legal; e a culpabilidade, que estabelece a responsabilidade do indivíduo pelo crime cometido. Além disso, a punição imposta deve ser proporcional à gravidade do crime cometido, garantindo assim a justiça no sistema penal americano.

Quanto ao tema impende a citação de trecho de trabalho de Schreider (2020, p. 29) acerca de institutos nucleares do direito penal americano:

1.4.1 Mens Rea

O primeiro elemento da persecução criminal é provar mens rea ou um estado de espírito culpado do ofensor. No entanto, como os cibercriminosos operam remotamente e geralmente sem testemunhas, é quase impossível provar sua intenção ou estado de espírito durante a comissão de seu hacking em um sistema de computador ou rede. Você também pode pensar nisso como a má intenção do ofensor.

1.4.2 Actus Reus

Actus reus é o segundo e o elemento mais crítico da prossecução de um caso contra um desconhecido sujeito (unsub) ou perpetrador. Simplificando, actus reus é a criminalidade do próprio delito onde a aplicação da lei coleta as evidências e depoimentos de testemunhas necessários para provar além de um dúvida razoável de que um ou mais indivíduos cometeram o crime. Infelizmente, as leis existentes quase impossibilitam os promotores de estabelecer actus reus devido em parte à facilidade com quais criminosos podem encobrir seus rastros ou evidências digitais. A descoberta de evidências requer investigadores forenses experientes.

1.4.3 Concorrência

O terceiro elemento de um crime é a concordância. Como se mens rea e actus reus não fossem difíceis suficiente para determinar individualmente, os promotores também precisam mostrar que ocorreram ao mesmo tempo – o elemento de concordância. Infratores não podem ser considerados culpados sem uma conexão direta entre os elementos mens rea e actus reus de um crime, ou seja, tinham a intenção de violar uma lei, bem como causar danos. Os primeiros criminosos de computador muitas vezes eram considerados inocentes porque os promotores não puderam provar suas más intenções e atos malignos.

1.4.4 Causalidade

A causalidade é o quarto elemento de uma ofensa e um dos mais difíceis de provar. Aqui, os promotores devem provar a atividade criminosa e o resultado ou efeitos prejudiciais dessa atividade. A causação é essencialmente actus reus em associação com dano. A diferença entre o elementos de concordância e causalidade podem parecer sutis, mas são significativos. Concorrência apenas significa que duas coisas devem acontecer ao mesmo tempo. Causalidade é a conduta do perpetrador e o resultado de seu ato. Você pode pensar nisso como o dano causado a pessoas ou propriedades como resultado de uma atividade criminosa.

Naturezas ou Ramos da legislação aplicável à Cibersegurança

Existem diversas naturezas ou ramos da legislação aplicável à cibersegurança, cada uma com suas próprias especificidades, nuances e objetivos. Uma delas, de cunho eminentemente público, é a legislação penal, que define as condutas criminosas relacionadas à cibersegurança, tais como invasão de sistemas, roubo de informações, fraude eletrônica, entre outras. O objetivo dessa legislação é punir os criminosos que atuam no ambiente digital e proteger a sociedade dos perigos relacionados à segurança cibernética.

Outra natureza é a legislação regulatória, igualmente possuindo natureza estatal, a qual define as normas e padrões técnicos de segurança cibernética que as empresas e organizações devem seguir. Essas normas podem incluir requisitos para a salvaguarda de dados pessoais, segurança nas operações que contenham transações financeiras e comunicação segura na internet, entre outros aplicáveis à espécie . O objetivo dessa legislação é garantir que as empresas e organizações adotem medidas de segurança cibernética eficazes para proteger seus usuários e clientes.

Por fim, há a legislação civil, de cunho eminentemente privado, que regula as responsabilidades e obrigações das empresas, organizações e indivíduos em relação à segurança cibernética. Essa legislação pode incluir a responsabilidade por violações de dados pessoais, indenizações por danos causados por ataques cibernéticos, entre outros. O objetivo dessa legislação é incentivar a adoção de boas práticas de segurança cibernética e proteger os indivíduos e empresas de prejuízos causados por violações de segurança.

Legislação civil aplicável à Cibersegurança

A legislação civil aplicável à cibersegurança regula as responsabilidades e obrigações das empresas, organizações e indivíduos em relação à segurança cibernética atuando, portanto no plano individual quer corporativo quer pessoal. Dentre os aspectos essenciais dessa legislação, podemos destacar os seguintes:

- Responsabilidade civil: a legislação civil relacionada à cibersegurança estabelece a responsabilidade civil das empresas e organizações em casos de violação de segurança que resultem em prejuízos para seus clientes ou usuários. Isso inclui a obrigação de indenizar os afetados pelos danos causados.

- Salvaguarda de dados pessoais: a legislação civil também trata da tutela de dados pessoais, estabelecendo as obrigações das empresas e organizações em relação ao tratamento e proteção desses dados. Isso inclui a obrigação de implementar ações de segurança adequadas para proteger esses dados contra acessos proibidos e outros tipos de violações.

- Boas práticas de segurança: a legislação civil pode estabelecer padrões de boas práticas de segurança cibernética que devem ser seguidos pelas empresas e organizações. Essas práticas podem incluir medidas de proteção contra ataques cibernéticos, políticas de gerenciamento de senhas e outras práticas de segurança cibernética.

- Ajustes contratuais que visem a de prestação de serviços: a legislação civil também pode regulamentar as avenças de prestação de serviços relacionados à cibersegurança, estabelecendo as obrigações das empresas que prestam serviços de segurança cibernética e os direitos dos clientes que contratam esses serviços.

- Responsabilidade dos usuários: finalmente, a legislação civil relacionada à cibersegurança também pode estabelecer as responsabilidades dos usuários em relação à segurança cibernética, tais como a obrigação de adotar medidas de segurança adequadas e evitar comportamentos de risco, como o compartilhamento de senhas e a utilização de redes Wi-Fi públicas não seguras.

Quanto ao tema novamenre nos socorremos de Schreider (2020, p. 31):

Um delito é um dano civil que acontece quando um grupo ou indivíduo comete um ato ou omissão que causa dano ou perda. O objetivo principal da lei de responsabilidade civil é compensar ou fornecer alívio aos feridos partes pelos danos causados por terceiros. Os tribunais também impõem penalidades e multas na medida em que servem como dissuasão contra atos futuros. O ônus da prova nesses casos geralmente muda da parte lesada para a parte acusada para provar que eles não fizeram nada de errado.

Embora existam vários tipos diferentes de delitos, como gerente de segurança cibernética, você só precisa se preocupar com delitos cibernéticos e de responsabilidade estrita. Existem três tipos de delitos:

• Intencional – Ocorre quando um ato intencional resulta em danos a outrem.

• Negligência - Deixar de seguir um grau de cuidado que uma pessoa razoável e prudente seguiria para evitar um dano previsível.

• Responsabilidade objetiva – Ocorre quando uma pessoa faz ou deixa de fazer algo que é tão além dos padrões razoáveis de comportamento que é negligente em seu rosto.

Aplicação da Lei de Cibersegurança

Nos Estados Unidos (USA), a aplicação da lei cibernética é realizada por várias agências governamentais, como o FBI (Federal Bureau of Investigation), o Ministério da Justiça e a Comissão Federal de Comércio (FTC). Além disso, cada estado também pode ter sua própria legislação sobre crimes cibernéticos.

A principal legislação federal relacionada à cibersegurança nos Estados Unidos trata-se da Lei de Fraude e Abuso de Computador (CFAA), de 1986. Essa lei prevê a criminalização de diversas condutas, como acesso não autorizado a computadores e redes, danos a sistemas de informação, espionagem industrial e roubo de informações, dentre outras.

Além disso, outras leis federais também são aplicáveis a crimes cibernéticos, como a Lei de Propriedade Intelectual Digital do Milênio (DMCA) e a Lei, de caráter específico, que trata da proteção de informações pessoais de Saúde (HIPAA).

Destarte, a aplicação da lei cibernética nos Estados Unidos envolve a atuação das agências governamentais responsáveis pela investigação e processamento dos casos de crimes cibernéticos. Quando ocorre um crime cibernético, a vítima pode registrar um boletim de ocorrência em uma delegacia ou entrar em contato com uma agência governamental responsável.

A partir do registro da ocorrência, as autoridades iniciam a investigação do caso e, se houver indícios de autoria, o suspeito pode ser identificado e indiciado. O processo judicial é iniciado, e a punição para os crimes cibernéticos pode variar desde multas e restrições de acesso à internet até prisão, dependendo da gravidade do crime e das circunstâncias do caso.

Em resumo, a aplicação da lei cibernética nos Estados Unidos envolve a atuação das agências governamentais responsáveis pela investigação e processamento dos casos de crimes cibernéticos. É importante que os usuários da internet estejam cientes dessa legislação e adotem medidas de segurança adequadas para evitar serem vítimas desses crimes.

JURISDIÇÃO DA LEI DE CIBERSEGURANÇA

A jurisdição da lei de segurança cibernética nos Estados Unidos é complexa e envolve várias leis e regulamentos federais e estaduais. No nível federal, as leis de segurança cibernética mais significativas incluem a Lei de Abuso e Fraude de Computador (CFAA), a Lei de Privacidade de Comunicações Eletrônicas (ECPA) além da Lei de Compartilhamento de Informações de Segurança Cibernética (CISA).

A CFAA torna crime federal acessar intencionalmente um computador sem autorização ou exceder o acesso autorizado, entre outras coisas. A ECPA regula o acesso do governo às comunicações eletrônicas e fornece proteções de privacidade para comunicações eletrônicas armazenadas com provedores de serviços terceirizados. A CISA, por outro lado, incentiva entidades privadas a compartilhar informações sobre ameaças de segurança cibernética com o governo.

Além das leis federais, os estados individuais nos EUA também têm suas próprias leis e regulamentos de segurança cibernética. Por exemplo, a Lei de Privacidade dos clientes/consumidores da Califórnia (CCPA) fornece direitos de privacidade aos residentes da Califórnia, determinando que as empresas divulguem as práticas de coleta de dados e forneçam um opt-out para a venda de informações pessoais.

A jurisdição da lei de segurança cibernética nos EUA costuma ser complexa e pode depender de fatores como o local onde ocorreu o crime, a identidade do perpetrador e o tipo de crime envolvido. As leis e regulamentos nesta área estão em constante evolução para lidar com novas ameaças de segurança cibernética, e é essencial que indivíduos e organizações se mantenham informados sobre quaisquer mudanças que possam afetá-los.

Em resumo, a jurisdição da lei de segurança cibernética nos EUA envolve várias leis e regulamentos federais e estaduais, que podem ser complexos e depender de vários fatores. É crucial que indivíduos e organizações se mantenham informados sobre quaisquer alterações nessas leis e regulamentos para garantir que estejam em conformidade e protegidos contra ameaças de segurança cibernética. Por elucidativo citamos trecho sobre o tema extraído de Schreider (2020, p. 37):

> Jurisdição é o direito de resolver uma reclamação, o que significa que é ônus do autor (a parte que inicia uma ação judicial) provar que um determinado tribunal tem autoridade para julgar as penalidades do delito. A origem do ataque e a localização dos dados e das vítimas desempenham um papel na determinação da jurisdição. Uma complicação adicional é que o foro jurisdicional também deve ter um tribunal de apelação (recurso). Leis, aplicação e penalidades variam amplamente de acordo com a jurisdição, dependendo se o caso é um crime cibernético ou um caso de responsabilidade estrita. Nem todos os locais têm o mesmo nível de especialização em crimes de computador, o que pode ser motivo suficiente para solicitar uma mudança de local. Uma mudança de local é simplesmente solicitar que um tribunal diferente lide com o caso com base na experiência desse tribunal em litígios de crimes de computador. Os casos de crimes cibernéticos são julgados no mesmo sistema judicial que outros casos criminais ou civis.

LITÍGIO EM CIBERSEGURANÇA

O litígio de segurança cibernética nos Estados Unidos refere-se ao processo de resolução de disputas legais relacionadas a violações de segurança cibernética, ataques cibernéticos e outros crimes cibernéticos. Litígios de segurança cibernética podem envolver processos civis e criminais, e as partes envolvidas podem incluir indivíduos, empresas, agências governamentais e outras organizações.

Uma das principais áreas de litígio de segurança cibernética envolve violações de dados, em que informações pessoais ou confidenciais são roubadas ou comprometidas. As vítimas de violação de dados podem processar as partes responsáveis por danos resultantes da violação, incluindo o custo de monitoramento de crédito, proteção contra roubo de identidade e perda de oportunidades de negócios.

Outros tipos de litígio de segurança cibernética podem envolver roubo de propriedade intelectual, perseguição cibernética, intimidação cibernética e assédio cibernético. Litígios de segurança cibernética também podem envolver agências governamentais, que podem processar indivíduos ou organizações por crimes cibernéticos ou regular práticas de segurança cibernética.

Para ter sucesso em um caso de litígio de segurança cibernética, as partes normalmente devem fornecer evidências que mostrem os danos sofridos como resultado do incidente cibernético, como perda financeira, danos à reputação ou sofrimento emocional. Essas evidências podem incluir documentação da violação ou ataque cibernético, análise forense de sistemas de computador e depoimento de testemunhas.

No geral, o litígio de segurança cibernética nos Estados Unidos é uma ferramenta essencial para responsabilizar as partes responsáveis por crimes cibernéticos e fornecer remédios para as vítimas. À medida que as ameaças de segurança cibernética continuam a evoluir, é provável que o número de casos de litígio de segurança cibernética continue a crescer, destacando a importância de medidas eficazes de segurança cibernética para indivíduos e organizações.

LEIS EM CIBERSEGURANÇA

LEIS FEDERAIS EM CIBERSEGURANÇA NOS ESTADOS UNIDOS

Os Estados Unidos têm uma complexa rede de leis federais de segurança cibernética que visam proteger a infraestrutura crítica do país e as informações confidenciais contra ataques cibernéticos. Aqui estão algumas das principais leis federais de segurança cibernética nos EUA:

- A Lei de Abuso e Fraude de Computador (CFAA): Esta lei torna ilegal acessar um computador ou rede sem autorização, exceder o acesso autorizado e cometer fraudes relacionadas a computadores.

- A Lei de Compartilhamento/distribuição de Informações de Segurança Cibernética (CISA): Esta lei incentiva entidades privadas a compartilhar informações sobre ameaças cibernéticas com o governo federal, a fim de melhor identificar e prevenir ataques cibernéticos.

- A Lei Federal de Modernização quanto a Segurança da Informação (FISMA): Esta lei exige que as agências federais implementem controles de segurança para proteger suas informações e sistemas contra ameaças cibernéticas.

- A Lei de Portabilidade e Responsabilidade/accountability de Seguro de Saúde (HIPAA): Esta lei estabelece padrões nacionais para a proteção de informações de saúde, incluindo registros eletrônicos de saúde, e exige que as organizações de saúde levem a efeito medidas de segurança para proteger informações confidenciais.

- Federal Trade Commission Act (FTC): Esta lei autoriza a FTC a proteger os consumidores de práticas comerciais desleais ou enganosas, incluindo aquelas relacionadas à segurança cibernética.

- A Lei de Privacidade de 1974: Esta lei regula a coleta, uso e divulgação de informações pessoais por agências federais e dá aos indivíduos o direito de acessar e alterar suas informações pessoais mantidas pelo governo.

Essas leis federais de segurança cibernética se aplicam a uma ampla gama de setores e organizações, de agências governamentais a provedores de assistência médica e empresas privadas. O descumprimento de tais leis pode resultar em penalidades civis e criminais, incluindo nesse rol de sanções multas e prisão. À medida que o cenário de ameaças à segurança cibernética continua a evoluir, é provável que as leis federais de segurança cibernética continuem sendo atualizadas e fortalecidas para proteger melhor contra ataques cibernéticos.

Leis Estaduais em Cibersegurança nos Estados Unidos

Além das leis federais de segurança cibernética, os estados individuais dos Estados Unidos promulgaram suas próprias leis e regulamentos de segurança cibernética. Essas leis estaduais geralmente se aplicam a organizações que operam dentro do estado e podem ser mais rigorosas do que as leis federais. Aqui estão alguns exemplos de leis estaduais de segurança cibernética nos EUA:

- Lei de Privacidade do Consumidor da Califórnia (CCPA): Esta lei concede aos residentes da Califórnia o direito de saber quais informações pessoais as empresas coletam sobre eles, o direito de solicitar que suas informações sejam excluídas além do direito de cancelar a venda de suas informações pessoais.

- Regulamento de segurança cibernética do órgão responsáveç pelos Serviços Financeiros do Estado de Nova York: esta lei exige que as instituições financeiras licenciadas pelo estado de Nova York implementem programas de segurança cibernética que incluam avaliações de risco, planos de resposta a incidentes e criptografia de dados não públicos.

- Lei de Segurança de Dados de Massachusetts: Esta lei exige que as empresas que lidam com informações pessoais de residentes de Massachusetts implementem um programa abrangente de segurança de informações que inclua proteções administrativas, físicas e técnicas.

- Lei de Proteção de Informações do Consumidor do Oregon: Esta lei exige que as empresas notifiquem os consumidores dentro de 45 dias após a descoberta de uma violação de suas informações pessoais.

- Regulamento do corretor de dados de Vermont: esta lei exige que os corretores de dados se registrem no estado e divulguem como eles coletam, usam e vendem informações pessoais.

- Lei de Privacidade do Colorado: Esta lei concede aos residentes do Colorado o direito de acessar e excluir suas informações pessoais mantidas por empresas determinado que as empresas obtenham consentimento antes de coletar ou processar informações pessoais confidenciais.

Essas leis estaduais de segurança cibernética visam proteger consumidores e empresas contra ameaças cibernéticas, incluindo violações de dados e roubo de identidade. As organizações que não cumprirem as leis estaduais de segurança cibernética podem enfrentar penalidades e multas. À medida que o cenário de ameaças à segurança cibernética continua a evoluir, é provável que mais estados promulguem leis de segurança cibernética para proteger seus residentes e empresas. Ressalta-se que no anexo I listamos com mais profundidade leis de alguns estados americanos.

Leis em Cibersegurança Internacionais

As leis internacionais de segurança cibernética referem-se a leis e acordos que regem as atividades cibernéticas entre diferentes países. Essas leis visam promover um ciberespaço seguro e confiável, proteger a infraestrutura crítica e informações confidenciais e prevenir o cibercrime. Aqui estão alguns exemplos de leis internacionais de segurança cibernética:

- A Convenção sobre o Cibercrime: Este é o primeiro tratado internacional sobre o cibercrime e visa harmonizar as leis do cibercrime e melhorar a cooperação entre as nações para combater o cibercrime. O tratado foi adotado pelo Conselho da Europa em 2001 e foi ratificado por mais de 60 países.

- A Convenção de Budapeste: trata-se de um tratado que visa abordar o cibercrime, estabelecendo regras para criminalizar delitos relacionados à informática, melhorando a cooperação internacional e protegendo os direitos das vítimas. O tratado foi assinado em 2001 e foi ratificado por mais de 60 países.

- O Regulamento/normativo Geral de Proteção de Dados (GDPR): Este é um regulamento adotado pela União Europeia (UE) que estabelece regras para a proteção de dados pessoais dos cidadãos da UE. O GDPR deve ser aplicado a todas as organizações que coletam, processam ou armazenam dados pessoais de cidadãos da UE, independentemente de onde a organização esteja localizada.

- A Estrutura de Privacidade da Cooperação Econômica da Ásia-Pacífico (APEC): Esta é uma estrutura que visa promover a proteção de dados pessoais na região da Ásia-Pacífico, estabelecendo princípios de privacidade e melhores práticas.

- Grupo de Especialistas Governamentais (GGE) das Nações Unidas (ONU) acerca de Desenvolvimentos no Campo da Informação e Telecomunicações no Contexto da Segurança Internacional: É um grupo que discute e faz recomendações sobre normas, regras e princípios internacionais para o ciberespaço.

Essas leis internacionais de segurança cibernética visam promover um ciberespaço seguro e protegido para indivíduos e organizações além das fronteiras. Eles incentivam a cooperação internacional e o compartilhamento de informações para combater melhor as ameaças cibernéticas. À medida que o cenário de ameaças cibernéticas continua a evoluir, é provável que mais leis internacionais de segurança cibernética sejam desenvolvidas para lidar com ameaças cibernéticas novas e emergentes.

Leis em Cibersegurança — Futuro

É provável que o futuro das leis de segurança cibernética tenha uma evolução e adaptação contínuas a ameaças cibernéticas novas e emergentes. À medida que o uso da tecnologia aumenta e o mundo se torna mais interconectado, espera-se que as ameaças cibernéticas cresçam e se tornem mais sofisticadas. Para enfrentar esses desafios, as leis de segurança cibernética precisarão ser atualizadas e fortalecidas para fornecer proteção adequada para indivíduos, empresas e governos.

Uma área que provavelmente receberá maior atenção no futuro é a regulação de tecnologias disruptivas e emergentes tais como inteligência artificial (IA) e Internet das Coisas (IoT). À medida que essas tecnologias se tornam mais difundidas, elas podem criar novas vulnerabilidades e riscos que precisarão ser tratados por meio de leis e regulamentos de segurança cibernética.

Outra área que deve receber maior atenção são as leis e a cooperação internacional em segurança cibernética. As ameaças cibernéticas geralmente são de natureza global, e a cooperação internacional será fundamental para lidar com essas ameaças. O desenvolvimento de leis e acordos internacionais de segurança cibernética, bem como o aumento da colaboração entre países e organizações, serão essenciais para criar um ciberespaço mais seguro e protegido.

Por fim, é provável que a privacidade continue a ser uma das principais áreas de preocupação no desenvolvimento de leis de segurança cibernética. À medida que as violações de dados e de privacidade se tornam mais comuns, haverá maior pressão para fortalecer as proteções de privacidade para os indivíduos. Isso pode incluir o desenvolvimento de novas leis e regulamentos que fornecem maior controle sobre os dados pessoais e maior transparência sobre como os dados são coletados e usados.

Em conclusão, o futuro das leis de segurança cibernética será moldado pela evolução contínua da tecnologia e pelas crescentes ameaças cibernéticas que a acompanham. O desenvolvimento de novas leis e regulamentos, o aumento da cooperação internacional e o foco contínuo na proteção da privacidade serão essenciais para a criação de um ciberespaço mais seguro e protegido para todos.

CIBERSEGURANÇA E A GOVERNANÇA CORPORATIVA

Nos Estados Unidos, os regulamentos de segurança cibernética para governança corporativa estão se tornando cada vez mais relevantes, pois as ameaças cibernéticas continuam a crescer em frequência e sofisticação. Várias leis e regulamentos federais foram promulgados para fornecer orientação e requisitos a serem seguidos pelas organizações para ajudar a defender seus sistemas, dados e redes contra ameaças cibernéticas.

A regulamentação de segurança cibernética mais significativa nos Estados Unidos é a Lei Federal de Modernização da Segurança da Informação. Essa lei exige que as agências federais estabeleçam e mantenham programas de segurança da informação que incluam gerenciamento de riscos, monitoramento contínuo e resposta a incidentes. A FISMA também exige que as agências federais conduzam avaliações regulares de seus programas de segurança da informação para assegurar a conformidade com a lei.

A Comissão de Valores Mobiliários (SEC) daquele país também emitiu orientações de segurança cibernética para empresas públicas – aquelas que negociam suas ações (shares) em uma bolsa de valores (stock exchange). A orientação exige que as empresas públicas divulguem os riscos e incidentes de segurança cibernética que possam ter um impacto material nas operações, condição financeira ou reputação da empresa. A orientação também incentiva as empresas a adotar políticas e procedimentos abrangentes de segurança cibernética.

Além disso, vários estados promulgaram seus próprios regulamentos de segurança cibernética para governança corporativa. Por exemplo, o Regulamento de Segurança Cibernética do Departamento de Serviços Financeiros de Nova York exige que as empresas de serviços financeiros que operam em Nova York estabeleçam e mantenham um programa de segurança cibernética que agregue avaliações de risco, controles de acesso e planejamento de resposta a incidentes. A Lei de Privacidade do Consumidor da Califórnia também possui requisitos significativos de segurança cibernética para empresas que coletam e processam informações pessoais de residentes da Califórnia.

No geral, os regulamentos de segurança cibernética para governança corporativa nos Estados Unidos estão se tornando mais abrangentes e rigorosos à medida que as ameaças cibernéticas continuam a crescer. As organizações devem garantir que tenham medidas apropriadas para proteger seus sistemas, dados e redes contra ameaças cibernéticas e cumprir as leis e regulamentos aplicáveis para mitigar os riscos associados a ameaças cibernéticas. Destarte, abaixo veremos algumas das principais questões legais que emergem nos EUA em relação a requerimentos relativos à cibersegurança das corporações:

Governança em Cibersegurança – Securities and Exchange Commission (SEC)

A norma estadunidense conhecida por Securities and Exchange Act de 1934, lei erigida na década da grande depressão econômica americana, possui o escopo de regular as companhias americanas de capital aberto. Entre suas normas temos o excerto denominado S-K o qual estabelece os requisitos para registros e preenchimento de formulários e declarações que as Companhias devem fazer à SEC. Dentre esses formulários que devem ser enviados periodicamente a SEC destacamos os seguintes:

- 10-Q: Relatório Financeiro trimestral
- 10-K: Relatório Financeiro Anual mais abrangente
- 8-Ks: Emitido a qualquer tempo para informar a SEC e investidores sobre quaisquer desenvolvimentos relevantes.

De acordo com White (2016):

> *O regime de divulgação da SEC é fundamental para nossa missão de proteger os investidores e a integridade de nossos mercados de capitais. Desde 1934, nossos requisitos de divulgação foram elaborados para promover transparência, honestidade e confiança nos mercados, para que os investidores possam tomar decisões informadas de investimento e votação e as empresas possam*

acessar adequadamente o capital de que precisam. Na era moderna, o Regulamento S-K tornou-se a ferramenta-chave para promover esses objetivos e é um repositório central para as regras da Comissão que cobrem as informações comerciais e financeiras que as empresas devem fornecer em seus arquivamentos, incluindo informações que descrevem os negócios de uma empresa, os riscos que a empresa rostos e discussão e análise da administração sobre a condição financeira e os resultados das operações de uma empresa.

Sobre a abrangência e a crescente importância da cibersegurança para a nação americana, White (2014) assim se expressou:

Esta é uma ameaça global. As ameaças cibernéticas são de uma gravidade extraordinária e de longo prazo. Eles estão em primeiro lugar na lista de ameaças globais da Divisão de Inteligência, superando até mesmo o terrorismo. E Jim Comey, diretor do FBI, testemunhou que os recursos dedicados a ameaças cibernéticas devem "eclipsar" os recursos dedicados ao terrorismo.

Ao longo do tempo servidores e oficiais da SEC têm reconhecido a questão da cibersegurança como presente na categoria dos riscos organizacionais os quais devem ser objeto de grande transparência para investidores. Quanto ao tema por relevante citamos abaixo fala tanto de White (White, 2014) - que aborda a questão da jurisdição da SEC no que pertine a questão ora posta – quanto do ex-comissário da SEC Luis A. Aguilar (Luis Aguilar, 2014) que trata do alcance dos efeitos da ausência de governança nessa área:

A jurisdição formal da SEC sobre segurança cibernética está diretamente focada na integridade de nossos sistemas de mercado, proteção de dados de clientes e divulgação de informações relevantes. Mas cabe a cada agência governamental ser informada sobre toda a gama de riscos de segurança cibernética e engajar-se ativamente para combater esses riscos em nossas respectivas esferas de responsabilidade5.

É possível que um ataque cibernético não tenha um impacto adverso material direto na própria empresa, mas que a perda de dados pessoais e financeiros dos clientes possa ter efeitos devastadores na vida dos clientes da empresa e de muitos americanos. Nesses casos, o correto é avisar essas vítimas para que elas possam se proteger6.

Inobstante todo o exposto impende estatuir que, nem o Securities Exchange Act de 1934 e nem o regulamento S-K dispõem explicita e diretamente sobre divulgação pela empresas dos riscos de segurança cibernética. Entretanto tivemos dois eventos liderados pela CVM americana que mudaram esse status quo de omissão quanto ao controle da governança na segurança informacional quais sejam:

- Emissão em outubro de 2011 pela divisão de Finanças Corporativas da SEC do CF Disclosure Guidance topic n.º 2, Cybersecurity – documento de orientação não coercitivo o qual possui o objetivo precípuo de encorajar as empresas a divulgar uma série riscos de cibersegurança;

- Emissão em fevereiro de 2018 pela SEC de orientação interpretativa que reforçou e ampliou a Orientação de 2011;

Do ponto de vista concreto as companhias divulgam riscos de cibersegurança e vulnerabilidades em quatro seções dos relatórios anuais 10-K, verbis:

- Risk Factors;

- Management´s discussion and analysis of financial condition and results of operations;

- Legal proceedings;

- Description of business.

GOVERNANÇA EM CIBERSEGURANÇA – SECURITIES AND EXCHANGE COMMISSION (SEC) – FINANCIAL STATEMENTS

Quanto ao tema nos socorremos integralmente de Jeff Kosseff no seu badalado Cybersecurity Law, 2ª edição:

A Orientação de segurança cibernética de 2018 da SEC reconheceu que os riscos de segurança cibernética podem afetar mais do que apenas as seções narrativas das divulgações 10-K. Empresas também podem precisar incorporar incidentes e riscos de segurança cibernética em suas demonstrações financeiras. Por exemplo, eles podem precisar incluir os seguintes tipos de itens:

• Despesas relacionadas com investigação, notificação de violação, reparação e litígio, incluindo os custos de serviços jurídicos e outros serviços profissionais;

• Perda de receita, fornecimento de incentivos aos clientes ou perda de valor dos ativos de relacionamento com o cliente;

- *Reclamações relacionadas a garantias, quebra de contrato, recall/substituição de produtos, indenização de contrapartes e aumentos de prêmios de seguros; e*

- *Fluxos de caixa futuros diminuídos, deterioração de ativos intelectuais, intangíveis ou outros; reconhecimento de passivos; ou aumento dos custos de financiamento.*

Assim, não apenas devem ser inseridos digressões textuais nos formulários 10-K atinente a cibersegurança mas também o reflexo nas próprias demonstrações contábeis das atividades vinculadas a governança nessa área.

Governança em Cibersegurança – Securities and Exchange Commission (SEC) – Board Oversight of Cybersecurity

Quanto ao tema por relevante e elucidativo continuamos nos socorrendo de Jeff Kosseff no seu Cybersecurity Law, 2ª edição:

> *A SEC espera que os conselhos de administração forneçam uma supervisão significativa dos negócios. A Comissão disse em 2009 que "a divulgação sobre o envolvimento do conselho na supervisão do processo de gerenciamento de risco deve fornecer informações importantes aos investidores sobre como uma empresa percebe o papel de seu conselho e o relacionamento entre o conselho e a alta administração na gestão os riscos materiais enfrentados pela empresa." A SEC argumentou que a exigência "dá às empresas a flexibilidade de descrever como o conselho administra sua função de supervisão de risco, como por meio de todo o conselho ou por meio de uma comitê de risco ou comitê de auditoria, por exemplo." Em seu relatório de segurança cibernética de 2018 Orientação, a SEC declarou que "na medida em que os riscos de segurança cibernética são materiais para negócio de uma empresa, acreditamos que esta discussão deve incluir a natureza o papel do conselho na supervisão da gestão desse risco".*

Assim nitidamente temos a elevação a condição estratégica da supervisão dos riscos relacionados a cibersegurança motivo pelo qual devem sofrer permanente avaliação e monitoramento pelo Board de cada corporação.

Programas em Cibersegurança

Os programas de segurança cibernética são um componente crítico da postura de segurança de qualquer organização no mundo intensivamente digital de hoje. Esses programas são projetados para proteger os dados, sistemas e redes confidenciais de uma organização contra ameaças e ataques cibernéticos. Nos Estados Unidos, os programas de segurança cibernética são obrigatórios para certas organizações com base no setor em que operam e no tipo de dados com que lidam.

O conteúdo e a estrutura dos programas de segurança cibernética variam de acordo com as necessidades e riscos específicos de cada organização. No entanto, existem alguns elementos comuns que a maioria dos programas inclui, tais como:

- Avaliação de riscos: envolve a identificação dos possíveis riscos e ameaças à segurança cibernética que uma organização enfrenta e a avaliação de seu impacto potencial na organização;

- Políticas e procedimentos: são as diretrizes e padrões que uma organização implementa para proteger seus sistemas, dados e redes contra ameaças cibernéticas. Isso inclui políticas sobre acesso a dados, gerenciamento de senhas e resposta a incidentes;

- Treinamento de conscientização de segurança: educar os funcionários sobre os riscos de segurança cibernética e como evitá-los é um componente crítico de qualquer programa de segurança cibernética;

- Plano de Resposta a Incidentes: descreve as etapas que uma organização seguirá no caso de um incidente de segurança cibernética, incluindo quem é responsável por quê e como o incidente será tratado;

Nos Estados Unidos, várias leis e regulamentos exigem que as organizações tenham programas de segurança cibernética. Por exemplo:

- O Health Insurance Portability and Accountability Act exige que as organizações de saúde tenham medidas de segurança para proteger os dados do paciente.

- O padrão de segurança de dados do setor de cartões de pagamento exige que as organizações que lidam com dados de cartão de crédito implementem medidas de segurança específicas.

- O Federal Trade Commission Act exige que as organizações implementem medidas de segurança razoáveis para proteger informações confidenciais.

- O Regulamento Geral de Proteção de Dados exige que as organizações que lidam com dados pessoais de cidadãos da União Europeia implementem medidas de segurança apropriadas.

- O não cumprimento desses regulamentos pode resultar em penalidades financeiras significativas e danos à reputação.

Em conclusão, os programas de segurança cibernética são essenciais para proteger os dados, sistemas e redes confidenciais de uma organização contra ameaças e ataques cibernéticos. O conteúdo e a estrutura desses programas variam de acordo com as necessidades e riscos específicos de cada organização. No entanto, certos elementos são comuns na maioria dos programas, incluindo avaliação de riscos, políticas e procedimentos, treinamento de conscientização de segurança e planejamento de resposta a incidentes. Nos Estados Unidos, os programas de segurança cibernética são obrigatórios para certas organizações com base nos requisitos do setor e de manipulação de dados, e o não cumprimento desses requisitos pode resultar em penalidades significativas.

Assim, os programas de Compliance cibernéticos constituem em ferramental indispensável tanto do ponto de vista legal quanto do ponto de vista regulatório implicando a sua ausência em falta grave para determinados setores corporativos e mesmo governamentais.

CONSIDERAÇÕES FINAIS

A tecnologia avança sendo utilizada tanto para o bem como para o mal. É função do Estado fomentar as vantagens advindas do uso da tecnologia que são óbvias como o aumento de produtividade, a melhora na comunicação, a mitigação de distâncias e o aumento de efetividade no âmbito das organizações. Todavia igualmente é função do Estado, mormente pelo viés do Compliance, prover os desincentivos necessários, suficientes e adequados ao incorreto uso das tecnologias dentre eles a perpetração de crimes cibernéticos de toda ordem, os quais podem levar a um mal estar geral de nações e ao deterioramento dos mercados no tocante sobretudo a confiança que oferecem àqueles que aderem a sua gama de interações e aguardam integridade, confidencialidade e bom ambiente de negócios.

Dentre as ferramentas aptas a possibilitar contramedidas relevantes aos riscos da cibersegurança citam-se o próprio sistema legal e regulatório além dos programas de Compliance cibernético representando duas das principais atividades a serem levadas a efeito de forma a mitigar os riscos associados e contribuir para a perenidade das organizações.

BIBLIOGRAFIA

Silveira, A. D. M. D. (2010). Governança corporativa no Brasil e no mundo: teoria e prática.

Instituto Brasileiro de Governança Corporativa. (2015). Código das melhores práticas de governança corporativa.

OCDE, O. (2016). Princ? ipios de Governo das Sociedades do G20 e da OCDE. OECD Publishing.

Raval, V. (2020). Corporate governance: a pragmatic guide for auditors, directors, investors, and accountants. CRC Press.

Kosseff, J. (2020). Cybersecurity law. John Wiley & Sons.

Schreider, T. (2020). Cybersecurity Law, Standards and Regulations. Rothstein Publishing.

Christen, M., Gordijn, B., & Loi, M. (2020). The ethics of cybersecurity (p. 384). Springer Nature.

World Bank. (2016). World development indicators 2016. The World Bank.

Protiviti. Cybersecurity, privacy, data and regulatory compliance rank as top IT audit risks. Press release. Disponível em: https://www.isaca.org/about-us/newsroom/press-releases/2022/cybersecurity-privacy-data-and-regulatory-compliance-rank-as-top-it-audit-risks. Acesso em em 10 de janeiro de 2024.

ISO, M. (2018). ISO/IEC 27000: 2018. Information technology-Security techniques-Information security management systems-Overview and vocabulary, International Organization for Standardization.

UNODC. (2013). Global study on cybercrime. Vienna: UNODC.

White, M. J. (2016, 13 de abril). Opening remarks at the Investor Advisory Committee Meeting. Securities and Exchange Commission. Disponível em: https://www.sec.gov/news/statement/white-statement-1-041316. Acesso em: 10 de janeiro de 2024.

White, Mary Jo. (2014). Statement on cybersecurity.

Aguilar, L. A. (2014, June). Boards of directors, corporate governance and cyber-risks: Sharpening the focus. In Cyber Risks and the Boardroom conference, New York Stock Exchange.

COMPLIANCE

Autor:

Levy Leonardo de Luna Monteiro

COMPLIANCE

No ano de 2022, a Transparência Internacional realizou uma pesquisa para avaliar o Índice de Percepção da Corrupção (IPC) de 180 países e territórios, atribuindo notas de 0 a 100, sendo que o critério de avaliação estabelecido foi o quantitativo. Considerando a pontuação, quanto maior for a nota, maior é a percepção de integridade do país (Transparência Internacional, 2022).

O IPC contribui para entendermos o cenário, fornecendo dados e elementos importantes no combate à corrupção. Por esse ser um dos principais indicadores de corrupção no mundo, desde 1995 a Transparência Internacional avalia o desempenho de países e territórios. No relatório de 2022, foi apontado que a corrupção diminui a capacidade do Estado de proteger seus cidadãos. Por outro lado, os conflitos criam um terreno fértil para a corrupção.

Nesse contexto, combater a corrupção, promover a transparência e fortalecer as instituições são medidas fundamentais para evitar o conflito, preservar a paz e acima de tudo promover a integração e fortalecer a democracia.

Nessa senda, o ranking apresentado pelo IPC demonstra quão complexo é o combate à corrupção nos países ainda em desenvolvimento, estando, por exemplo, Brasil, Argentina, Etiópia, Marrocos e Tanzânia empatados com 38 pontos. De acordo com a escala de referência, com o critério estabelecido pelo IPC 2022, o Brasil é considerado altamente corrupto.

O IPC 2022 ressalta ainda que:

> *Apesar dos esforços em conjunto e das várias conquistas duramente alcançadas, o IPC 2022 demonstra que a escala da corrupção é enorme: a média global permaneceu igual, estagnada nos 43 pontos (de um total de 100) pelo décimo primeiro ano seguido, e com mais de dois terços dos países avaliados (68%) obtendo menos de 50 pontos. (Transparência Internacional, 2022, p. 6)*

O relatório destaca que as atuais incertezas ocasionadas pela pandemia de COVID-19, pela crise climática e pelas ameaças à segurança global estão dano ensejo a uma nova onda de instabilidade, que reforça a sensação de incerteza provocada pela corrupção por parte de governos do mundo. Essa situação agrava sobremaneira esse sentimento, prejudicando o crescimento econômico e a consolidação da democracia, levando ao fortalecimento de figuras autoritárias.

O Brasil, assim como o restante do mundo, possui suas próprias batalhas sociais na luta pela erradicação da pobreza e contra os males do suborno e da corrupção. Desde a redemocratização pela constituinte de 1988, o Estado brasileiro esforça-se, fortalecendo suas instituições, incorporando tratados internacionais, editando leis de combate à corrupção com arrimo nas principais legislações internacionais e normatizações, a fim de alinhar-se às melhores práticas corporativas. No entanto, ainda há muito o que fazer, pois um dos maiores problemas é representado pela realidade cultural do país; em determinados casos, aceita-se a corrupção como algo normal. Por outro lado, a mudança de realidade e paradigma pela sociedade brasileira, ainda que sutil, é perceptível, uma vez que ela não aceita o cenário corrosivo provocado pelas práticas do suborno e da corrupção, especialmente aquelas praticadas por políticos e por agentes públicos e privados. A mudança começou e depende de nós, com a busca por sistemas, regras e padronização harmonizados com a cultura do Compliance. Esse conceito – que se originou nos Estados Unidos da América (EUA) após inúmeros casos de corrupção e fraudes envolvendo agentes, políticos e o setor privado – assumiu o protagonismo como ferramenta estabelecida em um conjunto de regras complexas e variáveis. Implementá-las na cultura passou a ser obrigatório, com essa ferramenta se tornando um poderoso aliado de organizações corporativas e estatais, governos e empresas de diferentes tamanhos, em um esforço mundial no combate aos males provocados pela corrupção.

CONCEITO DE COMPLIANCE

Não existe um conceito sintético que defina exclusivamente o termo Compliance, sendo esse um terreno fértil para reflexão acerca do tema da conformidade. A expressão tem origem na língua inglesa, a partir do verbo to comply, que significa agir conforme ou de acordo com a lei, o comando interno ou a conduta ética; ou seja, estar em Compliance é estar em conformidade com as normas vigentes impostas pelo poder público, com as regras internas e com os procedimentos éticos de uma organização (Bertoccelli, 2021).

Em síntese, a cultura do Compliance surge no contexto histórico norte-americano, provocada por inúmeros escândalos financeiros de suborno e corrupção envolvendo alta direção administrativa, políticos e agentes privados, com destaque para casos de grande repercussão até os dias de hoje, como Watergate e Enron, sendo que, nesse último caso, devido à ausência de controles internos, a empresa veio à falência.

A maior economia global estava sob ameaça. O governo norte-americano rapidamente entendeu que a reputação do mercado das companhias representava importante fonte de crescimento econômico. Era necessário agir para recuperar a confiança dos investidores e dos stakeholders, endurecendo o caminho dos que enxergam na corrupção a realização e a satisfação financeira, ainda que isso resultasse em desmoralização.

O insólito cenário econômico internacional, ocasionado por atos de improbidade e escândalos financeiros, repercute até os dias de hoje, envolvendo políticos, alta direção das companhias, funcionários privados e públicos. Esse ambiente incerto obrigou o governo estadunidense a criar leis que protegessem o mercado e que, ao mesmo tempo, endurecessem o combate aos atos de suborno e corrupção, especialmente em casos ocorridos em companhias listadas em bolsas de valores, sediadas ou não em solo americano. Assim, diante dos rumores negativos, o governo norte-americano editou em 1977 o documento Foreign Corrupt Practices Act (FCPA). Essa lei possui dois pilares básicos: Anti-Bribery (anticorrupção) e Accounting (contabilidade/prestação de contas).

A FCPA criminaliza não apenas o suborno, mas todo e qualquer desembolso feito pelas companhias americanas listadas na bolsa de valores, incluindo, entre outras diretrizes, a punição de pessoas físicas e jurídicas, a serem responsabilizadas nas esferas criminal e cível (Moreira, Canto & Guzela, 2021).

No ano de 2010, foi a vez do Reino Unido dar um passo em direção a essa nova realidade e uma resposta aos apelos dos órgãos internacionais – como a Organização dos Estados Americanos (OEA) e a Organização das Nações Unidas (ONU) – e dos próprios EUA. Considerando os mecanismos de controle previstos na FCPA, o Reino Unido editou o United Kingdom Bribery Act (UKBA), considerado uma das leis mais severas do mundo.

Essa abordagem panorâmica dimensiona, ainda que sutilmente, a importância dos avanços das normas internacionais na construção da cultura do Compliance no Brasil. Ainda que essa cultura tenha sido tardiamente difundida, o sistema vem se aperfeiçoando e prevendo mecanismos de controle mais eficazes, que necessariamente passam pela implementação de sistemas de Compliance.

Nesse contexto, destaca-se a Lei n. 12.846/2013 (Lei Anticorrupção), conhecida pela constante exposição do país no maior esquema de corrupção do mundo, deflagrado pela Operação Lava-Jato, que resultou na prisão de políticos e agentes públicos e privados.

A Lei n. 12.846/2013 (Lei Antissuborno), regulamentada pelo Decreto n. 8.420/2015, marca a era Compliance no Brasil, merecendo destaque o disposto no art. 41, que dispõe sobre o Programa de Integridade:

> *Para fins do disposto neste Decreto, Programa de Integridade consiste, no âmbito de uma pessoa jurídica, no conjunto de mecanismos e procedimentos internos de integridade, auditoria e incentivo à denúncia de irregularidades e na aplicação efetiva de códigos de ética e de conduta, políticas e diretrizes com objetivo de detectar e sanar desvios, fraudes, irregularidades e atos ilícitos praticados contra a administração pública, nacional ou estrangeira: (Decreto n. 8.420, de 18 de março de 2015, Art. 41)*

Apesar de revogado, as diretrizes de integridade foram amplamente incorporadas por outros diplomas internos.

Outros diplomas merecem destaque, pois constituem o arcabouço jurídico, representando importantes fontes de estudo e parametrização aplicáveis em qualquer estrutura corporativa. Destaca-se o primeiro Código das Melhores Práticas de Governança Corporativa, do Instituto Brasileiro de Governança Corporativa (IBGC), atualmente na 6ª edição. Além disso, a Associação Brasileira de Normas Técnicas (ABNT) editou a NBR ISO 37.001/2017, que se conforma com a legislação nacional e internacional de combate ao suborno. Esses manuais são aplicáveis a organizações de qualquer tamanho e complexidade (Moreira, Canto & Guzela, 2021).

Traçadas as premissas, o termo Compliance, utilizando-se de metáfora, pode ser relacionado ao poder de polícia administrativo, estabelecido pelo Estado Democrático de Direito em suas atribuições. Quando instituído e implementado em determinado segmento da economia ou ramo do Direito, o Compliance é voltado para estruturas de diversos tamanhos, inclusive no setor público. Seja qual for a área de atuação do setor, o Compliance tem por objetivo fazer com que as organizações estejam aderentes às normas impostas e às condutas internas, inteligíveis e padronizadas em códigos ou normas de políticas internas. As funções de prevenir, detectar e remediar os riscos e as condutas que deturpam os objetivos e os valores éticos da organização ou da realização da coisa pública constituem alguns dos pilares de conformidade a serem seguidos. Muito além de somente cumprir, satisfazer e executar, o "objetivo do Compliance é assegurar que a corporação esteja aderente às normas vigentes, fazendo com que os riscos sejam afastados ou mitigados" (Porto, 2022, p. 31).

Acredita-se que implementar um Programa de Compliance é sinalizar ao mercado as boas práticas de governança corporativa e gestão financeira dos recursos alocados, de forma responsável, condição imposta pelo cumprimento das normas vigentes e das regras internas aplicáveis ao mercado em que essas organizações atuam. Uma gestão corporativa eficiente e comprometida com o Sistema de Compliance maximiza, em sentido amplo, os resultados da organização mediante a satisfação dos acionistas e investidores e, acima de tudo, cria um bom ambiente de negócios em relação aos stakeholders.

SETOR DAS APOSTAS ESPORTIVAS

Os avanços tecnológicos impulsionados pela globalização estimulam o surgimento de novos ambientes de negócios, especialmente pela difusão digital, capilarizando o setor de apostas no cenário nacional e gerando novos cargos de empregos, distribuindo riquezas, provenientes do produto da arrecadação tributária e da capacitação das entidades previstas na Lei n. 13.756/2018.

Em 14/12/2022, o Instituto Brasileiro de Pesquisa e Análise de Dados (IBPAD) realizou uma pesquisa para identificar o perfil dos sites de apostas esportivas mais acessados pelos brasileiros no mês anterior. A pesquisa desenvolveu um ranking dos sites de apostas esportivas mais acessados pelos brasileiros. Foi apontado que 44% dos torcedores fizeram algum tipo de aposta esportiva, em site, aplicativos ou "bolão" durante os jogos da Copa do Mundo; 22% afirmaram terem realizado apostas em sites e aplicativos especializados:

Após coleta e análise do tráfego dos sites, listamos os 25 sites de apostas esportivas mais acessados pelos brasileiros, indicamos o volume visitas mundiais, total de visitas de brasileiros e quão representativa é a presença dos brasileiros dentre as visitas mundiais, apresentada com o dado de 'porcentagem de visitas do Brasil'. (Instituto Brasileiro de Pesquisa e Análise de Dados [IBPAD], 2022, parágrafo 4)

A pesquisa revela ainda que, no mês de novembro de 2022, o site Bet365.com teve 244 milhões de visitas globais, sendo 39% delas originadas do Brasil (número próximo de 95,7 milhões). Fundada no ano de 2020, dois anos após a autorização para a exploração do setor no Brasil, em 2018 (pela Lei n. 13.756/2018), o Bet365.com é o mais acessado no Brasil na categoria de apostas esportivas; já na categoria geral, está entre os 20 sites mais acessados em novembro, ficando atrás de Google, YouTube, Facebook e Globo.com (Similarweb, 2023).

O mercado das apostas está em franco crescimento no país. O retrospecto é positivo e demanda expertise corporativa para a readequação do negócio diante das novas normas que regulamentam o setor das apostas. Nesse sentido, o presente trabalho objetiva desenvolver parâmetros sustentáveis de integridade, apresentando à alta gestão o Manual de Compliance Antissuborno e Corrupção, voltado para o segmento das apostas esportivas, em conformidade com a Lei n. 13.756/2018 e o Projeto de Lei (PL) n. 845/2023, assim como as demais normas antissuborno aplicáveis ao tema.

Conforme revelado pela pesquisa, o mercado de apostas esportivas se demonstrou um segmento rentável e promissor no país. Fomenta a economia, gera riquezas e propicia o crescimento social. Por outro lado, o suborno gera atos de corrupção no setor, exigindo do governo federal regras concretas para regulamentar o mercado das apostas, impondo normas claras e duras, em um esforço contra atos de suborno e corrupção que tanto impactam negativamente o desenvolvimento do mercado.

ESTUDO DE CASO: MÁFIA DAS APOSTAS

No ano de 2018, o governo do então presidente Michel Temer sancionou a Lei n. 13.756/2018, autorizando a exploração e o funcionamento de casas de apostas esportivas, na modalidade apostas fixas.

A lei representa um grande avanço do ponto de vista macroeconômico, pois permite a geração de novos postos de trabalho e estimula o desenvolvimento econômico, mediante esse, que, de acordo com pesquisas, vem se mostrando um mercado promissor no Brasil.

Apesar de os esforços terem sido positivos, a lei disse pouco ou quase não disse nada com relação a esse tema, deixando escapar a oportunidade de normatizar o setor das apostas esportivas com mais propriedade. Ela não estabeleceu normas cogentes e que pudessem ser materializadas em ações concretas, a fim de salvaguardar a integridade, repelir atos de suborno e corrupção, preservando dos riscos o setor, além de resguardar os consumidores e a reputação pública das casas de apostas.

A falta de normatização adequada viabilizou que grupos mal-intencionados agissem na omissão legislativa, e o óbvio aconteceu. O setor das apostas, em 2022, foi duramente atacado por organizações criminosas que encontraram uma forma desleal de contemplarem suas apostas.

A corrupção se desenvolve na mesma velocidade com que a tecnologia se propaga. Logo, os mecanismos e os procedimentos internos e de controle exigem e necessitam de constantes aprimoramentos, a fim de prevenir os riscos; do contrário, surpresas indesejadas ocorrerão.

Em 2022, o Grupo Especial de Combate ao Crime Organizado (GAECO), em conjunto com o Ministério Público Estadual de Goiás, apurou a existência de grupos criminosos altamente organizados, com desígnios de ação, a fim de fraudar as apostas esportivas realizadas por determinado grupo no site das casas de apostas. Essa ação deu início à persecução penal distribuída perante a Justiça de Goiás/GO, sob o n. 5452324-26.2023.8.09.00511, em curso na Unidade de Processamento Judicial (UPJ) da Vara Relativa a Organização Criminosa, na operação que popularmente foi batizada de "Operação Penalidade Máxima" (Barros & Zarko, 2023).

A denúncia ministerial revelou a existência de um esquema de manipulação de resultados, que se dividia entre os aliciadores (apostadores) e os atletas (jogadores de futebol). Esse esquema consistia na realização de apostas "casadas"; em troca, os atletas que aderissem ao esquema eram recompensados financeiramente, o que constituía o crime de corrupção ativa e passiva, nos termos do art. 41-C e D, da Lei n. 10.671/2003 (Estatuto do Torcedor). Os atletas envolvidos assumiam a principal posição no esquema, com as funções de, no curso do evento esportivo, forçarem, no tempo regulamentar, um cartão amarelo ou vermelho, de provocarem um pênalti, de chutarem a esmo ou até mesmo de errarem a cobrança de um simples lateral. Essas eram as condições para contemplar as apostas firmadas com esses vieses; tudo de acordo com a denúncia ministerial e a vasta prova documental produzida nos autos.

A falta de normatização e autorregulação expôs a fragilidade de um sistema suscetível a diversos eventos, inclusive a suborno e corrupção, o que sinalizou às autoridades competentes a imperiosa e urgente necessidade de regulamentar o setor, proteger os consumidores e evitar que casas de apostas lucrem com atos de corrupção. Essas casas seriam obrigadas a implementar programas permanentes de Compliance, criar um canal de denúncia, entre outras diretrizes. Sem essas medidas, poderia ocorrer a suspensão da concessão pública para a exploração do setor. Isso demonstraria um grande avanço legislativo, do ponto de vista da conformidade, ao reconhecer a necessidade de estabelecer, para empresas e organizações desse setor, sistemas de integridade eficazes, que permitam criar mecanismos de prevenção, detectar atos em desacordo e possíveis riscos que possam comprometer a higidez do negócio e remediá-los.

Por ocasião da Operação Penalidade Máxima, o Poder Legislativo, por iniciativa dos senadores da República Jorge Kajuru (PSB/GO) e Hamilton Mourão (Republicanos/RS), mediante o PL n. 845/2023, sugeriu alterar a

Lei n. 13.756/2018, modernizando o sistema de apostas, com a obrigatoriedade de implementação de Sistema de Compliance, sem o qual a autorização concedida pelo poder público poderá ser revogada.

O PL n. 845/2023, ainda em fase legislativa, apresenta ao mercado um novo modelo de negócio sustentável e perene, valorizando as empresas do segmento esportivo que pretendem investir no setor, os stakeholders e os consumidores em geral.

O episódio envolvendo as apostas com a nova regulamentação implementa um novo modelo a ser seguido, exigindo dos operadores requisitos para a concessão da licença pelo poder público e outras medidas eficazes na mitigação de risco pelo Programa de Compliance.

O diagnóstico remete à necessidade de as empresas que exploram o setor aderirem às regras de conformidade impostas, estabelecendo um padrão de qualidade de acordo com a missão e os valores éticos da organização, criando mecanismos internos de controle com apoio irrestrito da alta direção, designando um responsável pelo Programa de Compliance, revisando manuais, promovendo campanhas de incentivo e conscientização mediante informativos claros e treinamentos periódicos. Com isso, espera-se que a organização esteja em conformidade com as normas implícitas e explícitas incidentes para o setor em que atua. Tendo isso em vista, desenvolvi o Sistema Básico de Compliance, o qual irei recomendar para o setor.

COMPLIANCE: SETOR DE APOSTAS ESPORTIVAS

É correto afirmar que um Programa de Compliance robusto e eficaz evita que a organização seja exposta a eventos inesperados. Além disso, também não seria errado afirmar que uma empresa sem o mínimo de Compliance estaria fadada a incertezas, o que colocaria o negócio à própria sorte.

Escopo do Projeto de Implementação do Sistema de Compliance

Considerando a Lei n. 13.756/2018 e as normativas constantes do PL n. 845/2023, que dispõe sobre a regulamentação da modalidade lotérica denominada apostas de quota fixa, estabelecida pela Lei n. 13.756/2018, em processo bicameral no Congresso Nacional, o setor passará por restruturação, a fim de se adequar às obrigatoriedades exigidas pelas normas vigentes, especialmente as que regulamentam o setor, conforme prevê o caput do art. 1º do PL n. 845/2023: "Esta Lei regulamenta a modalidade lotérica denominada apostas de quota fixa, de que trata o art. 29 da Lei n. 13.756, de 12 de dezembro de 2018".

Considerando os fins do art. 2º, IV, do PL n. 845/2023, entende-se como "Operador" toda pessoa jurídica ou todo consórcio, grupo ou conglomerado de empresas com autorização para explorar loterias de apostas de quota fixa em meio físico e virtual.

Tendo em conta que a autorização será ato discricionário do Poder Executivo Público Federal, os "Operadores" devem observar o disposto no art. 3º da PL n. 845/2023, com atenção especial para o § 4º, que determina que o

"Operador" designe ao menos um representante legal, um representante contábil, um ouvidor e um profissional responsável pela área de Compliance, estabelecido no país, sendo condição a ser observada sob pena de indeferimento do pedido de exploração do setor.

O pedido de autorização seguirá na forma do art. 4º do PL n. 845/2023, com destaque para o inciso II, que impõe aos sócios controladores, aos ocupantes de cargo de diretoria, bem como aos representantes legal, contábil, de ouvidoria e de Compliance da empresa requerente, apresentarem os documentos constantes das letras "a" e "b" e possíveis outros documentos que poderão ser exigidos pelo regulador, na forma do inciso III do art. 4º da norma mencionada.

Estando em conformidade o pedido das empresas interessadas, o regulador do setor, após rigoroso escrutínio constante das exigências do § 3º do art. 4º do PL n. 845/2023, o "Operador" será devidamente notificado, na forma dos incisos I, II e III da norma em apreço, devendo comprovar: (i) sua qualificação técnica; (ii) a garantia bancária ou a fiança financeira; (iii) a estrutura física e os meios necessários para atender as solicitações das autoridades a respeito do fornecimento de dados e informações, na forma da legislação; (iv) a certificação internacional dos sistemas implementados pela pessoa jurídica; (v) a ausência de conflito de interesse em relação a outras atividades desenvolvidas pelo "Operador", bem como por seus controladores ou administradores.

Levando em consideração o marco regulatório, o escrutínio para a concessão exige das empresas do setor rigoroso comprometimento da alta gestão no cumprimento das etapas previstas no PL n. 845/2023, que necessariamente serão conduzidas pelo Compliance Officer designado. Ele terá a responsabilidade de desenvolver robusto e eficaz planejamento para o cumprimento do enforcement, a fim de garantir a efetividade das leis e dos regulamentos, promovendo a justiça, com os procedimentos alicerçados na missão e na ética da organização, de modo a promover a integridade e a segurança, remediando atos indignos que coloquem a organização em risco e aplicando medidas disciplinares indistintamente.

Considere-se, nesse contexto, que, além das normas aplicáveis ao setor especificamente, o escrutínio regulatório demanda um robusto Sistema de Compliance que assegure a efetividade das medidas implementadas, como Tax Compliance, com fortalecimento do setor contábil-tributário e com a implementação de normas claras no armazenamento de dados e informações sigilosas, mediante a designação de um responsável pelo departamento relativo à Lei Geral de Proteção de Dados (LGPD), Lei n. 13.709/2018. Além disso, deve haver adequação às normas trabalhistas e consumeristas e às normas previstas na Lei n. 9.613/98 (referente à "lavagem" ou ocultação de bens, direitos e valores) e às regras atinentes ao Conselho de Controle de Atividades Financeiras (COAF) (Resolução Coaf n. 41, de 8 de agosto de 2022).

É também de suma importância que o "Operador" observe a íntegra dos arts. 7º, 8º, 9º e 10 do PL n. 845/2023, com ênfase nas exigências de coletas de dados, especialmente naquelas em que sejam detectadas irregularidades quanto aos pagamentos dos prêmios; atividades suspeitas que possam comprometer a integridade do evento esportivo; certificação de equipamentos físicos e de computadores; implementação de um canal de denúncia e de um Serviço de Atendimento ao Consumidor (SAC) para apurar as reclamações dos apostadores; auditoria de seus sistemas, com acesso irrestrito aos órgãos de fiscalização, com destaque para o controle efetivo de prevenção de situações de desconformidades com a legislação; adoção de medidas editadas pelo regulador a serem implementadas e observadas pelo "Operador", de modo a evitar o conflito de interesse relativo às apostas por proprietários, diretores, administradores e funcionários do "Operador"; e observação ao previsto no art. 11, III, IV e V, "a, b, c, d", que remediará o casuístico evento que resultou na Operação Penalidade Máxima, conduzida pelo Ministério Público de Goiás.

O enforcement exigirá do "Operador" rígido escrutínio para a materialização dos objetivos corporativos e a satisfação dos acionistas, investidores e stakeholders, o que demanda da organização empresarial a sólida e robusta estrutura de um Programa de Compliance, considerando o risco pelo alto investimento, previamente antecipado aos cofres públicos no valor de R$ 20.000.000,00 (vinte milhões de reais), ex vi § 2º do art. 3º do PL n. 845/2023.

Traçadas as premissas iniciais – relativas aos escândalos de suborno e corrupção no setor de apostas revelados pela deflagração da Operação Penalidade Máxima, os quais impuseram ao poder público a implementação de medidas legislativas com vistas à autorregulamentação do setor –, em contrapartida ao direito de exploração do mercado de apostas, as empresas foram obrigadas a implementar procedimentos de mitigação de riscos.

Objetivos do Compliance

Os objetivos do Compliance nesse cenário regulatório consistem em levar a organização a aderir às normas vigentes, fazendo com que os riscos sejam afastados e mitigados, de modo a promover um ambiente de negócios confortável, com segurança jurídica para os investidores ou acionistas e stakeholders, que compõem o núcleo para a maximização dos resultados esperados e dos objetivos da organização como um todo.

Os Pilares do Compliance

O escopo para estabelecer a estratégia de implementação de um Sistema de Compliance em conformidade com o ordenamento jurídico e aplicável ao setor das apostas passa por um núcleo de ações que auxilia a alta gestão na tomada de decisão, para a detecção e a remediação de riscos à corporação e à sua imagem reputacional perante o mercado.

A estrutura deve ser organizada a partir de atos concretos e efetivos, em linguagem clara e de fácil acesso e compreensão para os funcionários, colaboradores e terceiros que mantenham negócios com o setor. Os hábitos devem suscitar à organização o sentimento de aderência ao programa criado, estabelecido pelos propósitos da corporação. Rotinas de treinamentos, avaliação e incentivos são apenas alguns dos elementos a serem incorporados no dia a dia das atividades. Por isso, os programas de Compliance são mutáveis e jamais estáticos.

Com a escolha da alta gestão por uma gestão responsável, o programa de Governança, Risco e Compliance (GRC) precisa se materializar em ações. Sugerimos como start a utilização do Código das Melhores Práticas de Governança Corporativa (do IBGC), especificamente o Tópico 5.6, sobre o Compliance, o qual merece ser transcrito aqui, in verbis, para ser incorporado aos propósitos da Governança Corporativa do setor de apostas: "Compliance é a busca permanente de coerência entre aquilo que se espera de uma organização – respeito a regras, propósito, valores e princípios que constituem sua identidade – e o que ela, de fato, pratica no dia a dia" (Instituto Brasileiro de Governança Corporativa [IBGC], 2023, p. 66).

O Programa de Compliance de uma organização deve abranger um conjunto de mecanismos e procedimentos, políticas, diretrizes, código de conduta, canal de denúncias e demais instrumentos, com o objetivo de prevenir, detectar e sanar desvios de conduta, fraudes, atos de corrupção, lavagem de dinheiro, atos ilícitos praticados contra a administração pública, entre outras questões. Além disso, deve alinhar a atuação de todos na organização com os princípios, valores e propósito dela e promover uma cultura de integridade. (IBGC, 2023, p. 65)

Propomos à organização, diante das informações sintetizadas, um briefing com dez medidas efetivas para estruturar o Programa de Compliance, considerando o enforcement pelo marco legal, que atenda o escrutínio público a partir da Lei n. 13.756/2018, com as alterações do PL n. 845/2023, consistindo em:

1. Engajamento da alta gestão: um Sistema de Compliance, para ser bem-sucedido, precisa estar alinhado aos interesses e propósitos da corporação, estando alicerçado no apoio irrestrito da alta cúpula da organização. Sem o efetivo apoio da administração, a corporação está vulnerável e exposta aos riscos e eventos incompatíveis com os objetivos corporativos, sendo preciso haver a conscientização daqueles que comandam.

2. Avaliação de risco: conhecido também como Mapeamento de Riscos de Compliance ou Gerenciamento de Riscos de Empresa – Enterprise Risk Management (ERM) –, é considerado um ponto de extrema relevância. A ideia de um planejamento remete a alta administração ao conhecimento prévio dos riscos, à sua detecção, à sua análise e à realização de ações concretas para remediar os diversificados níveis de riscos provenientes do exercício das atividades econômicas. Além disso, esse mapeamento deve municiar a alta gestão de informações, de modo que ela tome a melhor decisão para a corporação e seus colaboradores.

3. Código de Conduta e Políticas de Compliance: o propósito, a missão, os valores e a cultura integram o conjunto de valores éticos que expressam o sentimento de integridade de uma organização. Eles devem ser exteriorizados mediante a elaboração de um Código de Conduta, acoplado às diretrizes políticas internas, à forma como organização quer ser vista no mercado e como se relacionará com investidores e stakeholders. Trata-se de uma parte fundamental e indissociável dos objetivos corporativos na maximização dos resultados.

4. Mecanismos internos de controle: o Sistema de Compliance deve criar, com base na análise prévia dos riscos, mecanismos de monitoramento de funcionamento de todas as áreas da organização.

5. Treinamentos: a cultura de um Programa de Compliance exige que sua organização vertical esteja aderente às normas cogentes em vigência e que internamente a alta direção, a diretoria, o conselho de administração e a assembleia de acionistas estejam alinhados aos objetivos da organização. Para isso, são necessários treinamentos constantes voltados à avaliação interna das diretrizes, comunicadas ou transmitidas por canais internos, website ou qualquer meio tecnológico que permita que a mensagem atinja a todos – a comunicação em conformidade com a Lei n. 13.756/2023, com as alterações prováveis do PL n. 845/2023, deverá atingir a todos os stakeholders, promovendo campanhas de conscientização sobre o serviço oferecido pelo setor de apostas.

6. Canal de denúncia: em conformidade com as normas vigentes, a organização deverá criar um canal estruturado para o recebimento de denúncias e para a apuração de condutas que violem as diretrizes internas e o código de conduta da organização. Ela deverá designar um profissional qualificado, com alta capacidade técnica, com autonomia e poderes de investigação, que não se confunda com o poder de polícia destinado ao Estado, para que as denúncias sejam apuradas com total isonomia, em tempo razoável e que seja assegurado, ao denunciante, o anonimato e o sigilo das informações, evitando que a denúncia se desdobre em atos de revanchismo ou retaliação. Além disso, o canal deve ser acessível a todos e, após um minucioso processo de investigação, possíveis punições devem ser aplicadas indistintamente, independentemente do cargo ou da função que o infrator ocupe na organização.

7. Serviço de Atendimento ao Consumidor (SAC): assim como internamente o Canal de Denúncia representa uma ferramenta útil no planejamento de riscos e no cumprimento das normas internas estabelecidas no Código de Conduta, o SAC deve ser o canal de comunicação direta a ser utilizado pelos stakeholders e consumidores com a organização acerca de possíveis condutas que violem as diretrizes voltadas para a proteção das regras de consumo, previstas na Lei. n. 8.078/1990, em conformidade com o disposto na Lei n. 13.756/2023, com as alterações do PL n. 845/2023.

8. Comissão de investigação: averiguadas as irregularidades, devidamente filtradas pelo setor responsável, e havendo evidências mínimas que justifiquem a abertura de processo de investigação, esse deve ser instaurado, assegurando o devido processo legal e o direito de defesa do denunciado. Ao final, caso seja provado que, quanto aos atos apurados, caiba a aplicação das regras contidas no Código de Conduta da Organização, é recomendada a execução de sanções disciplinares e até mesmo a demissão.

9. Due Diligence: o bom funcionamento de um Sistema de Compliance remete a organização à necessidade de estabelecer mecanismos periódicos que visem ao mapeamento dos riscos, de modo que ela conheça e afaste os riscos ao negócio que possam comprometer seus valores. O mapeamento consiste ainda

em reforçar os propósitos da organização para os stakeholders; portanto, esses mecanismos devem ser constantemente avaliados, de acordo com os objetivos corporativos delineados no Código de Conduta.

10. Auditorias: a complexidade de um Programa de Compliance depende de que o sistema como um todo seja avaliado periodicamente, mediante a realização de auditorias independentes internas e externas, de modo que se possa avaliar se os procedimentos estabelecidos pela organização estão cumprindo sua função e seus objetivos de conformidade como um todo. O Sistema de Compliance requer constante aperfeiçoamento, que será alcançado quando se conhecerem os pontos vulneráveis detectados pelas auditorias e quando se reforçar o comprometimento da organização com seus stakeholders.

11. Designação de Compliance Officer: o PL n. 845/2023, no art. 3º, § 4º, exige, como requisito para a concessão da autorização para exploração do setor das apostas, a figura do profissional de Compliance, responsável por coordenar todo o Programa de Conformidade, desenvolvido em consonância com o ordenamento vigente e os princípios internos da corporação. Nesse sentido, o "Operador" deverá criar a função permanente no setor, que poderá ser desempenhada por um funcionário com status de diretor, com expertise na área e que não possua conflito de interesses. Ao Compliance Officer, caberá a responsabilidade de avaliar, com independência funcional e permanentemente, os riscos empresariais; alinhar o Programa de Compliance aos objetivos da corporação, conformando o sistema; prevenir os riscos que comprometam os valores e os objetivos da alta direção; adotar as diretrizes estabelecidas pelo Decreto n. 8.420/2015, art. 42.

12. Política de proteção de dados – Lei Geral de Proteção de Dados (LGPD): a organização deverá prever, na estrutura corporativa, um responsável pelo armazenamento de dados informacionais colhidos pelo setor, de acordo com a política estabelecida pela Lei n. 13.709/2018, em conformidade com a política de dados e regras de sua utilização pela organização, sob supervisão do Compliance Officer.

TEMPLATE COMPLIANCE

Definidas as diretrizes de padrão de conduta e política interna pela alta administração, recomenda-se estruturar os pilares do Sistema de Compliance, alicerçados nos padrões estabelecidos pela Organização Internacional para Padronização, na norma ISO n. 19.600/2014. Com isso, busca-se agregar os conceitos de estabelecimento, desenvolvimento, implementação, avaliação, manutenção e melhorias em um template básico, a fim de orientar a organização no processo de conformidade e monitoramento dos riscos, observando o enforcement do setor de apostas.

Figura 1

Organograma de Compliance

TEMPLATE
Organograma

COMPROMETIMENTO DA ALTA DIREÇÃO

| COMPLIANCE OFFICE | AVALIAÇÃO DE RISCO |

- CÓDIGO DE CONDUTA DE POLÍTICAS INTERNAS DE COMPLIANCE
- MECANISMOS DE CONTROLE
  - Auditoria
  - Canal de comunicação interna
  - Responsável TAX - compliance e Contábil
  - Responsável LGPD
- TREINAMENTO E COMUNICAÇÃO
- CANAL DE DENÚNCIAS
  - SAC
  - Ouvidoria
- DUE DILIGENCE
  - Análise e mapeamento constante dos riscos
- COMISSÃO DE INVESTIGAÇÃO INTERNA

CONSIDERAÇÕES FINAIS

A corrupção é um mal que assola a humanidade. Por ser tão presente na história, suas práticas são aceitas como atos regulares e socialmente comuns; em alguns casos, esses atos são tratados como necessários por setores econômicos brasileiros. O "jeitinho brasileiro", culturalmente enraizado em nossa sociedade, vem sendo, ainda que lentamente, mitigado. A sociedade não deve tolerar condutas incompatíveis com a ética, a moral e que resultem em retrocesso social, impactando o crescimento econômico do país, no cenário interno e no mundial. O movimento positivo se coaduna com a busca de sistemas normativos que orientem e fomentem a mudança de cultura e o compromisso de todos com a ética e os valores sociais.

Conforme exposto, o objetivo do presente trabalho consiste na implementação de um Programa de Compliance em algum setor da economia, empresa ou segmento do Direito. Após estudo de caso, mesclando os métodos de pesquisas quantitativo e qualitativo, aplicados ao setor econômico voltado para as casas de apostas, e considerando o marco regulatório imposto pelas normas vigentes, em resposta ao escândalo de corrupção no setor, recomendou-se às empresas de apostas que querem explorar o setor, com base nas melhores práticas corporativas e nos manuais de conformidade existentes, a implementação de um Sistema de Compliance. Esse sistema visa a fazer com que as empresas voltadas para o setor de apostas estejam aderentes às normas vigentes impostas e possam, sobretudo internamente, dissuadir práticas que coloquem em risco os propósitos da organização corporativa, os quais integram o conjunto de valores e padrões de conformidade estabelecidos pelo Código de Conduta e pelas políticas internas.

Aderir a um Programa de Compliance significa promover mudanças na própria cultura empresarial interna no combate ao suborno e à corrupção, maximizando os resultados e a satisfação dos stakeholders. Nesse processo, a alta gestão administrativa assume um papel de destaque, sendo fundamental, para o bom funcionamento dessa iniciativa, a implementação de um Programa de Integridade. É certo que, para envolver os funcionários, fornecedores e stakeholders, a mudança passa pelo comprometimento da alta gestão na implementação dos pilares de Compliance, de modo que todos os afetados pelos negócios explorados pela organização estejam alinhados com os objetivos corporativos.

Prevenir, detectar e remediar possíveis riscos são ações que demandam que a alta direção administrativa promova o Programa de Compliance e que os mecanismos sejam constantemente avaliados e aprimorados, por meio de treinamentos e comunicação interna de fácil acesso – medidas que ajudarão a fixar as regras previstas no Código de Conduta empresarial. Para que um ambiente corporativo seja sustentável, o ambiente de negócios deve ser saudável e atrativo para acionistas ou sócios, fornecedores e stakeholders.

Os desafios são inúmeros. No entanto, superar as incertezas, mitigar os riscos e promover um ambiente de negócio sustentável e que possa suscitar segurança para os investidores e a sociedade, possibilitando a longevidade do negócio são ações que passam, obrigatoriamente, pela cultura de Compliance. Essa é uma realidade que vem sendo ampliada no cenário nacional, com a edição de normas atuais e comprometidas com mecanismos internos de combate aos males da corrupção.

REFERÊNCIAS

Associação Brasileira de Normas Técnicas. (2017). NBR ISO 37001/2017: Sistemas de gestão antissuborno — Requisitos com orientação para uso. ABNT. https://www2.camara.leg.br/atividade-legislativa/comissoes/grupos-de-trabalho/55a legislatura/comissao-de-juristas-administracao-publica/documentos/outros documentos/ NBRISO370012017.pdf

Barros, D. & Zarko, R. (2023). Penalidade máxima: entenda investigação sobre esquema de apostas. Globo. com. https://ge.globo.com/futebol/noticia/2023/05/11/penalidademaxima-entenda-investigacao-sobre-esquema-de-apostas.ghtml

Bertoccelli, R. de P. (2021). Compliance. In A. C. Carvalho et al. (Coords.). Manual de compliance (3ª ed.) (pp. 49-68). Forense.

De Cicco, F. (2017). Compliance: a norma internacional ISO 19600: sistemas de gestão de compliance: diretrizes. Risk Tecnologia Editora. https://books.google.com.br/books?id=co1DDwAAQBAJ&printsec=frontcover&hl=pt-BR#v=onepage&q&f=false

Decreto n. 8.420, de 18 de março de 2015: Regulamenta a Lei nº 12.846, de 1º de agosto de 2013, que dispõe sobre a responsabilização administrativa de pessoas jurídicas pela prática de atos contra a administração pública, nacional ou estrangeira e dá outras providências. Diário Oficial da União, Seção 1, p. 3, 19 de março de 2015. https://www.planalto.gov.br/ccivil_03/_ato2015-2018/2015/decreto/D8420.htm

Instituto Brasileiro de Governança Corporativa. (2023). Código das melhores práticas de governança corporativa (6ª ed.). IBGC.

Instituto Brasileiro de Pesquisa e Análise de Dados. (2022). Ranking dos maiores sites de apostas esportivas no Brasil. https://ibpad.com.br/publicacoes/ranking-dos-maiores-sites-para-apostas-esportivas-no-brasil/

Lei n. 10.671, de 15 de maio de 2003: Dispõe sobre o Estatuto de Defesa do Torcedor e dá outras providências. Diário Oficial da União, Seção 1, p. 1, 16 de maio de 2003. https://www.planalto.gov.br/ccivil_03/leis/2003/l10.671.htm

Lei n. 12.846, de 1º de agosto de 2013: Dispõe sobre a responsabilização administrativa e civil de pessoas jurídicas pela prática de atos contra a administração pública, nacional ou estrangeira, e dá outras providências. Diário Oficial da União, Seção 1, p. 1, 2 de agosto de 2013. https://www.planalto.gov.br/ccivil_03/_ato2011-2014/2013/lei/l12846.htm

Lei n. 13.709, de 14 de agosto de 2018: Lei Geral de Proteção de Dados Pessoais (LGPD). Diário Oficial da União, Seção 1, p. 59, 15 de agosto de 2018. https://www.planalto.gov.br/ccivil_03/_ato2015-2018/2018/lei/l13709.htm

Lei n. 13.756, de 12 de dezembro de 2018: Dispõe sobre o Fundo Nacional de Segurança Pública (FNSP), sobre a destinação do produto da arrecadação das loterias e sobre a promoção comercial e a modalidade lotérica denominada apostas de quota fixa; altera as Leis nº 8.212, de 24 de julho de 1991, 9.615, de 24 março de 1998, 10.891, de 9 de julho de 2004, 11.473, de 10 de maio de 2007, e 13.675, de 11 de junho de 2018; e revoga dispositivos das Leis nº 6.168, de 9 de dezembro de 1974, 6.717, de 12 de novembro de 1979, 8.313, de 23 de dezembro de 1991, 9.649, de 27 de maio de 1998, 10.260, de 12 de julho de 2001, 11.345, de 14 de setembro de 2006, e 13.155, de 4 de agosto de 2015, da Lei Complementar nº 79, de 7 de janeiro de 1994, e dos Decretos

Leis nº 204, de 27 de fevereiro de 1967, e 594, de 27 de maio de 1969, as Leis nº 6.905, de 11 de maio de 1981, 9.092, de 12 de setembro de 1995, 9.999, de 30 de agosto de 2000, 10.201, de 14 de fevereiro de 2001, e 10.746, de 10 de outubro de 2003, e os Decretos-Leis nº 1.405, de 20 de junho de 1975, e 1.923, de 20 de janeiro de 1982. Diário Oficial da União, Seção 1, p. 1, 19 de dezembro de 2013. https://www.planalto.gov.br/ccivil_03/_ato2015-2018/2018/lei/L13756.htm

Moreira, E. B., Canto, M. D'A. & Guzela, R. P. (2021). Lei Anticorrupção Brasileira (Lei n. 12.846/2013). In A. C. Carvalho et al. (Coords.). Manual de compliance (3ª ed.) (pp. 385-414). Forense.

Porto, É. G. (2022). Compliance & governança corporativa: uma abordagem prática e objetiva. Lawboratory.

Projeto de Lei n. 845, de 2023: Dispõe sobre a regulamentação da modalidade lotérica denominada apostas de quota fixa, estabelecida pela Lei nº 13.756, de 12 de dezembro de 2018. https://www25.senado.leg.br/web/atividade/materias/-/materia/156004

Resolução Coaf n. 41, de 8 de agosto de 2022: Dispõe sobre o cumprimento dos deveres de prevenção à lavagem de dinheiro e ao financiamento do terrorismo e da proliferação de armas de destruição em massa - PLD/FTP legalmente atribuídos a empresas de fomento comercial ou mercantil (factoring), na forma do § 1º do art. 14 da Lei nº 9.613, de 3 de março de 1998, e da legislação correlata. Diário Oficial da União, Seção 1, pp. 119- 122, de 09.08.2022. https://www.gov.br/coaf/pt-br/acesso-a-informacao/Institucional/a-atividade-de-supervisao/regulacao/supervisao/normas 1/resolucao-coaf-no-041-de-08-08.2022

Similarweb. (2023). Ranking dos sites principais. https://www.similarweb.com/pt/top websites/brazil/

Transparência Internacional. (2022). Índice de percepção da corrupção 2022. Transparência Internacional. https://www.cartacapital.com.br/wp-content/uploads/2023/01/227_ipc indice-de-percepcao-da-corrupcao-2022.pdf

PROGRAMA DE COMPLIANCE – TRIBUNAL DE JUSTIÇA DO ESTADO DO AMAZONAS

Autora:

Aline Kelly Ribeiro Marcovicz Lins

O tema compliance se encontra em voga tanto no âmbito privado quanto público, principalmente após escândalos envolvendo a alta administração pública e empresários envolvendo o desvio de consideráveis quantias de verbas públicas.

Mas, além de ser uma questão advinda da ética e da moralidade, é também primordial a implantação de programas de compliance a fim de garantir transparência e lisura no exercício de atividade profissional, visando eliminar ou ao menos mitigar potenciais danos à própria organização e aos demais envolvidos com ela, sejam colaboradores, shareholders ou stakeholders.

Nesse diapasão, os Tribunais de Justiça do país, como entidades representantes de um dos Poderes do Estado, não podem deixar de adotar medidas para prevenir condutas antiéticas ou ilegais que porventura possam ser praticadas no âmbito de sua competência administrativa.

Diante deste cenário, faz-se imprescindível a elaboração de um Programa de Compliance a ser implementado pelo Tribunal de Justiça do Amazonas a fim de se adequar a realidade e anseios sociais, bem como proteger a todos os envolvidos em sua cadeia de relações institucionais.

Portanto, este trabalho visa traçar os mecanismos e instruções necessárias para o desenvolvimento de referido programa, de modo a suprir essa lacuna, com exposição dos instrumentos e métodos a serem implementados para atingir tal finalidade.

PROGRAMA DE COMPLIANCE. DEFINIÇÃO.

O compliance tem origem em disposições originárias de outros países, mas, no Brasil, acabou ganhando ênfase após a publicação da Lei nº 12.846/2013, a qual instituiu o "programa de integridade", portanto, como explica

Ederson Porto (p. 34), "daí se poder falar que no Brasil "programa de integridade" é sinônimo ou tradução de "programa de compliance"."

No âmbito internacional, importante destacar a ISO 19600, conhecida como "ISO compliance", a qual apresentou um padrão operacional global a ser recomendado para uso em atividades de gestão de conformidade regulatória.

No Brasil, destaca-se o conteúdo do artigo 41 do Decreto nº 8420/2015, o qual dispõe que "para fins do disposto neste Decreto, programa de integridade consiste, no âmbito de uma pessoa jurídica, no conjunto de mecanismos e procedimentos internos de integridade, auditoria e incentivo à denúncia de irregularidades e na aplicação efetiva de códigos de ética e de conduta, políticas e diretrizes com objetivo de detectar e sanar desvios, fraudes, irregularidades e atos ilícitos praticados contra a administração pública, nacional ou estrangeira".

Desta feita, pode-se concluir que o programa de compliance é um conglomerado de medidas, técnicas, procedimentos e mecanismos adotados com o intuito de atingir a máxima valorização da ética e da moralidade dentro de uma organização, seja ela pública ou privada, a fim de mitigar ou evitar ao máximo a proliferação de condutas ilegais dentro do seio daquela entidade.

Portanto, para implantação do programa de integridade é imprescindível a observância de alguns pilares, os quais, segundo PORTO (2020, p. 35/37), são assim elencados:

a) engajamento e comprometimento da alta administração;

b) avaliação de riscos;

c) código de conduta e políticas de compliance;

d) controles internos;

e) treinamento e comunicação;

f) canais de denúncias;

g) investigações internas;

h) procedimento de due diligence;

i) auditoria e monitoramento.

Vê-se, assim, que um programa de integridade reflete uma complexidade de interações e medidas as quais são somente possíveis de atingir o fim pretendido caso ocorra o engajamento de todos os envolvidos, desde a alta administração até os colaboradores situados em baixo escalão, e deve se coadunar com os objetivos e missão da instituição, de modo a atingir o mais alto nível de satisfação.

Assim, não se transfigura como algo estático, pelo contrário, é um sistema dinâmico e de permanente atualização, sendo influenciado e influenciador em tempo real de todas as ações adotadas no curso da atividade desenvolvida pela entidade que a ele se submete, para o aperfeiçoamento contínuo das práticas.

COMPLIANCE E O PODER JUDICIÁRIO.

O Poder Judiciário, como Poder Estatal que é, exerce, além de sua função precípua de julgar as demandas que lhe são dirigidas, também as demais competências executivas e legislativas, como regulamentar internamente os seus serviços e agir como administrador ao formalizar contratações para o funcionamento de seus diversos órgãos.

Diante desta realidade, é imperioso que os Tribunais de Justiça, quando do exercício de sua função administrativa, também estabeleçam programas de integridade, a fim de dirimir condutas ilegais.

Nesse compasso, o Conselho Nacional de Justiça (CNJ), instituiu no dia 09/12/2020, um grupo de trabalho para propor o desenvolvimento de programas de integridade e compliance no âmbito do Poder Judiciário (CNJ, 2020), a qual conduziu à edição da Resolução nº 410 de 23/08/2021 do Conselho Nacional de Justiça, dispondo sobre normas gerais e diretrizes para a instituição de sistemas de integridade no âmbito do Poder Judiciário.

E, ainda antes da edição da resolução supracitada, vários dos Tribunais de Justiça do país têm adotado medidas para instituir programas de compliance, ou outras medidas menos abrangentes para enfatizar uma política preventiva e fiscalizatória mais presente em relação às condutas adotadas pelos seus integrantes.

Assim, o Tribunal de Justiça de Minas Gerais editou a Resolução nº 880/2018, que instituiu e regulamentou o processo administrativo de responsabilização (PAR); por sua vez, o Tribunal de Justiça do Distrito Federal e Territórios editou a Resolução nº 04/2020, instituindo a Política de Integridade. No mesmo sentido, o Tribunal de Justiça Militar de São Paulo editou a Resolução nº 064/2019, a qual instituiu o Programa de Integridade e a Gestão de Riscos no âmbito da administração de referido Tribunal e o Tribunal de Justiça do Maranhão instituiu o Programa de Compliance no âmbito da Corregedoria Geral da Justiça daquele ente.

O Tribunal de Justiça do Amazonas, quando da edição deste artigo, ainda não tinha implementado um programa de integridade, mas adotou medidas para maior fiscalização de suas atividades. Nesse viés, instituiu através das Resoluções nº 19 e 20/2020 o Estatuto da Unidade de Auditoria Interna e o Código de Ética da Unidade de Auditoria Interna.

O Programa de Integridade foi criado tão somente em 20 de maio de 2022, através da Portaria nº 1.508 da Presidência do Tribunal de Justiça do Estado do Amazonas.

PROGRAMA DE INTEGRIDADE/COMPLIANCE NO TRIBUNAL DE JUSTIÇA DO AMAZONAS

Para iniciar um programa de compliance é imprescindível, de maneira inicial, analisar quais os valores, visão e missão da entidade. Nenhum programa terá sucesso se os valores, a missão e a visão da organização não forem compatíveis com a ética e a integridade.

Nesse viés, segundo exposto no link institucional do Tribunal de Justiça do Amazonas (s.d.), sua missão é "realizar Justiça com acessibilidade e de forma igualitária à sociedade", enquanto sua visão é "ser reconhecido pela sociedade como uma Instituição que promove a justiça com imparcialidade, de forma célere e com equidade" e, por fim, tem como atributos de valor: Credibilidade, Celeridade, Modernidade, Acessibilidade, Transparência, Responsabilidade Social e Ambiental, Imparcialidade, Ética e Probidade.

Diante deste cenário, o primeiro passo para a instituição do programa de integridade é o engajamento da alta administração. Ora, se não há interesse do alto escalão da organização em cumprir e fazer cumprir um programa de integridade, tal será criado tão somente pró-forma e se tornará inócuo, gerando desprestígio ao instituto e também à organização.

Conforme disposto nas Diretrizes para Empresas Privadas do Programa de Integridade elaborado pela Controladoria Geral da União (Controladoria Geral da União, 2015, p. 8), "o apoio permanente e o compromisso da alta direção com a criação de uma cultura de ética e integridade na empresa é a base de um programa de integridade efetivo".

No mesmo compasso, o §1º do artigo 1º da Portaria 57/2019-CGU (2019, p. 1), dispõe que "o comprometimento da alta administração deverá estar refletido em elevados padrões de gestão, ética e conduta, bem como em estratégias e ações para disseminação da cultura de integridade no órgão ou entidade".

Assim, e seguindo as sugestões da CGU no seu Manual do Programa de Integridade para o Setor Público, devem ser realizadas pela alta administração, dentre outras medidas, as seguintes:

- Patrocinar o programa de integridade perante o público interno e externo, ressaltando sua importância para a organização e solicitando o comprometimento de todos os colaboradores e partes interessadas;

- Participar ou manifestar apoio em todas as fases e implementação do programa;

- Adotar postura ética exemplar e solicitar que todos os colaboradores do órgão ou entidade também o façam;

- Aprovar e supervisionar as políticas e medidas de integridade, destacando recursos humanos e materiais suficientes para seu desenvolvimento e implementação (CGU, 2017, p. 10).

Portanto, inicialmente, deve-se apresentar as diretrizes do Programa de Integridade à alta administração e obter dela o comprometimento para sua instituição. Sugere-se, assim, a assinatura de um termo de adesão.

Tendo alcançado êxito no cumprimento de referido pilar, para a instituição do programa de integridade, nos moldes sugeridos pela Controladoria Geral da União, é necessária a divisão de sua implantação em etapas.

Na primeira etapa, é imprescindível que seja constituída uma unidade de gestão da integridade.

Nesse sentido:

Art. 4º Na primeira fase da instituição do Programa de Integridade, os órgãos e as entidades deverão constituir uma unidade de gestão da integridade, à qual será atribuída competência para:

I - coordenação da estruturação, execução e monitoramento do Programa de Integridade;

II - orientação e treinamento dos servidores com relação aos temas atinentes ao Programa de Integridade; e

III - promoção de outras ações relacionadas à implementação do Programa de Integridade, em conjunto com as demais unidades do órgão ou entidade.

§ 1º A unidade de gestão da integridade deverá ser dotada de autonomia e de recursos materiais e humanos necessários ao desempenho de suas competências, além de ter acesso às demais unidades e ao mais alto nível hierárquico do órgão ou entidade.

§ 2º Os órgãos e as entidades deverão constituir a unidade de gestão de integridade no prazo de 15 (quinze) dias, contados da publicação desta Portaria (CONTROLADORIA-GERAL DA UNIÃO, 2019, p.1).

Assim, e considerando que o Tribunal de Justiça do Amazonas já instituiu um órgão de Auditoria Interna, cujas funções estão estabelecidas na Resolução nº 20/2020, mas que suas atividades não se coadunam necessariamente com as indispensáveis para a instituição, implantação e desenvolvimento do programa de integridade, é imperiosa a criação de um "departamento de compliance", refletido em um grupo de trabalho para elaboração dos trabalhos de implantação do programa de integridade.

Esse departamento, como ressaltado pelo Manual da CGU para o setor público, deve possuir algumas características:

> *A unidade, grupo, pessoa ou comitê deve ser dotada de autonomia, independência, imparcialidade, recursos materiais, financeiros e humanos necessários ao desempenho de suas atribuições funcionais. Sempre que possível, deve ser garantido à instância responsável o acesso ao mais alto nível hierárquico da organização (CGU, 2017, p. 11).*

Em referido grupo de trabalho, como mencionado pelo manual da CGU,

> *Para garantir uma noção plena dos riscos e atividades desenvolvidos na organização, é importante que os setores ou unidades mais relevantes da organização estejam representados no GT, a saber: área responsável pela gestão dos controles internos, corregedoria, ouvidoria, comissão de ética e a área de planejamento/gestão interna (CGU, 2017, p. 20).*

Realizada a implantação de referido grupo de trabalho e dotados os recursos técnicos, operacionais e financeiros mínimos para o início de suas atividades, dá-se início a segunda etapa do processo de desenvolvimento do programa de integridade.

Nessa fase, importante o levantamento prévio de informações e também o gerenciamento dos riscos.

Assim, como explicitado no Manual da CGU, nesse momento faz-se relevante a obtenção do maior número de informações para subsidiar as condutas a serem observadas no programa de integridade. Portanto, imprescindível o acesso às seguintes informações, dentre outras:

> *- Quantitativo de servidores e demais colaboradores;*

> *- Orçamento disponibilizado;*

> *- Serviços prestados e decisões principais que influenciem terceiros;*

> *- Estrutura organizacional (organograma, cargos e salários, principais competências de conselhos, diretorias, departamentos ou setores, eventual existência de unidades descentralizadas);*

> *- Nível de interação com a iniciativa privada, considerando-se principalmente a existência de processos de concessão de autorizações, licenças e permissões, bem como quantitativo e valores de licitações celebradas;*

> *- Eventuais participações público-privadas que envolvam o órgão ou entidade e demais interações semelhantes. (CGU, 2017, p. 21).*

No ponto, interessante o uso dos seguintes métodos para acesso a tais informações:

TÉCNICAS PARA COLETA DE INFORMAÇÕES

MÉTODO	POSSÍVEIS FONTES DE INFORMAÇÃO
Reunir e analisar informações que já existem no âmbito da organização	*- Regimento Interno, normativos e regulamentos sobre competências e fluxos de trabalho - Documentos relacionados a Planejamento Estratégico e congêneres - Relatórios de auditoria internos e externos - Relatórios de investigações internas ou externas - Relatórios de fiscalização e medidas recomendadas à organização por autoridades supervisoras - Decisões judiciais contra atos da organização ou sobre sua área de atuação - Medidas disciplinares tomadas contra os agentes da organização - Relatórios de incidentes - Registros de reclamações e denúncias contra a organização ou seus agentes - Reportagens e notícias*
Utilizar as experiências e competências dos próprios agentes da organização	*Entrevistas com pessoal - Pesquisas e questionários - Grupos de discussão*
Troca de experiências com organizações similares	*- Relatórios públicos - Visitas técnicas - Estudos técnicos sobre a experiência de organizações similares ou que atuam no mesmo setor ou em projetos semelhantes*
Análise de cenários	*- "Brainstorming" - Grupos de discussão - Estabelecimento de subgrupos de trabalho com temáticas específicas*

(Fonte: CONTROLADORIA-GERAL DA UNIÃO, 2017, p. 51-52).

Além disso, outros documentos devem servir de embasamento para referido grupo elaborar o programa de integridade e sua implementação, tais como o histórico de casos de quebra de integridade, com informações sobre os casos encerrados e ainda sob investigação a respeito de situações de corrupção ou outros desvios de conduta, além de relatórios da auditoria, recém-instalada no Tribunal de Justiça do Amazonas.

Em posse de tais informações, é possível a realização de um Mapeamento de Riscos de Compliance ou Gerenciamento de Riscos de Empresas (Enterprise Risk Management – ERM).

Um programa de integridade adequado não pode olvidar da análise aprofundada dos riscos que envolvem a organização. Ao se renegar importância a tal fase, acaba-se por colocar em risco todo o desenvolvimento de referido programa.

Nesse sentido, Ederson Porto (2020, p. 35), "se a organização não conhece os riscos que está exposta, não os identifica, nem os mapeia, pode-se assegurar que todo o programa de integridade estará comprometido".

É imprescindível que se identifiquem corretamente os pontos mais sensíveis, os riscos potenciais e quais as áreas mais vulneráveis, a fim de traçar um cronograma e um código de condutas mais coerente com a realidade e que apare todas as arestas que porventura estejam expostas dentro daquela organização.

Assim, deve-se buscar respostas às seguintes perguntas:

> *1. Quais os principais riscos de integridade a que a organização está sujeita? 2. Quais áreas da organização estão mais vulneráveis a esses riscos? 3. Dentro dessas áreas, em quais processos de trabalho os riscos determinados podem se manifestar? 4. Dentro de cada processo, identificar o evento/comportamento que se quer evitar, ou seja, como determinado risco pode se manifestar? 5. Quais fatores podem dar causa à manifestação de um risco determinado nessa área /processo? 6. Como categorizar e classificar os riscos, priorizando os fatores de risco mais críticos? (CGU, 2017, p. 22/23)*

Com base nas informações colhidas pelo departamento competente de compliance, é necessária uma definição prévia dos principais riscos a que a entidade está exposta, além de se traçar quais as unidades organizacionais mais suscetíveis a tais riscos. Também importante consultar referidas unidades de modo a se entender melhor a forma como atuam e subsidiar o programa de integridade, de tal forma que podem ser necessários o desmembramento de tais unidades, ou a agregação com outra, ou ainda a alteração de alguma atribuição a ela imposta.

Ressalto outra medida salutar de mapeamento de risco apontada no Manual da CGU:

> *Do mesmo modo que o levantamento das manifestações de risco, o GT pode levantar os fatores de risco junto às instâncias internas de integridade. Definir os riscos, assim como as suas consequências, pode ser tarefa relativamente descomplicada após um mapeamento inicial. Todavia, indicar e compreender os motivos e circunstâncias que levam os indivíduos a praticarem atos de corrupção – os fatores de risco – é uma atividade um pouco mais complexa, mas de grande relevância para o sucesso de um plano de integridade. A partir deles é que se irá analisar e conceber medidas preventivas e mitigadoras efetivas (CGU, 2017, p. 27/28).*

Realizados os cruzamentos destes dados, imprescindível a realização de um mapa de calor, a fim de apontar qual a probabilidade do risco apontado ocorrer, bem como do impacto de tal risco na organização.

Concluídos tais trabalhos, agora deve o departamento de compliance deve elaborar um Formulário de Registro de Riscos. Como explicado no Manual do Programa de Integridade do setor público da CGU, tal documento, "a partir da relação dos riscos de integridade inicialmente mapeados, são listados os respectivos fatores de risco, níveis de impacto e probabilidade, assim como eventuais medidas de controle existentes. A partir desse levantamento, o GT pode em seguida conceber controles a serem adaptados ou criados, assim como os responsáveis e possíveis prazos para cumprimento" (CGU, 2017, p. 36).

Sugere-se, adotando o programa de integridade aplicado pelo Tribunal de Justiça do Distrito Federal e dos Territórios, em seu artigo 6º (TJDFT, 2020), a adoção dos seguintes instrumentos para otimização de referido programa:

I – código de ética dos servidores, atualizado periodicamente, do qual constem direitos, obrigações e proibições;

II – código de ética dos magistrados;

III – declarações anuais públicas da administração superior que reforcem a adesão aos padrões éticos definidos nos códigos e reafirmem como meta institucional o compliance;

IV – capacitação e treinamento periódicos para servidores e magistrados sobre ética e integridade, com o incentivo e a participação da Alta Administração;

V – para o monitoramento contínuo de ações:

a) indicadores de desempenho e de risco;

b) metodologia de gerenciamento de riscos;

c) outros definidos pelos setores competentes.

VI – fluxos de trabalho que facilitem a imediata investigação de denúncias sobre comportamentos antiéticos;

VII – canal de denúncias acessível, transparente, imparcial e capacitado para tratar de questões relativas à integridade;

VIII – mecanismos efetivos de apuração da denúncia e de investigação, que resguardem o denunciante de boa-fé;

IX – regras claras para proteção dos denunciantes, quando for o caso;

X – definição de fluxo sigiloso de encaminhamento de denúncias e para apurações;

XI – medidas de controle, remediadoras e disciplinares, devidamente divulgadas no Tribunal;

XII – mecanismos que promovam dinamismo às ações do Programa e as atualizem com o passar do tempo e de acordo com as necessidades que se apresentem nas respectivas execuções.

No tocante ao código de ética, sugere-se a adoção do código de conduta profissional do servidor da controladoria-geral da União (CGU, 2010), cuja edição está disponível na íntegra no repositório de referido órgão administrativo e se coaduna com os principais valores, deveres, e responsabilidades dos servidores públicos do Tribunal de Justiça do Amazonas, além de incluir as sanções cabíveis em caso de descumprimento das previsões ali contidas.

Deve fazer parte também do código de conduta, a lei estadual nº 1.762/86, a qual dispõe sobre o Estatuto dos Funcionários Públicos Civis do Estado do Amazonas.

Além de estender, no que for compatível, o código de ética da Auditoria Interna do Tribunal de Justiça do Amazonas (Resolução nº 19/2020) aos demais servidores.

Em relação ao código de ética da magistratura, o Conselho Nacional de Justiça estatuiu um código de ética da magistratura nacional, cuja adoção deve ser expressamente adotada pelo Tribunal de Justiça do Amazonas, com os acréscimos necessários diante das peculiaridades regionais que se fizerem relevantes.

Ainda, há que se fazer presente o regimento interno do Tribunal de Justiça e a Lei Complementar Estadual nº 17/1997, que dispõe sobre a divisão e a organização judiciária do Estado do Amazonas, bem como disciplina sobre o regime jurídico da magistratura e a organização dos serviços auxiliares da justiça.

Registre-se, no ponto, relevante informação a respeito da lei complementar estadual nº 17/1997, pois foi recentemente criado um grupo de trabalho para a atualização de referida legislação (TJAM, 2020).

Em ambos os códigos de conduta (dos servidores e dos magistrados), é imprescindível que se identifiquem a missão, visão e valores do Tribunal de Justiça do Amazonas, apresentem as normas as quais estão submetidos, prevejam as condutas em geral esperadas de cada um, ressaltem a importância da assiduidade, da pontualidade, da permanência no posto de trabalho, do relacionamento interpessoal e com os indivíduos que procuram o Judiciário para serem atendidos; do zelo e proteção do patrimônio público a sua disposição; do sigilo funcional, em especial em demandas judiciais que correm sob segredo de justiça; além de dispor sobre condutas vedadas, tal como o nepotismo, o assédio moral, sexual ou psicológico; disposições acerca das condutas que refletem ações/omissões ilícitas, que configurem suborno, corrupção ou fraude, ainda sobre questões de improbidade administrativa e as penalidades cabíveis em caso de cometimento de ilícitos.

Tal arcabouço jurídico deve, ainda, ser de conhecimento geral dos serventuários do Poder Judiciário amazonense.

Para o bom funcionamento do programa de integridade do Tribunal de Justiça do Amazonas também é preciso investir em treinamento e comunicação.

Assim, dentro do âmbito da EASTJAM (Escola de Aperfeiçoamento do Servidor do Tribunal de Justiça do Amazonas), assim como da ESMAM (Escola Superior da Magistratura do Amazonas), devem ser desenvolvidos cursos e palestras, de cunho obrigatório a todos os servidores, a respeito do tema compliance, bem como de apresentação do programa de integridade e demais valores, missão e visão do Tribunal de Justiça do Amazonas, além de cursos de desenvolvimento profissional e especialização técnica, a fim de qualificar o servidor, além de repassar a ele a cultura do compliance, permitindo, nesse compasso, que todos os envolvidos, sejam eles oriundos do público interno quanto do externo, inseridos nesse contexto, buscando atuar conforme o programa de integridade proposto.

Nesse viés, quando do ingresso do servidor (incluídos aí os Magistrados), a imperiosidade de um curso de formação inicial com carga horária suficiente para apresentação do programa de integridade, dos valores, missão e visão do Tribunal de Justiça do Amazonas, com a exposição dos principais mecanismos de comunicação e controle.

Outro ponto importante a ser desenvolvido no presente programa de integridade é a implantação de um canal de denúncias.

Como ressaltado por Ederson Porto (2020, p. 37),

> *É fundamental que exista um canal de registro de qualquer violação do código de conduta e que seja acessível para todos os stakeholders (interno e externo). Ete instrumento precisa ser seguro para encorajar as pessoas a denunciar desvios, mas deve também ser cautelosamente gerenciado para não dar vazão a picuinhas entre colaboradores ou servir de meio de desagregação da organização.*

Assim, sugere-se a criação de um canal de denúncias cujo acesso pode se dar por diversos meios tecnológicos, permitindo o mais amplo acesso a todos os interessados.

Desta feita, impreterivelmente deve existir uma aba ostensiva na página principal do Tribunal de Justiça do Amazonas referente ao canal de denúncias, que ao ser clicada remete o usuário à informações a respeito de como funciona tal mecanismo, sua finalidade, bem como o campo específico para que o indivíduo realize sua manifestação.

A adoção de um aplicativo com a mesma finalidade também se mostra importante, já que atualmente muitas pessoas utilizam mais dos smartphones do que de computadores para acessar a rede mundial de computadores.

Ainda, deve-se ter divulgação de maneira ostensiva dos canais de comunicação para com a Ouvidoria Judiciária e a Corregedoria-Geral de Justiça, esclarecendo a função de cada órgão.

Importante ressaltar que o fluxo de referida denúncia deve ser sigiloso, não se permitindo que qualquer pessoa tenha acesso à conteúdo sensível e que pode macular indivíduos sem antes ter uma instrução procedimental suficiente para apurar os fatos.

Ademais, a identificação do denunciante deverá ser protegida com restrição de acesso, nos termos do art. 10, § 7º, da Lei Federal nº 13.460, de 26 de junho de 2017, salvo em se tratando de casos de crime de denunciação caluniosa, previsto no art. 339 do Código Penal, ou flagrante má-fé por parte do denunciante.

No âmbito do Tribunal de Justiça do Amazonas é utilizado para movimentação de processos administrativos o sistema SEI. Em referido sistema é admissível que alguns processos tramitem em segredo.

Desta feita, dentre as medidas a serem adotadas pelo presente programa de integridade, está a criação do canal de denúncias, cuja manifestação gere automaticamente um processo administrativo junto ao SEI e permaneça em segredo até a apuração da denúncia apontada, mas permitindo o acesso às movimentações pelo denunciante através de chave de acesso ou outro mecanismo de segurança.

A partir desse ponto, importante a definição do procedimento administrativo a ser adotado para a averiguação de cada denúncia. Começa então a fase de investigações internas.

Nessa toada, e consignando que não se pode admitir toda e qualquer denúncia como verdadeira, sob pena de se permitir que fofocas ou rixas pessoais ganhem conotação maior e prejudicial ao ambiente profissional, é imperioso que o setor competente – no caso a Corregedoria-Geral de Justiça – estabeleça um fluxo de trabalho para realizar as investigações previas, arquivando de plano denúncias infundadas ou dar prosseguimento as verossimilhantes, com instauração de sindicância ou PAD, a depender do caso concreto.

Acrescenta-se aqui que, ao final de cada período anual, os membros da comissão de processos administrativos disciplinares, realizem relatórios dos casos atendidos e mencionem possíveis recomendações de ações de auditoria ou gestão interna.

Devem-se ter ainda outros mecanismos de controle interno, além do canal de denúncias.

Assim, a auditoria interna, órgão recentemente instituído no âmbito do Tribunal de Justiça do Amazonas, deve deter autonomia e investimento técnico e financeiro para exercer regularmente seu papel, verificando registros e demonstrações contábeis, além de contratos firmados pela administração do Tribunal de Justiça.

Ainda, e em consonância com a Lei Estadual nº 4.730/2018, deve a alta administração do Tribunal de Justiça determinar em suas licitações que a contratação de empresas para prestação de serviços tem como requisito mínimo, dentre outras, que a contratada tenha programa de integridade instituído.

Acrescenta-se, ainda, que, em consonância com previsão insculpida no artigo 11 do Programa de Integridade do TJMSP, o setor de contratações do Tribunal de Justiça do Amazonas, quando da realização de diligências apropriadas para contratação e supervisão de fornecedores de bens e prestadores de serviços, realize os seguintes procedimentos, os quais são imprescindíveis à lisura da contratação e a regularidade da empresa contratada:

I – consulta ao Cadastro Nacional de Empresas Inidôneas e Suspensas – CEIS e ao Cadastro Nacional de Empresas Punidas – CNEP, de que tratam a Lei Federal nº 12.846, de 1º de agosto de 2013, e o Decreto Federal nº 8.420, de 18 de março de 2015;

II – consulta ao Cadastro Estadual de Empresas Punidas – CEEP, de que trata o Decreto Estadual nº 60.106, de 29 de janeiro de 2014;

III – consulta à relação das pessoas jurídicas apenadas publicada pelo Tribunal de Contas do Estado de São Paulo, nos termos das Instruções nº 02, de 06 de julho de 2016; e

IV – verificação periódica da manutenção, durante toda a execução do contrato, de todas as
condições de habilitação e qualificação exigidas na licitação, previstas na Lei Federal nº 8.666, de 21
de junho de 1993, e na Lei Federal nº 10.520, de 17 de julho de 2002.

Por fim, na terceira fase do Programa de Integridade, devem ser instituídos os mecanismos acima mencionados, como outros que porventura sejam verificados durante a execução dos trabalhos de análise de riscos e no curso das apurações de denúncias, além de se realizar o monitoramento contínuo dos instrumentos de operacionalização do programa.

O programa de compliance não é estático e nem se perfectibiliza com sua implantação. Ele é dinâmico, e deve ser acompanhado em tempo real, com periódicos trabalhos de auditoria e monitoramento, assim como através de procedimentos de due diligence, realizando a revisão a cada período dos contratos firmados entre a administração do Tribunal de Justiça com os seus prestadores de serviço e demais fornecedores, a fim de realizar um "pente fino" nas contratações e averiguar eventuais irregularidades nas contratações.

CONSIDERAÇÕES FINAIS

Diante do panorama apresentado, é possível se denotar que o programa de integridade é uma realidade na sociedade hodierna. As questões de transparência, lisura, boa-fé, e respeito ao patrimônio público, dentre outros temas, são cada vez mais respeitadas e trazidas à tona, principalmente após escândalos de operações deflagradas nos últimos anos em que várias empresas e a administração pública se viram envolvidas referentes aos desvios de verbas públicas.

O Poder Judiciário, como poder estatal, não pode se posicionar equidistante de tal tema, sem buscar se inserir nesse padrão de integridade.

Como integrante da administração pública e pactuando diuturnamente contratos para a prestação dos mais variados serviços e aquisição de produtos, os Tribunais de Justiça exercem também a função executiva e devem, portanto, cumprir com toda a legislação pátria e adotar medidas a fim de evitar ou ao menos mitigar condutas ilegais.

Nesse contexto, a adoção de um programa de integridade é imprescindível para qualquer Tribunal do país.

Desta feita, buscou-se analisar os principais pilares para a implantação de um programa de integridade no âmbito do Tribunal de Justiça do Amazonas, eis que referida entidade ainda não adotou tal procedimento.

Assim, foi possível constatar que muito ainda deve ser elaborado para que tal programa seja implementado.

Inicialmente, é necessário o engajamento da alta administração, a qual deve tomar medidas públicas externando a importância do tema e da constituição do programa, e, logo em seguida, a constituição de um grupo de trabalho ou departamento de compliance a fim de concentrar os esforços para o desenvolvimento de tal projeto.

Realizada a fase constituída, esse departamento deve concentrar esforços – ressalta-se que devem ser destinados servidores e aportes financeiros a fim de que tal órgão detenha autonomia – para reunir o maior número de informações a respeito dos riscos a que o Tribunal de Justiça se encontra submetido, sejam eles relacionados aos fornecedores ou relativos aos seus servidores, a fim de realizar um mapeamento dos riscos e a realização de um mapa de calor.

Somente após a reunião de todas essas informações e com a apresentação dos riscos e seus impactos frente ao Tribunal de Justiça é que se torna possível a realização mais concreta das medidas a serem implementadas para um eficaz programa de integridade.

Para além de medidas específicas a serem adotadas após o mapeamento dos riscos, é primordial para o eficaz funcionamento do programa de integridade no âmbito do Tribunal de Justiça do Amazonas, que seja criado um canal de denúncias, a ser divulgado de maneira ostensiva, cujo fluxo de tramitação seja sigiloso e respeitando o sigilo também de identificação do denunciante, com investigações internas para apuração dos desvios.

Além disto, devem ser realizadas auditorias internas e adoção de procedimentos para evitar a contratação de fornecedores com potencial risco de lesão ao patrimônio do Tribunal de Justiça, com a realização de consultas em cadastros para apurar desvios em contratações anteriores, bem como exigir deles programa de integridade a fim de garantir a preservação dos contratos e a proteção do patrimônio público.

Acrescenta-se ser importante a criação de um código de conduta, tanto para os servidores públicos civis quanto para os magistrados, e a realização permanente de treinamentos e comunicação a todos sobre o programa de integridade, compliance e mecanismos e instrumentos de incentivo à essa cultura a ser adotada por toda a administração.

Por fim, devem ser criados mecanismos para avaliação contínua do programa de integridade, com a revisão periódica dos contratos e de todos os instrumentos utilizados para sua concretização, a fim de manter o programa atualizado e eficaz.

Desta maneira, com o comprometimento de todos os envolvidos, a começar da alta administração do Tribunal de Justiça do Amazonas, o programa de integridade poderá ser implementado e atingir êxito, pois encontrará solo fértil para sua execução.

Ademais, partindo de um programa de integridade atinente à verificação de atos anticorrupção, anti-suborno, além de visar buscar eliminar toda conduta ilícita relacionada aos servidores e também aos fornecedores, é possível abrir caminho para a adoção de programas de compliance em outras áreas, a fim de cada vez mais aprimorar a prestação do serviço jurisdicional, com o menor dano possível à sociedade e à qualquer stakeholder.

Nesse diapasão, após a estruturação de uma cultura de compliance, consolidada e inserida dentro dessa organização, torna-se mais propício sua realização em áreas como o direito ambiental, dentre outras.

Portanto, do que se pode denotar do tema abordado, o programa de integridade é uma realidade, cujos benefícios são sentidos tanto no contexto da respeitabilidade da organização quanto do ponto de vista econômico. Os custos com a mitigação de fraudes, corrupção, suborno, etc, são muito mais dispendiosos do que a adoção de mecanismos para sua repressão.

Além disso, por se tratar de um ente que lida diretamente com a questão da justiça, nada mais importante que realçar sua confiança para toda população, a qual é reafirmada e elevada ao voluntariamente se submeter a regras para garantir a integridade de sua administração.

Assim, a adoção de um programa de integridade se mostra viável e imprescindível, devendo ser adotado e implementado o quanto antes em todos os Tribunais de Justiça do país.

BIBLIOGRAFIA

- BRASIL. CONSELHO NACIONAL DE JUSTIÇA. (2020). Grupo vai desenvolver programas de compliance e integridade no Judiciário.

<https://www.cnj.jus.br/grupo-vai-desenvolver-programas-de-compliance-e-integridade-no-judiciario/>.

- BRASIL. CONTROLADORIA-GERAL DA UNIÃO. (2017). Manual para implementação de programas de integridade. Orientações para o setor público.

<https://www.gov.br/cgu/pt-br/centrais-de-conteudo/publicacoes/integridade/arquivos/manual_profip.pdf>.

- BRASIL. CONTROLADORIA-GERAL DA UNIÃO. (2018). Manual prático de avaliação de programa de integridade em PAR.

<https://ava.portalambra.com/pluginfile.php/288277/mod_resource/content/1/manual-pratico-integridade-par.pdf>.

- BRASIL. CONTROLADORIA-GERAL DA UNIÃO. (2015). Programa de Integridade. Diretrizes para empresas privadas.

<https://www.gov.br/cgu/pt-br/centrais-de-conteudo/publicacoes/integridade/arquivos/programa-de-integridade-diretrizes-para-empresas-privadas.pdf>.

- BRASIL. CONTROLADORIA-GERAL DA UNIÃO. (2010). Código de Conduta Profissional do Servidor da CGU.

<https://repositorio.cgu.gov.br/bitstream/1/32996/10/Codigo_de_Conduta_CGU.pdf>.

- BRASIL. CONTROLADORIA-GERAL DA UNIÃO. Gabinete do Ministro (GM). (2019). Portaria n. 57, de 4 de janeiro de 2019. Brasília, 07 de Janeiro de 2019.

< https://repositorio.cgu.gov.br/handle/1/41324>.

- BRASIL. EMPRESA BRASILEIRA DE INFRAESTRUTURA PORTUÁRIA. (2018). Código de Conduta e Integridade.

<https://transparencia.infraero.gov.br/wp-content/uploads/2019/02/codigo-de-conduta-e-integridade-da-infraero.pdf>.

- BRASIL. INSTITUTO NACIONAL DE TECNOLOGIA DA INFORMAÇÃO. (2018). Programa de Integridade e Compliance. Orientações para o ITI.

<https://www.gov.br/iti/pt-br/acesso-a-informacao/institucional/Programa_de_Integridade_e_Compliance___Assinado_1.pdf>.

- BRASIL. TRIBUNAL DE JUSTIÇA DO AMAZONAS. (2018). Grupo de Trabalho que fará consulta pública para alteração da Lei Complementar n.º 17/1997 e do Regimento Interno do TJAM promove sua primeira reunião.

<https://www.tjam.jus.br/index.php/menu/sala-de-imprensa/3652-grupo-de-trabalho-que-fara-consulta-publica-para-alteracao-da-lei-complementar-n-17-1997-e-do-regimento-interno-do-tjam-promove-sua-primeira-reuniao>.

- BRASIL. TRIBUNAL DE JUSTIÇA DO AMAZONAS. (s.d.)

< https://www.tjam.jus.br/index.php/menu/institucional-tjam>.

- BRASIL. TRIBUNAL DE JUSTIÇA DO DISTRITO FEDERAL E TERRITÓRIOS. (2020) Resolução 4 de 13/07/2020.

<   https://www.tjdft.jus.br/publicacoes/publicacoes-oficiais/resolucoes-do-pleno/2020/resolucao-4-de-13-07-2020>.

- BRASIL. TRIBUNAL DE JUSTIÇA MILITAR DO ESTADO DE SÃO PAULO. (2019). Resolução nº 064/2019.

<https://www.tjmsp.jus.br/resolucao-no-064-2019/>.

- BRASIL. ABNT. (2017). ISO 37000. Sistemas de gestão antissuborno — Requisitos com orientações para uso.

<https://www2.camara.leg.br/atividade-legislativa/comissoes/grupos-de-trabalho/55a-legislatura/comissao-de-juristas-administracao-publica/documentos/outros-documentos/NBRISO370012017.pdf>.

- PORTO, Ederson Garin. (2020). Compliance & Governança Corporativa: uma abordagem prática e objetiva. Porto Alegre: Lawboratory.

- PERES, João Roberto. BRIZOTI, Nilson. (2016). UPDATE – Guia COMPLIANCE – Fundamentos. 1 ed. São Paulo: Câmara do Livro.

<https://www.bibliotecadeseguranca.com.br/wp-content/uploads/2016/12/e-BooK-1-COMPLIANCE-Fundamentos.pdf>.

PROJETO DE IMPLANTAÇÃO DE COMPLIANCE NAS COMPRAS E LICITAÇÕES PÚBLICAS

Autor:

Denner Franco Reis

O escopo do presente projeto é implantar um sistema de compliance no setor de compras e licitações públicas visando melhorar a gestão fornecendo mais informação sobe os processos de compras e licitações públicas com um programa de integridade que garantirá mais transparência e confiabilidade.

Tal fato melhorará a imagem da gestão pública perante a sociedade, bem como desaguará numa maior eficiência nas compras públicas através de um processo que possibilite a escolha da proposta mais vantajosa à administração com lisura e transparência, reduzindo os riscos financeiros.

O programa de integridade é importante para reduzir os riscos de sanção aos servidores e licitantes, bem como ao ordenador de despesas da pasta. Ademais, um processo licitatório justo, garantindo isonomia entre os licitantes garante uma maior competitividade, possibilitando a obtenção de uma proposta mais vantajosa à administração e mais qualidade nas compras públicas na aquisição de produtos ou serviços que estejam de acordo com o padrão desejado.

Tal programa de compliance contribuirá também para evitar condutas desabonadoras reduzindo o risco de mácula na reputação da gestão, servidores e ordenadores de despesas.

Dentro desta ótica, será necessário alinhar interesses para minimizar conflitos e garantir total transparência no processo de compras, além de estabelecer um fluxo de compras a ser seguido por todos garantindo a identificação de condutadas desagregadoras do sistema, sendo assim, com o fluxo de compras, o monitoramento da gestão será facilitado, possibilitando avaliar e mitigar os riscos.

Deste modo, ao garantir a transparência e confiabilidade no processo de compras haverá segurança para os licitantes e para a administração e com a reputação preservada, o número de empresas de empresas interessadas em participar do processo de compras aumentará, incentivando a competitividade e, por óbvio, contribuirá com uma maior eficiência nas compras públicas exatamente de acordo com os ditames constitucionais almejados, ou seja, preservar o princípio da eficiência, comprando mais com menos dispêndio de recursos públicos, assegurando a obtenção da proposta mais vantajosa.

Um processo de compras estável e íntegro garantirá também uma análise mais acurada fornecendo dados mais confiáveis para a tomada de decisão que estejam de acordo com os princípios e normas regentes à espécie, sempre almejando privilegiar a supremacia do interesse público envolvido.

Assim, para atingir o desiderato deve-se ancorar nos pilares e princípios básicos da transparência, equidade, prestação de contas e responsabilidade.

Nesse lanço, adotando os preceitos do compliance, implantar um rígido programa de integridade estabelecendo um fluxo de compras que atenda a gestão pública e proteja o interesse público envolvido.

O Problema

O tema proposto, é alvo de grandes controvérsias e resistência, vez que é público e notório os diversos escândalos de corrupção que assolaram nosso país em passado recente e ainda nos assombram.

Despiciendo citar os diversos episódios que macularam a reputação de grandes empresas que se envolveram em corrupção com a aquiescência de servidores do mais alto escalão, e ainda, em muitos casos, com envolvimento da alta direção.

Desta forma, obter o apoio da alta administração, sobretudo do Chefe do Executivo é fundamental para implantação do programa de compliance que garanta um fluxo de compras justo, com normalidade e legitimidade, bem como na identificação, análise e respostas às condutas que maculam os princípios básicos do compliance.

Atualmente, embora o conceito, compliance está cada vez mais intimamente ligado à reputação, por isso, garantir respostas efetivas às condutas matreiras identificadas é fundamental.

Sabemos que nem todas as condutas identificadas em processos licitatórios são passíveis de punição, apesar de ilegais, estas podem refletir apenas erros formais, então é necessário identificar a real intenção do agente se a conduta foi praticada com dolo ou má-fé, bem como se foi direcionada a beneficiar algum licitante determinado para que este se sagre vencedor do processo licitatório e se torne contratado pela administração pública.

Nem toda ilegalidade configura ato de improbidade, para que esta ocorra é necessário que seja uma ilegalidade qualificada e tipificada pelo elemento subjetivo do agente.

Identificar, analisar e decidir de maneira justo é essencial, vez que, como dito, nem toda ilegalidade é uma improbidade, sabemos que a Lei de Licitações e compras públicos é muito formal, e muitas destas formalidades são exageradas que engessam a gestão pública e fazem per si que a administração pública adquira produtos e serviços com valores mais elevados que o setor privado.

É certo que há um sistema punitivo desarrazoado em desfavor dos administradores públicos, criminalizando condutas que se refletem apenas erros formais. É necessário ter muito zelo e responsabilidade na análise destas condutas, pois uma resposta justa é fundamental para o sucesso do programa.

Ter o apoio da alta gestão é essencial para implantação e eficiência do programa de compliance que garanta um fluxo de compras desaguando na eficiência da gestão, bem como que preserve a reputação da administração pública e de todos os envolvidos, reduzindo os riscos de serem sancionados.

Ultrapassando alguns percalços o beneficiário direto será a sociedade com a preservação do interesse público envolvido e a utilização com eficiência dos recursos públicos.

DA LICITAÇÃO

Ab initio, no escólio de Marinela (2009, p. 277), "licitação é o procedimento administrativo destinado à seleção da melhor proposta dentre as apresentadas por aqueles que desejam contratar com a administração pública. Esse instrumento estriba-se na idéia de competição a ser travada, isonomicamente, entre os que preenchem os atributos e as aptidões, necessários ao bom cumprimento das obrigações que se propõem assumir".

Filho (2006. p. 199), em todo seu brilhantismo assevera que: "licitação é o procedimento administrativo vinculado por meio do qual os entes da administração pública e aqueles por ela controlados selecionam a melhor proposta entre as oferecidas pelos vários interessados, com dois objetivos – a celebração de contrato, ou a obtenção do melhor trabalho, artístico ou cientifico".

A matéria, prevista nos arts. 22, XXVII; 37, XXI, e 173, § 1º, III, da Constituição da República de 1988, é regulamentada pela Lei nº 14.133/21 e, em seu artigo segundo 02º, deixa claro a obrigatoriedade de se licitar, impondo a aplicação da norma para: "I - alienação e concessão de direito real de uso de bens; II - compra, inclusive por encomenda; III - locação; IV - concessão e permissão de uso de bens públicos; V - prestação de serviços, inclusive os técnico-profissionais especializados; VI - obras e serviços de arquitetura e engenharia; VII - contratações de tecnologia da informação e de comunicação", aplicando-se a lei a todos os entes federativos, na administração direta ou indireta, e aquelas pessoas jurídicas que recebem verbas públicas que não seja uma contraprestação de serviços remunerada, e ainda, a todos os Poderes Constituídos, além do Ministério Público, Defensoria Pública e outros, tudo de cordo com o art. 37 da Constituição.

Não existem dúvidas sobre o dever de licitar de todos os entes públicos, bem como daqueles que recebem recursos públicos, assim já decidiu o Tribunal de Contas do Estado de Minas Gerais em diversas oportunidades, destacamentos:

"Licitação. Julgadas irregulares despesas por ausência de licitação, independente da comprovação de prejuízo ao erário. "A obrigatoriedade de licitar é de ordem constitucional e o sistema positivo pátrio tem na licitação o antecedente necessário de toda contratação, excetuados os casos previstos em lei. (...) Quanto ao argumento de que não houve dano ao erário municipal, cumpre ressaltar, que, independente do potencial lesivo do ato praticado, o Administrador Público deve ater-se aos princípios legais que regem a sua atuação. Por todo o exposto, (...) julgo irregulares as despesas realizadas sem licitação". (Licitação n.º 446594. Rel. Conselheiro Sylo Costa. Sessão do dia 05/08/2004).

"Recurso de Reconsideração. Licitação. Aplicação de multa por ausência de licitação, independente da comprovação de prejuízo ao erário. "No caso em tela, este Tribunal de Contas aplicou multa ao recorrente, por descumprimento das disposições da Lei n.º 8.666/93. Não se cogitou de prejuízo causado ao erário, o qual, para permitir o ressarcimento, necessitaria de demonstração de existência de dolo ou culpa por parte do agente público. Trata-se de penalização imposta em virtude de descumprimento de norma legal. Assim, a falta de comprovação de lesividade não prejudica a atividade de controle externo exercida pelo Tribunal de Contas, nem a atribuição de sanções, pois, no presente caso, ocorreu violação de princípio da obrigatoriedade de realização de licitação, insculpida no art. 2º da Lei n.º 8.666/93, bem como a violação a [outros] dispositivos da Lei n.º 8.666/93, e, nessa violação, fundamentou-se a sanção". (Recurso de Reconsideração n.º 688065. Rel. Conselheiro Wanderley Ávila. Sessão do dia 25/04/2006).

Ementa: Associação de Municípios. Aquisição de medicamentos pelos municípios filiados através do sistema de registro de preços. Ilegalidade por se tratar de pessoa jurídica de direito privado, não integrante da administração pública municipal.[...] "Observe-se que, tanto o decreto federal como o estadual, numa verdadeira e indispensável sujeição ao Estatuto Nacional de Licitação, que não prevê a possibilidade de delegação dos serviços licitatórios, atribuíram a órgão de sua Administração a competência para a promoção do registro de preços. E, a esse respeito, tais normativos nem poderiam dispor diferente, pois, sendo a licitação uma atividade inerente ao Poder Público, somente a ele cabe realizá-la, sem qualquer possibilidade de transferência a pessoa estranha a sua estrutura, por mais vantajosa que seja a terceirização desses serviços. Lei n. 8.666/93, art. 3º. A licitação destina-se a garantir a observância do princípio constitucional da isonomia, a seleção da proposta mais vantajosa para a administração e a promoção do desenvolvimento nacional sustentável e será processada e julgada em estrita conformidade com os princípios básicos da legalidade, da impessoalidade, da moralidade, da igualdade, da publicidade, da probidade administrativa, da vinculação ao instrumento convocatório, do julgamento objetivo e dos que lhes são correlatos. Nessa esteira de ilação, a licitação tem como objetivo viabilizar a melhor contratação possível para o Poder Público, além de permitir que qualquer um que preencha os requisitos legais tenha a possibilidade de contratar, representando o exercício do princípio da impessoalidade, sendo que este procedimento apresenta três exigências públicas impostergáveis: a) proteção dos interesses públicos e recursos governamentais; b) respeito aos princípios da isonomia e impessoalidade (art. 5º e art. 37, caput, ambos da CRFB/88 e c) obediência aos reclamos da probidade administrativa (art. 37, caput e art. 85, V, da CRFB/88)".

Emoldurado cenário, o mandamento constitucional deixa expresso no art. 37, XXI, a obrigatoriedade da realização do certame licitatório, ressalvados os casos específicos na legislação, em relação a estes, encontramos algumas exceções ao princípio da obrigatoriedade de se licitar, as mais comuns exceções de realização do certame, são a Dispensa (art. 75 – L. 14.133/21); A Inexigibilidade (art. 74 – L. 14.133/21); A Adesão a Ata de Registro de Preços (art. 86, L. 14.133/21) e o Credenciamento (art. 79, L. 14.133/21).

Nessa esteira de ilação, a licitação tem como objetivo viabilizar a seleção da proposta mais vantajosa para a administração, sabendo que a proposta mais vantajosa nem sempre é a que apresenta o menor preço, para além de tudo isso, visa também permitir, baseado na isonomia, permitir que todos aqueles que preencham os requisitos contidos na lei regente possam contratar, com igualdade de oportunidade com o poder público, isso escoltado no princípio da impessoalidade. Desta forma, destaca-se que a licitação tem três exigências inegociáveis, sendo elas: I) proteção do interesse público e o erário; II) Observância da isonomia e impessoalidade (art. 5º e art. 37, caput, ambos da CRFB/88 e III) respeito à probidade administrativa (art. 37, caput e art. 85, V, da CRFB/88).

Desta feita, somente está autorizado o administrador deixar de licitar mediante a presença de determinados requisitos legais.

A dispensa das formalidades da Lei de Licitação fora das hipóteses legais configura crime previsto na própria norma regente (art. 337-E, do Código Penal), além do mais, necessário analisar se a conduta foi ilicitamente direcionada a beneficiar determinada pessoa física ou jurídica.

Não podemos perder de vista que a regra é licitar e tudo que é exceção deve ser devidamente fundamentado de maneira robusta não podendo deixar margem para dúvida, trazendo um grau de certeza e confiabilidade para a adoção da melhor decisão, pois um dos pilares da lei de licitação é garantir a isonomia e impessoalidade nas contratações públicas.

Fica claro então que a própria lei de licitações é um importante instrumento de compliance para administração públicas, notadamente para as compras públicas.

DO COMPLIANCE

Porto (2020, p. 33), diz com muito brilhantismo que:

"A expressão "compliance" tem origem na língua inglesa, a partir do verbo "to comply" que expressa a ideia de cumprir, satisfazer, executar. A ideia central é portanto cumprir ou satisfazer as determinações jurídicas impostas pelo ordenamento, assim como as normas internas daquela organização. O objetivo do compliance é assegurar que a corporação esteja aderente às normas vigentes, fazendo com que riscos sejam afastados ou mitigados. Acredita-se que uma empresa comprometida com a cultura do compiance estará menos exposta a riscos e assim terá um ambiente corporativo impróprio para o surgimento de condutas irregulares e/ou ilícitas.

O escopo de uma atuação do compliance envolve tanto uma estratégia preventiva, no sentido de evitar o surgimento de riscos e ilícitos, assim como engloba uma atuação repressiva ou reativa, assegurando que a organização tenha ferramentas para identificar as irregularidades e tomar as medidas cabíveis para sua preservação. Essa atuação preventiva e repressiva busca evitar a ocorrência de riscos legais (aqueles que estão regulados pela legislação), assim como os riscos reputacionais, (aqueles que embora não regulados pela legislação podem igualmente representar danos para a corporação), estabelecendo um claro sinal para os stakeholders e sobretudo para o mercado que aquela corporação está comprometida em evitar e também remediar qualquer conduta incompatível".

Lamboy (2018, p. 124), define compliance como "o dever de cumprir e estar em conformidade com diretrizes estabelecidas na legislação, normas e procedimentos determinados, interna e externamente, para uma empresa, de forma a mitigar riscos relacionados a reputação e a aspectos regulatórios."

Enfim, compliance está intimamente ligado em fazer o certo por convicção, com ética e reputação, independente da existência de códigos, lei, normas, imperatividade, mas que o fazer o que é bom, justo e correto venha da essência humana; do colaborador que representa uma engrenagem numa corporação ou mesmo na administração pública.

Sendo assim, o mecanismo de integridade e reputação implantado fortalecerá a segurança ética e jurídica da instituição, protegendo seus dirigentes diante das penalidades impostas pela lei, principalmente a Lei de Improbidade Administrativa (Lei nº 8.429/92), bem como a Lei Anticorrupção (Lei nº 12.846/13); Estatuto das Licitações (Lei nº 14.133/21) e outras tantas mais.

Sabe-se que Lei de Improbidade administrativa pune os atos que Importam Enriquecimento Ilícito (art. 9º); os atos que Causam Prejuízo ao Erário (art. 10º) e os atos que atentam contra os Contra os Princípios da Administração Pública (art. 11). Suas consequências são duras, pois a ação tem uma natureza política que trazem correlato a "perda dos bens ou valores acrescidos ilicitamente ao patrimônio, ressarcimento integral do dano, quando houver, perda da função pública, suspensão dos direitos políticos em até quatorze anos, pagamento de multa civil equivalente ao valor do acréscimo patrimonial ou em até 14 (vinte e quatro) vezes o valor da remuneração recebida e proibição de contratar com o Poder Público ou receber benefícios ou incentivos fiscais ou creditícios, direta ou indiretamente, ainda que por intermédio de pessoa jurídica da qual seja sócio majoritário, pelo prazo de dez anos", conforme art. 12, da Lei nº 8.429/92, portanto, graves as penas e as iras legais.

O compliance então é importante instrumento preventivo e repressivo para evitar consequências danosas tanto para o gestor quando para a reputação do órgão público ou para uma corporação.

Importante frisar que implantando mecanismos de compliance desaguará na otimização das compras públicas através das licitações públicas, dando maior eficiência à gestão no sentido de obter a proposta mais vantajosa, economizando sobremaneira recursos públicos importantes que poderão ser revertidos a outras áreas da gama de benefícios à sociedade.

Estancar o desperdício com a implementação de fluxo de compras através de mecanismo de compliance é de vital importância para uma otimização dos gastos públicos, evitando, com isso, desperdício de dinheiro público e atos tendentes à odiosa corrupção.

DO FLUXO DE COMPRA PROPOSTO COM BASE NO COMPLIANCE

Tendo por norte os princípios norteadores da administração pública, bem como os pilares do compliance, propõe-se o presente projeto de compliance para o fluxo de compras precedido de licitações públicas ou quando a lei permitir, a dispensa desta.

O presente fluxo é importante vez que possibilitará uma padronização das compras, possibilitando identificar condutas tendentes a afetar a igualdade de oportunidades, trazendo benefícios indevidos, direcionando as compras públicas a fornecedor ou prestadores de serviços determinados.

Para tanto, propomos como caminho a centralização de todas as compras em um único setor e a criação de um único meio oficial de comunicação onde todas as pesquisas de mercado e contatos com interessados sejam realizados por este meio, e ainda, que o controle de legalidade e da conformidade do procedimento seja efetivado externamente pelo Controle Interno (através do accountability, representado pela transparência governamental e prestação de contas por parte das autoridades), pela Procuradoria Jurídica e pela própria autoridade máxima que será inserida em várias fases do processo, exatamente para ser introduzido no sistema de compras públicas para participar do controle preventivo de conformidade e legalidade, mediante o seguinte fluxo:

1.   quando houver a necessidade de se realizar uma aquisição, a área demandante deverá identificar se tal aquisição se refere à compra de um material ou contratação de um serviço;

2.   em caso de serviços, observar se há um contrato vigente, caso no qual a prestação deverá ser realizada por meio de tal contrato, evitando nova contratação para um mesmo fim;

3.   em caso de necessidade de material, verificar se há em estoque. Se houver, realizar solicitação ao almoxarifado, evitando deflagrar processo de compra pública quando há material disponível;

4.   nos casos nos quais não houver contrato vigente para prestação de serviços ou não houver estoque do material, gerar a solicitação de compra, seguindo os passos a seguir:

A.   a secretaria demandante deverá gerar todo o pedido em um sistema de compras, gerando todos os passos do processo para ser possível identificar cada fase e quem são os responsáveis pela inserção dos dados;

B.   Cada solicitação de compras deverá ter um número específico com a data da solicitação e o "histórico/destino de compra" com os seguintes dados: o que está comprando, para que, para quem (qual secretaria ou órgão), período da vigência e tipo do recurso a ser utilizado (se é fonte própria ou repasse);

C.   deixar claro o local da entrega, o número da dotação/ficha e a fonte do recurso;

D.   Descrever o adquirido de acordo com a natureza da aquisição: "material de consumo", "material permanente" ou "serviço";

E.   Descrever minuciosamente o objeto, fazendo uma descrição clara do mesmo; das necessidades da administração, evidenciando o que pretende ser solucionado, e a melhor solução e as possibilidades da gestão para executar diretamente ou realizar a contratação, de modo a permitir a avaliação da viabilidade técnica e econômica da contratação, e conterá os elementos que possibilite a elaboração do termo de referência que possa descrever detalhadamente as características do objeto e seus quantitativos;

5.   depois de inserido todos os dados no processo deve-se imprimir ou ser anexado integralmente em processo digital de compras e encaminhar a solicitação do processo de compras para aprovação do secretário da pasta que deverá ratificar todos os termos;

6.   a área demandante deverá realizar ainda a pesquisa de preços de mercado, por meio dos passos a seguir, se valendo de meios idôneos para tanto, tais quais contratos com a administração pública, banco de preços dos Tribunais e outras fontes confiáveis:

A.   A solicitação de cotação de preços deve ser enviada por meio que comprove quem recebeu e qual o vínculo da pessoa com a empresa pesquisada;

B.   fazer o contato com os fornecedores por e-mail, telefone ou outra via oficial para pesquisar com no mínimo 3, sendo aconselhável prosseguir o processo com 5, para fixar o valor médio ficando atendo a eventual sobrepreço;

C.   Fazer a correlação dos preços encontrados com outras meios públicos disponíveis, sendo no mesmo objeto;

D. juntar os documentos das empresas interessadas devidamente carimbados e assinados, e em caso de orçamento enviado via e-mail, deve-se imprimir o corpo do e-mail.

7.   realizar o termo de referência – que deve descrever minuciosamente o objeto, os quantitativos e os prazos de execução ou entrega;

8.   enviar a documentação pra o controle interno (este deve funcionar de maneira independente) emitir parecer.

A.   se houver alguma irregularidade sanável, informar a área demandante a fim de providenciar adequações e, existindo indícios de direcionamento ou restrição a competividade, enviar para a Procuradoria Jurídica para adoção de providência, em um primeiro momento de maneira sigilosa;

B.   caso não haja inconformidades, o processo deve seguir para aprovação da alta direção, no caso, o Chefe do Executivo que poderá aprová-lo ou não;

9.   caso não ocorra a aprovação, deverá ser imediatamente encerrado;

10.   a solicitação de compra, aprovada pelo secretário da pasta e pelo prefeito, juntamente com a pesquisa de preços de mercado, a declaração de cotação e o termo de referência devem então ser encaminhadas para o setor de compras da secretaria respectiva que deverá proceder com o controle, gestão e transparência do processo;

11.   o setor de compras deverá então verificar se existe um registro de preço para aquela compra, caso no qual, deverá ser realizada por meio do sistema de registro de preço vigente;

12.   em caso negativo, dar-se-á sequência ao processo por meio de verificação da dotação orçamentária e os valores, aferindo a necessidade de licitar ou a possibilidade de dispensa desta;

13.   em seguida, proceder à autuação do processo;

14.   com o processo autuado, deve-se realizar a reserva total da dotação orçamentária;

15.   a fim de verificar se todos as etapas e requisitos foram cumpridos, realiza-se a conferência via checklist;

16.   o setor de compras envia o processo para o controle interno que deverá conferir a documentação quanto a:

A.   ficha;

B.   dotação orçamentária;

C.   elemento de despesa;

D.   tipo de item;

E.   descrição do objeto e do termo de referência;

F.   projeto/atividade;

17.   em caso de alguma inconsistência, o processo é devolvido para o setor de compras realizar a adequação e verificada algum direcionamento indevido, encaminha sigilosamente para a procuradoria jurídica.

18.   em seguida, o processo deve ser aprovado novamente pelo prefeito, que pode fazer remotamente;

19.   após a aprovação o processo segue para o setor de licitação que irá definir a forma de licitação ou a dispensa desta, mediante solicitação pelo setor demandante;

A.   licitar;

B.   dispensar;

C.   inexigir;

20.   após a definição, segue-se para a elaboração da documentação necessária (edital);

21.   a documentação pronta é enviada para o setor financeiro emitir a estimativa de impacto financeiro;

22.   em caso de parecer desfavorável, o processo é encerrado;

23.   caso o parecer seja favorável, o setor de licitações solicitará a avaliação jurídica. A procuradoria jurídica deverá emitir parecer escrito;

24.   se houver alguma inconformidade sanável, o processo deve ser enviado de volta ao setor de compras e à área demandante, para que seja sanado o vício ou iniciado um novo processo. Existindo resquícios de direcionamento ou algum ato ilícito, a procuradoria deverá adotar as providências cabíveis, sugerindo a instauração de processo administrativo quando o servidor for dotado de estabilidade ou recomendar a exoneração, sendo este não estável, além de promover as ações de ressarcimento, incluindo eventuais de improbidade administrativa, para proteção ao erário e garantia de reputação do ente público;

25.   se o processo estiver em conformidade com as normas jurídicas, segue para a publicação pelo setor de licitação;

26.   realiza-se então o processo licitatório, tendo prazos mínimos de divulgação do edital e disponibilização pelo meio mais amplo de publicação, preferencialmente o Portal Nacional de Contratações Públicas (PNCP),

A.   08 (oito) dias úteis quando o julgamento for pelo menor preço ou maior desconto ou 15 (quinze) dias úteis quando não for abrangido pelo critério anterior, no caso de aquisição de bens;

B.   sendo o caso de obras e serviços o prazo mínimo de divulgação do edital dever ser de 10 (dez) dias úteis, quando o critério for o menor preço ou de maior desconto quando se tratar de serviços comuns de engenharia; de 25 (vinte e cinco) dias úteis, no caso de menor preço ou de maior desconto quando se tratar de serviços especiais e obras especiais de engenharia e 60 (sessenta) dias úteis no caso de execução por contratação integrada e 35 (trinta e cinco) dias úteis, quando o regime de execução for o de contratação semi-integrada ou nos casos remanescentes;

27.   após a realização de todo o processo, deve-se ocorrer a adjudicação e homologação pelo autoridade superior, bem como a publicação do resultado pelo setor de licitações, sendo certo que o ato de homologação atesta a regularidade e a licitude do processo licitatório e põe termo ao mesmo;

28.   com o processo homologado, o setor de licitações irá verificar a necessidade de realização de contrato que deverá descrever de forma pormenorizada as obrigações do contratante e contratado, o objeto, o valor a ser pago, as penalidades para eventuais descumprimentos contratais, as multas, e as hipóteses de aditamento, além de constar todos os imperativos da lei nº 14.133/21.

29.   caso não seja necessário, enviar o processo diretamente para o setor de compras realizar o empenho;

30. o contrato deve então ser vistado pelo procurador geral, em seguida, busca-se a assinatura do(s) secretário(s) da(s) área(s) demandante(s);

31. somente após tais assinaturas terem sido providenciadas e o processo todo analisado pelos secretários, o contrato segue para aprovação e assinatura do prefeito;

32. com o contrato assinado por todos os responsáveis da administração pública, procede-se para a assinatura do fornecedor, que deverá ser convidado para a assinatura;

33. em seguida, o setor de contratos irá providenciar cópias do contrato, a serem enviadas para as áreas interessadas, que deverão manter cópias arquivadas e, principalmente, fazer a gestão do contrato para aferir, mediante nomeação de fiscal do contrato, o cumprimento integral do objeto dentro da qualidade almejada, sendo ideal que o fiscal do contrato seja gestor independente;

34. de posse do contrato assinado, a área demandante solicita o empenho do valor, de forma global ou estimativa;

35. após o empenho, será emitida a ordem de fornecimento, dando fim ao macroprocesso;

36 – Nenhum pagamento poderá ser realizado antes da liquidação do empenho, bem como sem a medição ou relatório de atividades, sendo fundamental, relatório fotográfico de cada etapa a ser arquivado;

37 – Para pagamento, será solicitado as certidões negativas da empresa.

Cuidados especiais: Observar rigorosamente a lei nº 14.133/21 em todas as suas etapas; Observar a Lei 4.320/64; Atinar que a lei de improbidade administrativa (Lei nº 8.429/92) é aplicada a todo e qualquer servidor público, bem como a Lei de Licitações prevê a configuração de crime em caso de inconformidades do processo licitatório tendentes a frustrar a sua licitude; saber que a Lei nº 12.846/13, conhecida como Lei Anticorrupção, instituiu a responsabilização administrativa e civil de pessoas jurídicas pela prática de atos lesivos, cometidos em seu interesse ou benefício, contra a administração pública e que a Lei nº 12.813/13, regulamentou o conflito de interesses no exercício de cargo ou emprego do Poder Executivo e impedimentos posteriores ao exercício do cargo ou emprego.

Além de tudo, necessário criar um canal-ouvidoria, promovendo um canal de denúncias que garanta a sigilosidade do denunciante e das apurações, dando uma resposta efetiva e eficiente das notícias de fatos desconformes para que a controladoria interna possa agir de forma preventiva, concomitante ou repressiva.

O que fazer se deparar com algo errado: Enviar a notícia e os documentos ou provas para a Procuradoria Geral que ficará incumbida, juntamente com o controle interno em aplicar os pilares do compliance para fazer cessar imediatamente a conduta e atuará no sentido de proteger o erário, bem como promoverá a responsabilização dos envolvidos dentro de um efetivo sistema de resposta após a identificação e análise do risco.

Com o fluxo uniforme e transparente das compras, bem como a centralização do setor de compras e a criação de canal oficial para comunicação com todos os interessados externos, qualquer ação que esteja em desconformidade com o padrão desenvolvido deverá ser investigada, em um primeiro momento de maneira sigilosa, e encontrando indícios de irregularidades, um processo administrativo disciplinar deverá ser instaurado e apurado eventual favorecimento; dano ao erário ou enriquecimento sem causa, se for o caso. Contudo, basta que a conduta esteja fora do fluxo ora criado para que o "sinal amarelo" seja ligado e uma atenção maior seja dispensada a ele.

CONSIDERAÇÕES FINAIS

O presente projeto de implementação de compliance nas compras públicas e licitação através de um fluxo de compras a ser seguido visa dar uma maior transparência à gestão pública, objetivando minimizar os riscos de uma gestão com inconformidades.

Tal fato trará processos internos mais rápidos, desburocratizando a gestão e otimizando as compras públicas, fazendo com que a administração compre com eficiência e economicidade e responsabilidade, dentro de um processo uniforme com regras claras.

Ter um fluxo de compras públicas rígido e uniforme é essencial vez que traz equilíbrio ao processo e evita que cada um adote métodos próprios para aquisição de bens ou serviços, além de permitir identificar com clareza algumas condutas desagregadoras de caráter na gestão, minimizando as possibilidades de direcionamento de um processo licitatório.

Ter o apoio da alta administração é fundamental para que o fluxo seja seguido rigorosamente, para tanto o gestor foi trazido para dentro do processo para participar de sua autorização desde o início. Demonstrar para a alta gestão a redução dos custos e o impacto financeiro na adoção de um programa de compliance, otimizando os gastos públicos e propiciando uma maior eficiência na gestão é essencial para ter o apoio da alta administração, além do mais fará com que a corporação ou a administração siga as regras aplicáveis à espécie, agindo sempre em conformidade com o ordenamento jurídico.

Diminuir a possibilidade de condutas em desconformidade na gestão é uma proteção maior ao Chefe do Executivo, evitando que este seja sancionado por atos de terceiro, considerando ainda a possibilidade de aumentar a reputação da gestão, sabendo que tal fato faz com que maiores interessados em contratar com a gestão participe de seus processos de compras, aumentando a competitividade e, via de consequência, contribuindo para que a administração selecione uma proposta mais vantajosa.

Ao se deparar com condutas inconvenientes é necessário dar uma resposta célere e efetiva, assim, implantar canais de denúncias garantindo o anonimato é fundamental.

Criar um código de ética eficiente prevendo as proibições e o padrão de comportamento desejado, bem como as sanções disciplinares é pilar para o sucesso de qualquer programa. Fortalecer os controles internos e investir em treinamento e comunicação também ajuda a alcançar os objetivos de um programa de compliance.

Desta forma, obedecer com zelo as leis e o padrão de conduta deve ser o norte na relação com os fornecedores e parceiros comerciais. Analisar a concessão ou recebimento de benefícios pelos servidores públicos e, regulamentar dentro do código de conduta para que não tenha uma zona cinzenta contribui para não deixar margem à dúvida entre o poder ou não receber algo no exercício da função pública, evitando, com isso conflito de interesse passível de ser sancionado.

Ademais, o fluxo criado trará um registro contábil desde o nascedouro do processo, possibilitando um maior controle, gestão e transparência, e ainda, cada fase do processo deverá seguir com o aval do controle interno e da procuradoria jurídica, trazendo mais segurança e confiabilidade ao processo de compras.

Por fim, a implementação de um programa de compliane é essencial para garantir uma boa gestão com respeito ao dinheiro público, trazendo uma otimização nos gastos públicos e uma maior eficiência nas compras e licitações públicas, evitando o direcionamento dos processos e eventuais conflitos de interesses.

Ademais, compliance é necessário para fortalecer a segurança da administração e de seus representantes, sendo necessário a implantação concomitante de um rígido código de conduta expressando os deveres e obrigações, além de estabelecer proibições de comportamentos desconformes, e ainda, deixar evidente que o conflito de interesses gera consequências nefastas.

Para tanto, ter os pilares da governança (transparência; equidade; Prestação de contas e responsabilidade corporativa) como norte é fundamental.

Assim sendo, ao identificar e analisar um comportamento desconforme, dar uma resposta efetiva é importante, o tratamento de consequência (para servidores e licitantes) deve ser levado a sério pela alta administração. Tratar as demandas dando respostas efetivas é circunstância essencial, pois o sucesso do programa depende disso.

Investir em treinamento dos servidores e colaboradores e na comunicação noticiando o padrão de agir e outros traz benefícios incalculáveis para a implementação efetiva do programa de compliance.

Corrigir não só sobre a ótica de medida disciplinar, mas para impor exemplarmente padrão de comportamento desejado baseado na integridade e caráter.

Ademais a implementação do programa de compliance mediante adoção do fluxo de compras permitirá atuar de maneira preventiva e repressiva evitando a ocorrência de riscos previstos na legislação, bem como aqueles riscos que embora não tenham previsão expressa podem impor danos irreparáveis à administração pública e a imagem de seu gestor.

Deste modo, dar o recado para a sociedade que a administração pública está comprometida com o cumprimento dos deveres legais e que não aceita condutas incompatíveis e nem coaduna com o ilícito atrairá um número maior de interessados em contratar com a administração pública, privilegiando a competividade, possibilitando, de fato, a seleção da proposta mais vantajosa à administração.

Nesta ótica, a implementação de um projeto de compliance é importante não só em relação à reputação e ao agir em conformidade ou diminuir os riscos de responsabilização do gestor, mas também para garantir economia aos cofres públicos e dar vida ao princípio constitucional da eficiência, minimizando o desperdício de dinheiro público, nessa vertente, a própria sociedade é a beneficiária direta do programa.

REFERÊNCIAS

BRASIL. Constituição Federal. Disponível em: < http://www.planalto.gov.br/ccivil_03/constituicao/constituicao.htm>. acessado em 07/12/2020.

BRASIL. Lei nº 12.813/2013. "Dispõe sobre o conflito de interesses no exercício de cargo ou emprego do Poder Executivo federal e impedimentos posteriores ao exercício do cargo ou emprego; e revoga dispositivos da Lei nº 9.986, de 18 de julho de 2000, e das Medidas Provisórias nº 2.216-37, de 31 de agosto de 2001, e 2.225-45, de 4 de setembro de 2001." 2013. Disponível em: < http://www.planalto.gov.br/ccivil_03/_ato2011-2014/2013/lei/l12813.htm>. acessado em 08/12/2020.

BRASIL. Lei nº 12.846/2013. "Lei Anticorrupção". Dispõe sobre a responsabilização administrativa e civil de pessoas jurídicas pela prática de atos contra a administração pública, nacional ou estrangeira, e dá outras providências". 2013. Disponível em: <http://www.planalto.gov.br/ccivil_03/_ato2011-2014/2013/lei/l12846.htm>. acessado em 09/12/2020.

BRASIL. Lei nº 4.320/1964. "Estatui Normas Gerais de Direito Financeiro para elaboração e controle dos orçamentos e balanços da União, dos Estados, dos Municípios e do Distrito Federal." 1964. Disponível em: < http://www.planalto.gov.br/ccivil_03/leis/l4320.htm>. acessado em 09/12/2020.

BRASIL. Lei nº 8.429/1992. "Dispõe sobre as sanções aplicáveis aos agentes públicos nos casos de enriquecimento ilícito no exercício de mandato, cargo, emprego ou função na administração pública direta, indireta ou fundacional e dá outras providências. 1992. Disponível em: < http://www.planalto.gov.br/ccivil_03/leis/l8429.htm>. acessado em 04/12/2020.

BRASIL. Lei nº 8.666 /1993. "Regulamenta o art. 37, inciso XXI, da Constituição Federal, institui normas para licitações e contratos da Administração Pública e dá outras providências". 1993. Disponível em: < http://www.planalto.gov.br/ccivil_03/leis/l8666cons.htm>. acessado em 05/12/2020.

BRASIL. Lei nº 14.133/21. "Lei de Licitações e Contratos Administrativos". 2021. Disponível em: < https://www.planalto.gov.br/ccivil_03/_ato2019-2022/2021/lei/l14133.htm>. acessado em 05/12/2023.

FILHO, José dos Santos Carvalho. (2006). Manual de Direito Administrativo. 15ª edição. Editora Lúmen Júris.

LAKATOS, Eva Maria. (2003) Fundamentos de metodologia. 5. ed. - São Paulo: Atlas.

LAMBOY, C. K. de; RISEGATO, G. G. A. P.; COIMBRA, M. de A. (2018). Manual de Compliance - Introdução ao Corporate Compliance, Ética e Integridade. Via Ética, São Paulo.

MARINELA, Fernanda. (2003). Direito Administrativo. 3ª Ed. Bahia: Editora Juspodivm.

PORTO, Éderson Gardin. (2020). Compliance & Governança Corporativa: Uma Abordagem prática e objetiva – Porto Alegre. Lawboratory.

COMPLIANCE COMO MEIO DE VIABILIZAÇÃO DE CONTRATOS COM O GOVERNO – EM ESPECIAL AS PEQUENAS E MÉDIAS EMPRESAS

Autor:

Odair da Silva Rodrigues

O presente trabalho busca fazer uma análise do compliance previsto na Lei 12.846/2013, e assim tratar acerca do programa de compliance, tendo objetivo geral observar e verificar o tema no que tange a negociações com órgãos públicos, sob olhar do referido programa e sua respectiva conformidade. Busca-se ainda, demonstrar a importância que envolve tal relação comercial, com suas vantagens face ao programa de compliance, tratando quanto a possíveis desvios de finalidade e a consequente responsabilização cível e criminal dos stakeholders. Observar a necessidade de busca dos meios de integração de colaboradores e demais envolvidos para o sucesso do programa.

Como objetivo específico, busca-se demonstrar os reais benefícios advindos da aplicação do programa de compliance e integridade, principalmente em relação aos empresários de pequeno e médio porte, os quais evidenciam distanciamento do programa, e mais, verificar se com tal programa, há a facilitação e o aumento de capacidade comercial e de parceria com o governo, bem como as principais vantagens comerciais advindas desta relação.

Nesta seara, pretende-se trazer à baila a discussão acerca da vantagem do programa de compliance e conformidade, o qual tem sido recepcionada com certa desconfiança, de forma que o compliance passa a ser alvo de críticas por parte alguns destinatários aqui destacados - pequenas e médias empresas -, as quais não teriam "in tesis" identificado os benefícios e, por vezes sob a justificativa do alto custo de implantação, postergam o projeto, ou até mesmo não o iniciam, fato este que tornam as referidas PMEs, prejudicadas frente aos benefícios que a norma lhes confere.

O recorte metodológico utilizado é o temático descritivo, onde buscou-se utilizar a metodologia descritiva.

A AUSÊNCIA DE UM PROGRAMA DE COMPLIANCE COMO BARREIRA PARA A RELAÇÃO COMERCIAL ENTRE O GOVERNO E PEQUENAS OU MÉDIAS EMPRESAS

Falar em compliance ou em programa de compliance, não se trata apenas de cumprimento de norma estatal, mas também de cumprimento do preceitos básicos de existência de uma empresa ou um governo, haja vista que compliance compreende estar conforme, estar em fina sintonia com a norma estabelecida, boas normas nesse caso podem completar esta sintonia fina, pois bons projetos normativos aliados à conformidade nos trazem uma combinação perfeita, pois faz valer os objetivos propostos, em linhas gerais objetivos lícitos e desejados pela sociedade ou comunidade em que o programa de compliance está ligado.

Inicialmente, mencionaremos o termo compliance e, para o melhor entendimento e facilitar o desenvolvimento acerca do termo e do tema, vejamos o que menciona Porto (2022, p. 31):

> A expressão 'compliance' tem origem na língua inglesa, a partir do verbo 'to comply" que expressa a idéia de cumprir. satisfazer, executar. A idéia central é, portanto, cumprir ou satisfazer as determinações jurídicas impostas pelo ordenamento, assim como as normas internas daquela organização. O objetivo do compliance é assegurar que a corporação esteja aderente às normas vigentes, fazendo com que riscos sejam afastados ou mitigados. Acredita-se que uma empresa comprometida com a cultura do compliance estará menos exposta a risco e assim terá um ambiente corporativo impróprio para o surgimento de condutas irregulares e/ ou ilícitas.

Esclarecido o teor e significado de compliance, podemos extrair que embora seja uma norma com caráter impositivo pelo ente estatal através de lei, também vislumbramos o compliance tendo a norma interna das corporações, como meio de sucesso pelo balizamento e regramento das condutas dos stakeholders, e deste ambiente de conformidade muitos podem ser os benefícios obtidos.

Atualmente ainda é possível encontrar destinatários da norma que trata o compliance, demonstrando desconhecimento acerca da temática, e muitas vezes quando passam a conhecer a respeito, denotam que tinham uma falsa percepção de ser este (programa de compliance) um empecilho imposto pelo governo, e esta falta de conhecimento específico encerra por atrapalhar a rotina empresarial ou institucional, porém, não é possível fazer deduções seguras, quando buscamos confrontar a realidade confirmamos isso, segundo Strobel, Gomes e Pedro (2021, p.105), onde mencionam tal equivoco acerca do compliance para PMEs, diz-se o seguinte:

Apesar de o compliance ser uma realidade dentro das multinacionais e grandes corporações, quando se analisa o universo atual das PMEs, parece existir uma quantidade menor de empresas com programas de compliance efetivos; hipoteticamente, esse fato pode ser reflexo de um ponto de vista, no qual a implementação e a continuidade de um programa de integridade são consideradas caras, burocráticas e pouco efetivas; um equívoco comum que acaba por prejudicar as PMEs(...).

Assim torna mais factível buscar a história do compliance e melhor compreender a razão de sua existência, tendo em vista que não é fácil aceitar uma idéia de compliance , sem que não haja conhecimento acerca do tema. O desconhecimento trará grande carga de pessimismo, principalmente pelo caráter oneroso e imperativo, muitas vezes isso ocorre devido os envolvidos ou parte deles, não terem observado ou entendido as vantagens acerca do programa, razão pela qual podem não saber como lidar com o assunto, vejamos o que diz que Porto (2022, p. 14), a respeito desta problemática.

É possível afirmar ainda hoje, passados mais de 30 anos de surgimento das primeiras normas dos Estados Unidos, muitos empresários ainda observam o compliance com desconhecimento e desconfiança. E qual seria a explicação? É evidente que a tendência de comportamento jamais pode ser explicada de forma simplória a partir de apenas uma causa. No entanto , para efeito de esclarecer a abordagem de Análise Econômica do Direito com o compliance é que ousa explicar a baixa adesão por aquelas instituições e empresas de pequeno e médio porte, ainda não obrigadas por lei a assumir um programa de compliance.

De maneira muito clara as empresas precisam embora sendo pequenas ou médias, entender alguns aspectos de mercado e concorrência, em condições adversas apenas os mais preparados aumentam suas chances de sobrevivência, no caso sobrevivência e manutenção da existência competitiva(razão principal), enquanto voltado a atividade empresarial, em um mercado tão disputado, vejamos o que nos ensina Kempfer (2020 p.32):

"(...) Diante de tais e outras constatações estudos indicam que o caminho seria construir um sistema de administração que seja eficiente em vários aspectos da administração empresarial de modo a aumentar o valor da empresa e assegurar o retorno dos investimentos realizados e, assim, a sua perenidade".

Com o surgimento da lei anticorrupção que pode responsabilizar com maior rigor as instituições que não têm programa de compliance e conformidade normativa, as pequenas e médias empresas que ficaram fora da exigência estatal por algum tempo ou tiveram um tratamento menos rigoroso, vislumbram tal isenção com os dias contados, vejamos a perspectiva acerca do tema nos comentários de Novickis, (2019, p. 39):

"Qualquer empresa pode ser objeto da implantação de um Programa de Compliance. Desde pequenas empresas até as de maior porte, com diversas unidades e operações distribuídas pelo País ou pelo mundo".

Conforme citação acima é notória a idéia de que empresas de todos os portes podem implantar o programa de compliance e tal ação não está afeta somente as grandes corporações, o referido programa abarca a todas as empresas por regra podem encontrar no compliance a solução para eliminar ou contornar obstáculos que antes impediam seu crescimento.

Frente aos claros sinais da ampliação e alcance do compliance nos mais diversos setores e segmentos, segundo o que defende Silva & Pinto (2019, p. 225):

(...) Assim, a implantação de mecanismos de integridade (compliance) nas empresas manifesta o intuito de observância das limitações impostas pelo ordenamento jurídico, mediante a criação de códigos de conduta internos, visando à preservação de padrões éticos por meio da consolidação de uma cultura de valores comuns e do estabelecimento de mecanismos de prevenção, controle e sancionamento dos comportamentos desvirtuados.

Vislumbra-se aplicação indistinta da conformidade normativa como exigência de mercado, ou mesmo exigência da sociedade. Podemos verificar que o compliance torna-se exigível de forma ampla e isonômica, onde todas as empresas sem exceção são alcançadas pela "longa manus " do Estado. Este fenômeno não se dá somente por leis especificas de compliance, mas também por leis e normativas gerais que de algum modo exigem conformidade da pessoa jurídica, especificamente com regras a seus colaboradores. Exemplo disso temos a LGPD- Lei n. 13.709, de 14 de agosto de 2018 , que não se propõe a destacar o compliance, porém, está intrinsicamente ligada, quando exige um tratamento adequado dos dados sensíveis, pela pessoa jurídica, como podemos verificar no Art. 1º, da referida lei, que segue, no corpo deste trabalho para dinamizar a presente leitura:

Art. 1º Esta Lei dispõe sobre o tratamento de dados pessoais, inclusive nos meios digitais, por pessoa natural ou por pessoa jurídica de direito público ou privado, com o objetivo de proteger os direitos fundamentais de liberdade e de privacidade e o livre desenvolvimento da personalidade da pessoa natural.

Com a criação da LGPD, notamos em linhas gerais seu sentido mais amplo, controle interno e conformidade. Tal lei também se aplica a pequenas e médias empresas, não oportunizando tratamento diferenciado, de forma que não se pode vislumbrar a pequena e média empresa fora de tal obrigação. A partir disso, podemos dizer que empresas de todos os portes e estruturas estão sujeitas a regras normativas de compliance, pois, com o aprofundamento do conhecimento do referido programa percebe-se que integridade e conformidade são características de empresas que tem maior sucesso, assim com a contribuição acerca de Muniz (2019, p. 54), podemos notar de forma clara e objetiva as vantagens:

> *Segundo dados da consultoria americana Reputation Institute, as organizações com reputações sólidas têm maior probabilidade de resultados mais lucrativos e estáveis, além de facilidade para recrutar e reter talentos. Portanto, as empresas que aproveitam o poder da reputação ganham vantagem competitiva. Ainda segundo a referida consultoria, as 10 empresas com melhor reputação superaram significativamente o Standard & Poor's 50014 desde 2006. Um aumento de um ponto no índice geral de reputação se traduz em um aumento no valor do preço da ação.*

Consideramos com efeito que, de vários modos há, a colheita de fruto ao explorar as vantagens de tal exigência legal, como cumpridores da norma afirma Muniz (2019, p. 55):

> *Não basta um olhar para produtividade e lucratividade. A ética é que forma o tripé de sustentação. Hoje a rentabilidade que não esteja amparada por boas práticas empresariais, não se sustentará no tempo. Compliance tem que ser pauta das empresas de todos os tamanhos que buscam longevidade com segurança. Aliás, quanto menor a empresa, menos chances ela tem de superar uma crise reputacional e penalidades daí advindas.*

A efetividade de um programa de compliance sólido pode abrir precedente para expor a idoneidade da referida empresa cumpridora da regra, trazendo vantagens sem precedentes, podemos reforçar tal idéia na publicação do guia prático do CADE (2016, pp.16 e 17)

> *Ações afirmativas de incentivo à conformidade com a lei são parte essencial de uma cultura de ética nos negócios, que resulta em benefícios para a reputação da organização e sua atratividade para fins promocionais, de recrutamento e de retenção de colaboradores. Essas ações tendem a aumentar a satisfação e o comprometimento no trabalho e o senso de pertencimento e identificação com o grupo. O comprometimento com a observância das leis também inspira confiança em*

investidores, parceiros comerciais, clientes e consumidores que valorizam organizações que operam
de forma ética e que se sentiriam enganados em caso de infração.

Ao demonstrar a idoneidade empresarial por meio do compliance as pequenas e médias empresas, podem facilitar a efetivação de contratos com o governo, e por consequência, estaria viabilizando o crescimento empresarial por meio da expansão contratual inclusive com outros entes federativos, seja por licitações, compras diretas, dentre outras formas, assim tem-se a expectativa de poder contratar também com as empresas privadas, pois explicitando sua condição de empresa em conformidade, poderá se beneficiar de grandes vantagens nas relações comerciais, em especial com aquelas que estão com a cultura do compliance já estabelecida, em suma é uma grande oportunidade, pois estaria reconhecendo na pequena e média empresa, que opera em conformidade normativa, uma parceira para um ambiente de negócios saudável e responsável, que projeta vantagens imediatas com boa projeção no futuro.

VANTAGENS DO COMPLIANCE PARA OTIMIZAR A GESTÃO ESTATAL

Além da pequena e média empresa que se vê em condições dificultadas para cumprir o programa de compliance e conformidade, é necessário voltar também o olhar para o compliance estatal, pois o Estado precisa ser o melhor exemplo de adequação normativa. Este está obrigado a operar em conformidade, para tanto está em suas obrigações fazer a autotutela administrativa, onde precisa diuturnamente ajustar-se, aperfeiçoar-se, moldar sua maneira de gestão, colocando-se em harmonia com a norma. Com isso evita desvio de finalidade, inibindo atos ilícitos próprios ou daqueles parceiros de negócios que mantém contrato consigo, muitas vezes que envolvem recursos financeiros ou mesmo alguma relação não financeira que lhes dê vantagem competitiva, a exemplo temos a lei de licitação nas palavras de Não basta um olhar para produtividade e lucratividade. A ética é que forma o tripé de sustentação. Hoje a rentabilidade que não esteja amparada por boas práticas empresariais, não se sustentará no tempo. Compliance tem que ser pauta das empresas, segundo Dantas (2021, do terceiro ao sexto parágrafo, do artigo em destaque) menciona:

A lei 14.133/21 contém disposições mais atuais, modernas e que, trazem mais lisura e transparência aos processos de contratação com o poder público. Especialmente em relação ao compliance, as atuais previsões são bastantes relevantes, e as empresas que contratam com a Administração Pública deverão ter uma atenção rigorosa para cumprirem fiel e corretamente as suas disposições. Vale lembrar que os programas de integridade formam um conjunto de atos e disciplinas que auxiliam no cumprimento de normas, regulamentos, políticas e diretrizes.

> *Com a implementação preventiva, evita-se a existência de desvios, irregularidades e inconformidades, e cria mecanismos para fomentar as boas práticas na empresa ou instituição. A finalidade é reestruturar a gestão e a cultura da empresa, estabelecendo um padrão de cultura ética, moral e de integridade.*

As práticas previstas em um bom programa de compliance devem preventivamente inibir e coibir quaisquer atos de desvio da norma e da finalidade do referido órgão público, pois, ações indevidas podem de alguma maneira ter resultados mais graves e nefastos do que as praticadas por particulares. Para reforçar a idéia dos danos causados, quando os desvios ou inconformidades são praticados pelos órgãos públicos por meios de seus agentes, Blok (2014, p.14), traz o seguinte ensinamento:

> *Todas as formas de corrupção contrariam os princípios da lei e da ética. Na administração pública, a corrupção manifesta-se justamente na inobservância de seus princípios norteadores. A falta de atenção à lei e à moralidade, a ocultação dos atos públicos, entre outros, constituem as principais causas dessa prática nefasta. Como consequência, quem mais sofre com a corrupção é a população com menor poder aquisitivo, tendo-se em vista que o montante financeiro que, em tese, deveria ser aplicado aos setores da educação, saúde, moradia e segurança, acabam sendo desviados para a conta dos funcionários públicos (corruptos).*

O que o particular sempre espera do Estado em certa medida deve ser o que o Estado espera também do particular, ou seja, lisura no procedimento, transparência, e em linhas mais específicas princípios do direito administrativo que segue: legalidade, impessoalidade, moralidade, proporcionalidade, eficiência.

Assim, no caso em comento, as pequenas e médias empresa objeto principal deste trabalho precisam verificar que o Estado que exige programas de conformidade, também o faz para si, e reforça os atos por meio da transparência de suas ações, seguindo o mesmo raciocínio obrigacional, pois as leis sempre exigiram um comportamento em conformidade, sendo tal exigência de ambos os atores, desse modo, o instituto do compliance com o correspondente programa de integridade, vem para prevenir, e inova trocando a palavra punir por prevenir, uma vez que se antecipa ao fato, por meio da gestão do risco, vejamos a palavra prevenção no texto de Alencar (2017, p. 45)

> *Interessante é a análise do conceito, pois supostamente o direito, por si só, já exige que se esteja em conformidade com ele. Entretanto, diferencia-se o compliance pelo fato de que ele é instrumento de prevenção, tenta antecipar más condutas e criar mecanismos para evitar possíveis ações que venham a deixar a empresa em não conformidade5, sendo este o ponto em que ele se concretiza como novo instituto jurídico.*

O monitoramento da aplicação do programa no governo e seus avanços, é maneira efetiva de manter-se alerta para o cumprimento da conformidade, ainda que houvesse órgãos de controle externo com finalidades próprias, ouvidorias, corregedorias etc., que antes não traziam o conceito compliance, ainda assim trata-se desde antes, do estado atuando por meio de seus órgãos de controle interno, que abre caminho de forma notável para aperfeiçoar seus órgãos fiscalizadores com o setor próprio de compliance e assim demonstra de forma objetiva e clara ajustar-se em conformidade com as normas.

As empresas privadas, ao observarem as questões normativas que envolvem o compliance, verificarão, obrigações que se assemelham, pois, a mesma obrigação do setor privado, é também imposta ao Estado, devendo também implantar e implementar programas de compliance.

O agente público ou privado é imprescindível para o sucesso do programa, para tanto deve colaborar com o processo de implantação do programa em comento, sendo mister adotar meio adequado para a aplicação do compliance direcionado para a complementação da capacitação dos referidos agentes, tudo para que haja a atividade pautada em valores eticamente aceitos.

O estado do Rio de Janeiro e o Distrito Federal foram pioneiros em editar lei que obriga todas as empresas com os quais mantém relações negociais, a apresentar um programa de integridade. Com este comportamento do ente federativo, há clara demonstração da busca pela conformidade, integridade por meio do compliance. Trata-se do Estado sujeitando-se às próprias normas e assim buscando também colher os benefícios do programa, tal constatação acerca da obrigatoriedade de um programa de integridade, e das afirmações sobre a exigência de programa de compliance é mencionada com destaque por Spercel (2021, p. 48), vejamos o que afirma o autor:

> Exemplos relevantes disso são o Estado do Rio de Janeiro e o Distrito Federal, onde a implementação de um programa efetivo de integridade já é prevista em legislação específica como requisito fundamental para a contratação com a administração pública. A Lei nº 7.753/2017 do Estado do Rio de Janeiro e a Lei nº 6.112/2018 do Distrito Federal dispõem sobre a exigência do programa de integridade às empresas que contratam com a administração pública. Para o Rio de Janeiro, a obrigatoriedade se aplica a contratos com valores superiores ao da modalidade de licitação por concorrência [1]23 e, para o Distrito Federal, a contratos com valores iguais ou superiores ao da licitação na modalidade tomada de preço [1]24. Ambas as leis preveem sanções monetárias (entre 0,1% e 0,2% por dia, incidentes sobre o valor do contrato) aplicáveis a empresas que não cumprirem a exigência de aplicação do programa de integridade. Elas também ficam impossibilitadas de contratar com a Administração Pública pelo período de dois anos, para o Distrito Federal, ou até que a situação seja regularizada, para o Rio de Janeiro.

Ato contínuo, mais entes federativos passaram a trabalhar e avaliar o tema. Ocorre que a empresa que muitas vezes já mantém negócios com o ente da federação e não observou a necessidade de implantar e implementar o programa de compliance, pode verificar a necessidade de adequação para continuar tal relação, ou podendo esta relação negocial descontinuar, até que haja ajuste e adequação diante da nova regra, e em alguns casos isso pode significar o fim do contrato sem retorno imediato, e a depender do percentual de faturamento vinculado, da pequena e média empresa, dependendo do volume de recursos envolvidos, pode comprometer a existência financeiramente saudável da empresa, visto que o Estado se destaca pela alta capacidade e potencial de consumo de bens e serviços que lhe é característico, hoje umas das portas de prestação de serviços ou vendas de produtos se dá pela licitação e suas diversas maneiras de operar, desde o meio mais simples e objetivo, bem como por meio de processos complexos de aprovação do contrato. É possível verificar e reforçar a idéia de fomento do Estado Brasileiro que busca valorizar e incentivar as empresas que tenha implantado programa de integridade(compliance), conforme mencionado por Ferreira(2019, p. 268):

> (...)utilizando-se da figura dos programas de integridade, instituída pela Lei Anticorrupção e suas normas relacionadas, o legislador brasileiro buscou usar do poder de compra do Estado, que tem um enorme potencial para fomentar políticas públicas, na criação de uma política de incentivo à integridade empresarial e ao desenvolvimento de mecanismos internos de averiguação e controle de irregularidades. Assim, diversos projetos de lei ao redor do Brasil estão sendo propostos, em todos os âmbitos da federação, estabelecendo como requisito para contratações públicas, ou mesmo manutenção de contratos públicos já existentes, a criação e manutenção de programas de compliance pelas pessoas jurídicas contratadas.2 Esse objetivo de criar um mecanismo de fomento à integridade, por meio do poder de compra do Estado, culminou, até o momento, na promulgação de duas leis estaduais dispondo sobre esse requisito – a Lei Estadual (RJ) n. 7.753/2017 e a Lei Distrital n. 6.112/2018.

Diante da sinalização por meio da norma positivada, denota-se o ente Estatal verificando no compliance uma maneira prática e contributiva de fiscalizar e otimizar a administração Estatal por meio do compliance onde os stakeholders seriam os atores deste objetivo, por meio de seus processos e procedimentos visando a implantação efetiva do programa. Conforme podemos verificar nos diversos exemplos positivos que envolvem o compliance, torna-se necessário para as empresas privadas, adaptarem-se, incluir seus colaboradores, e principalmente deve envolver no programa a alta diretoria e partir desta , incluir todos os níveis de colaboradores, buscando adaptá-los para assim esclarecer as vantagens do programa, trabalhando para o efetivo engajamento de toda equipe, que deverá ser adaptada e integrada, pois a participação do alto escalão de uma empresa pública ou privada é essencial pois são quem, autorizam e desautorizam implantações e implementações de programa de compliance, e sem dúvida sem o apoio da liderança, da cúpula da instituição, onde é necessário, integrar todos os níveis de colaboradores, o programa precisa do apoio da alta cúpula sob pena de fracassar antes mesmo de sua implantação.

Com a alta cúpula da instituição envolvida no programa de compliance, será possível também o engajamento do colaborador, Vejamos o que diz Sangoi (2018, p. 92), acerca da importância do engajamento da alta cúpula para o programa de compliance efetivo:

> *Esse primeiro passo, sem dúvidas, é o mais importante dentre os fatores que constituem o coração do programa de compliance efetivo. Nesse sentido, é essencial para a incorporação do compliance que a alta administração da empresa esteja, de fato, comprometida e envolvida com os princípios éticos.291A diretoria e o conselho de administração (quando houver) são responsáveis por darem o exemplo do padrão de conduta que esperam que seus gestores e demais colaboradores.292 Para tanto, o tom da liderança referenciado por meio das expressões "the tone at the top" ou "the tone from the top", representa o elemento fundamental de qualquer programa de integridade que pretenda ser efetivo, o qual deverá ser disseminando entre os colaboradores por meio de seu discurso e de exemplo de atuação.293 Tanto que está discriminado expressamente na legislação como um dos elementos a serem avaliados quando se mede a efetividade do programa.294O apoio e comprometimento da alta administração é um determinante essencial da cultura organizacional, para tanto, o tom da liderança influencia diretamente nas normas e valores pelos quais a empresa opera e aos quais todos os funcionários e parceiros comerciais relevantes devem aderir.*

Ao buscarmos a integração do colaborador a fim de viabilizar o sucesso do programa, devemos entender que há duas condições para destacar, primeiro o colaborador já estabelecido na empresa privada ou pública (tempo de contrato de trabalho, afinidade com o ambiente de trabalho, compreensão das diretrizes empresariais, e por segundo devemos voltar nosso olhar para o colaborador iniciante) recém contratado, ainda em busca de experiencia na nova instituição, que tem anseio por estabelecer-se, e ser reconhecido, porém com as limitações próprias de quem está sendo observado, avaliado e precisa demonstrar sua capacidade e potencial, assim o alto escalão da empresa pública ou privada deve voltar seu olhar e investimento para o referido agente do programa. O primeiro porque já está acostumado com uma rotina, pode ter dificuldade em adaptar-se, o segundo por ter que adaptar-se a algo novo, mas que pode sofrer pressão de grupo.

Verifica-se a necessidade de adaptar as novas diretrizes com foco na preparação do colaborador seja setor público ou privado, entendamos, as diretrizes e normas estarão sujeitas a constantes evoluções, assim vislumbramos, ambos colaboradores, poderão necessitar do que chamaremos de "acolhimento" , conforme nos ensina, Braga (2012 p. 20):

> *"Acolhimento na Gestão de pessoas não é uma seleção de demandas de processos administrativos e sim uma escuta ativa e eficaz, um momento de construção, em que gestor utiliza seu saber para a construção de respostas às necessidades dos trabalhadores, e pressupõe o envolvimento de toda a*

equipe que, por sua vez, deve assumir postura capaz de acolher, de escutar e de dar resposta mais adequada a cada trabalhador."

O acolhimento através da política de compliance tem o condão de facilitar e adaptar o colaborador que por alguma particularidade apresente dificuldade em entender a missão, a visão e os valores do ambiente público ou privado, tornando sua chegada à empresa, suavizada de forma que a adaptação conforme a idéia à frente absorvida por Gomes (2017,P. 10), a partir dos autores" (Silva, 2013: 25), Chiavenato (1999), (Polainas, 2007: 16) e (Ascensão, 2009:31), cumpra a finalidade de ambientar e bem recepcionar, para a adaptação almejada no novo ambiente vejamos:

Durante o processo de seleção e recrutamento os RH avaliam os candidatos e procuram aquele que melhor se adequa às necessidades da organização, no entanto, só depois de uma interação direta conseguirá definir se fez a escolha mais adequada. É necessário perceber se o candidato se enquadra no contexto organizacional e de que forma se relaciona com o meio em que se está a inserir. "Uma das fases mais críticas da vida organizacional é precisamente a entrada na organização" (Silva, 2013: 25). Segundo Chiavenato (1999) o colaborador ao entrar na organização também influencia a organização com o objetivo de criar uma condição de trabalho favorável que lhe proporcione satisfação pessoal. Existe, então, um processo de adaptação de ambas as partes. Neste sentido torna-se importante decidir como vão decorrer os primeiros dias do candidato na organização. "Com a integração de um novo elemento na equipa, pretende-se acrescentar o seu valor individual, potenciando sinergias em proveito dos resultados do grupo e de acordo com os objetivos previamente definidos" (Polainas, 2007: 16). Nesta fase inicial "o indivíduo aprende valores, competências, normas, comportamentos esperados e o conhecimento social que lhe permite assumir um papel e participar como membro da organização" (Ascensão, 2009:31).

Resolvida a questão da inclusão dos atores colaboradores que serão envolvidos no compliance, entendemos que por meio do programa busca-se colocar o processo de implantação de políticas empresariais em destaque positivo.

Podemos reforçar tal idéia em publicação do guia prático do CADE (guia de compliance), na parte conscientização dos funcionários, tópico 2.3.6 (2016, p.14):

Colaboradores cientes das "regras do jogo" estão em melhor posição para fazer negócios sem receio de violar as leis, assim como para procurar assistência caso identifiquem possíveis questões concorrencialmente sensíveis. Temas de ordem concorrencial aparecem com frequência em negociações comerciais; programas de compliance bem elaborados e devidamente implementados permitem aos colaboradores tomar decisões com mais confiança. O medo de violar as leis – notadamente quando envolvido risco de persecução penal – pode intimidar os colaboradores e eventualmente desestimular a concorrência mais acirrada e legítima.

Conforme pudemos verificar, todo programa de compliance precisa ser implantado com pessoas que possam contribuir para o crescimento do programa, não sendo recomendável, envolver colaboradores que enxergam o compliance de forma negativa, pois a implantação do programa precisa de todo apoio dos envolvidos para afastar o risco de fracasso por boicote ou mesmo por falta de esclarecimento acerca das vantagens.

VANTAGENS COMPETITIVAS PARA PMES, QUE OPTAM PELA IMPLANTAÇÃO DO PROGRAMA DE COMPLIANCE.

Destacamos aqui as vantagens oferecidas pelo programa de Compliance para as pequenas e médias empresas, dentre a qual, há maior segurança em sua operações comerciais perante o Estado, e também face ao particular, embora o grande destaque para a pesquisa aqui almejada é a relação comercial de compra perante o estado, destacamos que para uma empresa que está em conformidade normativa interna respeitando os regramentos próprios, diretrizes, determinações, orientações, procedimento padronizados, etc., e/ ou normativas externas imposta pelo Estado, conseguiram com este comportamento ajustado, imprimir maior confiabilidade tanto para os tomadores do serviço público, quanto para os tomadores de serviços privados, ainda é verificado que os colaboradores enxergam na instituição em que fazem parte, a segurança de um futuro ou carreira próspera, uma vez que colhe os frutos de sua integridade a qual está envolvida e comprometida.

É notório o desconforto para a organização que não buscou adequação à norma indo na contramão daquilo que se espera (transparência para a licitude, respeito aos contratos, desejo de atuar em conformidade e consciência das metas do programa), pois não demonstrado as intenções torna-se menos competitivo e abre caminho para empresas que tem rápida adaptação ao cenário de negócios atual e futuro, dada a velocidade com que as empresas buscam ajustar-se as novas regras de mercado, o compliance é sem sombra de dúvida a mais importante já reconhecida estratégia para o sucesso, visto na historia no quesito ambiente de negócios, pois pode em muito significar o sucesso empresarial, segundo Strobel, Gomes e Pedro (2021, p. 106):

> *"Sob o ponto de vista comercial, na prática, os processos de negociação das PMEs com grandes corporações que possuem programas de compliance bem institucionalizados, requerem um alinhamento das PMEs a preceitos éticos e de transparência, assim como a conformidade com as normas legais vigentes.(...)"*

Sabe-se que de acordo com as particularidades de cada empresa há sim dificuldades em cumprir a norma, tudo depende de fatores, muitas vezes alheio a vontade ou desejo de cumprir, pois uma empresa que já se encontra em dificuldade financeira, aumenta as dificuldades para implantar o programa, por consequência, dificuldade técnica especializada que normalmente gera custo, porém o programa em dado momento pode ser a solução para crises que até então eram mal compreendidas, algumas crises podem existir por ausência de um bom programa de compliance, sendo de bom alvitre que o programa seja implantado já na criação da empresa, não sendo possível já na criação da empresa, recomenda-se o mais breve possível que seja implantado o programa para proteger os negócios, com o compliance, fazendo assim a gestão de riscos.

Sanadas as questões internas da corporação a que se pretende implantar o programa, é necessário verificar o comprometimento da alta diretoria, pois será ela que dará a direção para o sucesso, sendo que o "chief compliance officer", precisará de toda autonomia e apoio para ter sua missão de colocar a instituição em adequada conformidade normativa, dando o direcionamento correto. sempre algumas questões que podem ser muito mais importantes que o programa, e no caso do compliance o comprometimento da alta diretoria das pequenas e médias empresas pode significar tudo, pois um programa mal elaborado pode colocar em xeque sua eficácia, caindo em descredito, adiando ou inviabilizando sua implantação, vejamos o entendimento acerca da relevância do "Chief Compliance", conforme comentários de Martinelli(2017, p. 39) onde a partir da idéia de Leandro Sarcedo e de Zugaldía Espinar,(op. cit. p. 380), faz relevante abordagem, vejamos:

> O chief compliance officer, nas palavras de Leandro Sarcedo, é o "profissional que tem o dever de estruturar e fazer efetivar os programas de cumprimento normativo no âmbito interno da empresa"110. O compliance officer tem funções de vigilância, assessoramento, advertência e avaliação dos riscos legais e deve ser uma pessoa independente, com faculdades de inspeção ilimitadas e possibilidade de alertar quando observadas irregularidades.

Quando empreendemos, de algum modo há investimento, muitas vezes com custo que a empresa não calculou ou não se organizou para fazê-lo, podemos tratar o compliance como o empreendimento menor, voltado para grande objetivo, o empreendimento maior ou seja - o sucesso nas operações e seus respectivos resultados esperados - com um sistema de compliance estruturado torna-se possível, auferir vantagens comerciais e aumento de parceiros de negócios, temos o efeito cascata, normalmente uma pequena e média empresa tem parceiros de grande porte, seja estatal ou privado, e por sua vez dada a grandeza e expertise do empreendimento, há sempre alguma forma de controle e conformidade, caso esteja o programa de compliance em nível satisfatório, sendo os grandes parceiros conhecedores do programa, sugere-se que por regra os setores públicos e privados, adotarão o compliance como meio para iniciar as negociações, que ocorrerão após as proponentes demonstrarem a conformidade e integridade, estabelecendo um ambiente de negócios, com portas abertas para transacionar de forma vantajosa.

CONSIDERAÇÕES FINAIS

Conforme pudemos verificar com o programa de compliance nas PMEs, há a facilitação e o aumento de capacidade comercial e de parceria com o governo, fato que naturalmente vai fortalecendo a parceira comercial em ambiente de negócios privado. Os principais ganhos comerciais, trazidos na própria norma positivada, dá detalhes das vantagens. Podemos exemplificar, na relação comercial onde uma pequena diferença de preço apresentado a maior, não deve ser considerada para critério de vitória devendo conforme a norma conferir a vitória para as PMEs, inclusive para os casos de empate.

É possível observar que o compliance incialmente foi apresentado como obrigação de fazer. Deduz-se pelas experiências adquiridas durante a aplicação, que o mandamento normativo pode ser convertido em "necessidade de fazer". O compliance está intimamente ligado ao sucesso empresarial, uma vez que cumprir norma é condição de existência. Não há vantagem em estimular o colaborador a descumprir regras perante o governo a fim de ter vantagem competitiva para sua empregadora, e ao mesmo tempo exigir do mesmo colaborador que tenha uma postura ética, honesta perante a mesma empresa. Estaríamos assim criando um cenário de incertezas e confusão, e por outro modo constrangendo o próprio colaborador que de acordo com as responsabilidades que a lei o atribui, deverá responder civil e criminalmente - logo um ambiente inseguro e conflituoso.

O compliance tem aplicação de origem externa "corporis" Estado-particular e Estado-governo, e a aplicação interna "corporis", particular-particular e governo-governo. Constata-se que diante da amplitude e alcance do compliance, negar o compliance é o mesmo que negar a finalidade ou objeto social da empresa ou projeto de governo, uma vez que toda meta estipulada pela empregadora ou pelo governo, poderá receber estímulos para o descumprimento sob a égide de vantagem (falsa noção), ou estímulo para seu cumprimento (adequação à norma, e por consequência à missão, visão e valores). Verificamos tanto no âmbito interno como âmbito externo ser necessário aplicar a "transparência para a licitude", sendo tal expressão considerada importante na compreensão do que se pretende, pois uma pequena empresa pode estar cercada de "stakeholders" nutridos de supostas boas intenções ou boa práticas, porém a vontade precisa ser demonstrada pelo programa. Para que haja uma coesão nas ações, a transparência para a licitude (para cumprir as metas do programa de compliance) significa deixar claro quais são as diretrizes do negócio e assim demonstrar a possibilidade de cumprir, sendo que a intenção é fazer conforme a norma, ter o comportamento alinhado a norma, com técnicas e métodos eficientes de aplicação do trabalho.

As pequenas e médias empresas podem deixar de ver o compliance como problema na medida que os "stakeholders", o compreenda e o aplique, de forma que a norma do Estado esteja alinhada com a norma do governo ou do particular, e assim teriam vantagens uma vez que compreendido e avaliado, o programa pode ser verificado e validado a todo tempo.

Uma pequena empresa nem sempre tem processo claro que demonstre como a empresa fará para alcançar os objetivos, mantendo a conformidade, como ela fará para cumprir o que fala, quais são os cronogramas adotados para evitar que o projeto fracasse. Com a idéia de transparência para a licitude, tem as PMEs uma maneira de dizer a todos os "stakeholders", como farão para serem os mais corretos e ajustados possível aos regramentos.

Em linhas gerais após as empresas aderirem e demonstrarem o quanto estão comprometidas com a idéia de implantar e implementar o programa de compliance, faz-se necessário compreender que o sucesso depende de diversos fatores, onde o "Compliance Officer" seja extremamente vigilante e pontual para promover o cumprimento das metas propostas e tenha um trabalho de excelência fazendo o trabalho de forma extremamente responsável e ciente da necessidade de apresentar resultados. Não é admissível ter um programa de compliance mal elaborado, o que pode trazer consequências danosas e talvez irreparáveis para a instituição. É necessário apresentar possíveis dados estatísticos acompanhados de cientificidade. Por fim como sugestão do caminho a ser percorrido levando em conta necessidade-possibilidade, seria dar todo o suporte para pôr em prática o termo " tone at the top ", em outras palavras o programa deve seguir o tom da cúpula da instituição, da chefia, do alto escalão, os quais apoiarão e investirão no programa que será um sucesso, na medida em que forem também convencidos pelo que se projeta, que o programa compliance propiciará o sucesso do empreendimento.

REFERÊNCIAS BIBLIOGRÁFICAS

Alencar, M. de. (2017). Mecanismos de Proteção do Empregado nos Programas de Criminal Compliance . -Coleção Carolina III . São Paulo: LiberArs.

Blok, M. (2014). Nova lei anticorrupção(lei 12.846/2013) e o compliance: revista dos tribunais online / revista de direito bancário e mercado de capitais. vol. 65.

Braga, R. de S. (2012). Implantação do acolhimento na gerência operacional de Gestão de pessoas / DS III./ Rosemary de Souza Braga. Recife: R. de S. Braga.

BRASIL. Ministério da Justiça. (2016). Conselho Administrativo De Defesa Econômica – CADE. Guia de compliance. Brasília: CADE.

BRASIL. (2020). Lei nº 13.709, de 14 de agosto de 2018. Lei Geral de Proteção de Dados Pessoais (LGPD). Brasília, DF: Presidência da República.

Dantas,A.C.M.   (2021).https://www.migalhas.com.br/depeso/346243/exigencia-de-programas-de-integridade-na-nova-lei-de-licitacoes, acesso em 23 de abril de 2023.

Ferreira, T.J. (2019). Fomento à integridade: O compliance como exigência nas contratações públicas. Revista do departamento de Ciências Jurídicas e Sociais da Unijuí- Editora Unijuí. Ano XXVIII-n.52- p. 263-283.jul./ dez.2019.disponível no endereço eletrônico http://dx.doi.org/10.21527/2176-6622.2019.52.267-283 - acesso em 22 abril de 2023.

Gomes, V. C. O. (2017). Plano De Acolhimento E Integração: Auditrec. Trabalho de Projeto para obtenção do grau de Mestre em Gestão de Empresas. Instituto Superior de Administração e Gestão. Porto.

Kempfer, M. (2019). Empresas Estatais, Governança Corporativa e Controle Social. In Castro, M.S. (Org.), In Messa, A. F, Esteves, J.L.M, & Domingues, P.de T.(Coord), Governança, Compliance e Corrupção - São Paulo, SP: Almedina.

Novickis, K. M. et al. (2018). Importância da manutenção de um programa de compliance. In Lamachia, C, Petrarca C. (Org.), In Melo & I.F, Codignoto, R. (Coord), Compliance Essência e Efetividade. Brasília, DF: OAB - Conselho Federal.

Martinelli, S.B. (2017). Compliance de partidos políticos: Public Compliance e financiamento de campanha eleitoral – (Coleção Carolina III) p. 39- São Paulo: LiberArs.

Muniz, Márcia. (2019). Compliance Estratégico: da teoria à prática. In Castro, M.S. (Org.), In Messa, A. F, Esteves, J.L.M, & Domingues, P.de T.(Coord), Governança, Compliance e Corrupção - São Paulo, SP: Almedina.

Porto, É.G. (2022). Compliance & Governança Corporativa: uma abordagem prática e objetiva. Porto Alegre; Lawboratory.

Silva, A.S, & Pinto, F.C de S. (2019). A Exigência de Compliance nas Contratações Publicas. . In Castro, M.S. (Org.), In Messa, A. F, Esteves, J.L.M, & Domingues, P.de T.(Coord), Governança, Compliance e Corrupção - São Paulo, SP: Almedina.

Sangoi, J.M. (2018). Compliance: ética, governança corporativa e a mitigação de riscos. Dissertação de Mestrado- faculdade de Direito da Fundação Escola Superior do Ministério Público, Mestrado em Tutelas à efetivação de Direitos Indisponíveis, Porto Alegre.

Spercel, T.A. (2020). Lei Anticorrupção e Direito Empresarial: Responsabilidade de Pessoas Jurídicas por Atos de Corrupção e Repressão à Corrupção em Grupos Empresariais. Tese apresentada à Banca Examinadora do Programa de Pós-Graduação em Direito da Faculdade de Direito da Universidade de São Paulo, como exigência parcial para obtenção do título de Doutor em Direito, na área de concentração do Direito Comercial Verçosa. Universidade de São Paulo - Faculdade De Direito - Programa De Pós-Graduação Em Direito. São Paulo.

Strobel, C., Gomes, M.B., Pedro, W. O. (2021). Compliance: Fundamentos e reflexões para integridade nas empresas. In Soares, F. L(Org.), Rio de Janeiro : Lumen Juris.

COMPLIANCE COM AS NORMAS DE PROTEÇÃO DE DADOS NO USO DA BLOCKCHAIN PELA ADMINISTRAÇÃO PÚBLICA

Autor:

Heloísa Rodrigues da Rocha

O presente artigo trata sobre possíveis estratégias para haver compliance com as normas de proteção de dados no caso de uso de aplicações baseadas em redes blockchain por parte da Administração Pública Federal.

A blockchain é uma tecnologia recente e que possibilita diversas inovações, reduzindo custos e trazendo benefícios para toda a sociedade. No setor público não é diferente, e já há estudos e projetos em andamento, no mundo todo, para utilizar o blockchain em prol da melhor prestação de serviços públicos.

Entretanto, algumas características inerentes da blockchain apresentam aparente contradição com princípios e normas expressas de proteção de dados. Inclusive, dado o caráter universal da tecnologia e a semelhança das legislações de proteção de dados nos diversos ordenamento jurídicos, esses conflitos são similares na maioria dos países.

Nesse contexto, o presente artigo busca apresentar esse panorama e averiguar possíveis caminhos para que haja a adequação do uso da blockchain de modo a estar em conformidade com os preceitos legais referentes à proteção de dados.

Adotou-se a metodologia de pesquisa bibliográfica, com a leitura de livros, artigos científicos, sítios especializados e acórdãos do Tribunal de Contas de União sobre o tema.

Este artigo inicia trazendo algumas considerações básicas sobre blockchain, seguindo para um panorama das experiências no uso da blockchain na Administração Pública. Na seção seguinte, são apontados possíveis conflitos entre a Lei Geral de Proteção de Dados (LGPD) e o uso da blockchain. Por fim, são discutidos caminhos para assegurar o compliance e são relatadas as conclusões do trabalho.

BREVES APONTAMENTOS SOBRE A BLOCKCHAIN

Em 2008, foi publicado na internet um artigo descrevendo um inovador sistema computacional para possibilitar a transferência de recursos financeiros de forma descentralizada, sem a necessidade de uma autoridade central. Esse artigo foi escrito por uma ou mais pessoas, que optaram por ocultar sua identidade sob o pseudônimo Satoshi Nakamoto (2008, p. 1). Nascia aí o bitcoin, a mais famosa das criptomoedas, e a blockchain (TCU, 2020a, p. 1):

> *9. Nota-se que o bitcoin é a primeira e mais famosa aplicação baseada em blockchain. Mas esses conceitos não devem ser confundidos. A blockchain é um conceito tecnológico, enquanto o bitcoin é um dos casos de uso para um tipo específico da tecnologia blockchain. Por curiosidade, o termo blockchain não foi mencionado explicitamente no artigo elaborado por Nakamoto, mas o conceito de uma estrutura encadeada de hashes criptográficos (ou resumos criptográficos), na qual cada elemento faz referência ao hash do bloco anterior, surgiu no artigo original do bitcoin.*

Cabe registrar que algumas das ideias centrais que fundamentaram a criação da blockchain já haviam sido discutidas e aprimoradas anteriormente, nas décadas de 1980 e 1990. Ademais, outros sistemas de transferência eletrônica de recursos financeiros também já existiam antes do bitcoin. Não obstante, o bitcoin foi o primeiro a atingir uma disseminação e um uso em nível mundial, bem como inspirou outros casos de uso da blockchain (Yaga; Roby; Scarfone, 2018, p. 12-13).

Existem várias definições para a blockchain, mas basicamente todas envolvem o registro das transações usando a tecnologia distribuída de livro-razão (ledger, em inglês). Documento da Organização para a Cooperação e Desenvolvimento Econômico (OCDE) traz a seguinte definição para a blockchain (Berryhill; Bourgery; Hanson, 2018, p. 10-11):

> *A tecnologia Blockchain é uma forma de tecnologia distribuída de livro-razão que atua como um registro aberto e confiável (ou seja, uma lista) de transações de uma parte para outra (ou várias partes) que não são armazenadas por uma autoridade central. Em vez disso, uma cópia é armazenada por cada usuário que executa um software blockchain e conectada a uma rede blockchain, também conhecida como nó. Em vez de uma autoridade central que mantém um banco de dados, todos os nós têm uma cópia do registro e as atualizações para um registro Blockchain são propagadas por toda a rede em minutos ou segundos. Nessas redes, a maioria dos nós deve revisar e validar uma transação antes que ela possa ser verificada e registrada. Dessa forma, ninguém pode adulterar o registro, todos podem inspecioná-lo e pode ser confiável. Para transações individuais, as blockchains usam criptografia para manter as transações seguras. É importante notar que, embora*

este relatório muitas vezes se refira a nós tomando ações (por exemplo, validando transações, compartilhando blocos, etc), a grande maioria dessas etapas é feita automaticamente pelo software Blockchain e não requer intervenção manual

Inicialmente, a blockchain era uma rede que envolvia somente transações financeiras. Além disso, pela forma como o bitcoin foi concebido, a blockchain do bitcoin é uma rede que não exige permissão, ou seja, qualquer pessoa pode criar contas e participar sem revelar ou verificar sua identidade, em que pese ainda poder ser posteriormente identificada, configurando um pseudoanônimo (Yaga; Roby; Scarfone, 2018, p. 13-14).

Porém, com o desenvolvimento da tecnologia, foram criados outros modelos de redes, ampliando as funcionalidades da blockchain. Por exemplo, a Ethereum foi a primeira blockchain que possibilitou o uso de contratos inteligentes e aplicações não monetárias descentralizadas. Recorda-se que a Ethereum é a blockchain que é usada para a criptomoeda Ether, que também é uma das mais famosas mundialmente. Atualmente, Hyperledger Fabric e R3 Corda são outras redes usadas para criar contratos inteligentes (FAO; ITU, 2018, p. 14).

É preciso esclarecer que existem outras tecnologias distribuídas de livro-razão (DLTs, na sigla em inglês), de modo que a blockchain é uma espécie dentro do gênero DLTs. O que caracteriza a blockchain é a sua organização dos dados em blocos encadeados uns nos outros, seguindo uma ordem cronológica e linear, usando criptografia (Roche; Dahlborn, 2023, p. 2).

Além disso, existem 2 tipos de redes de blockchain (FAO; ITU, 2018, p. 13-14; Roche; Dahlborn, 2023, p. 2-3):

a) privada ou permissionada: a rede é controlada por uma entidade centralizada. Logo, somente pessoas com autenticação e permissão específicas podem participar dessa rede e realizar as atividade de verificação e inclusão de registros na blockchain. Não obstante, a rede pode, ou não, ser visualizada publicamente;

b) pública ou não-permissionada: a rede é aberta a todos, permitindo a qualquer pessoa participar, criar e validar transações, bem como visualizar publicamente todo o histórico de transações.

Pode-se enumerar como algumas das principais características inerentes da blockchain (Berryhill; Bourgery; Hanson, 2018, p. 11):

a) distribuída e compartilhada: não existe original e cópias. Todas as informações estão disponíveis em todos os nós, logo todas as cópias possuem o mesmo grau de autenticidade e confiabilidade;

b) imutabilidade: após um registro ser adicionado à blockchain, não há como alterá-lo ou excluí-lo. Isso é uma funcionalidade que traz confiabilidade na integridade dos dados, pois evita manipulações de má-fé ou fraudulentas;

c) pseudoanonimização: embora nas redes públicas ou não-permissionadas seja permitido usar nomes fictícios e as transações sejam identificadas apenas por hashes ou criptografia, ainda é possível desanonimizar um usuário da rede, revelando todo seu histórico de transações. Assim, não há como falar em completa anonimização, mas somente uma pseudoanonimização.

É relevante mencionar que toda blockchain é operacionalizada por um sistema computacional, o que implica na utilização de recursos energéticos para o funcionamento desses equipamentos. Uma das críticas recorrentes ao bitcoin e à sua blockchain é que há um consumo excessivo de energia na sua operação. Estimativas apontam que o consumo de energia anual gasto com bitcoin é da ordem de 122,96 Terawatts hora (TWh), o que equivale ao consumo anual do Paquistão, país com 212 milhões de habitantes (Digiconomist, 2023, p. 1).

Isso se deve ao método que é usado para validar as transações na blockchain do bitcoin, que utiliza o chamado Proof-of-Work (PoW). A blockchain Ethereum também seguia o mesmo modelo e apresentava alto consumo de energia. Contudo, recentemente realizou uma transição para outro tipo de validação, o que permitiu reduzir seu consumo em estimados 99,84%, ou o equivalente ao consumo energético anual de países como Irlanda e Áustria (Vries, 2022, p. 3).

Outras blockchains mais recentes já foram criadas partindo desses outros modelos de validação, tendo um foco maior na redução do consumo de energia, de modo que esse problema não é tão significativo para algumas blockchains (Roche; Dahlborn, 2023, p. 3-4).

Não obstante, persistem outras críticas às DLTs, incluindo as blockchains, uma vez que há diversos riscos em sua utilização, em parte pela falta de maturidade da tecnologia. Por exemplo, todo código computacional está sujeito a contar falhas e vulnerabilidades que podem ser exploradas por atacantes. Adicionalmente, a própria operação da rede está sujeita a riscos de segurança como qualquer sistema computacional (Roche; Dahlborn, 2023, p. 7-8).

Outros riscos ainda incluem a possibilidade de um atacante controlar um número significativo de nós da rede de blockchain, de modo a conseguir influenciar as validações das transações na rede, subvertendo a operação normal da rede. Registre-se que a rede Ethereum sofreu um ataque malicioso em 2016, devido a falhas na operacionalização de contratos inteligentes, que resultou em prejuízos de cinquenta milhões de dólares (Yaga; Roby; Scarfone, 2018, p. 41).

Por fim, é notório o uso das criptomoedas, e consequentemente das suas blockchain, para a lavagem de dinheiro e outros ativos. Estimativas mundiais para o ano de 2022 mostram que, enquanto o dinheiro em espécie teria sido usado para lavar entre 800 bilhões de dólares e 2 trilhões de dólares no ano, as criptomoedas foram usadas para lavar 23,8 bilhões de dólares (Roche; Dahlborn, 2023, p. 5). Ou seja, no pior cenário, as criptomoedas implicaram na lavagem de ativos correspondentes a 3% do valor lavado com dinheiro em espécie.

Isto significa que, em que pese o uso bem menor das criptomoedas na lavagem de ativos, ainda é preciso combater essa prática, que apresenta elevada materialidade.

Assim, as blockchains não podem ser vistas como uma panaceia ou como uma redes 100% seguras e invioláveis. Da mesma forma que qualquer outra aplicação computacional, é preciso sopesar riscos e benefícios.

PANORAMA DAS EXPERIÊNCIAS NO USO DA BLOCKCHAIN NA ADMINISTRAÇÃO PÚBLICA

Em 2019, o Tribunal de Contas da União (TCU) realizou uma fiscalização acerca da utilização da blockchain pelo setor público, tanto no Brasil quanto no exterior, a fim de identificar os principais riscos e fatores críticos de sucesso que essa tecnologia pode trazer para os serviços públicos (TCU, 2020a, p. 2).

O relatório da mencionada fiscalização abarcou um benchmarking, com a pesquisa sobre como outros países tem utilizado blockchain no seus respectivos setores públicos. Esse levantamento assinalou que as principais áreas exploradas pelos governos eram: "registros públicos, identidade digital, saúde e assistência médica, comércio exterior, tokenização de moeda nacional fiduciária, programas sociais e compartilhamento de informações entre órgãos públicos" (TCU, 2020a, p. 14-16).

Observa-se que são áreas bem discrepantes e que, conforme exposto na seção anterior, não envolvem apenas a troca de valores monetários. Pelo contrário, as redes blockchain mais modernas permitem que sejam realizados todo o tipo de atividade por intermédio de seus nós.

Aliás, faz-se necessário destacar os resultados de uma avaliação realizada por um centro de pesquisa da Comissão Europeia, em 2019. Na ocasião, os especialistas avaliaram sete projetos pioneiros de uso de blockchain em governos europeus (Allessie; Sobolewski; Vaccari, 2019, p. 17):

a) registro notarial de terras na Geórgia;

b) registro de diplomas universitários em Malta;

c) transações de propriedades na Suécia;

d) identidade descentralizada na Suíça;

e) rede de governança em Luxemburgo;

f) infraestrutura para pagamento de pensões e aposentadorias nos Países Baixos;

g) benefícios de assistência social para pessoas em vulnerabilidade nos Países Baixos.

Na opinião dos especialistas, nenhum dos projetos foi realmente inovador ou transformador, uma vez que não criaram novos modelos de negócio, nem permitiram o surgimento de uma nova geração e serviços ou eliminaram completamente a necessidade de intermediação das instituições públicas envolvidas nas respectivas funções de governo submetidas à rede blockchain (Allessie; Sobolewski; Vaccari, 2019, p. 9-10).

Na verdade, os benefícios encontrados por esses avaliadores foram o aumento da confiabilidade da população nas instituições públicas, a ampliação do nível de segurança e de garantia de integridade dos dados, e a redução de custos e tempo de processamento de demandas dos cidadãos. Por outro lado, os maiores riscos e obstáculos foram a compatibilização entre os usos da blockchain e o ordenamento jurídico vigente em cada país (Allessie; Sobolewski; Vaccari, 2019, p. 10).

Na América Latina, diversos países também vêm buscando implementar novos projetos baseados em blockchain. Um exemplo é a LAC-CHAIN do Peru, que pretende registrar em blockchain todas as compras públicas peruanas, de modo a trazer maior transparência e contribuir para o combate à corrupção. Registre-se que se trata de iniciativa apoiada pelo Banco Interamericano de Desenvolvimento (BID), dentro de uma perspectiva de apoiar projetos de blockchain na América Latina (Cortizo, 2020, p. 122-123).

Outro exemplo é a BlockchainHACKMX, a rede mexicana criada por esse país para dar maior transparência a suas contratações públicas. Foi desenvolvida com a participação da sociedade e com inspiração em projetos internacionais de utilização da blockchain para fortalecer o combate à corrupção (Cortizo, 2020, p. 126-128).

De volta ao Brasil, a fiscalização do TCU apurou que os projetos no país estão, em sua maioria, em um estágio inicial. Dentre os motivos, estão a baixa quantidade de força de trabalho capacitada para atuar com esse tipo de desenvolvimento de soluções tecnológicas, a falta de maturidade das plataformas de blockchain, dificuldade em integração com as bases de dados e os sistemas legados, entre outros (TCU, 2020a, p. 18-21).

Um aspecto que merece ser destacado é que as primeiras aplicações e regulamentações sobre blockchain no Brasil concentram-se, sobretudo, no setor financeiro, sendo o Banco Central um ator de destaque nesse cenário. As onze iniciativas analisadas pela Corte de Contas foram (TCU, 2020b, apêndice 1, p. 6-49):

a) bConnect da Receita Federal e da empresa estatal federal Serpro: sistema entre os países participantes do Mercosul para materialização de acordos bilaterais entre os membros por meio de contratos inteligentes;

b) bCPF e bCNPJ da Receita Federal e da empresa estatal federal Dataprev: tem o "objetivo de viabilizar o consumo e a colaboração sobre a base de dados do Cadastro de Pessoas Físicas (CPF) e da base de Cadastro de Pessoas Jurídicas (CNPJ)" entre órgãos de todos os entes federados do país;

c) SALT do Banco Central do Brasil: "O Sistema Alternativo de Liquidação de Transações consiste em uma proposta de plataforma de contingência a ser utilizada em caso de pane do 'Sistema de Transferência de Reservas'. O objetivo é que essa solução seja totalmente independente de um banco central, sendo capaz de funcionar apenas com a colaboração dos participantes do sistema financeiro";

d) PIER do Banco Central do Brasil: A Plataforma de Integração de Informações das Entidades Reguladoras "permite que dados sejam trocados em plataforma blockchain, otimizando os processos autorizativos, como a verificação de penalidades e sanções de um indicado a dirigente no sistema financeiro perante as demais entidades reguladoras";

e) Sistema de Contratos Distribuídos (SCD) do Banco do Brasil, BNDES, Caixa Econômica Federal e Serpro: "um sistema a ser utilizado para compartilhar informações sobre contratações feitas por empresas públicas, que por lei podem reaproveitar etapas da contratação (consulta pública, oferta pública, contratação) de outras empresas públicas, mas que hoje não conseguem pôr em prática de maneira eficiente";

f) Sistema Financeiro Digital (SFD) do Banco do Brasil: "estruturação de uma rede permissionada baseada em blockchain, interligando diversas instituições financeiras, sobre a qual serão realizadas transferências de valores e pagamentos de forma simplificada, por meio de aplicativo mobile banking (aplicativo de celular específico para clientes dos bancos participantes), modernizando o sistema financeiro e oferecendo uma experiência intuitiva para os clientes";

g) Sistema Brasileiro de Poderes do Banco do Brasil e Petrobras: "o objetivo de digitalizar o processo de registro de poderes, substituindo os processos manuais baseados em papel, que definem, por exemplo, quem tem poderes para movimentar as contas de uma instituição. A rede poderá ser expandida para o controle de poderes de quaisquer empresas clientes de todos os bancos participantes da rede. Também poderá ser utilizada para registro de poderes de prefeitos, sobre contas municipais na virada após as eleições";

h) BNDESToken do BNDES: "criar uma DLT e um criptoativo lastreado em real a serem utilizadas nas operações de concessão de crédito/transferência de recursos do BNDES para entidades públicas e privadas tomadoras de financiamento. A utilização do BNDESToken como criptoativo permite o acompanhamento tempestivo pela sociedade das operações financeiras do BNDES, podendo também desintermediar operações";

i) TruBudget do BNDES: "solução em DLT desenvolvida pelo KfW, Banco de Desenvolvimento do Governo da Alemanha, que tem por objetivo acompanhar de forma mais tempestiva e transparente a utilização dos recursos financeiros doados por aquela instituição aos vários projetos apoiados em todo o mundo. O KfW é segundo maior doador do Fundo da Amazônia" e, no caso do Brasil, essa iniciativa de blockchain concentra-se nesse fundo;

j) Diário de Bordo – Anac: "Registro do Diário de Bordo dos voos de operadoras brasileiras". "Contratos inteligentes da plataforma de blockchain Hyperledger são utilizados para assegurar que as regras de negócio envolvidas nos registros de diário de bordo sejam cumpridas, ao contrário do registro em papel, onde o operador aéreo tem liberdade para escrever o que desejar, implicando muitas vezes em registros imprecisos, incompletos ou fora do formato exigido";

k) RNDS do Ministério da Saúde: Prontuário eletrônico dos pacientes que possa ser usado no sistema de saúde federal, estadual, distrital e municipal, em todo o país.

Percebe-se que mesmos esses projetos pilotos já envolvem dados relevantes dos cidadãos brasileiros, como valores financeiros mantidos em instituições financeira (caso do SFD), informações médicas (caso do RNDS) e números de identificação (caso do bCPF).

Inclusive, tais dados são classificados como dados pessoais e até dados pessoais sensíveis, ensejando um nível ainda maior de proteção por parte da LGPD.

Contudo, há preocupações, manifestadas por especialistas e por instituições internacionais, acerca da capacidade do blockchain de se adequar aos normativos da proteção de dados. Tal aspecto é o tema da seção a seguir.

POSSÍVEIS CONFLITOS ENTRE A LEI GERAL DE PROTEÇÃO DE DADOS E O USO DA BLOCKCHAIN

A proteção de dados é uma preocupação que se ampliou com a evolução da tecnologia e a expansão de seu uso em todas as atividades da sociedade, sobretudo a partir da segunda década do século XXI.

Nesse contexto, houve uma percepção mundial acerca da necessidade da positivação de direitos específicos sobre o tema na forma de legislações, de modo a assegurar a proteção dos dados das pessoas físicas e jurídicas (Bioni, 2019, seção 3.3). Assim, diversos países passaram a discutir e editar leis, sendo que uma das primeiras e mais paradigmáticas foi o Regulamento Geral Europeu de Proteção de Dados (GDPR na sigla em inglês), Resolução 679/2016 (União Europeia, 2016, p. 1).

Em que pese esse normativo ter vigência apenas nos países da União Europeia, ele influenciou a produção legislativa de outros países fora desse bloco e também impactou na atividade de empresas privadas transnacionais que atuam dentro e fora da União Europeia.

No Brasil não foi diferente. Tanto o anteprojeto de lei como o projeto de lei que deram origem à Lei Geral de Proteção de Dados (LGPD) foram substancialmente influenciados pela GDPR. Inclusive, em diversos artigos da lei brasileira é possível delinear um paralelo com artigos do GDPR, a exemplo dos direitos que foram positivados em ambas as legislações.

Os arts. 17 a 22 da LGPD trazem os direitos dos titulares dos dados pessoais. Impende esclarecer que dado pessoal é a "informação relacionada a pessoa natural identificada ou identificável", nos termos do art. 5º, inciso I, da LGPD.

Para fins da análise relacionada com a blockchain no presente artigo, cabe destacar os seguintes direitos descritos no art. 18 da LGPD, que também estão previstos nos arts. 12 a 20 do GDPR:

Art. 18. O titular dos dados pessoais tem direito a obter do controlador, em relação aos dados do titular por ele tratados, a qualquer momento e mediante requisição:

(...)

III - correção de dados incompletos, inexatos ou desatualizados;

IV - anonimização, bloqueio ou eliminação de dados desnecessários, excessivos ou tratados em desconformidade com o disposto nesta Lei;

V - portabilidade dos dados a outro fornecedor de serviço ou produto, mediante requisição expressa, de acordo com a regulamentação da autoridade nacional, observados os segredos comercial e industrial;

VI - eliminação dos dados pessoais tratados com o consentimento do titular, exceto nas hipóteses previstas no art. 16 desta Lei;

VII - informação das entidades públicas e privadas com as quais o controlador realizou uso compartilhado de dados;

(...)

IX - revogação do consentimento, nos termos do § 5º do art. 8º desta Lei.

(...)

§ 3º Os direitos previstos neste artigo serão exercidos mediante requerimento expresso do titular ou de representante legalmente constituído, a agente de tratamento.

Impende registrar que há autores e instituições internacionais que apontam, ainda, a violação a outros comandos legais, a exemplo do direito à revisão das decisões automatizadas (Boa Morte; Meira; Costa; Mariz, 2020, p. 6; CNIL, 2018, p. 9-10). Entretanto, no âmbito brasileiro, esse direito à revisão já sofre severas limitações em seu exercício mesmo em outros contextos de tratamento de dados (Rocha, 2023, p. 35-37). Assim, para fins do presente artigo, entende-se menos relevante abordar esse tópico nesta seção.

Dito de outra forma, dentre os diversos direitos que a LGPD assegura aos titulares de dados, os que apresentam maior relevância para o debate acerca do compliance do uso da blockchain com a proteção de dados são os direitos de correção de dados, de anonimização, de exclusão de dados, de portabilidade e de informação sobre o compartilhamento.

Isso porque, à primeira vista, tais direitos contrariam características inerentes ao desenho tecnológico da blockchain. Explica-se.

Inicialmente, impende registrar que, de acordo com o art. 5, inciso VI, da LGPD, o controlador é a "pessoa natural ou jurídica, de direito público ou privado, a quem competem as decisões referentes ao tratamento de dados pessoais".

Logo, observa-se que a LGPD adota uma lógica centralizadora, isto é, parte do pressuposto que, em todos as etapas de tratamento de dados há uma única pessoa ou entidade que é responsável por decidir sobre esse tratamento e, por isso, é quem deve ser responsável por solucionar as demandas dos titulares de dados (Rebelo, 2019, p. 9).

Deste modo, a LGPD, assim como a GDPR, direciona o exercício dos direitos dos titulares a partir dessa interação bilateral entre titular e controlador.

Contudo, na blockchain, não há essa identificação inequívoca de um único agente que seja responsável pelo tratamento e pelo armazenamento dos dados. Pelo contrário, a blockchain baseia-se em uma rede distribuída, em que os dados trafegam por vários agentes e, no caso de uma rede não-permissionada, todos os pontos podem inserir e modificar dados.

Nesse sentido, fica inviabilizado o exercício de direitos como a solicitação de informação sobre com quais outras entidades houve o compartilhamento de dados, já que esses dados estão em toda parte da rede.

Ressalva-se que, no caso das blockchains criadas pelo Estado, esse problema pode ser amenizado, desde que o controle esteja sob algum órgão ou entidade estatal e que seja um rede privada ou permissionada em que todos os nós são entes públicos ou entes privados regulados. Isso porque, desse modo, é possível alcançar a todos os nós estabelecendo obrigações vinculantes ou regulatórias.

Do contrário, mesmo sendo uma blockchain com participação estatal, não há como apontar responsáveis ou exigir direitos a um único ente.

A ausência de um único controlador aliada à característica inerente da blockchain de ser imutável também inviabiliza o efetivo exercício dos direitos de correção de dados, de exclusão de dados e de portabilidade. Afinal, como alterar algo que foi tecnologicamente concebido para nunca ser alterado?

Observa-se que esse ponto é ainda mais problemático no caso das aplicações estatais, porque a Constituição Federal brasileira determina que o Ente Público possui o dever de corrigir as informações e os dados dos indivíduos quando houver qualquer erro. Há até uma ação judicial prevista constitucionalmente para isso, o habeas data.

Entretanto, como assegurar efetividade a esse direito constitucional em face de uma aplicação que opera na blockchain? Recorda-se dos exemplos de projetos de blockchain que estão sendo desenvolvidos no Brasil, que envolvem o registro de dados cadastrais dos cidadãos e a transferência de dados médicos dos pacientes de hospitais públicos. Eventuais erros que existam nesses dados e não sejam tempestivamente corrigidos podem ter consequências nefastas, levando até a morte de pessoas.

Há ainda conflitos com o direito de anonimização, sobretudo nas redes públicas, porque os dados ficam expostos eternamente.

Nesse tópico, há quem defenda que bastaria usar hashes ou criptografar esses dados antes de inseri-los na blockchain. Todavia, deve-se salientar que, nos termos da jurisprudência europeia sobre proteção de dados (Parecer do GT 216 - Opinion 05/2014 sobre o artigo 29 do GDPR), dados criptografados e dados em forma de hashes não são considerados como dados verdadeiramente anonimizados. Em que pese trazerem maior grau de privacidade, ainda são dados que podem vinculados aos seus titulares e terem seu conteúdo revelado. Assim, criptografia e hash tornam dados pessoais como dados pseudonimizados e não anonimizados (Rebelo, 2019, p. 6).

Ademais, outra decisão jurisprudencial do Tribunal de Justiça da União Europeia, a saber Case law C-582/14 Patrick Breyer v Bundesrepublik Deutschland de 19/10/2016, já apontou que mesmo o endereço de IP seria um dado pessoal e, por isso, sujeito às proteções asseguradas aos demais dados pessoais (Rebelo, 2019, p. 7).

Repisa-se que, pela semelhança existente entre os direitos assegurados no GDPR e na LGPD, é esperado que os problemas identificados no uso da blockchain também sejam parecidos. Inclusive, alguns estudos expõem essa situação (Boa Morte; Meira; Costa; Mariz, 2020, p. 3-8; Alves; Cavalcante; Bento, 2021, p. 12-14; Krey, 2021, p. 44-60).

No âmbito da administração pública, tal questão ganhas contornos ainda mais preocupantes. O Estado trata, em diversas ocasiões, de dados sigilosos ou que devem ter um acesso restrito somente a pessoas autorizadas. Como compatibilizar esse dever de manter o sigilo dos dados com essa característica da blockchain?

Ressalta-se que o sigilo nas informações estatais é motivado não apenas por serem dados pessoais, sensíveis ou não, de indivíduos, mas também por serem dados cujo sigilo é imprescindível para a segurança da sociedade e do Estado, nos termos do art. 4º, inciso III, da Lei de Acesso à Informação (LAI), Lei nº. 12.527/2011.

Assim, verifica-se que há diversos aspectos conflitantes entre o uso da blockchain e os direitos previstos na LGPD. Tais conflitos são aplicáveis tanto para instituições públicas como privadas, uma vez que os respectivos direitos dos titulares de dados pessoais são assegurados em face de entes privados e públicos, nos termos do art. 1º, caput e parágrafo único, da LGPD.

Não obstante, para a administração pública brasileira, há ainda outros potenciais conflitos, uma vez que os art. 23 a 30 da LGPD estabelecem regras adicionais específicas para o tratamento de dados pessoais pelo Poder Público.

Ademais, os órgãos e entidades públicos armazenam e tratam um volume elevado de dados pessoais e de dados pessoais sensíveis, a exemplo dos dados de prontuários médicos. Logo, é imprescindível que sejam adotados ainda maiores cuidados ao lidar com tais dados no âmbito das redes blockchain.

Por sua vez, impende assinalar que o art. 29 da LGPD permite que a Autoridade Nacional de Proteção de Dados (ANPD) solicite, a qualquer momento, aos órgãos e às entidades do poder público, informações específicas sobre o âmbito e a natureza dos dados e outros detalhes do tratamento realizado, bem como emita parecer técnico complementar para garantir o cumprimento da LGPD.

Logo, há espaço legal respaldando que a ANPD atue em prol do maior esclarecimento e da superação desses desafios de compliance com a LGPD para os usos da blockchain no setor público.

Aliás, em 20/09/2023, foi realizada audiência na Comissão de Ciência, Tecnologia e Inovação (CCTI) da Câmara dos Deputados, intitulada de "Blockchain como meio de modernização da administração pública", que contou com participação de vários especialistas. Dentre os convidados, estava um Assessor da Presidência da ANPD que destacou, para além dos riscos ora elencados, a necessidade de atenção com relação ao regramento de transferência internacional de dados pessoais (Câmara dos Deputados, 2023).

Isso porque os arts. 33 a 36 da LGPD disciplinam essa transferência internacional, exigindo que seja assegurado o mesmo grau de proteção estipulado pela LGPD.

Contudo, em uma rede distribuída como a blockchain, não há como impedir essa transferência para jurisdições que oferecem esse grau de proteção, e nas redes maiores nem mesmo há como avaliar em quantos diferentes países um determinado poderá trafegar.

Esse contexto, inerente às blockchains, sobretudo as maiores, impossibilita a efetiva proteção desses dados e demanda atenção dos órgãos reguladores. Inclusive, até 14/10/2023, está em andamento a consulta pública sobre o normativo da ANPD que visa regulamentar esses artigos da LGPD (Participa+ Brasil, 2023, p. 1).

Pelo exposto ao longo da presente seção, vislumbra-se que existem diversos pontos de conflito entre a LGPD e as implementações da blockchain pelos entes públicos, que demandam uma maior reflexão, já que advêm de características inerentes da tecnologia. Possíveis soluções para tais problemas são abordadas na seção a seguir.

CAMINHOS PARA ASSEGURAR O COMPLIANCE

No Estado Democrático de Direito, todos os agentes, públicos ou privados, estão sujeitos aos ditames da lei, devendo obediência à Constituição, às leis e aos demais atos normativos. No caso dos entes públicos, esse dever de legalidade é ainda mais relevante e vinculante. O art. 37, caput, da CF 1988 já assevera que o princípio da legalidade é um dos norteadores da atuação do Estado, a quem cabe agira nos exatos termos do que disciplina a legislação.

Nesse cenário, o cumprimento das leis é uma obrigação inerente à própria noção de Estado. Não obstante, no presente artigo trata-se de algo a mais: o compliance.

Cabe esclarecer que o compliance é mais abrangente do que o mero cumprimento formal de normas, uma vez que representa um conjunto de regras, padrões, condutas e procedimentos éticos e legais que cada agente da instituição deve adotar em seu comportamento diário (Ribeiro; Diniz, 2015, p. 2-3). Ou seja, o compliance engloba um cultura organizacional.

No setor público, para muitas pessoas a noção de compliance ainda está muito ligada à temática de prevenção de corrupção, em parte devido à Lei nº 12.846/2013 e todo o trabalho realizado pela Controladoria-Geral da União (CGU) de aplicação de sanções e de avaliação de programas de integridade (Vecchio; Vieira, 2021, p. 6-8; Ribeiro; Diniz, 2015, p. 12-14).

Entretanto, o compliance pode (e deve) ser aplicado para diversos outras temáticas no âmbito da administração pública. Um desses temas é a proteção de dados, que no país é tutelada principalmente pela LGPD. Recorda-se que, consoante visto na seção anterior, as normas de proteção de dados também se aplicam aos entes estatais e há ainda deveres adicionais que os órgãos e as entidades públicos devem cumprir nos termos dessa legislação. Internacionalmente, há um cenário análogo, em que os países devem atuar sempre com observância às normas de proteção de dados.

Ao longo das seções do presente artigo, mostrou-se os conflitos existentes entre as normas da LGPD e os usos da blockchain pela administração pública. Por isso, é preciso refletir sobre caminhos para adequar a utilização dessa nova tecnologia à legislação vigente.

Na França, ainda em 2018, a Commission Nationale Informatique & Libertés (CNIL) publicou um estudo em que descreve algumas condutas, que podem ser adotadas pelas pessoas e pelos desenvolvedores de soluções que usem blockchain, de modo a assegurar a proteção dos dados pessoais nesse contexto (CNIL, 2018, p. 1).

A primeira recomendação talvez seja a mais emblemática. A CNIL afirma que é preciso avaliar em que medida é necessário usar blockchain para aquela aplicação tecnológica. Isso porque existem diversas alternativas com menores riscos para os dados pessoais, então é preciso sopesar o custo-benefício da opção pelo uso da blockchain. Ainda, na hipótese de optar pela blockchain, deve ser dada preferência para as permissionadas ou privadas (CNIL, 2018, p. 5).

A CNIL também recomenda que seja analisado minuciosamente qual será o formato dos dados registrados na blockchain, bem como quais serão esses dados, uma vez que a blockchain não permite alterações ou exclusões posteriores. A Comissão prefere a adoção de técnicas como hashes e criptografia para registrar os dados, sempre com o processamento dos dados fora da blockchain (off-chain), assim como destaca a necessidade de observar a diretriz da privacidade como uma preocupação incluída desde o desenho da aplicação, ou privacy by design em inglês (CNIL, 2018, p. 5-7).

No que tange ao exercício dos direitos previstos na legislação de proteção de dados, a CNIL afirma que (CNIL, 2018, p. 8-10):

a) a definição de controlador precisa ser ressignificada, a fim de abranger as especificidades de cada rede blockchain. Assim, é possível que até mineradores sejam considerados como controladores;

b) os direitos de informação, de portabilidade e de acesso são compatíveis tecnicamente com a blockchain e devem ser respeitados pelos controladores

c) o direito à exclusão dos dados é tecnicamente incompatível com a blockchain, porém o uso de técnicas como hashes e criptografia no registro original permitem que tais dados sejam tornados inacessíveis, o que já se aproxima do direito originalmente previsto e do seu objetivo;

d) o direito à alteração pode ser concretizado pelo registro de um novo bloco na blockchain.

Por último, a CNIL destaca a necessidade de seguir boas práticas de segurança da informação tanto no desenvolvimento quanto na operação dos sistemas que usam blockchain (CNIL, 2018, p. 10).

Em Singapura, a Personal Data Protection Comission também editou um guia com considerações sobre como conciliar a proteção de dados e o uso de blockchain. Um dos aspectos ressaltados é a necessidade de criar e manter um programa de gerenciamento da proteção de dados no âmbito do projeto de blockchain. Tal programa seria composto por diversos representantes dos diversos atores envolvidos no desenvolvimento, na manutenção e na operação da blockchain, visando estabelecer controles periódicos sobre esses processos, bem como uma cultura de proteção de dados e de respeito a práticas de segurança de informação em todas a atividades relacionadas (Singapore Personal Data Protection Comission, 2022, p. 21-23).

Nota-se que tais recomendações internacionais são importantes tanto no setor público quanto no setor privado.

O Parlamento Europeu também realizou um estudo sobre o tema e concluiu que não é possível apontar de forma geral incompatibilidades absolutas entre a norma de proteção de dados e a blockchain. Pelo contrário, é preciso uma análise caso-a-caso para averiguar em medida a legislação pode ou não ser cumprida. Ademais, o estudo ainda revela que a blockchain pode ser utilizada para auxiliar a implementação de sistemas que facilitem o cumprimento de outros dispositivos das normas de proteção de dados (Finck, 2019, p. 6-7).

Faz-se se necessário recordar que as legislações de proteção de dados foram pensadas em um contexto em que as aplicações principais da internet eram redes sociais e outros sítios em que há uma única empresa proprietária e controladora de todas as informações que são inseridas e disponibilizadas.

Nesse sentido, essa concepção centralizadora existente nas normas de proteção de dados é coerente com a realidade da época.

Todavia, a blockchain é uma tecnologia recente e que segue uma lógica diversa, onde não há essa centralização. Ademais, apresenta características que desafiam os pilares dos normativos de proteção de dados.

Assim, é fundamental repensar alguns conceitos e princípios das atuais normas de proteção de dados, de modo a assegurar uma efetiva proteção dos direitos dos titulares de dados no âmbito do uso da blockchain.

No caso do setor público, há um duplo desafio, porque há o desejo de inovar, com o uso da tecnologia, mas também há deveres ainda mais restritivos de proteção dos direitos dos cidadãos. Nesse cenário, é imprescindível haver uma mudança de cultura, em que a proteção de dados seja valorizada e respeitada desde a concepção inicial de qualquer projeto de blockchain. Isso permitirá a adoção de medidas mitigadoras para os riscos que a blockchain traz e, em alguns casos, pode ser decisivo para que seja possível dar algum grau de cumprimento às normas da LGPD.

Entende-se que somente com a maior disseminação e utilização da blockchain é que será possível identificar fatores de risco e elaborar normas e medidas mitigadoras. Contudo, é crucial que os órgãos e entidades públicos brasileiros estejam atentos às discussões internacionais e aos exemplo do que vêm ocorrendo nas outras jurisdições, de forma a aprender com os erros e os acertos dos demais países.

Do mesmo modo, é interessante que haja a troca de experiência também no âmbito interno, entre União, Estados e Municípios.

Por fim, é relevante direcionar esforços no sentido de aprimorar a capacitação de recursos humanos na temática de blockchain e de proteção de dados, inclusive por essa ter sido uma das fragilidades identificadas pelo TCU em sua avaliação.

Em face do exposto na presente seção, observa-se que existem diversas alternativas sendo construídas para que seja possível atingir o efetivo cumprimento das normas de proteção de dados no uso da blockchain. Espera-se que o próximo passo seja aplicar tais estratégias em cada projeto a ser desenvolvido no país.

CONSIDERAÇÕES FINAIS

O presente artigo abordou o uso da blockchain por parte da administração pública brasileira em busca de caminhos para atingir o pleno atendimento das normas de proteção de dados.

Ao longo das seções, verificou-se que se trata de um problema mundial, sobre o qual se debruçam diversos estudiosos e instituições públicas e privadas.

Nesse contexto, há características técnicas da blockchain que dificultam o cumprimento das normas de proteção de dados. Por outro lado, também há novas alternativas sendo objeto de reflexão, de modo que é preciso que os entes públicos do país estejam atentos ao cenário mundial e apliquem esse conhecimento nos projetos brasileiros.

REFERÊNCIAS

Allessie, David; Sobolewski, Maciej; Vaccari, Lorenzino. (2019). Blockchain for digital government: An assessment of pioneering implementations in public services. Joint Research Centre (JRC). Luxemburgo: Publications Office of The European Union. Disponível em: http://publications.jrc.ec.europa.eu/repository/bitstream/JRC115049/blockchain_for_digital_government_online.pdf . Acesso em: 23 set 2023.

Alves, Denilson Dayson Morais. Cavalcante, Albert Vinicius Furtado. Bento, Cléa Mara Coutinho. (2021). A relação da Lei Geral de Proteção de Dados e Smarts Contracts gerados por blockchain nas empresas. Revista Eletrônica do Ministério Público do Estado do Piauí, 1(2). Disponível em: https://www.mppi.mp.br/internet/wp-content/uploads/2022/06/A-relac%CC%A7a%CC%83o-da-Lei-Geral-de-Protec%CC%A7a%CC%83o-de-Dados-e-Smarts-Contracts-gerados-por-blockchain-nas-empresas.pdf . Acesso em 28 set. 2023.

Berryhill, Jamie; Bourgery, Théo; Hanson, Angela. (2018). Blockchains Unchained: Blockchain Technology and its Use in the Public Sector. Oecd Working Papers On Public Governance, 28. Disponível em: https://www.oecd-ilibrary.org/governance/blockchains-unchained_3c32c429-en . Acesso em: 21 set. 2023.

Bioni, Bruno Ricardo. (2019). Proteção de dados pessoais: a função e os limites do consentimento. Rio de Janeiro: Forense. Edição digital.

Boa Morte, Anderson. Meira, Anália. Costa, Rostand. Mariz, Dênio. (2020). Uma Análise Sobre o Uso de DLTs no Tratamento de Dados Pessoais: Aderência aos Princípios e Direitos elencados na LGPD. Anais do III Workshop em Blockchain: Teoria, Tecnologia e Aplicações. Disponível em: https://doi.org/10.5753/WBLOCKCHAIN.2020.12435 . Acesso em: 28 set. 2023.

Câmara dos Deputados. (2023). Audiência Pública Blockchain como meio de modernização da administração pública. [Vídeo]. Disponível em: https://www.camara.leg.br/evento-legislativo/69813 . Acesso em: 21 set. 2023.

Commission Nationale Informatique & Libertés (CNIL). (2018). Blockchain. Solutions for a responsible use of the blockchain in the context of personal data. CNIL Report. Disponível em: https://www.cnil.fr/sites/cnil/files/atoms/files/blockchain_en.pdf . Acesso em: 28 set. 2023.

Cortizo, Lucas Silvestre. (2020). A Blockchain à luz da Proteção de Dados na promoção de transparência contra a corrupção na Administração Pública. Dissertação de Mestrado. Universidade do Minho. Disponível em: https://repositorium.sdum.uminho.pt/handle/1822/74491 . Acesso em: 28 set 2023.

Digiconomist. Bitcoin Energy Consumption Index. Disponível em: https://digiconomist.net/bitcoin-energy-consumption . Acesso em 30 set. 2023.

Finck, Michèle. (2019). Blockchain and the General Data Protection Regulation: Can distributed ledgers be squared with European data protection law? Panel for the Future of Science and Technology. European Parliamentary Research Service. Disponível em: https://www.europarl.europa.eu/RegData/etudes/STUD/2019/634445/EPRS_STU(2019)634445_EN.pdf . Acesso em: 30 set. 2023.

Food And Agriculture Organization of The United Nations (FAO) e The International Telecommunication Union (ITU). (2018). E-Agriculture in action: Blockchain for agriculture - Opportunities and Challenges. Disponível em: https://www.itu.int/pub/D-STR-E_AGRICULT.03-2018 . Acesso em: 21 set. 2023.

Krey, Vinicius Gabriel. (2021). Impactos das Legislações de Proteção de Dados Pessoais a Tecnologia Blockchain. Trabalho de Conclusão de Curso. Universidade Federal do Rio Grande do Sul. Disponível em: https://lume.ufrgs.br/handle/10183/239816 . Acesso em: 28 set. 2023.

Nakamoto, Satoshi. (2008). Bitcoin: A peer-to-peer eletronic cash system. Disponível em: https://bitcoin.org/bitcoin.pdf . Acesso em: 28 set. 2023

Participa+ Brasil. (2023). Consulta pública da ANPD sobre o Regulamento de Transferências Internacionais de Dados Pessoais e do modelo de Cláusulas-Padrão Contratuais. Disponível em: https://www.gov.br/participamaisbrasil/regulamento-de-transferencias-internacionais-de-dados-pessoais-e-do-modelo-de-clausulas-padrao-contratuais . Acesso em: 21 set. 2023.

Rebelo, Maria Paulo. (2019). Os desafios do RGPD perante as novas tecnologias blockchain. Revista De Bioética Y Derecho, 46, 117-131. Disponível em: https://doi.org/10.1344/rbd2019.0.27066 . Acesso em: 29 set. 2023.

Ribeiro, Marcia Carla Pereira. Diniz, Patrícia Dittrich Ferreira. Compliance e Lei Anticorrupção nas Empresas. (2015). Revista de informação legislativa, 52(205), 87-105. Disponível em: https://www2.senado.leg.br/bdsf/handle/id/509944 . Acesso em: 29 set. 2023.

Rocha, Heloisa Rodrigues. (2023). O direito à revisão de decisões automatizadas baseadas em inteligência artificial aplicado à proteção do direito à saúde de vieses discriminatórios. Iguatu: Quipá. Disponível em: http://educapes.capes.gov.br/handle/capes/739137 . Acesso em: 22 out 2023.

Roche, Mariana de la. Dahlborn, Asa. (2023). Navigating the Blockchain Landscape, Efforts to Demystify Distributed Ledger Technologies. Disponível em: https://www.eublockchainforum.eu/sites/default/files/research-paper/Popular_Misconceptions%20in%20the%20Blockchain%20Industry.pdf . Acesso em: 23 set. 2023.

Singapore Personal Data Protection Comission. (2022). Guide on personal data protection considerations for blockchain design. 2022. Disponível em: https://www.pdpc.gov.sg/-/media/Files/PDPC/PDF-Files/Other-Guides/Blockchain-Guide_final.ashx?la=en . Acesso em: 30 set. 2023.

Tribunal de Contas da União. (2020a). Acórdão nº 1.613/2020 – TCU – Plenário. 24 jun 2020. Disponível em: https://pesquisa.apps.tcu.gov.br/redireciona/acordao-completo/ACORDAO-COMPLETO-2406748 . Acesso em: 28 set 2023.

Tribunal de Contas da União. (2020b). Sumário Executivo do Levantamento da Tecnologia Blockchain. 28 ago 2020. Disponível em: https://portal.tcu.gov.br/levantamento-da-tecnologia-blockchain.htm . Acesso em: 28 set 2023.

União Europeia. (2016). General Data Protection Regulation. EUR-Lex. Disponível em: https://eur-lex.europa.eu/eli/reg/2016/679/oj . Acesso em: 19 set. 2023.

Vecchio, Fabrizio Bon. Vieira, Débora Manke. (2021). Compliance Público: Irregularidades em Contratos da Pandemia Covid-19. J² — Jornal Jurídico, 3(2), 19-28. Disponível em: https://revistas.ponteditora.org/index.php/j2/article/view/465 . Acesso em: 30 set. 2023.

Vries, Alex de. (2022). Cryptocurrencies on the road to sustainability: Ethereum paving the way for Bitcoin. Patterns, 4(1). Disponível em: http://dx.doi.org/10.1016/j.patter.2022.100633 . Acesso em: 30 set. 2023.

Yaga, Dylan. Roby, Nik. Scarfone Karen. (2018). NISTIR 8202: Blockchain Technology Overview. National Institute of Standards and Technology dos Estados Unidos da América. Disponível em: https://doi.org/10.6028/NIST.IR.8202 . Acesso em: 21 set. 2023.

PONTOS FUNDAMENTAIS DE UM PROGRAMA DE COMPLIANCE EM UMA COOPERATIVA DE CRÉDITO

Autora:

Gabriela Menta Baggio

Compliance é um conceito que atingiu maiores proporções a partir da promulgação da lei nº 12.846/2013, chamada de Lei Anticorrupção. As políticas de compliance vem se disseminando nas corporações quase que como um sinônimo de integridade. Ou seja, empresas que possuem políticas de compliance em sua atuação demonstram ter preocupação em oferecer um trabalho por inteiro, não focado apenas no seu produto ou ramo de atuação, mas também preocupados com valores e princípios, que englobam de uma maneira ampla a ética, a integridade, prevenção a corrupção, incentivo a comportamentos positivos e incentivo a interações benéficas para a sociedade como um todo.

Analisando de uma maneira macro, pode-se dizer que o compliance é agir com integridade, focando nos pontos acima citados. Entretanto, cada empresa busca atingir esse fim com políticas moldadas em conformidade com suas atividades.

Assim, um programa de compliance tem as diretrizes variáveis de acordo com a necessidades de quem o aplica, sendo um instrumento que visa agir de forma sistêmica, tendo o máximo de eficiência e o mínimo de risco e perdas com uma atuação ética e íntegra.

Como mencionado, a aplicação de estratégias de compliance independe do ramo, ou segmento da empresa, em instituições financeiras não seria diferente, e no mercado atual se mostra até necessário, pois demostra que atua com responsabilidade corporativa, pautada com a legislação, com normas e resoluções, e alinhada aos princípios éticos e morais, de maneira a aumentar sua credibilidade e consequentemente seus resultados.

INSTITUIÇÕES FINANCEIRAS

De maneira bastante didática, instituição financeira é uma organização que tem como objetivo fazer a ponte entre o capital e algum tipo de serviço ofertado pelo mercado financeiro, ou seja, é quem faz a intermediação entre o público em geral e o mercado financeiro.

De acordo com o art. 17 da Lei 4.595 de 31 de dezembro de 1964:

> *"Art. 17. Consideram-se instituições financeiras, para os efeitos da legislação em vigor, as pessoas jurídicas públicas ou privadas, que tenham como atividade principal ou acessória a coleta, intermediação ou aplicação de recursos financeiros próprios ou de terceiros, em moeda nacional ou estrangeira, e a custódia de valor de propriedade de terceiros".*

A lei supracitada determina que, no Brasil as instituições financeiras somente podem funcionar com autorização do Banco Central da República do Brasil – BCRB, ou mediante decreto do Poder Executivo quando forem estrangerias. Além de autorizar, o BCRB também fiscaliza e regulamenta as referidas instituições.

Determina o artigo 18, em seu parágrafo primeiro, da lei em tela quais são as organizações submetidas as regulamentações do BCRB:

> *"Art. 18. As instituições financeiras somente poderão funcionar no País mediante prévia autorização do Banco Central da República do Brasil ou decreto do Poder Executivo, quando forem estrangeiras.*
>
> *§ 1º Além dos estabelecimentos bancários oficiais ou privados, das sociedades de crédito, financiamento e investimentos, das caixas econômicas e das cooperativas de crédito ou a seção de crédito das cooperativas que a tenham, também se subordinam às disposições e disciplina desta lei no que for aplicável, as bolsas de valores, companhias de seguros e de capitalização, as sociedades que efetuam distribuição de prêmios em imóveis, mercadorias ou dinheiro, mediante sorteio de títulos de sua emissão ou por qualquer forma, e as pessoas físicas ou jurídicas que exerçam, por conta própria ou de terceiros, atividade relacionada com a compra e venda de ações e outros quaisquer títulos, realizando nos mercados financeiros e de capitais operações ou serviços de natureza dos executados pelas instituições financeiras".*

Importa mencionar que independente da modalidade de instituição, a grande maioria desenvolve duas atividades apoiada em programa de compliance. Buscando em especifico as políticas de integridade das cooperativas de crédito, é possível perceber que há vários pilares em comum nos seus manuais de compliance, conforme descritos a seguir, nos levando a crer, serem estes os norteadores fundamentais.

COOPERATIVAS DE CRÉDITO

Em suma, cooperativas de crédito são instituições financeiras submetidas a regulamentação e fiscalização do BCRB, assemelham-se aos bancos privados convencionais na prestação de serviços, porém contendo alguns traços bastante distintos.

Para que seja possível compreender a dinâmica de uma política de compliance dentro das cooperativas de crédito, faz-se de suma importância a compreensão do que é de fato estas cooperativas.

Cooperativas de crédito de acordo com o BCRB, são instituições financeiras formadas a partir de uma associação de pessoas, que tem como objetivo a prestação de serviços de natureza econômica exclusivamente para os seus associados.

Sendo as cooperativas instituições financeiras, estas oferecem a seus associados todos os serviços ofertados por bancos convencionais, como contas correntes, contas poupança, aplicações, cartões, linhas de crédito, financiamentos, entre outros. Existem alguma diferenças bastante significativas entre cooperativas e instituições financeiras convencionais, porém as principais residem no fato de que na cooperativa de crédito o associado sempre tem poder de voto, não importando qual seja sua cota de capital social, outra diferença crucial é a de que o cooperativismo não objetiva o lucro, e seus resultados positivos são chamados de sobra, as quais são repartidas entre todos os cooperados de maneira proporcional as movimentações e operações daquele associado.

No entanto, assim como há participação na partilha das sobras, há também participação no rateio de perdas que possam haver, também na proporcionalidade das movimentações e operações do associado.

Ao contrário de outros ramos do cooperativismo, as cooperativas de crédito estão sob supervisão do BCRB. Esta supervisão é definida por uma política nacional, descrita na lei nº 5.764/1971, dentre outros normativos específicos.

ANÁLISE DOS MANUAIS DE COMPLIANCE DE ALGUMAS COOPERATIVAS DE CRÉDITO

Em uma análise aos manuais de políticas de integridade de três cooperativas de crédito, com linhas e produtos destinadas especialmente ao crédito rural, ainda que integrantes de sistemas diferentes, pode-se observar que todas possuem valores e visões muito semelhante, semelhança esta que se reflete nas instruções e manuais direcionados ao compliance.

Mesmo que não possuam um programa de compliance específico, todas dispõe de manuais, e assim é possível detectar 08 pilares que coincidem em seus manuais, tratados assim, como diretrizes fundamentais das práticas que devem conter no programa de integridade das cooperativas de crédito. São elas: o comprometimento da alta administração, a avaliação e a gestão de riscos, controladoria interna, gestão de terceiros, código de conduta, canal de relacionamento com os cooperados através de ouvidoria ou canal de denúncias, auditorias e monitoramentos e treinamentos.

O COMPROMETIMENTO DA ALTA ADMINISTRAÇÃO

O comprometimento da alta administração deve ser analisado com bastante cautela, pois quase que na totalidade a alta administração é eleita pelos sócios (DUARTE, 2019).

A decisões que são de interesse da entidade são tomadas em assembleia, que é órgão máximo da sociedade cooperativa, as deliberações feiras em assembleia devem ser acatadas por todos os cooperados, incluindo aqueles que não se fizerem presentes, e sempre deve-se privilegiar o interesse coletivo (ALMEIDA e PEAKE, 2006).

As assembleias podem ser convocadas por qualquer dos órgãos de administração que estejam constantes no Estatuto da Cooperativa, há uma previsão legal de ser convocada com no mínimo 10 dias de antecedência, por meio de editais que devem ser afixados em locais onde haja a grande circulação de associados (DUARTE, 2019).

Em razão de a cúpula administrativa ser escolhida por todos os associados, o cuidado deve ser redobrado para que sejam escolhidas pessoas comprometidas e também preparadas.

Todas as empresas que atingem o médio porte sentem a necessidade de ter em seu topo pessoas responsáveis por sua gestão. Quanto maior for essa organização, mais pessoal qualificado vai se fazendo necessário. De uma maneira objetiva, tem-se que a alta administração é aquele grupo de pessoas que tem poder de decisão, e podem estar divididos em conselho administrativo e, ou, diretorias executivas.

De acordo com as diretrizes de governança cooperativa do BCRB, a alta administração das cooperativas de crédito possuem singularidades, pois embora os problemas de uma governança cooperativa sejam quase sempre os mesmos enfrentados pela maioria das grandes empresas, as cooperativas possuem algumas questões específicas.

Caracterizadas por ser uma sociedade de pessoas e não uma sociedade de capital, as cooperativas tem a união dos seus associados pela livre adesão e pela gestão democrática na participação econômica, assim, contrariando o que acontece nas grandes empresas privadas, cooperativas são essencialmente administradas por seus sócios, visto que cada associado tem direito a um voto para a escolha das diretorias administrativas, independente de qual seja sua cota capital.

Seguindo nesta linha, a escolha dos gestores é de fundamental importância assim como o comprometimento dos eleitos. Nestes casos, definem os manuais de integridade que é através da transparência nas práticas de governança, assegurando aos associados conhecimento e informações quanto aos resultados, que garantem a condução íntegra.

Instituições financeiras com a natureza de cooperativas de crédito são também associações, e a falta de comprometimento, integridade e transparência por parte de sua alta administração, podem expor a instituição a riscos que podem contaminar o sistema como um todo. Outro ponto fundamental que exige as boas práticas da governança é que, diferentemente das instituições que pertencem a um sistema financeiro, as cooperativas não levam seu capital para ser negociado em mercado de ações, dessa maneira não ficando sujeitas a perquirição de investidores, o que faz com que a integridade na governança da cooperativa seja ainda mais necessária.

Assim, tem-se que, em cooperativas de crédito, os clientes são também proprietários, e a alta administração deve estar comprometida ao ponto de que as questões de governança gerem condições para a facilitar a tomada das decisões coletivas, minimizando custas e riscos e potencializando resultados e consequentemente fortalecendo o segmento cooperativista.

AVALIAÇÃO E GESTÃO DE RISCOS

A avaliação e a gestão dos riscos é outra prática que está nos manuais de compliance das cooperativas de crédito, como uma forma de prevenir ameaças significativas aos ativos da instituição.

Avaliar e gerir riscos tanto internos quanto externos, significa uma série de atividades com o objetivo específico de corrigir fragilidades para que se evite que determinadas falhas comprometam a instituição, além de conseguir identificar oportunidades que possam agregar capital.

As atividades específicas acima mencionadas, podem ser descritas como as estratégias que serão tomadas para se atingir as metas fundamentais ao crescimento sem ter o revés de algum dos riscos que as rodeiam. As operações que envolvem a gestão dos riscos são as responsáveis por identificar incertezas, medir probabilidades e mensurar os possíveis danos e impactos, assim, o principal objetivo da gestão de riscos é a prevenção de perdas de ativos.

Essa prevenção se dá por meio de testes, estudos e análises de produtos identificando as variáveis que o envolvem, antes de serem oferecidos aos clientes. É pela análise e gerenciamento dos riscos que as cooperativas de crédito definem de forma otimizada e adequada a alocação de recursos e insumos, e consequentemente elevando sua produtividade e lucro.

O gerenciamento dos riscos se insere ao compliance, visto que de acordo com Souza 2013, não como ter um bom programa de compliance sem se fazer o gerenciamento dos riscos e vice-versa, uma vez que o compliance é a satisfação dos requisitos que estão relacionados à gestão dos riscos para um cumprimento fiel das regras e normas de determinada instituição financeira.

Controles Internos

Os controles internos são procedimentos que em conjunto servem para organizar a empresa, para regulamentar seu funcionamento e garantir o cumprimento sistêmico de diretrizes e normas.

A controladoria interna está intimamente ligada a gestão de riscos. A alta administração deve estabelecer as regras que regem as atividades da cooperativa, a partir destes padrões é possível se manter a consistência das atividades que são submetidas a um controle interno para garantir sua efetividade. Assim, todas as condutas que buscam o funcionamento eficiente e benéfico da cooperativa devem seguir a organização desenhada pela alta administração.

Diante do que foi dito, tem -se que a controladoria interna deve estar presente em todas as camadas da cooperativa e precisa ser a mais eficaz possível, alinhada intimamente com o que dispõe a alta administração, assim como os fatores de risco para que a administração e crescimento da cooperativa aconteça da melhor maneira possível.

Gestão de Terceiros

A gestão de terceiros está prevista nos manuais de compliance, por ser mais uma atividade necessária para atender a politica de integridade. Cada instituição atribui etapas diferentes para esta gestão passando desde de uma avaliação inicial e processo de qualificação até avalição final de desempenho.

Após a área demandante selecionar uma terceira para a prestação de um serviço deve ser feito um gerenciamento, um mapeamento, para verificar a idoneidade da empresa com a qual a cooperativa está se relacionando, uma avaliação quanto as informações que serão repassadas e qual o tratamento que essa empresa dá para estas informações, buscando minimizar os riscos de vazamento de dados e consequentemente os riscos operacionais, assim como atentar aos riscos de reputação.

De uma maneira geral, a gestão dos terceiros com quem a cooperativa se relaciona envolve desde a seleção e homologação dos mesmos, para garantir a transparência em processos de compras a fim de se evitar fraudes e práticas de corrupção ativa e passivas em processos de compras. Envolve a gestão nos contratos firmados, nos pagamentos, e ainda nas doações, patrocínios e cortesias, uma que vez que estes podem envolver interesses individuais, e corrupção nas relações.

Há ainda, na gestão de riscos de terceiros, uma preocupação com o compartilhamento de recursos, para que se possa garantir a segurança no compartilhamento de dados, informações, entre outros. O contratado deve ser orientado e capacitado para estar adequado aos padrões e normativos de integridade definidos pela cooperativa.

Assim como com as empresas contratadas, se espera essas mesmas condutas da cooperativa com agentes governamentais e públicos com os quais a cooperativa venha a se relacionar, para ser garantida a transparência, integridade e ética.

É essencial, por exemplo, garantir que dados sigilosos que envolvem as operações da cooperativa e de seus cooperados sejam protegidos. Em síntese, a prestadora de serviços deve ser inserida na cadeia operacional e de gestão da empresa com cautela e gerenciamento sempre em conformidade com as normas e regulamentos obrigatórios abrangidos pelo programa de compliance da cooperativa de crédito.

Não há uma fórmula pronta para a correta gestão de riscos de terceiros, mas sendo a terceirização um ato que envolve riscos operacional, reputacional, legal, de liquidez, de mercados, entre outros, deve esse ato ser feito com muita cautela.

Código de Conduta

Outra diretriz encontrada nos manuais de compliance analisados das cooperativas de crédito, é o código de conduta. Código de conduta é um manual que determina a atuação, as normas de comportamento que devem ser seguidos por todos os colaboradores, bem como fornecedores e os demais que atuem nas dependências da instituição.

De nada adiantaria todas as outras diretrizes se não tivessem nenhum normativo referente a conduta e comportamento individual dos colaboradores. Para que seja eficaz, um código de conduta deve descrever seus objetivos, descrever os que aborda e também como ter acesso ao mesmo, deve ser um documento adequado a realidade da cooperativa e de seus colaboradores.

É importante também que o código de conduta descreva quais são os valores éticos que foram elencados, que identifique quais são as partes a que é destinado e como será a comunicação com estas. Deve ainda, esclarecer e explicar os principais itens, como as políticas de relacionamentos, quais são os compromissos assumidos pela cooperativa, seus colaboradores e cooperados. É importante também que seja estabelecida uma periodicidade de um processo de revisão, bem como qual será a área responsável para tal, quem fará as validações deste procedimento, dentre outras explicações que cada instituição entender necessária.

Em suma, um código de conduta deve deixar claro quais são os valores da cooperativa para que todos possam compreender e consequentemente praticá-los, servindo com uma referência para as condutas comportamentais individuais e coletivas, para assim aja um trabalho mútuo de respeito aos valores da instituição.

Canal de Denúncias / Ouvidoria

Toda instituição financeira deve ter um espaço destinado a manter uma relação com seu público. Ter um canal de denúncias, e ouvidoria, é uma opção para que a instituição possa manter um elo com os seus colaboradores, associados e também parceiros.

As empresas que desenvolvem esses canais para as instituições financeiras, diferem a ouvidoria e de um canal de denúncias. O primeiro, está mais relacionado as questões de irregularidades, seja corrupção, comportamentos antiéticos, e outros temas que comumente são mais delicados e por essa razão devem ser tratados de uma forma mais cautelosa, o canal de denúncias deve ser anônimo e te todo um apoio do compliance para prosseguir com as investigações da denúncia para posteriormente tomar-se as medidas cabíveis.

Já um canal de ouvidoria, se relaciona com comunicados mais genéricos, como o próprio nome diz, para ouvir. Dentro da ouvidoria podem serem dados feedbacks, elogios, sugestões, reclamações, etc., dos serviços prestados. A ouvidoria pode ser anônima ou não, a depende do canal, e objetiva que através das manifestações encaminhadas possam ser tomadas as providências com a área responsável.

O anonimato nesses canais é fundamental, em especial na ouvidoria, pois um registro anônimo encoraja as denúncias independente de seu assunto ser sensível, como no caso assédios ou corrupção, pois evita a sensação de constrangimento e o temor de retaliação.

Assim, a cooperativa de crédito deve deixar bem esclarecida qual será a forma de operação do canal de denúncias e da ouvidoria, como será a coleta das informações, se terá e como será a triagem, e ainda, onde encontram-se as informações desse modo de operação.

Nas políticas de compliance analisadas, além dos canais de ouvidoria e de denúncia, há também um comitê que faz a apuração dessas denúncias, selecionando-as por categorias, para dar o tratamento e encaminhamento adequado.

AUDITORIAS E MONITORAMENTOS

Depois de elencados os pontos fundamentais que devem compor um programa de compliance, a auditoria interna é uma ferramenta que pode fazer a avaliação dessa política. Assim, a auditoria deve seguir um método formal de um processo de verificação de amostragens e acompanhamentos.

As auditorias devem ter seus procedimentos descritos nos manuais e é uma diretriz indispensável ao compliance. Para ser efetiva, a auditoria deve ser um processo independente e imparcial, sem qualquer intenção de manipulação aos resultados, visto que seu objetivo é avaliar a eficácia e eficiência dos controles operacionais. Todos os manuais de compliance das cooperativas de crédito analisados descrevem um plano de auditoria independente, onde já foi previamente avaliado e indicado quais riscos devem compor o plano.

Quanto mais estruturado tiver o programa de compliance da cooperativa, mais eficaz será as auditorias e monitoramento pois todos os pilares do compliance estão intimamente ligados. Nesse sentido, a auditoria deve considerar as maiores fragilidades da instituição. De uma maneira geral são apontadas por instituições financeiras como as principais áreas de risco: a segurança, prestadores de serviços e terreiros intermediários e a segurança da informação de dados.

Neste cenário, quando houver a identificação de algum problema pela auditoria, serão feitas ações corretivas para que a situação não se repita, já que um dos objetivos do compliance é corrigir todo e qualquer problema para que a cooperativa esteja com todas as suas atividades o mais em conformidade possível.

Assim como os outros pilares já descritos, as auditorias e monitoramentos também devem passar por constantes revisões e adequações pela alta administração, essa dinâmica é fundamental para que sejam mantidas as áreas que estão regulares e sejam corrigidas aquelas áreas que apresentam deficiências.

Os treinamentos devem ser feitos para institucionalizar o aculturamento do compliance. Ou seja, o comprometimento dos colaboradores é crucial para o funcionamento do programa, pois de nada adianta todas as normas, regras e manuais sobre ética, transparência e combate a corrupção, se não forem colocados em prática pelos profissionais. A consolidação destas práticas, vão acontecendo no a dia a dia do funcionamento da cooperativa.

Para que se possa assegurar o engajamento de todos é necessário disseminar e incorporar as informações sobre compliance dentro da cooperaiva, com o propósito de conscientizar. Para isso é fundamental que toda às políticas e manuais relacionados ao compliance estejam acessíveis e sejam transmitidos de maneira clara e o mais objetiva possível.

O objetivo dos treinamentos é deixar os colaboradores aptos para executar as atividades dentro das políticas de integridade, são em algumas cooperativas inclusive obrigatórios, já que hoje com todas as possibilidades de mídias digitais e plataformas EAD, a acesso a treinamentos e cursos está muito facilitado.

Conforme explica Souza 2013, treinar a equipe de uma forma efetiva vai muito além de difundir as normas e os procedimentos, é necessário também que seja fortalecido o sentimento de pertencimento dos colaboradores, quando as práticas estão definidas, devem ser cumpridas por todos, sem exceções, de forma que assim a cooperativa de crédito demonstre a importância de cada um na contribuição dos bons resultados.

Portanto, o investimento em treinamentos é necessário e fundamental para que se tenha a concretização da política de compliance dentro da instituição financeira, para tanto há inclusive a previsão legal no artigo 42, inciso IV, do Decreto Federal nº 8.420/2015, que determina que os treinamentos periódicos são parte da avaliação da efetividade de um programa de compliance.

CONSIDERAÇÕES FINAIS

O trabalho desenvolvido nas instituições financeiras, em especifico nas cooperativas de crédito, é muito propício a fraudes e corrupção que pode ser praticado tanto individualmente tanto em de forma organizada. Estas são situações que atingem a imagem da empresa e gerando descrédito, quanto mais se dissemina a ideia de empresas corretas, em todos os aspectos, mas ouvimos falar em compliance, em políticas de integridade e em agir de acordo com a lei.

Embora o compliance não seja um tema novo, seu largo desenvolvimento é. As instituições financeiras vêm se estruturando nas implantações dessas políticas, implantando manuais e controladorias para evitar corrupção, fraudes, e erros que possam levar a perdas tanto operacionais quanto por indenizações.

Nesse sentido percebe-se uma estruturação consoante nas cooperativas de crédito, é possível verificar que embora ainda tenha muito a ser feito no que se refere aos programas de integridade, é possível perceber que as instituições de natureza cooperativas, estão caminhando num sentido único no desenvolvimento disto (VASCONCELOS, 2015).

Após a análise das políticas de compliance de 03 cooperativas de crédito, pode ser identificado que ainda que não haja um programa específico de integridade, todas dispõe de manuais, isolados ou integrados de procedimentos que visam por em prática as diretrizes do compliance de acordo com as suas atividades.

Dadas algumas variações, o que se observou foram as semelhanças quanto a todas preverem o comprometimento da alta administração, a avaliação e a gestão de riscos, controladoria interna, gestão de terceiros, código de conduta, canal de relacionamento com os cooperados através de ouvidoria ou canal de denúncias, auditorias e monitoramentos e treinamentos. Podendo estes serem descritos como imprescindíveis para a o funcionamento íntegro da cooperativa de crédito.

Os órgãos reguladores fazem várias exigências as instituições financeiras, visto o grau de complexidade de suas operações. O compliance aliado a governança corporativa fortalece os sistemas das cooperativas e só trás benefícios, desde que, como já mencionado, seja um sistema efetivo, com todos os pilares e diretrizes em sincronia, com todas as áreas e colaboradores trabalhando juntos e comprometidos com o propósito de fazer da maneira correta e ideal.

REFERÊNCIAS BIBLIOGRÁFICAS

Almeida, Marcus Elidius M., Braga, Ricardo Peake. Cooperativas à luz do novo código civil. Brasília, 2006, 1º edição, 179 páginas. Editora Latin.

Banco Central do Brasil. Governança cooperativa – Diretrizes para boas práticas de governança em cooperativas de crédito. Brasília, agosto de 2008. Disponível em: https://www.bcb.gov.br/content/estabilidadefinanceira/gov_coop/DiretrizesVersaoCompleta.pdf. Acesso em: 14 de dez. de 2021.

BRASIL. Lei nº 5.764, de 16 de dezembro de 1971 - Define a Política Nacional de Cooperativismo. Disponível em: http://www.planalto.gov.br/ccivil_03/leis/l5764.htm. Acesso em: 08 de dez. 2021.

_____. Lei Complementar nº 130, de 17 de abril de 2009 - Dispõe Sobre o Sistema Nacional de Crédito Cooperativo.

_____. Resolução nº 4.434, de 5 de agosto de 2015 - Consolida as Normas Relativas à Constituição e ao Funcionamento de Cooperativas de Crédito.

_____. Lei nº 4.595, DE 31 DE DEZEMBRO DE 1964 – Dispõe sobre a Política e as Instituições Monetárias, Bancárias e Creditícias, Cria o Conselho Monetário Nacional e dá Outras Providências.

_____. Lei nº 12.846, de 1º de agosto de 2013 - Dispõe sobre a responsabilização administrativa de pessoas jurídicas pela prática de atos contra a administração pública, nacional ou estrangeira e dá outras providências.

Disponível em: http://www.planalto.gov.br/ccivil_03/_ato2015-2018/2015/decreto/d8420.htm. Acesso em: 16 de dez. de 2021.

De Lima, Rodrigo Coelho. Direito cooperativo – avanços, desafios e perspectivas. São Paulo, 2018, 1º edição, 316 páginas. Editora Del Rey.

De Souza, Jane Dias Gomes. A importância da função de compliance em instituições financeiras. Rio de Janeiro 2013. Disponível em: https://web.bndes.gov.br/bib/jspui/bitstream/1408/7025/1/MBA_Jane%20Dias%20 Gomes%20de%20Souza_com%20termo_P.pdf. Acesso em 14 de dez. de 2021.

Duarte, Lajyárea Barros Duarte. Vieira, Paulo Gonçalves Lins. Assembleia geral de cooperativas – manual prático de orientações. Rio de Janeiro, 2019, 82 páginas. Editora Juruá.

Lopes, Paloma de Lavor, et al. Aplicação do compliance no setor bancário, disponível em: https://www.aedb.br/ seget/arquivos/artigos17/18425197.pdf. Acesso em: 11 de dez. 2021.

Gerenciamento de riscos do sistema Cresol. Disponível em: https://cresol.com.br/wp-content/uploads/2020/09/ ATUALIZADO_1222_Cresol_Baser_Pilar_3_Gerenciamento_de_Risco.pdf. Acesso em: 16 de dez. de 2021.

Nascimento, Carlos Valder do. Teoria geral dos atos cooperativos. Porto Alegre, 2007, 1º edição, 136 páginas. Editora Malheiros.

Rosário, Wagner. Manual para aplicação de programas de integridade. Disponível em: file:///C:/Users/Usuario/ Downloads/manual_implementacao_programa_integridade%20(1).pdf. Acesso em: 14 de dez. 2021.

Política de gerenciamento de riscos e compliance Sicoob. Disponível em: file:///C:/Users/Usuario/Downloads/ Relat%C3%B3rio-Pilar-3_2019.pdf. Acesso em: 14 de dez. de 2021.

Política institucional de governança coorporativa Sicoob. Disponível em: https://www.sicoob.com.br/ documents/2109296/0/Pol%C3%ADtica+de+Governa%C3%A7a+Corporativa+04_2018.pdf/e72b0644-4d52- 1f63-c0b3-25e2e95f42c7?t=1593524414012. Acesso em: 14 de dez. de 2021.

Política de conformidade Sicredi. Disponível em: https://www.sicredi.com.br/media/filer_public/2021/04/12/ politica_de_conformidade.pdf. Acesso em: 14 de dez. 2021.

Política de responsabilidade socioambiental do sistema Cresol. Disponível em: https://www.cresol.coop.br/wp- content/uploads/2020/11/POLITICA_SOCIOAMBIENTAL_CRESOL.pdf. Acesso em: 16 de dez. de 2021.

Souza, Alfredo Kugerastki. Manual de procedimentos de compliance em sociedades cooperativas. Disponível em: file:///C:/Users/Usuario/Downloads/_Manual_Procedimentos_Compliance_Ocepar%20(2).pdf. Acesso em: 17 de dez. 2021.

Vasconcelos, Francisco das C. Cooperativas – coletânea de doutrina. Brasília 2015, 1º edição, 373 páginas. Editora Iglu.

O COMPLIANCE COMO FERRAMENTA DE APRIMORAMENTO DAS RELAÇÕES DE TRABALHO

Autora:

Natasha de Oliveira Mendes Machado

Há muito se estuda as relações de trabalho. Inclusive, a força laboral que remonta à primeira forma de trabalho (escravidão), em um contexto histórico representava um sentido pejorativo em que se compreendia apenas a força física, em contraponto com a dignidade do homem que consistia em participar de negócios nas cidades por meio da palavra (do intelecto).

No contexto da evolução do capital humano, tivemos a servidão (época em que ainda se considerava o trabalho como castigo já que os nobres não trabalhavam) e depois as corporações de ofício.

Com a Revolução Francesa, em 1789, as corporações de ofício foram suprimidas, tendo sido neste período considerado incompatível com o ideal de liberdade do homem as referidas corporações. Aqui, então, temos a criação do direito do trabalho.

Seguiram-se evoluindo o conceito dos direitos sociais do trabalho, e com a Revolução Industrial passamos a ter o trabalho como emprego, passando a ser reconhecido que os operadores de máquinas deveriam receber salários.

O Estado que, até então, era abstencionista, passa a se tornar intervencionista, definindo rumos das relações de trabalho.

Nascendo para os trabalhadores a legislação do trabalho, vislumbra-se o resultado da reação contra a exploração dos trabalhadores pelos empregadores.

Em um grande salto para os dias atuais, percebe-se, claramente, como as relações de trabalho, suas regulamentações e o que os organismos internacionais vêm entendendo como necessário para preservar os direitos sociais inerentes as relações laborais, impactam na necessidade de utilização de ferramentas de conformidade para redução de litigios, melhora do clima organizacional, aumento da produtividade e manutenção da boa-reputação e imagem da empresa.

É que, pela singela análise das Constituições dos Estados modernos – das quais a de Portugal acaba por nos ser referência -, verifica-se a passagem do constitucionalismo liberal, preocupado apenas com a garantia da autonomia pessoal do indivíduo face ao poder do Estado, para o constitucionalismo social, caracterizado pelo intervencionismo estadual com fins de solidariedade e justiça social.

O Direito ao trabalho, portanto, como fundamental, possui para além de uma dimensão de defesa, uma dimensão de atuação positiva, no sentido de que o Estado deve proteger a liberdade de trabalho.

Com riqueza de detalhes sobre esse assunto, eloquente aquilo que Leal Amado escreve:

> *"Sendo a força de trabalho uma qualidade inseparável da pessoa do trabalhador, o que supõe um profundo envolvimento da pessoa deste na sua execução em moldes hétero determinados, isso implica que o Direito, embora centrado na relação laboral como relação patrimonial de troca trabalho salário, tenha em atenção essa envolvência pessoal. A relação de trabalho é uma relação profundamente assimétrica, isto é, manifestamente inigualitária, marcada pela dependência econômica e pela subordinação jurídica. Para o trabalhador cumprir é, antes de mais, obedecer, não se limitando a comprometer a sua vontade no contrato, mas também a submeter-se a esse mesmo contrato." (Leal Amado, 2009, p. 13)*

Nunca fez tanto sentido falar-se em detecção, prevenção e remediação de erros e práticas viciosas em relações de trabalho como atualmente, em especial considerando os reflexos positivos nos resultados econômicos e sociais das empresas, mas também em um momento onde há um movimento global clamando por medidas de ESG e práticas sociais inclusivas, onde, no nosso País, legislações trabalhistas vem sendo cada vez mais discutidas (Reforma Trabalhista – Lei nº 13.467/2017; Lei Geral de Proteção de Dados Pessoais – Lei nº 13.709/2018; Programa Emprega + Mulheres – Lei nº 14.457/2022), sem contar na crescente onda de decisões proferidas pelo Supremo Tribunal Federal acerca de matérias trabalhistas.

Não podemos olvidar, ainda, que a evolução tecnológica dos últimos 03 (três) anos – como reflexo, também, da pandemia provocada pelo Coronavírus – fez crescer a necessidade de novos contextos de regulação das relações laborais, com a adoção de procedimentos internos cada vez mais engajados com a busca perene pela saúde do trabalhador, evitando-se as chamadas doenças ocupacionais e laborais, além de reforçar a força do capital humano em uma era de especulação de inteligência artificial e seu crescimento em todos os segmentos laborais.

Introduzidos os pontos de relevo dos estudos a seguir apresentados, o artigo apresentará os principais conceitos do Compliance Trabalhista, os seus pilares como ferramentas de regulação das relações laborais, críticas a respeito dos enfrentamentos atuais, sempre com o plano de fundo de como valer-se do Compliance para aprimorar as relações de trabalho.

COMPLIANCE EM SUA SEGMENTAÇÃO TRABALHISTA: PRINCIPAIS CONCEITOS

Estar em conformidade é uma necessidade no cenário atual. Os principais players do mercado internacional e nacional já entenderam essa realidade. Mas o que vem a ser o Compliance em sua segmentação trabalhista?

As características de uma organização que está em Compliance são: integridade, ética, transparência, equidade, accontability e sustentabilidade. Em todas essas vertentes principiológicas temos no plano de fundo pessoas.

Em linhas gerais, com exceção das questões atinentes à direito societário, e direito civil (prestação de serviços), é na relação laboral que a aplicação prática das ferramentas de Compliance são ativadas com o objetivo principal de permitir que a organização esteja em conformidade.

Em suma, o Compliance vincula empregador e empregado ao dever de cumprir regulamentos e códigos internos e externos impostos em razão e para as atividades de uma empresa.

Conforme o entendimento de Piza e Mendes (2019), o Compliance visa modificar a cultura organizacional da empresa, proporcionando a adoção de condutas que visam à regularidade das atividades e o comprometimento dos trabalhadores, proporcionando segurança jurídica para a empresa quando da tomada de decisões.

A aplicabilidade do Compliance trabalhista está atrelada ao alinhamento das metas almejadas pela diretoria da empresa em conjunto com o diagnóstico dos problemas a serem superados (avaliação dos riscos).

Mas quais seriam os principais parâmetros que devem ser observados no Compliance Trabalhista? São ferramentas que possuem como norte apenas a Consolidação das Leis do Trabalho (CLT)?

O Compliance trabalhista transcende as normas estabelecidas nas legislações brasileiras trabalhistas, já que, em verdade, observa e tem como parâmetro a gestão empresarial com análise dos contornos éticos e sustentáveis, não anulando qualquer direito trabalhista, mas fazendo um elo entre os normativos legais dos direitos sociais com as regras internas do contexto empresarial ladeados pela missão, visão e valores empresariais.

Em todo o padrão ético e comportamental há um que basila todos os demais e deve ser o principal para a correta implantação do Compliance, qual seja: a efetiva aplicação e comprometimento com as regras de conformidade criadas. O Compliance precisa sair do papel e ser aplicado diariamente.

E, como em um todo, o que é normatizado deve ser fiscalizado para, em caso de violação, existir uma correspondente penalização.

Destaca-se no Compliance trabalhista o que a Reforma Trabalhista, com o advento da Lei nº 13.467/2017, trouxe no que atine à possibilidade de a empresa imputar dano de caráter extrapatrimonial ao seu empregado que, a partir da sua ação, venha ofender a moral ou a honra da empresa, em importante inovação legislativa que justifica e fundamenta a importância de implantação de Compliance, já que é a partir da sua integração no ambiente organizacional que torna-se possível a conscientização dos empregados quanto às regras a serem observadas, evitando-se transtornos futuros.

O Decreto nº 11.129/2022, que regulamenta a Lei nº 12.846/2013 (que dispõe sobre a responsabilização administrativa e civil de pessoas jurídicas pela prática de atos contra a administração pública), traz o Capítulo V acerca do programa de integridade, e como forma de esclarecer o instituto refere um conjunto de mecanismos e procedimentos internos de auditoria, incentivo à denúncias e irregularidades, aplicação efetiva de códigos de ética e de conduta, política e diretrizes, todos com o escopo de prevenir, detectar e remediar irregularidades e ilícitos praticados, além de fomentar e manter cultura de integridade no ambiente organizacional.

Os códigos e as políticas comentadas em referida norma positivada trazem em seu âmago a essência do Compliance trabalhista, já que regulam as condutas dos prestadores de serviços e de todos os stakeholders, mas, também e de modo especial, dos empregados da empresa.

O sucesso do Compliance, sem dúvidas, como salienta Ventura (2018), acaba sendo um processo de maturidade empresarial, e se encontra, impreterivelmente, no comportamento humano, já que, por mais que a empresa tenha processos e políticas implementadas, a sua plena efetividade dependerá do comprometimento de cada empregador e de cada empregado. Ainda, o autor acredita que a criação de parcerias internas é fundamental para fortalecer as relações entre as variadas áreas da empresa (recursos humanos, jurídicos e outros), de maneira que todos possam buscar um ideal comum de integridade.

CAPITAL HUMANO

Defendemos que o principal ativo de uma empresa é o seu capital humano. Afinal, em uma visão bem simplista desta afirmação, não é o que cada organização faz que a destaca no mercado, mas o como a faz. E a forma de se fazer algo (produto ou serviço) tem em si uma marca bem desenhada do profissional que a implementa, seja como reprodução de padrões operacionais já pré-estabelecidos, ou seja como uma fonte inesgotável de criatividade e inovação que deve ser alinhado com a missão, visão e valores da empresa.

Não cabe, nesse cenário, precarizar as relações de trabalho, como se fazia há alguns anos. A intensificação da globalização, inclusive, não nos permite valer- nos de padrões antiquados para realizar algo novo (ou manter-se firme em uma organização em um mundo globalizado).

Aliás, faz-se um recorte para destacar que as grandes empresas transnacionais passaram a deslocar sua produção para países com menor custo, adotando aprimoradas e diversificadas cadeias globais de suprimentos. Essa onda fez com que o que referidas empresas visem, além da redução dos custos operacionais (já que passaram a concentrar em seu território apenas os trabalhos intelectuais e de inovação), um encontro de padrões de relações de trabalho compatíveis com seus ideais sociais. E isso não é pouca coisa.

Isso fez com que, inclusive, a Organização Mundial do Comércio – OMC – se preocupasse com o combate ao chamado 'dumping social', com a previsão de inclusão de cláusulas sociais para combater condições de trabalho degradantes, impondo restrições comerciais aos países que não observassem os padrões mínimos laborais.

No mesmo sentido a OIT – Organização Internacional do Trabalho - , no estudo 'Workplace Compliance in Global Suplly Chains' salientou, em miúdos, que os empreendimentos devem competir não por sua capacidade de minimizar custos com mão-de-obra, mas pela qualidade de seus bens e serviços, tudo para que haja o respeito universal aos princípios e direitos fundamentais no trabalho estabelecidos na Declaração da OIT de 1998.

O capital humano deve ser encarado como o grande ativo empresarial e como fonte inesgotável da melhor gestão da empresa para fins de crescimento? Sim, indiscutivelmente. Com efeito, a observância de todos os padrões normativos nacionais e internacionais, com foco na conformidade das relações laborais, representa a nítida responsabilidade social corporativa.

Em um paralelo com o ativo imobilizado, onde a própria Constituição Brasileira de 1988 define em seu artigo 170, inciso III, acerca da função social que a propriedade deve ter, não menos importante considerarmos que as organizações devem ter firmes e fiéis que o capital humano precisa empregar com responsabilidade social.

Não se imiscui em questões tipicamente de resultados econômicos/crescimento econômico que o capital humano tem influência direta – e sabe-se que centenas de artigos abordam com propriedade tal questão -, mas a ideia central de resposta significativa e umbilicalmente interrelacionada entre o que se considera nível educacional com a potencialização de crescimento empresarial perpassa, inclusive, pela maior ou menor aporte de recursos das organizações para o fomento do crescimento intelectual e informacional dos membros da empresa, ou seja, de todos os seus empregados (independentemente do nível hierárquico ou posição ocupada).

A redução do nível de assimetria informacional representa uma cadeia no segmento educacional relatado no parágrafo anterior, e esse estado de transparência que pode ser atribuído à redução da ignorância repercute e impacta positivamente na melhora significativa do aproveitamento do capital humano, com redução de turnover, crescimento da qualidade e quantidade da produção, aumento do engajamento das equipes, e uma infinidade de benefícios.

Os estudos também apontam que o capital humano, como elemento dinâmico e determinante do processo produtivo, não pode ser esquecido como ferramenta de manutenção e, por essa mesma razão, que o Compliance e suas ferramentas são evidenciadas como forma de aprimoramento das relações de trabalho.

Há que se aportar recursos de maneira coerente com a formação educacional progressiva, profissionalização dos trabalhadores, fomento de práticas saudáveis e construção de ambientes livres de assédio. E, nesse aspecto, a gestão e governança corporativa representam fonte de preparação empresarial para que estas políticas sociais empresariais sejam efetivadas.

PILARES DO COMPLIANCE COMO FERRAMENTAS DE REGULAÇÃO DAS RELAÇÕES LABORAIS

Para que haja um bom aproveitamento dos regulamentos, códigos e políticas internas a serem traçadas para a empresa durante a implementação do programa de Compliance, o primeiro pilar a ser traçado e bem desenvolvido é o apoio da alta administração. Essa é a linha que se considera com a máxima já muitas vezes propagada do "tone from the top".

Seguindo os pilares, segundo salienta Assi:

> *"Antes de se preocupar com a redação e a publicação ou promulgação do código de conduta e das políticas que incorporarão à cultura da empresa, é preciso identificar quais os principais riscos presentes no cotidiano da operação, seja em âmbito interno, seja em âmbito externo – no trato com clientes públicos e privados, fornecedores, parceiros e agentes públicos.*
>
> *Para elaborar uma matriz que verdadeiramente reflita os riscos da atividade empresarial, viabilizando a identificação da gravidade de cada um e facilitando o posterior desenho dos controles correlatos, é preciso mapear os processos (as rotinas e os procedimentos de cada área), identificando as falhas e quebras de legislação, assim como a frequência em que ocorrem [...]" (Assi, M., 2018, p. 35)*

No âmbito trabalhista, de suma importância que os riscos sejam avaliados nos processos adotados pelo departamento pessoal da empresa, os registros documentais dos contratos de trabalho, bem como a verificação de conformidade com a legislação trabalhista e demais normativos aplicáveis aos contratos de trabalho.

E, de todos os pilares, o que mais se destaca para o sucesso de um bom programa de Compliance é a boa comunicação. Essa é a base sólida de todo o programa, que começa desde o suporte da alta administração até a fase final de treinamentos. Afinal, é com o engajamento de todos os players, stakeholders e empregados que se possibilitará a observação da correta e adequada aplicação dos códigos e políticas criadas a partir da compreensão do significado de ética e integridade e da aplicação de toda essa cadeia de valores em suas atividades rotineiras.

Além disso, é extremamente relevante que seja disponibilizado um canal de relatos e denúncias, com o objetivo sejam as irregularidades repassadas, apuradas e, em caso de procedência, tratadas consoante as regras internas estabelecidas.

Dentro desse mesmo cenário, importante a consideração acerca da necessidade de existir independência e autonomia do Compliance Officer/diretor do Compliance e do comitê que pode ser formado pelas organizações para gerir o programa.

CÓDIGO DE CONDUTA E A CULTURA EMPRESARIAL

Considerado um dos principais instrumentos de normatização interna e canal de divulgação de ações e procedimentos padrões esperados dos envolvidos na relação comercial, o código de conduta deve ser utilizado para complementar as obrigações legais e regulamentares, considerando-se objetivos éticos, de moralidade e transparência, demonstrando as práticas esperadas de forma clara e objetiva.

Prado e Fernandes, no artigo "A cultura empresarial como base do código de conduta", destacam a importância do Código de Conduta na estruturação de um Programa de Compliance. Vejamos:

> *"O Código de Conduta deve ter coerência, na medida que externa os padrões de condutas esperados e que devem ser seguidos. É imprescindível, portanto, que seja a materialização do posicionamento da Organização. Quando elaborado com cautela é um facilitador do Programa de Compliance, aumentando a eficiência e resultando na melhora do fluxo de trabalho. É o alinhamento de práticas e políticas, com o objetivo de refletir a cultura e identidade corporativa da empresa." (Prado, 2019, p. 01)*

O código de conduta conterá disposições variadas conforme cada realidade empresarial, não é estanque e não contempla identidade de texto. As características da organização devem ser observadas com riqueza de detalhes, e há um verdadeiro ato – de fato em toda a cadeia de implementação do Compliance - de trabalho artesanal e de alfaiataria, pelo qual cada detalhe único e específico da empresa deve ser observado e contemplado pelo profissional que implementa o programa.

O DNA da empresa deve ser 'sentido' toda vez que for feita a leitura do Código de Conduta. É preciso que o leitor do texto de referido normativo consiga, pelo contato direto com o instrumento, compreender os detalhes intrínsecos daquele time e daquela empresa com a qual algum relacionamento passará a ser abordado, e que isso possa ser, no momento seguinte, confirmado com as tratativas comerciais, com destaque especial com relação atributos de missão, visão e valores.

Em miúdos, podemos dizer que o Código de Conduta, quando elaborado por uma equipe consciente de todos os pormenores envolvendo a atividade empresarial, bem assim considerando as práticas aceitas e não aceitas de acordo com os padrões pré-estabelecidos de valores, reflete, indubitavelmente, a cultura daquela empresa.

'KNOW YOUR CUSTOMER' E A DUE DILIGENCE

Advindo do conceito americano, "know your customer" pode ser traduzido por conheça seu cliente.

Ao trazer para o direito do trabalho, ela pode ser aplicada nos casos de terceirização indireta, que é quando uma empresa tomadora de serviços contrata outra empresa prestadora de serviços para realizar determinadas atividades.

Em suma, fazendo adaptações da sistemática de "know you customer" para área trabalhista é possível que se conheça o prestador de serviços antes de contratá-lo, fazendo-se o levantamento da documentação de sua empresa, confirmando a integralização do capital social alegado, verificando a estrutura e condições de higiene e segurança, avaliando o histórico de sócios e analisando possíveis riscos.

Toda essa prévia diligência tem como objetivo principal traçar os principais padrões associados às condutas pregressas da empresa que poderão impactar diretamente na tomada de decisões por parte da empresa contratante/investigante dada a possibilidade de impacto direto nas relações laborais e comerciais.

Isto porque a regra legislativa é de que a empresa tomadora de serviços (contratante) é subsidiariamente responsável em relação às obrigações trabalhistas consoante entendimento do §7º, do artigo 10, da Lei nº 6.019/1974, que assim dispõe:

> *"Art. 10. Qualquer que seja o ramo da empresa tomadora de serviços, não existe vínculo de emprego entre ela e os trabalhadores contratados pelas empresas de trabalho temporário.*
>
> *[...]*
>
> *§7º A contratante é subsidiariamente responsável pelas obrigações trabalhistas referentes ao período em que ocorrer o trabalho temporário, e o recolhimento das contribuições previdenciárias observará o disposto no art. 31 da Lei 8.212, de 24 de julho de 1991."*

A due diligence repercute, então, em uma antecipação de informações acerca do que pode servir de análise de riscos para tomadas de decisões relativas a considerar ou não a contratação de terceiros para determinados segmentos dentro de uma cadeia de suprimentos, por exemplo.

Em todo o tempo, verifica-se o gerenciamento de riscos.

O IBGC define que "o termo risco é proveniente da palavra risicu ou riscu, em latim, que significa ousar. Costuma-se entender 'risco' como possibilidade de 'algo não dar certo', mas seu conceito atual envolve a quantificação e qualificação da incerteza, tanto no que diz respeito às 'perdas' como aos 'ganhos', com relação ao rumo dos acontecimentos planejados, seja por indivíduos, seja por organizações."

O gerenciamento dos riscos pela análise da due diligence, nesse diapasão, acaba por ser um processo conduzido por uma organização, aplicado de forma estratégica no estabelecimento, e formulada para identificar em toda a organização alvo eventos em potencial capazes de afetar, em circunstâncias hipotéticas (mas prováveis), a atividade da contratante que, a par dos riscos, decidirá administrá-lo ou não em consonância com o seu 'apetite ao risco', que acaba por ser gerenciado com os parâmetros já traçados para o cumprimento dos objetivos da organização, em observância às políticas de Compliance.

RISCOS TECNOLÓGICOS E ESTRESSOES DO MUNDO CONTEMPORÂNEO E O COMPLIANCE

Estudos apontam que a pandemia provocada pela Covid-19 intensificou o uso de tecnologias digitais no Brasil, passando a um aumento significativo de acesso à internet e conexão à rede mundial de computadores.

Para o coordenador do CGI.br, Márcio Migon (2021), os dispositivos eletrônicos (tais como celulares e computadores) desempenharam papel crucial durante a crise sanitária provocada pela COVID-19, a partir do momento em que contribuíram para a continuidade das atividades das empresas com a adoção do modelo de trabalho home office, vendas online, atividades educacionais com o ensino remoto, teleconsultas para os casos de saúde, entre outros. Entretanto, referido especialista afirma que passaram a ser percebidas diferenças sociais, e seu potencial agravamento, pela perspectiva do acesso às referidas mudanças tecnológicas.

Migon (2021) confirma que o mundo 'virtualizado' possibilitou muitas soluções, aumentando o leque de oportunidades para um grupo social, por um lado. Noutro norte, o contato acentuado com muitas alternativas de transações comerciais permitiu a divulgação massiva de dados pessoais; o 'anywhere work' aumentou significativamente a possibilidade de aumento de níveis de produção e, assim, as doenças laborais como o burnout; e o contexto de um cenário não antes evidenciado trouxera condutas de empregadores tendentes a provocar o assédio moral com parcelas do grupo de trabalhadores que estariam em condições de vulnerabilidade.

A Lei Geral de Proteção de Dados Pessoais (Lei nº 13.709/2018) tem como finalidade a proteção dos direitos fundamentais de liberdade e de privacidade, além do livre desenvolvimento da personalidade da pessoa natural – e isso encontra-se no texto do artigo 1º da referida lei.

Mas é certo que o texto legal não fez qualquer distinção quanto ao tipo de relação jurídica em que se dê o tratamento de dados pessoais. E isso se deve ao fato de que a lei em comento disciplina de forma ampla e é coerente com a própria denominação do diploma, devendo, assim, estender seus efeitos pelas mais variadas espécies de relações, podendo se falar em verdadeira transversalidade.

De modo contrário à GDPR, a lei brasileira não traz expressas previsões sobre o direito do trabalho, mas a sua incidência é indiscutível já que as relações de trabalho carecem de coleta, recepção, armazenamento e retenção de dados para a sua inicialização (pela contratação), e os empregados de cada organização acabam sendo agentes indiretos de tratamento de dados de terceiros – partes envolvidas na cadeia de serviços ou produtos de cada empresa.

A ANPD – Autoridade Nacional de Proteção de Dados – divulgou em Maio de 2021 um Guia Orientativo para Definições dos Agentes de Tratamento de Dados Pessoais e do Encarregado, e como forma de sanar várias dúvidas geradas sobre o enquadramento da figura dos empregados/funcionários, definiu, de modo específico, que os funcionários atuarão em subordinação às decisões do controlador, não se confundindo, portanto, com os operadores de dados pessoais.

Encara-se o desafio gerado pela pandemia e o grande volume de transações operacionalizadas por empregados de forma descentralizada - ou seja, fora das dependências do empregador -, que culmina com uma vulnerabilidade acentuada de possibilidade de mau uso e vazamento de dados pessoais de stakeholders. Isto porque a lei não trouxera uma delimitação quanto a forma prática de desenvolvimento de ferramentas ou processos internos para coibir a prática de ilícitos contra os dados pessoais.

E é nesse contexto de lacuna legislativa que se encara a possibilidade (ousamos dizer, a necessidade) do Compliance de Dados também nas relações envolvendo os trabalhadores, onde não se observará e concentrará olhares apenas e tão somente para o volume de dados dos próprios colaboradores que são operacionalizados desde a fase pré-contratual até a fase pós-contratual, mas também os dados de terceiros que são coletados e tratados pelos empregados da organização – com subordinação aos operadores de dados -, volvendo os olhares para a forma como esse tratamento se dará, em respeito aos princípios da lei (que destacamos como fundamentais: a finalidade, a adequação e a necessidade), bem como para que as melhores práticas nos processos internos sejam traçadas visando o escorreito manuseio de todo o volume de informações coletadas.

O controlador tem a missão de identificar, com muita cautela, as bases legais que autorizam o tratamento e, havendo mais de uma hipótese, ancorar-se naquela que seja mais segura e específica. Com isso, tem a obrigação de transmitir aos seus empregados, com treinamentos e demais meios eficazes de comunicação, o que chama- se de ciclo de vida dos dados pessoais coletados e as ferramentas de Compliance que são utilizadas para, em atenção aos ditames legais, proporcionar segurança e privacidade dos dados.

A integridade que se observa e que se almeja pelos programas de Compliance perpassa, inclusive, pela checagem de antecedentes (background check). Mas há uma limitação imposta pela Lei Geral de Proteção de Dados Pessoais no que atinge à vida pregressa de empregados.

Tais processos de verificação de antecedentes de empregados e/ou candidatos com o objetivo de identificar se tais pessoas estão em conformidade com a cultura empresarial, agregando valor à atividade empresária desenvolvida e diminuindo o risco inerente à própria atividade, encontra um limite e não pode, assim, ser canal de discriminação ou ser enviesado de forma a segregar uma parcela da sociedade; deve, por outro lado, ser o mais objetivo possível e representar um processo de triagem com padrões, o que significa que todo candidato considerado para uma vaga deve passar pela mesma verificação de antecedentes.

As mais variadas vantagens do Compliance trabalhista já foram mencionadas, mesmo assim é importante destacar que o acesso ao posto de trabalho informal (leia-se: estações virtuais que possibilitam o acesso remoto ao ambiente online das empresas) acaba sendo um aspecto importante para ser considerado nas políticas de Compliance, de modo que o programa contemple e alguergue, também, as principais condutas tendentes às boas práticas de governança fora dos muros da corporação.

A questão que se põe em análise é: como o Compliance poderá cuidar da missão, visão e valores da empresa, em prol de condutas éticas, íntegras, inclusivas e equânimes em ambientes virtuais; como cuidará dos excessos, da saúde física e mental dos trabalhadores que estão desenvolvendo suas habilidades e funções fora do campo de visão de seus gestores e coordenadores imediatos?

Fica claro que a inclusão de regras de Compliance sobre cuidados com a saúde física e mental do trabalhador, com implantação de técnicas de monitoramento de fluxos razoáveis de trabalho e de mobilização de conscientização, treinamento e proporcionando espaços anatômicos para um ambiente seguro fisicamente, indubitavelmente, é um excelente início.

Mas não se afasta a máxima de que a prática do Compliance exige a retroalimentação do programa, ou seja, o monitoramento e a revisão deste planejamento que é vivo e dinâmico. E isso se deve, também, ao fato de que as alterações comportamentais dos indivíduos envolvidos no ambiente laboral (seja físico ou virtual) contempla o maior nível de percepção da realidade que se amolda às evoluções sociais.

A Agência Europeia para a Segurança e Saúde no Trabalho (2019) relata, em valiosa publicação, que os riscos psicossociais e gestão do nível de stress são os maiores desafios em matéria de segurança e saúde no trabalho, pois têm um impacto significativo na saúde dos trabalhadores, organizações e economias nacionais. Tais riscos decorrem de deficiências na concentração, organização e gestão do trabalho, bem como de um contexto social de trabalho problemático, podendo ter efeitos negativos a nível psicológico, físico e social tais como o stress, esgotamento e/ou depressão, burnout. As pesquisas da Agência Europeia apontam que os fatores atrelados a estes riscos podem ser relacionados à cargas de trabalho excessivas, falta de clareza na definição de funções, falta de controle sobre a forma de execução do trabalho, insegurança laboral, comunicação ineficaz, assédio moral e/ou sexual, dentre outros.

Estudos cunhados por Christina Maslach, psicóloga social americana e professora emérita da psicologia na Universidade da Califórnia, Berkeley, conhecida por sua pesquisa sobre o esgotamento profissional, constatou que também são considerados como fatores de riscos para a saúde do trabalhador a organização/divisão do trabalho, a competitividade, a maximização dos lucros, assim como as constantes cobranças de resultados alinhadas à despersonificação do trabalho.

Contudo, a síndrome de burnout não está vinculada exclusivamente ao nível de stress, fadiga e depressão, mas, sobretudo, com o ambiente de trabalho e as variantes ambientais relacionadas ao próprio risco do empreendimento desenvolvido, maior ou menor nível de cobrança e a cultura empregada em todo o ambiente corporativo. Ou seja, o burnout relaciona-se muito mais à natureza de como o trabalho se desenvolve do que com o trabalhador em si.

O Ministério da Saúde, na Portaria 1.339/99, trata e classifica o burnout como um transtorno mental e de comportamento relacionados com o trabalho, com a seguinte redação: i) Sensação de Estar Acabado ("Síndrome de Burn-Out", "Síndrome do Esgotamento Profissional") (Z73.0); ritmo de trabalho penoso (Z56.3); outras dificuldades físicas e mentais relacionadas ao trabalho (Z56.6). Igualmente a síndrome de burnout é reconhecida pela previdência social como doença laboral, nos termos do Anexo II do Decreto 3.048/99.

Não bastasse, a Organização Mundial de Saúde concedeu classificação própria no Código Internacional de Doenças, de tão alarmante que referida síndrome é, conforme destaque de Lauren Azevedo:

> *"A ocorrência em âmbito mundial desta síndrome é tanta nos dias de hoje, que a Organização Mundial da Saúde (OMS) na 11ª Revisão da Classificação Internacional de Doenças ocorrida em maio deste ano (2019) e que entra em vigor em janeiro de 2022, lhe concedeu uma classificação própria (CID-11 QD 85), em separado da que até então estava inserida (CID 10) para facilitar o seu diagnóstico e tratamento. Fez-se necessário especificá-la, diferenciá-la de outras doenças (como depressão, por ex.) porque, apesar de terem muitos pontos em comum, a origem é diferente, pois o Burnout decorre do estresse crônico decorrente exclusivamente do contexto laboral e não é uma doença, mas uma Síndrome que influencia a saúde." (Azevedo, L., 2020, p. 01)*

Afigura-se possível delinear nos programas de Compliance trabalhista medidas de prevenção da Síndrome de Burnout, e está diretamente relacionada com a identificação e intervenção nos fatores de riscos no intuito de se preservar a saúde do trabalhador. Basicamente, criam-se programas preventivos com condições para que o indivíduo tenha respostas para as situações negativas ou estressantes, para que hajam melhoras das condições de trabalho e/ou combinam as citadas modalidades a fim de modificar a forma de enfrentamento do indivíduo frente às situações de estresse ocupacional.

As medidas preventivas devem levar sempre em consideração estratégias e planos individuais, coletivos e organizacionais, já que a perspectiva cognitivo-comportamental na busca pela prevenção nos dá conta de que é preciso conhecer o problema, identificá-lo, bem como tomar informações sobre o perfil do agente causador, para que se domine as estratégias de enfrentamento com o intuito de que, finalmente, o problema possa ser enfrentado com atuação direta no meio estressor para que hajam modificações e adaptações ao indivíduo.

E há uma desvantagem competitiva enorme em organizações com empregados acometidos da síndrome de burnout, e está relacionada com a incapacidade laboral do empregado, onde o turnover acaba sendo uma realidade e o gasto financeiro provocado diretamente e indiretamente à empresa é sentido de modo a impactar no seu custo médio do serviço e/ou produto.

Cita-se, também, o prejuízo de natureza econômica sobre a vida do trabalhador, sua família e para o próprio Estado, já que em muitos casos há o afastamento do trabalhador que ficará recebendo auxílio-doença previdenciário. Por ricochete, sofre a sociedade, pois é quem, em última análise, confere sustentabilidade ao sistema previdenciário.

Sabe-se que no Brasil o assédio moral é considerado uma figura jurídica relativamente nova, e estará caracterizado quando ficar evidente conduta abusiva, prática reiterada, postura ofensiva, agressão psicológica com a finalidade de causar abalo e/ou exclusão psicológica da vítima, bem como o dano psíquico e emocional da vítima.

O assédio moral pode ocorrer de maneira vertical ou horizontal. No primeiro caso vislumbra-se quando há condutas indevidas praticadas pelo superior hierárquico em direção aos seus subordinados – esta é a modalidade mais comum no mundo do trabalho. De modo incomum, mas presente, é possível que o assédio aconteça de modo vertical ascendente, quando parte de um subordinado em direção ao seu superior.

Há, ainda, outra categorização do assédio moral, chamado de assédio moral organizacional, onde a prática de gestão do empregador estimula a competição de seus trabalhadores por meio do medo ou ameaças que, não raro, proporciona ap empregado um alto nível de esgotamento mental, físico e emocional no ambiente de trabalho.

Azevedo e Jahn (2020), citados por Vesoloski e Zambam (2022), traçam importantissimas lições quando salientam que quando houver vítimas de condutas lesivas devem ser viabilizados pela empresa meios facilitados para noticiar o ocorrido, de modo que a denúncia narrada seja averiguada e as devidas providências sejam aplicadas.

Resta cristalino, assim, que o Compliance trabalhista auxilia a empresa em todas as searas, mas especialmente na mitigação de condutas desvantajosas e ao mesmo tempo frágeis, como atos de discriminação, assédio moral e/ou sexual, e a relação entre a necessidade de sistemas que auxiliem o desenvolvimento de boas práticas administrativas, de comportamento, de cooperação e de outros benefícios e direitos que sejam progressivos, envolventes e cuidadosos. Gestores, dirigentes e demais trabalhadores estão sempre convocados a aplicar o Compliance e tornar suas diretrizes realidades combativas e aguerridas no propósito comum de boas práticas e criação de ambientes sociais harmônicos, íntegros, éticos e melhores para se viver.

ENFRENTAMENTOS ATUAIS DO COMPLIANCE: RISCOS E DESAFIOS

Ainda se considera uma fase prematura da implementação do programa de Compliance no cenário nacional, seja em ambientes públicos ou privados.

É que, ainda que já se fale há alguns anos sobre o assunto e que tal mecanismo de gestão empresarial já seja uma realidade em vários países e várias organizações, sabe-se que o principal entrave e desafio enfrentados pelos profissionais do Compliance está na aceitação e na mudança de mindset das partes envolvidas, de modo específico dos Presidentes e Diretores das empresas.

Claro que esse fator percebido se deve há inúmeros fatores e variantes, e é sentido e medido de modo mais ou menos impactante a depender da região do mundo, do capital social das pessoas, do nível de conhecimento e capacitação técnica, do nível de relacionamento com partes já em Compliance, posição hierárquica, e, sobretudo, da cultura.

A cultura que se fala não deve ser enxergada (como um fator a ser melhor investigado para processos de melhoria continua) como uma cultura de um indivíduo ou sua segmentação em pequenos grupos, mas em cultura de uma sociedade na qual o cenário empresarial está envolvido, seja a nível federativo, unidade da federação ou municipal.

Afinal, não se concebe exigir Compliance com a mesma aceitação e facilidade de inclusão na organização no Brasil como o é nos Estados Unidos da América. E, nesse mesmo cenário, não se admite que uma mesma empresa com sedes espalhadas nestes dois países tenha, em cada um dos seus estabelecimentos, aplicações diárias de Compliance com o mesmo empenho, indicadores, e parametrização de conduta.

Reafirmamos que o Compliance carece de uma investigação profunda e perene do que vem a ser a empresa em sua essência, com um entendimento completo e das suas atividades, serviços, produtos, formas de trabalho, processos, padrões operacionais, etc. Porém, fundamentalmente precisamos conhecer de pessoas. As pessoas que criam a empresa (a marca, o cerne do desenvolvimento empresarial) não é a mesma pessoa que a representa e a aplica em todos os cantos de suas instalações/sedes. Não é necessário esclarecer que isso se conecta com a impossibilidade humana de exercício simultâneo do mesmo corpo em mais de um espaço.

Por isso, existe um questionamento principiológico que deve ser feito quando do início de qualquer processo de implementação do Compliance: quem é a pessoa que dá ordens neste local? Respondida essa pergunta, conheça mais sobre essa pessoa, suas crenças, suas ideologias, seus ideais, seus anseios de vida e profissional, sua rotina, sua família, seu hobby, seu medo. Desvende essa pessoa.

O desafio é tremendo porque conhecer pessoas acaba sendo sempre a principal atribuição dos profissionais da psicologia. E, reconhecendo que a mente humana representa um profundo desconhecimento de pesquisadores e cientistas, não podemos ser soberbos de acreditarmos na possibilidade de exaurir a questão posta no parágrafo anterior. Mas o cerne da grande questão que deve ser respondida sobre o que precisamos conhecer sobre o dono das principais decisões da empresa/dono do risco é: qual o apetite dessa pessoa ao risco, o que ela seria ou não capaz de fazer, quais seus valores e visão, como ela age diante de situações delicadas, qual o nível de resiliência e de controle emocional?

A partir daí, então, devem ser iniciadas as demais fases de conhecimento da empresa.

Por isso que afirmamos que o desafio atual é umbilicalmente relacionado com a psicologia comportamental, sabendo que aqui está, assim, a resposta e a solução para vários questionamentos e entraves impostos pelos próprios empresários quando do início da aplicação prática do programa de Compliance.

Usar a ciência nas abordagens de comunicação sobre conduta no ambiente de trabalho é um divisor de águas para ultrapassarmos as barreiras da resistência ao Compliance.

Para a teoria comportamental, as atitudes de um indivíduo são construídas a partir dos condicionamentos e experiências do ambiente em que a pessoa vive. Em suma, o meio e os estimulos recebidos podem influenciar o comportamento das pessoas. Com isso entende-se que, a partir do entendimento desse contexto do ambiente onde o indivíduo a que se quer conhecer vive, a comunicação pode ser adaptada para a realização das mudanças e/ou influências desejadas.

Pesquisas de renomados cientistas que aplicam o Behaviorismo clássico, a exemplo de John B. Watson, destacam que o comportamento pode ser previsto e controlado por meio de estimulos. Há ainda o chamado Behaviorismo radical, trazido por Burrhus Frederic Skinner, e que salienta que a aprendizagem acontece por meio de esforços (positivos ou negativos) e punições; aqui foi proposto que se o objetivo é consolidar um comportamento, ele deve ser incentivado por uma recompensa, e caso a atitude seja contrária, recebe-se uma punição.

Dito isto, e voltando nossos olhares ao Compliance, sabe-se que o programa não deve se basear apenas na criação de regras. Elas, se mantidas apenas no papel, não garantem que as pessoas colaborem e as sigam.

Abordar, em conjunto, as regras impostas com a abordagem da psicologia reflete uma melhora significativa no engajamento e sucesso do programa. Afinal, neste tipo de abordagem coloca-se as pessoas no centro, como agentes de mudança e com o objetivo de analisar seus desejos, necessidades, e, de um modo geral, de serem vistas como indivíduos éticos e honestos.

O principal ponto de inflexão do Compliance nesse cenário é a possibilidade de inspirar o time a agir em conformidade porque essa pessoa será capaz de fazê-lo – e não só em razão de uma imposição empresarial -, já que também deseja zelar pela sua credibilidade e quer contribuir positivamente com o todo.

E como a tradução simplória do Compliance é estar em conformidade, a adoção de reforços positivos e reforços negativos (com importação da técnica da abordagem behaviorista) propõe o estimulo dos vieses dos interesses próprios e da melhor maneira de mostrar as consequências (positivas ou negativas) de ter um comportamento segundo as regras do Compliance, aumentando, assim, as chances da equipe de praticá-lo.

Quando buscados e implementados programas de Compliance apenas para atingimento de regulamentações legais e normativas, ou para fins de dar 'check' em alguma exigência de partes relacionadas no cotidiano comercial pelo preenchimento de requisitos formais, claramente estamos diante de um altíssimo nível de risco para a organização, considerando a completa ausência do comprometimento da alta gestão com os conceitos vivos por detrás dos conceitos doutrinários ou legais. É o que se chama de bluewashing.

Além disso, quando a cultura da empresa reforça que o Compliance aprisiona o comportamento e tira a liberdade das pessoas colaboradoras, o programa fracassa.

Ignorar que as práticas internas devem ser fielmente observadas, inclusive com relacionamento com terceiros com receio de que haja retaliação comercial já denota, claramente, a ausência de comprometimento da empresa com os princípios e valores de Compliance.

Wakahara assevera que: "[...] ainda que considerada lícita a terceirização em determinado país, a utilização de mão de obra escrava, degradante ou humilhante em qualquer ponto da cadeia de produção não pode levar a que uma empresa seja considerada socialmente responsável. O mesmo se dá em questões relativas ao trabalho infantil e à discriminação de qualquer espécie. Ora, a terceirização, ainda que legal, jamais pode ser entendida como uma forma de irresponsabilidade social por parte da empresa líder." (Wakahara, R., 2017, p.169)

Outro grande risco consiste em subverter o Compliance em fontes de imposições do empregador, onde o excesso do poder empregaticio apresenta possibilidade de violação da privacidade ou de imposição de restrições indevidas a direitos dos trabalhadores, em especial aqueles assegurados pela própria Constituição Federal.

Em verdade, o Compliance não deve servir como forma de injetar nas organizações medidas excessivas e agressivas com latente violação a direitos fundamentais. À ninguém é permitido violar a privacidade alheia ou iniciar obrigações excessivas em latente ordem de subversão dos valores e propósitos dos programas de Compliance. Afinal, não é o fato de o trabalhador encontrar-se em estado de insubordinação decorrente do elo empregaticio que faculta os empregadores o desrespeito e a violação dos direitos fundamentais de outrem.

Vale mais uma vez destacar que o Compliance deve reforçar positivamente a autonomia das pessoas colaboradoras de aplicar seus valores na prática; destacando ser, então, aquele ambiente livre de preconceitos, problemas de convivência e práticas ilícitas.

A evolução que se busca incessantemente com a implementação de dispositivos normativos internos que tendem a empregar regras com princípios de integridade, ética, transparência, equidade, não podem ser confundidos ou permissivos como retrocesso ao conceito que a Revolução Francesa e seus ideais nos trouxeram. Isso porque o Compliance, se bem entendido e estruturado, delimitando o campo de atuação de cada agente, inclusive, de modo que se evitem que excessos sejam cometidos no campo do poder diretivo do empregador.

Mas o enfrentamento pode (e deve) ir além. Conforme já destacado nas linhas anteriores, a partir da efetivação do Compliance são minimizados riscos de que alguma norma seja inobservada por algum empregado ou envolvido na relação comercial. Afinal, se todas as diretrizes são claras, de fácil acesso, observadas com frequência, foram comunicadas de forma assertiva e são inseridas e respeitadas na cultura empresarial, remotas são as chances de que existam atos ou fatos que causem prejuízos materiais e imateriais para as empresas.

Azevedo e Jahn (2020) destacam que a empresa que instituir programas de Compliance trabalhista sérios e eficazes, efetivamente comprometidos com o combate às práticas e condutas desvantajosas que permeiam as relações de trabalho; pautadas na tutela dos direitos sociais e de personalidade do ofendido; visando a prevenção, a célere punição e que repare o dano causado, além de estabelecer preventivamente medidas para mitigar o surgimento dessas condutas reprováveis, eleva a empresa para um patamar destacado.

CONSIDERAÇÕES FINAIS

Assegura-se que não há no Compliance a receita milagrosa para a concretização da panaceia idealizada pelos empresários quanto às suas principais dores envolvendo o dia-a-dia de suas organizações. Em outras palavras, um programa de Compliance eficaz por não ser o suficiente para tonar a empresa à prova de crises.

Porém, não raro encontramos em vários segmentos empresariais, de indústrias a startups, dificuldades em se obter padrões de atividades e regulamentações que tendem a mitigar riscos inerentes e residuais.

Há valor por detrás do cumprimento de regras, e um dos pontos cruciais de noção de toda essa afirmação deriva do conhecimento preliminar de que haverá identificação, prevenção, mitigação e correção de riscos pelo programa de Compliance.

O Compliance está para a perenidade da organização assim como o sol está para a claridade.

E há estreita correlação do segmento do Compliance Trabalhista para o encontro de ferramentas indispensáveis à boa governança, especialmente ao entendermos que é o contexto do indivíduo humano que deverá ser perseguido incessantemente para alavancar os projetos de integridade, ética, governança, responsabilidade social, etc.

Todas as práticas de Compliance e seus pilares se voltam para a construção de boas ações nas quais os principais envolvidos estão laborando para e pela empresa. E são neles que o Compliance trabalhista encontra especial atenção, podendo moldar - inclusive lançando mão de boas técnicas de comunicação e treinamentos -, o engajamento, sempre objetivando alcançar os adeptos das novas diretrizes como aqueles que farão a diferença no operacional.

Estamos falando, indubitavelmente, de uma cadeia onde a alta administração determina o tom, converte em capacitação, adoção de normativas e políticas, parametriza com as legislações inerentes ao negócio celebrado, convoca os apoiadores internos, os capacita e treina, divulga a sua missão, visão e valores aos stakeholders e segue monitorando com o afã de que haja, sempre, uma evolução continua e perene.

Finalizamos com a frase célebre do ex-Vice-Procurador Geral dos Estados Unidos da América, o Sr. Paul McNulty, que traz: "If you think Compliance is expensive, try non-Compliance", ou seja, se você pensa que o Compliance é caro, tente não tê-lo.

REFERÊNCIAS BIBLIOGRÁFICAS

Amado, J. L. (2009). Contrato de Trabalho. Coimbra: Coimbra Editora.

Piza, B., Mendes, L. (2019). Os pilares do compliance trabalhista. https://www.legiscompliance.com.br/artigos-e-noticias/1445-os-pilalres-do- compliance-trabalhista

Ventura, L. H. de C. (2019) A gestão moderna dos controles internos e o compliance. https://jus.com.br/artigos/67024/a-gestao-moderna-dos-controles-internos-e-o- compliane

Assi, M. (2018). Compliance: como implementar. São Paulo: Trevisan Editora.

Prado, T., Fernandes, J. (2019). A cultura empresarial como base do código de conduta. https://tpradolopes. jusbrasil.com.br/artigos/752513570/codigo-de-conduta

Barbosa, F. (2016). O compliance trabalhista como ferramenta de integração. http://www.migalhas.com.br/ dePeso/16,MI241920,41046O+Compliance+Trabalhista+c omo+ferramenta+de+integracao

Assi, M. (2012). Gestão de riscos com controles internos. (pp. 98). Saint Paul, São Paulo.

Birkbeck, J. H., Birkbeck, T. C. (2019). Riscos psicossociais e saúde mental no trabalho. https://osha.europa.eu/ pt/themes/psychosocial-risks-and-mental-health

Martins, S. P. (2008). Assédio moral. Revista da Faculdade de Direito de São Bernardo do Campo, São Paulo.

Wakahara, R. (2017). Bluewashing, desrespeito aos direitos fundamentais laborais e propaganda enganosa. 165-175

https://juslaboris.tst.jus.br/handle/1939/108698

Azevedo, A. J. de, Jahn, V. K. (2020). Compliance trabalhista: a mitigação da responsabilidade patronal em casos não reportados. 1-12. https://andt.org.br/publicacoes/compliance-trabalhista-a-mitigacao-da- responsabilidade-patronal-em-casos-nao-reportados/

Nitahara, A. (2021). Estudo mostra que pandemia intensificou uso das tecnologias digitais.

https://agenciabrasil.ebc.com.br/geral/noticia/2021-11/estudo-mostra-que-pandemia- intensificou-uso-das-tecnologias-digitais

Vesoloski, S. P.; ZAMBAM, N. J. (2022). O Compliance nas relações de trabalho: mecanismo de prevenção e redução de condutas desvantajosas para a garantia dos direitos sociais.

https://www.google.com/url?sa=D&q=https://ojs.uel.br/revistas/uel/index.php/iuris/is   sue/download/1853/425&ust=1708555080000000&usg=AOvVaw2QGl4beaK-   vLnJFZ00Dp-x&hl=pt-BR&source=gmail

Azevedo, L. (2020). Síndrome de Burnout: quando os trabalho te leva ao limite. https://www.direitonews.com. br/2020/01/sindrome-burnout-trabalho-leva-limite- direito.html

COMPLIANCE EM SAÚDE E SEGURANÇA DO TRABALHO

Autor:

Cleiber Clemente Bernardes

O trabalho e quem o executa representa um elo importantíssimo na sociedade como um todo. É de comum entendimento que a ambos dependem mutuamente um do outro. Em certa relevância é típico notar que ambos disputam maior atenção; seja o trabalho ofertado pelas organizações privadas, públicas e paraestatais; seja os grandes grupos de trabalhadores que durante toda sua vida laboral busca executar suas atribuições.

Mankiw, em seu livro "Principles of Microeconomics", destaca a importância das empresas públicas e privadas na economia de várias maneiras:

Empresas privadas:

• Geração de emprego e renda: As empresas privadas é fonte de renda para os indivíduos. Elas contratam trabalhadores e pagam salários, o que contribui para a melhoria do padrão de vida da sociedade.

• Produção de bens e serviços: As empresas privadas são responsáveis por produzir bens e serviços que são consumidos pelos indivíduos. Elas criam valor ao transformar matérias-primas em produtos acabados.

• Inovação tecnológica: As empresas privadas investem pesado para criar novas tecnologias e produtos. Essas inovações podem aumentar a produtividade e a eficiência na produção, o que pode resultar em maior crescimento econômico.

• Competição de mercado: As empresas privadas competem entre si para oferecer melhores produtos a preços mais baixos. Isso leva a uma maior eficiência na produção e à redução dos preços dos produtos.

• Pagamento de impostos: As empresas privadas pagam impostos sobre seus lucros e outras atividades econômicas. Esses impostos contribuem para financiar os gastos do governo em áreas como educação, saúde e infraestrutura.

Empresas públicas:

- Prestação de serviços públicos: As empresas públicas são responsáveis por fornecer serviços públicos, como transporte, energia e comunicação, que são essenciais para a economia e a população.

- Regulação de mercados: As empresas públicas podem atuar como reguladoras de mercados para garantir que os preços sejam justos e que a concorrência seja livre e saudável.

- Estabilização econômica: As empresas públicas podem desempenhar um papel na estabilização da economia, por meio da aplicação de políticas macroeconômicas, como a política monetária e fiscal.

- Investimento em infraestrutura: As empresas públicas podem investir em infraestrutura, como estradas, pontes e aeroportos, que são essenciais para o desenvolvimento econômico e a competitividade.

- Geração de emprego e renda: As empresas públicas também são uma fonte de renda para a sociedade.

Em resumo, tanto as empresas públicas quanto as empresas privadas desempenham um papel importante na economia, contribuindo para o desenvolvimento econômico, a criação de postos de trabalho e renda, a inovação tecnológica e a competitividade do mercado. Cada uma tem funções e objetivos distintos, mas ambas são importantes para o funcionamento da economia de um país.

Para Richard Sennett, o trabalhador é uma figura essencial para entender as consequências do novo capitalismo na vida pessoal e na sociedade em geral. Em "A corrosão do caráter", Sennett argumenta que as mudanças no mundo do trabalho têm um impacto profundo na identidade pessoal dos trabalhadores, suas relações sociais e na coesão da sociedade como um todo (SENNETT, 2015).

Sennett argumenta que, no passado, o trabalho proporcionava um senso de propósito, comunidade e identidade aos trabalhadores. No entanto, no novo capitalismo, o trabalho tornou-se cada vez mais fragmentado, temporário e desprovido de significado pessoal. Os trabalhadores são frequentemente tratados como recursos descartáveis, em vez de serem vistos como membros valiosos e importantes da equipe (SENNETT, 2015).

Essa mudança no mundo do trabalho tem implicações profundas na vida pessoal dos trabalhadores. Assim sendo, sem um senso de propósito ou significado em seu trabalho, os trabalhadores são mais propensos a sofrer de ansiedade, depressão e outras doenças mentais. Além disso, a falta de um senso de comunidade no local de trabalho pode levar à alienação e isolamento social.

Portanto, é importante valorizar o papel do trabalhador na sociedade e criar condições de trabalho que permitam que as pessoas encontrem significado em suas vidas profissionais. Isso pode ajudar a construir uma sociedade mais coesa e saudável, onde os trabalhadores são vistos como membros valiosos e respeitados da equipe.

Diante desta relação de alto significância e relevância, leis são criadas a ponto de se garantir que haja uma relação saudável entre as empresas e os empregados.

O livro "Os Sentidos do Trabalho" de Ricardo Antunes trata de questões relacionadas ao trabalho e sua transformação ao longo do tempo. O autor aborda que essas leis são fundamentais para regulamentar as relações trabalhistas e garantir direitos tanto para os empregados quanto para os empregadores (ANTUNES, 2020).

As leis do trabalho estabelecem regras e diretrizes para a contratação, remuneração, jornada de trabalho, segurança no trabalho, entre outros aspectos que afetam a vida dos trabalhadores e das empresas. Para os empregados, as leis do trabalho garantem direitos como férias remuneradas, décimo terceiro salário, jornada máxima de trabalho, licença-maternidade, entre outros. Para os empregadores, as leis do trabalho estabelecem as obrigações que devem ser cumpridas para garantir um ambiente de trabalho seguro e saudável para os trabalhadores.

No entanto, as leis do trabalho muitas vezes são ignoradas ou desrespeitadas, especialmente em contextos de crise econômica e desemprego, levando a uma precarização das condições de trabalho e a uma redução dos direitos dos trabalhadores. Além disso, existem as transformações do mundo do trabalho na era da globalização, incluindo a terceirização e a flexibilização das relações trabalhistas, que têm afetado negativamente as condições de trabalho e os direitos dos trabalhadores em muitos países.

Criar meios para que estas leis sejam aplicadas em plenitude é um grande desafio, haja visto conflito de interesses entre ambas as partes. Diante do comportamento humano, questões como: a ética, a moral e os valores sempre serão pautáveis de discussão e divergências de opiniões; ainda mais se tratando de um país de dimensões continentais com uma grade cultural diversificada. Para deixar a explanação ainda mais interessante, temos as constantes notícias proferidas pelos mais diversos canais de informações trazendo a realidade corrupta da nossa nação; corrompendo assim o que se tem de definição de ética, colocando em detrimento a moral e mudando de uma forma muito abrupta os valores da sociedade (ANTUNES, 2020).

Diante das circunstâncias aplicar "compliance" se torna crucial para que os colaboradores possam ter uma melhor qualidade de vida no trabalho. Sendo assim, as organizações possam assim de uma forma efetiva e real ter todo o bônus proveniente do cumprimento de sua responsabilidade. Afinal trata-se de vidas!!!

DEFINIÇÃO DE COMPLIANCE

Compliance tem relação direta com a satisfação e o cumprimento de normas internas das organizações, conforme determinações jurídicas (PORTO, 2022).

O compliance também inclui a promoção de uma cultura de integridade e ética dentro da empresa, bem como a adoção de medidas preventivas para evitar riscos de corrupção, fraude e outras práticas ilegais ou antiéticas. Em resumo, o compliance busca assegurar que as empresas atuem de forma transparente, responsável e sustentável, em conformidade com as expectativas da população e dos órgãos reguladores.

O compliance é importante pelo fato de que a implementação de programas eficazes de compliance pode ajudar as empresas a minimizarem os riscos de violações das leis e regulamentos, bem como de danos à sua reputação.

Além disso, o compliance pode contribuir para a prevenção de crimes como corrupção, lavagem de dinheiro e fraude, que podem ter sérias consequências legais e financeiras para as empresas.

O tema compliance ganhou maior relevância nos últimos anos, uma série de escândalos corporativos envolvendo práticas antiéticas e ilegais, trouxeram prejuízos para acionistas, clientes, fornecedores e a sociedade em geral. Como resultado, a adoção de práticas de compliance e ética corporativa passou a ser vista como um fator crítico para o sucesso sustentável das empresas.

Compliance Trabalhista

Por uma visão específica, pode-se definir Compliance Trabalhista como o conjunto de medidas adotadas por uma organização para assegurar que as suas atividades estejam em conformidade com as normas e leis trabalhistas em vigor, bem como com as melhores práticas de gestão de pessoas, visando mitigar riscos trabalhistas e evitar passivos trabalhistas

O compliance trabalhista deve ser encarado como uma ferramenta de gestão estratégica, que contribui para o fortalecimento da cultura ética e de respeito aos direitos trabalhistas; assim como a melhoria da imagem da empresa.

Envolve a implementação de controles internos, políticas e procedimentos para garantir a conformidade com a legislação trabalhista e normas aplicáveis, bem como a realização de treinamentos e orientações aos colaboradores e gestores da empresa sobre as normas e leis trabalhistas.

O objetivo principal do compliance trabalhista, é mitigar os riscos trabalhistas e evitar passivos trabalhistas, que podem resultar em prejuízos financeiros e de imagem para a empresa. Além disso, o compliance trabalhista contribui para a criação de um ambiente de trabalho saudável e seguro para os colaboradores, o que pode resultar em maior engajamento e produtividade.

Compliance Previdenciário e em Saúde e Segurança do Trabalho.

Tendo como referência as definições anteriores, podemos relacionar "compliance" em Saúde e Segurando Trabalho como "o conjunto de medidas, processos, sistemas e controles que as organizações desenvolvem visando assegurar que sua missão e valores estejam em conformidade com as legislações trabalhistas e previdenciárias voltadas para à Saúde e Segurança de seus Trabalhadores". Isso inclui a adoção de medidas de prevenção de acidentes, a promoção de um ambiente laboral saudável e seguro, a implementação de políticas de gestão de riscos, entre outras iniciativas.

Segundo a Organização Internacional do Trabalho (OIT), o compliance em saúde e segurança do trabalhador é fundamental para garantir que os trabalhadores possam exercer suas atividades de forma segura e saudável, evitando acidentes, doenças ocupacionais e outros problemas que possam afetar sua saúde e bem-estar.

Reforçando, compliance previdenciário é um conjunto de medidas e práticas que as empresas devem adotar para garantir o cumprimento das normas e obrigações previdenciárias, ou seja, todas as regras e procedimentos relacionados à seguridade social, previdência e saúde ocupacional. Essas medidas visam assegurar que a empresa esteja em conformidade com leis e normas previdenciárias e trabalhista, evitando riscos de sanções, multas e processos judiciais (DANTAS, 2021).

A implementação de um programa de compliance previdenciário requer a adoção de procedimentos internos, o monitoramento e avaliação contínua das práticas empresariais, a capacitação dos colaboradores e a revisão periódica das políticas e práticas adotadas (DANTAS, 2021).

A adoção de práticas de compliance previdenciário é essencial para a sobrevivência das empresas no mercado, uma vez que a não conformidade com as normas pode acarretar sanções, multas e processos judiciais que prejudicam a imagem e a saúde financeira das empresas (CASTRO, 2021).

Em relação ao "compliance" previdenciário, o mesmo se comunica diretamente no que diz respeito ao "compliance" em saúde e segurança do trabalhador. Haja visto a abrangência de benefícios previdenciários como: aposentadoria por tempo especial, seguro acidente do trabalho, auxílio-doença acidentário, auxílio acidente do trabalho, entre outros.

As informações que as empresas repassam ao INSS – Instituto Nacional do Seguro Social influenciam diretamente na caracterização ou não dos benefícios supracitados. A questão principal em si é que todas estas informações irão incidir em maiores repasse ao órgão em questão onerando ainda mais o empregador fazendo com que ele tenha uma tendência a omitir estas informações. Condutas estas praticadas pela sensação de impunidade e a falta de fiscalização por meio do INSS – Instituto Nacional do Seguro Social e dos Ministério do Trabalho e Ministério Público do Trabalho.

ETICIDADE E PRINCÍPIOS DOS DIREITOS SOBRE SAÚDE E SEGURANÇA DO TRABALHADOR

Desde os primórdios da humanidade muitas ações e tomadas de decisão demonstra-se um tanto quanto questionável na observância de vários ângulos. Sendo assim a conclusão de tais ações constantemente vêm sendo associada a ética com denotação à moral e valores.

Aristóteles em sua obra "Ética à Nicômaco" acredita que a ética é uma busca pela felicidade e pelo bem-estar humano, e que a conduta ética é aquela que promove esses objetivos.

Aristóteles argumenta que a ética está preocupada com as ações humanas voluntárias e que, para ser ético, um agente deve agir com a intenção correta e escolher as ações corretas. Ele também enfatiza a importância das virtudes, que são hábitos ou disposições que permitem que uma pessoa aja de forma ética. Para Aristóteles, as virtudes são o resultado de um processo de educação moral que envolve a prática constante de ações virtuosas.

Além disso, Aristóteles também destaca a importância da virtude da justiça, que é a disposição de agir com equidade e imparcialidade em relação aos outros. Ele argumenta que a justiça é uma virtude fundamental que é necessária para a estabilidade e harmonia da sociedade.

Com o passar do tempo percebe-se que esta temática evoluiu, trazendo alguns conceitos novos e relacionando a ética com muitas outras qualidades que dizem ou deveriam dizer os princípios da humanidade, principalmente pelo fato de "ser humano".

(SANDEL, 2009) define ética como o estudo filosófico do que é certo e errado, bom e mau. Ele argumenta que a ética tem a ver com a reflexão sobre o significado e o propósito da vida, e que ela nos ajuda a responder questões importantes, como "o que é justo?" e "o que é certo fazer?".

Existe uma série de conceitos éticos que são relevantes para a discussão da justiça e moralidade. Alguns desses conceitos incluem:

Utilitarismo – A ideia de que as ações são corretas se produzem a maior quantidade de felicidade para o maior número de pessoas possível.

Deontologia – A ideia de que as ações são corretas ou erradas em si mesmas, independentemente de suas consequências. A deontologia se concentra na intenção do agente e nos princípios morais que orientam suas ações.

Virtudes – A ideia de que as ações corretas são aquelas que refletem virtudes como a coragem, a justiça, a sabedoria e a compaixão. A ética das virtudes enfatiza o desenvolvimento pessoal e a formação do caráter moral.

Contratualismo – A ideia de que a moralidade é baseada em acordos sociais ou contratos que as pessoas fazem entre si. Os contratualistas argumentam que as pessoas seguem normas morais porque isso é necessário para a convivência social pacífica.

Ética no direito trabalhista é extremamente importante, pois se trata de uma ramificação do direito onde trabalha as relações de interesse entre empregados e empregadores. A conduta ética é fundamental para garantir a justiça e a equidade nessas relações.

Um dos principais aspectos éticos que devem ser considerados no direito trabalhista é a honestidade e a transparência na relação entre empregado e empregador. Isso inclui, por exemplo, a obrigação do empregador de fornecer treinamentos sobre as condições de trabalho, informações sobre remuneração e benefícios, bem como a obrigação do empregado de cumprir suas obrigações de trabalho de forma honesta e diligente.

Outro aspecto ético importante no direito trabalhista é a justiça social. Isso significa que as leis e regulamentos relacionados ao trabalho devem ser aplicados de forma justa e equitativa, sem discriminação de qualquer tipo. Isso inclui a igualdade de oportunidades no local de trabalho, a proteção contra assédio e discriminação e a garantia do direito à remuneração justa e condições ocupacionais que promovam a segurança e a saúde.

Além disso, a ética no direito trabalhista também envolve a proteção dos direitos dos trabalhadores, incluindo o direito de negociar coletivamente com os empregadores com a participação de grupos sindicais. Isso significa que os advogados e juízes que atuam nessa área devem estar atentos aos interesses dos trabalhadores e trabalhar para garantir que seus direitos sejam respeitados e protegidos.

A ética no direito trabalhista é fundamental para garantir a justiça e a equidade nas relações de trabalho. Isso significa que todas as partes envolvidas devem agir de forma honesta, transparente e justa, respeitando os direitos e interesses dos trabalhadores.

Para a Fundação Jorge Duprat ética em saúde e segurança ocupacional se refere aos valores, princípios e normativas que orientam a conduta dos indivíduos envolvidos em um ambiente laboral, visando à promoção da segurança e saúde dos trabalhadores. Isso envolve não apenas a adoção de medidas técnicas de prevenção de acidentes e doenças do trabalho, mas também a promoção de um ambiente de trabalho plural, inclusivo, ético e responsável (FUNDACENTRO, 2012).

Em uma esfera mais ampla, para a Organização Internacional do Trabalho ética no trabalho é o conjunto de princípios e valores que orientam a conduta de empregadores, trabalhadores e governos em relação aos direitos e deveres fundamentais no ambiente de trabalho. A Declaração sobre os Princípios e Direitos Fundamentais no Trabalho, adotada pela OIT em 1998, define esses direitos e princípios como sendo:

- Liberdade sindical e reconhecimento efetivo do direito de negociação coletiva;
- Eliminação de todas as formas de trabalho forçado ou obrigatório;
- Abolição efetiva do trabalho infantil; e
- Eliminação da discriminação em matéria de emprego e ocupação (OIT, 1998).

A ética no trabalho, portanto, envolve a promoção desses direitos e valores em todas as etapas do processo, desde a contratação e seleção de trabalhadores até as condições de trabalho e remuneração. Isso inclui o respeito à liberdade de associação e ao direito de negociação coletiva, a eliminação do trabalho forçado ou compulsório, a erradicação do trabalho infantil e a promoção da igualdade de oportunidades e tratamento no trabalho, independentemente de raça, gênero, orientação sexual, idade, religião ou qualquer outra forma de discriminação (OIT, 1998).

RELAÇÃO EMPREGADOR E COLABORADOR SOBRE AS NORMAS REGULAMENTADORAS

As Normas Regulamentadoras (NR's) são regulamentações estabelecidas pelo Ministério do Trabalho e Emprego que têm como objetivo estabelecer requisitos mínimos e medidas de proteção para prevenção de acidentes e doenças do trabalho.

A relação entre empregador e colaborador deve ser pautada pelo diálogo e pelo comprometimento de ambas as partes em cumprir as normas regulamentadoras (NR's). O empregador tem a responsabilidade de implementar as medidas necessárias para garantir a segurança e saúde ocupacional, enquanto o colaborador deve seguir as normas e procedimentos estabelecidos.

As normas regulamentadoras estabelecem as obrigações de ambas as partes no aspecto trabalhista, sendo as responsabilidades do empregador:

• Garantir a implementação das medidas de segurança previstas nas NR's: o empregador deve identificar os riscos presentes em sua empresa e adotar as medidas de prevenção necessárias para proteger seus empregados. Essas medidas podem incluir o fornecimento de equipamentos de proteção individual (EPI's), a implementação de barreiras de proteção e o treinamento dos trabalhadores.

• Manter o ambiente de laboral seguro e saudável: o empregador deve manter este ambiente em condições adequadas de assepsia, iluminação, ventilação e temperatura, além de adotar medidas para prevenir acidentes e doenças ocupacionais.

• Informar e capacitar os trabalhadores: o empregador deve informar sobre os riscos no ambiente laboral e capacitar seus empregados sobre as medidas de segurança que devem ser adotadas para preveni-los. O treinamento deve ser oferecido tanto para os funcionários que iniciam suas atividades na empresa quanto para aqueles que mudam de função.

• Realizar avaliações periódicas: o empregador deve realizar avaliações periódicas do ambiente de trabalho e das condições de saúde dos empregados para identificar possíveis riscos à segurança e à saúde no trabalho. Essas avaliações podem incluir exames médicos, análise de riscos e inspeções no local de trabalho.

• Fornecer assistência aos empregados: o empregador deve fornecer assistência médica e psicológica aos empregados em caso de acidente ou doença ocupacional, além de garantir o pagamento de indenizações trabalhistas e previdenciárias.

Assim como as responsabilidades do colaborador:

• Cumprir as normas e os procedimentos de segurança e saúde ocupacional estabelecidos pela empresa;

• Utilizar os Equipamentos de Proteção Individual (EPIs) disponibilizados pela empresa, conforme as instruções recebidas e as condições de trabalho;

• Participar de treinamentos sobre segurança e saúde ocupacional oferecidos pela organização;

• Informar de imediato ao superior hierárquico sobre situações que possam representar riscos à segurança e à saúde no ambiente de trabalho;

• Cooperar com a empresa na implementação de medidas para prevenir acidentes e doenças ocupacionais;

• Zelar pela sua própria segurança e saúde e a dos colegas de trabalho;

• Não manipular máquinas ou equipamentos sem autorização e treinamento adequado;

- Não retirar ou desativar dispositivos de segurança das máquinas e equipamentos;

- Não ingerir bebidas alcoólicas ou usar drogas ilícitas durante o trabalho;

- Não portar armas ou objetos cortantes e/ou perfurantes no ambiente de trabalho.

A partir do momento que há responsabilidade entre as partes envolvidas começam os questionamentos sobre como se cumpre estas exigências.

CONFLITOS DE INTERESSE POR PARTE DO EMPREGADOR EM RELAÇÃO AO COLABORADOR.

Implantar uma política e desenvolver uma cultura sobre Saúde e Segurança do Trabalho pode até parecer simples levando em consideração as leis, normas, certificações e manuais que existem; mas, na verdade é muito complexo.

Devido ao conflito de interesses entre as partes interessadas um processo que poderia ser simples muitas vezes se torna complexo.

Segundo a Organização Internacional do Trabalho (OIT), muitos são os desafios por parte dos empregadores de garantir um ambiente de trabalho devidamente seguro atendo os preceitos legais. Segundo a própria OIT, Implementar medidas de segurança no local de trabalho pode ser caro, especialmente para empresas menores ou com menos recursos financeiros (OIT, 1998).

Muitas empresas podem não ter o número suficiente de profissionais capacitados para implementar e monitorar as medidas de segurança no local de trabalho. Empregadores podem não ter expertise necessária para avaliar e implantar as medidas de segurança para o seu setor específico.

As normas e regulamentações governamentais para a saúde e segurança do trabalho estão em constante mudança e podem ser difíceis de entender e cumprir. Os trabalhadores precisam estar cientes das medidas de segurança e saúde no local de trabalho e cooperar com as políticas da empresa.

O empregador deve supervisionar regularmente os trabalhadores para garantir que estejam seguindo as normas e políticas de segurança e saúde no ambiente laboral. Empregadores podem não ter tempo suficiente para dedicar à implementação e monitoramento das medidas de segurança no local de trabalho devido a outras responsabilidades diárias.

Ainda segundo a OIT, existem diversas dificuldades que os colaboradores podem enfrentar ao tentar cumprir suas obrigações em relação à saúde e segurança do trabalho.

Muitos colaboradores podem não receber o treinamento adequado em relação às normas de segurança ocupacional, o que pode dificultar sua capacidade de cumprir suas obrigações de forma eficaz.

Em alguns casos, os colaboradores podem não ter acesso aos equipamentos e recursos necessários para realizar suas tarefas de maneira segura, o que pode colocá-los em risco e dificultar o cumprimento de suas obrigações de saúde e segurança.

Quando os colaboradores estão sobrecarregados de trabalho, pode ser difícil para eles encontrarem tempo e energia para se concentrar em suas obrigações de saúde e segurança.

Algumas empresas podem não dar a devida importância à saúde e segurança do trabalho, o que pode fazer com que os colaboradores não se sintam motivados a cumprir suas obrigações nesta área.

A falta de comunicação clara e eficaz entre os colaboradores e a empresa pode dificultar a implantação de medidas de saúde e segurança, bem como a adesão a essas medidas por parte dos colaboradores.

Em análise às Normas Regulamentadoras, é nítida a percepção sobre as necessidades impostas para os empregadores e os colaboradores.

DIVULGAÇÃO, TREINAMENTO E CAPACITAÇÃO DOS COLABORADORES SOBRE OS RISCOS EXISTENTES.

Dentre as obrigatoriedades dos empregadores está a necessidade de informar os colaboradores sobre os riscos existentes dentro de seu ambiente de trabalho. Parece até mesmo simples vendo de uma ótica mais simples; por outro lado, observando a realidade de muitas empresas nota-se um desafio e tanto.

Muitas empresas têm dificuldade em dedicar tempo e recursos suficientes para criar e implementar programas de treinamento eficazes. Além disso, a criação de programas de treinamento pode ser cara e exigir investimentos significativos.

Os colaboradores podem resistir a mudanças em suas rotinas de trabalho ou a aprender novas habilidades. Isso pode tornar difícil para as empresas implementarem programas de treinamento e comunicarem adequadamente os riscos associados ao trabalho.

As empresas podem enfrentar dificuldades em comunicar claramente os riscos associados ao trabalho e os objetivos dos programas de treinamento para seus colaboradores. Esta situação pode levar a uma falta de compreensão por parte dos colaboradores e, consequentemente, a uma falta de comprometimento com a implementação dos programas.

As empresas podem ter dificuldade em priorizar a criação de programas de treinamento e a divulgação de riscos aos colaboradores. Pode ser resultado de outras prioridades mais urgentes ou da falta de reconhecimento da importância desses programas para a segurança e o sucesso da empresa.

Em algumas empresas, pode haver uma cultura organizacional que não valoriza a segurança e a formação dos colaboradores. Nesses casos, pode ser difícil para as empresas implementarem programas de treinamento e incentivar os colaboradores a adotarem comportamentos seguros no ambiente de trabalho.

Todas as situações supracitadas colaboram para que um vasto número de empresas tome decisões equivocadas como:

- Não apresentar os riscos aos colaboradores por meio de um processo de integração destes ao ambiente de trabalho, mas criar ferramentas onde este colaborador dê a ciência de que estas informações foram repassadas a ele.

- Burlar a carga horária mínima dos treinamentos e capacitações obrigatórias em legislação, realizando os treinamentos em horários abaixo do necessário para abordar o conteúdo programático.

- Aquisição de certificados para comprovarem perante órgãos fiscalizadores, clientes e quem mais desejar, que seus colaboradores possuem toda a capacitação necessária para desempenhar suas atividades de forma segura.

Por outro lado, os próprios colaboradores possuem dificuldades em participar dos programas de divulgação, treinamento e conscientização promovidos pelas empresas.

Os colaboradores podem ter agendas muito ocupadas e apertadas, o que pode tornar difícil encontrar tempo para participarem de treinamento e eventos de conscientização.

Alguns colaboradores podem não estar interessados em participar destes treinamentos e eventos de conscientização, especialmente se acharem que o conteúdo não é relevante para seu trabalho ou se já tiverem experiência em áreas similares.

Alguns programas de treinamento e conscientização podem exigir a utilização de recursos específicos, como equipamentos de proteção individual ou acesso a determinadas tecnologias, o que pode ser um desafio para empresas com orçamentos limitados.

Os colaboradores podem ter dificuldade em aplicar o que aprenderam em um programa de treinamento e conscientização em sua rotina de trabalho diária, o que pode levar à falta de adesão ou resistência a mudanças.

Se a comunicação entre os colaboradores e a equipe responsável pelo programa de treinamento e conscientização não for clara e eficaz, pode haver mal-entendidos e confusão, o que pode prejudicar o resultado esperado.

Para garantir que o programa de treinamento e conscientização tenha um impacto duradouro, é importante fornecer acompanhamento e suporte contínuo aos colaboradores. Se isso não acontecer, os colaboradores podem rapidamente perder as habilidades e conhecimentos adquiridos durante o treinamento.

ACIDENTE, DOENÇA OCUPACIONAL E DOENÇA DO TRABALHO X SEGURO ACIDENTE DO TRABALHO, RISCOS AMBIENTAIS DO TRABALHO E FATOR ACIDENTÁRIO DE PREVENÇÃO.

A Consolidação das Leis do Trabalho (CLT) define acidente de trabalho como um evento que ocorre pelo exercício do trabalho, que cause lesão corporal ou perturbação funcional que cause a morte, a perda ou a redução da capacidade para o trabalho, de forma temporária ou permanente (CLT, 2017).

Ainda segundo o INSS – Instituto Nacional do Seguro Social, os acidentes do trabalho se classificam em duas categorias:

- Acidente de trabalho típico: é aquele que ocorre no exercício da atividade profissional, durante o deslocamento do trabalhador para o local de trabalho ou durante o trajeto de volta para casa (IN INSS/PRES n° 45 art. 346 p. 91).

- Acidente de trabalho de trajeto: é aquele que ocorre no percurso de ida e volta entre a residência do trabalhador e o local de trabalho, considerando o trajeto usual e os horários habituais de deslocamento (IN INSS/PRES n° 45 art. 346 p. 91).

Doença profissional é definida como uma doença adquirida ou desencadeada em função da atividade profissional exercida pelo trabalhador. É uma doença que tem relação direta com o ambiente e as condições de trabalho a que o trabalhador é exposto, seja de forma aguda ou crônica, e pode ser causada por agentes físicos, químicos, biológicos, mecânicos, psicológicos, entre outros (IN INSS/PRES n° 45 art. 347 p. 91-92).

Para que uma doença seja considerada ocupacional pelo Instituto Nacional do Seguro Social – INSS, é necessário que ela esteja listada na Classificação Internacional de Doenças (CID) e que haja nexo técnico epidemiológico entre a atividade laboral e a doença. Isso significa que é preciso comprovar que a doença foi causada pelo trabalho e que há uma relação direta entre a atividade profissional e o surgimento da doença (IN INSS/PRES n° 45 art. 347 p. 91-92).

A doença do trabalho é aquela adquirida ou desencadeada em decorrência das atividades laborais exercidas pelo trabalhador. Essa doença pode ser causada por fatores físicos, químicos, biológicos, mecânicos, psicológicos ou pela combinação desses fatores, e pode ser aguda ou crônica (IN INSS/PRES n° 45 art. 347 p. 91-92).

A doença do trabalho pode ser diferenciada da doença ocupacional, uma vez que esta última é considerada um tipo específico de doença do trabalho que tem uma relação direta com o ambiente e as condições de trabalho (IN INSS/PRES n° 45 art. 347 p. 91-92).

Caso ocorra algum acidente ou doença relacionada ao trabalho, é importante seguir os seguintes procedimentos:

1.   Comunicar imediatamente o ocorrido ao empregador ou ao responsável pela empresa.

2.   Realizar os primeiros socorros, se necessário, e providenciar o atendimento médico adequado.

3.   Registrar o acidente ou doença por meio da Comunicação de Acidente de Trabalho (CAT), que podendo ser preenchido pelo empregador ou pelo próprio trabalhador.

4.   Encaminhar o trabalhador para atendimento médico especializado, que irá avaliar a gravidade do acidente ou da doença e prescrever o tratamento necessário.

5.   Manter contato com o INSS (Instituto Nacional do Seguro Social) para informar sobre o acidente ou doença e solicitar o auxílio-doença acidentário, caso o trabalhador fique incapacitado de trabalhar. A depender da lesão, caso esta deixe sequelas, intermediar junto ao benefício auxílio acidente do trabalho.

6. Realizar ações para prevenir novos acidentes ou doenças ocupacionais no ambiente de trabalho, como investigar as causas do incidente e adotar medidas para evitar sua repetição.

Todos estes procedimentos são necessários para que a empresa cumpra suas responsabilidades e garanta as prerrogativas cabíveis à vítima deste acidente / doença relacionada ao trabalho.

Segue abaixo alguns benefícios relacionados aos acidentes e doenças voltadas para o trabalho:

• Assistência médica e hospitalar gratuita: o colaborador tem direito a tratamento médico e hospitalar gratuito, incluindo medicamentos, exames e procedimentos necessários para a sua recuperação.

• Garantia de estabilidade: o colaborador que sofre um acidente de trabalho ou desenvolve uma doença ocupacional tem direito a estabilidade no emprego por um período determinado de 12 meses, que varia de acordo com a gravidade da lesão ou doença desde que haja afastamento previdenciário.

• Indenização: o colaborador pode ter direito a receber uma indenização por danos morais e materiais decorrentes do acidente ou doença ocupacional, como por exemplo, gastos com tratamento médico e perda de capacidade de trabalho.

• Benefício previdenciário: o colaborador pode ter direito a um benefício previdenciário, como auxílio-doença ou aposentadoria por invalidez, dependendo da gravidade da lesão ou doença.

• Fiscalização e medidas de segurança: a empresa é responsável por garantir um ambiente laboral seguro e saudável, tomando assim medidas para prevenir acidentes e doenças ocupacionais. O colaborador tem o direito de denunciar situações de risco e a empresa pode ser fiscalizada pelos órgãos competentes para garantir o cumprimento legislação voltada para saúde e segurança ocupacional.

O seguro acidente do trabalho (SAT) é um imposto pago pelas empresas brasileiras com o objetivo de custear os benefícios concedidos aos trabalhadores em caso de acidente ou doença do trabalho/profissional. O valor do SAT varia de acordo com a atividade e o grau de risco da empresa.

Os riscos ambientais do trabalho são os agentes físicos, químicos, biológicos, ergonômicos e de acidentes presentes no local de trabalho que afetam a saúde e segurança dos trabalhadores. O reconhecimento, avaliação e controle desses riscos são essenciais para a prevenção de acidentes e doenças ocupacionais.

O fator acidentário de prevenção (FAP) é um indicador utilizado pela Previdência Social para incentivar as empresas a investirem em medidas de prevenção de acidentes e doenças ocupacionais. O fator acidentário de prevenção é calculado anualmente com base nos índices de acidentes e doenças ocupacionais registrados pela empresa nos dois anos anteriores, comparados com os índices de sua respectiva atividade econômica. As empresas que registram mais acidentes e doenças ocupacionais pagam mais seguro acidente de trabalho, enquanto as que investem em medidas preventivas pagam menos seguro acidente de trabalho.

Consequentemente todas as situações que envolvem acidentes e doenças relacionadas ao trabalho devem ser comunicadas ao Instituto Nacional do Seguro Social; porém, não é o que ocorre na prática.

Além das prerrogativas diretas ao colaborador, o volume de acidentes do trabalho em uma determinada empresa afeta diretamente o valor do seguro acidente de trabalho pago ao Instituto Nacional do Seguro Social; haja visto que o fator acidentário de prevenção bonifica as empresas que investem em saúde e segurança ocupacional tendo como resultado a redução de acidentes e doenças ocupacionais, punindo as empresas que não efetuam estes investimentos tendo indicadores negativos relacionados à saúde e segurança de seus colaboradores.

APOSENTADORIA ESPECIAL

A aposentadoria especial é um benefício previdenciário concedido aos trabalhadores que desempenham atividades laborais que os expõem a agentes nocivos à saúde, como ruído excessivo, agentes químicos e agentes físicos. O objetivo é compensar esses trabalhadores pelos riscos e danos à saúde a que foram submetidos ao longo de sua vida profissional, permitindo-lhes aposentar-se mais cedo e com valores diferenciados.

Têm direito à aposentadoria especial os trabalhadores que exercem atividades expostas a agentes nocivos à saúde, durante um período mínimo de contribuição. Os critérios variam de acordo com a atividade exercida, o grau de exposição e o tempo de trabalho. Por exemplo, para aposentadoria especial por exposição a ruído, é necessário um tempo mínimo de 25 anos de trabalho exposto a níveis de ruído acima dos limites estabelecidos em lei.

Alguns exemplos de atividades que podem dar direito à aposentadoria especial são:

- Mineração subterrânea;

- Trabalho em contato com amianto;

- Trabalho em frigoríficos;

- Atividades em hospitais com exposição a agentes biológicos;

- Operação de caldeiras e fornos;

- Trabalho em contato com substâncias químicas, como pesticidas e produtos químicos em geral;

- Atividades em que há exposição a ruído excessivo;

- Trabalho em contato com radiações ionizantes;

- Trabalho em atividades portuárias.

O enquadramento de uma atividade profissional como sendo passível de concessão de aposentadoria especial é determinado pela legislação previdenciária. No Brasil, a lei que trata do assunto é a Lei nº 8.213, de 24 de julho de 1991, que dispõe sobre os Planos de Benefícios da Previdência Social e dá outras providências.

O Anexo IV da referida lei traz uma lista de atividades consideradas insalubres e perigosas, que podem dar direito à aposentadoria especial, bem como os agentes e os limites permitidos. O enquadramento da atividade como insalubre ou perigosa depende da comprovação, por meio de laudos técnicos, da exposição do trabalhador a estes agentes, de acordo com os limites estabelecidos pela normatização.

O documento comumente utilizado para a caracterização é o LTCAT – Laudo Técnico das Condições Ambientais do Trabalho.

Quando uma empresa tem um funcionário que trabalha em uma atividade considerada insalubre ou perigosa e essa atividade é caracterizada como atividade passível de concessão de aposentadoria especial, a empresa deve tomar as seguintes medidas:

Comunicar o trabalhador sobre a caracterização da atividade como especial e os requisitos necessários para a concessão do benefício;

• Realizar a anotação da atividade especial no Cadastro Nacional de Informações Sociais (CNIS) do trabalhador;

• Realizar o recolhimento das contribuições previdenciárias com base no salário de contribuição especial, que é um salário de contribuição multiplicado por um fator de conversão que varia de acordo com o grau de insalubridade ou periculosidade da atividade;

• Realizar a emissão de laudos periciais e documentação comprobatória da exposição do trabalhador aos agentes nocivos à saúde, quando necessário;

• Realizar a concessão do benefício de aposentadoria especial ao trabalhador quando este preencher os requisitos exigidos por lei.

O Cadastro Nacional de Informações Sociais (CNIS), as informações relativas à aposentadoria especial são registradas em campos específicos. São eles:

• CNIS 23.1.1: Informações do PPP (Perfil Profissiográfico Previdenciário) - registro dos dados do Perfil Profissiográfico Previdenciário, que é um documento que apresenta informações detalhadas sobre as atividades desenvolvidas pelo trabalhador e sua exposição a agentes nocivos;

• CNIS 23.4.1: Tempo especial - registro do tempo de contribuição em atividades especiais;

• CNIS 23.5.1: Fator de conversão - registro do fator de conversão aplicado sobre o tempo de contribuição em atividades especiais para determinar o tempo total de contribuição do trabalhador.

Em relação às alíquotas, as contribuições previdenciárias para a aposentadoria especial variam de acordo com o grau de risco da atividade exercida pelo trabalhador, conforme estabelecido na tabela do Anexo IV da Lei nº 8.213/91. As alíquotas variam de 6%, 9% ou 12% sobre o salário de contribuição, a depender do grau de risco.

Em síntese, quando uma determinada função desempenhada pelo colaborador se caracterize como atividade passiva de aposentadoria especial, aumenta-se a carga de arrecadação imposta pelo Instituto Nacional do Seguro Social. Isso significa que esta função fica mais onerosa na empresa.

Atualmente muitas empresas classificam estas atividades para o colaborador como especial mas não informa os códigos corretos à previdência não gerando assim esta arrecadação maior; isso faz com que o colaborador quando for solicitar sua aposentadoria especial a previdência não conceda pois a empresa não pagou o valor excedente por esta caracterização, fazendo com que o colaborador tenha que acessar a justiça para ter tal enquadramento.

INSALUBRIDADE E PERICULOSIDADE

Insalubridade e periculosidade são dois conceitos importantes em relação à saúde e segurança do trabalho, que se referem a condições de trabalho que podem ser prejudiciais à saúde ou à vida do trabalhador.

A insalubridade está relacionada a condições de trabalho que expõem o trabalhador a agentes nocivos à saúde, como ruído, calor, frio, radiação, produtos químicos, entre outros. Já a periculosidade está relacionada a atividades ou operações que envolvem risco de vida, como trabalhos em altura, manipulação de explosivos, eletricidade, entre outros.

É responsabilidade do empregador garantir um ambiente de trabalho seguro e saudável para seus funcionários, oferecendo medidas preventivas e de proteção para evitar exposição a agentes insalubres ou perigosos. Isso inclui fornecer equipamentos de proteção individual (EPIs), realizar avaliações periódicas das condições de trabalho e fornecer treinamento adequado aos funcionários.

Quando o empregador não consegue eliminar, mitigar, prevenir o risco que possa caracterizar o risco de insalubridade e/ou periculosidade ele deve pagar um adicional financeiro o colaborador que fica exposto a estes.

O valor do adicional de insalubridade pode variar de acordo com o grau de exposição do trabalhador aos agentes nocivos à saúde. A Consolidação das Leis do Trabalho (CLT), em seu artigo 192, estabelece três graus de insalubridade: mínimo, médio e máximo.

O adicional de insalubridade é calculado com base no salário-mínimo nacional vigente. Os percentuais de adicional sobre o salário-mínimo são os seguintes:

- Grau mínimo: adicional de 10%;

- Grau médio: adicional de 20%;

- Grau máximo: adicional de 40%.

No entanto, é importante ressaltar que muitas convenções coletivas de trabalho estabelecem valores de adicional de insalubridade superiores aos previstos na legislação.

É importante lembrar que o adicional de insalubridade é um direito do trabalhador exposto a condições insalubres e deve ser pago pelo empregador como forma de compensação pelo risco à saúde.

O valor do adicional de periculosidade é de 30% sobre o salário do trabalhador, conforme estabelecido pela Consolidação das Leis do Trabalho (CLT) em seu artigo 193.

O adicional de periculosidade é um direito do trabalhador exposto a condições perigosas e deve ser pago pelo empregador como forma de compensação pelo risco à vida. Além disso, é importante destacar que o pagamento do adicional de periculosidade não exime o empregador de cumprir as normas de segurança e prevenção de acidentes previstas na legislação trabalhista.

Desta forma fica evidente o porquê muitas empresas não cumprem com suas obrigações referentes a estes adicionais, forçando o colaborador a buscar a justiça em um determinado tempo para reaver estas percepções.

Por outro lado, muitos colaboradores se aventuram a solicitar esta percepção devido a uma má orientação jurídica de que a empresa que deve e tem a responsabilidade de comprovar a não percepção destes adicionais. Quando enfim a conclusão somente é determinada por meio de perícia técnico-científica em relação às normas e legislações que regulam sobre estes adicionais.

CONSIDERAÇÕES FINAIS

É extremamente importante criar um programa de compliance voltado para a saúde e segurança do trabalhador porque a saúde e segurança dos funcionários são fundamentais para o bem-estar e a produtividade de uma empresa. Além disso, a saúde e segurança dos funcionários são protegidas por leis e regulamentos, e a empresa que não cumprir essas obrigações pode enfrentar penalidades legais e financeiras significativas.

Um programa de compliance bem implementado ajuda a garantir que a empresa cumpra todas as leis e regulamentos relevantes relacionados à saúde e segurança do trabalhador. Isso inclui identificar e gerenciar riscos, fornecer treinamento adequado, fornecer equipamentos de proteção adequados e estabelecer procedimentos de segurança adequados para minimizar o risco de acidentes e doenças ocupacionais. Além disso, um programa de compliance de saúde e segurança do trabalhador pode ajudar a melhorar a cultura da empresa em torno da segurança, incentivando a comunicação aberta e a colaboração entre os funcionários e gerentes.

A criação de um programa de compliance voltado para a saúde e segurança do trabalho podem envolver as seguintes etapas:

- Identificar os requisitos legais: É necessário identificar todos os requisitos legais relevantes relacionados à saúde e segurança do trabalho, como leis, regulamentos, normas e diretrizes.

- Avaliar os riscos: É importante avaliar os riscos associados às operações da empresa e às atividades dos funcionários, a fim de determinar as áreas que requerem maior atenção em termos de saúde e segurança do trabalho.

- Desenvolver políticas e procedimentos: Com base nas leis, regulamentos e avaliação de riscos, é necessário desenvolver políticas e procedimentos claros e abrangentes para abordar as questões de saúde e segurança do trabalho. Esses procedimentos devem ser comunicados aos funcionários de forma clara e acessível.

- Fornecer treinamento: É importante fornecer treinamento adequado aos funcionários em relação às políticas e procedimentos de saúde e segurança do trabalho, bem como em relação a técnicas e práticas de trabalho seguras.

- Monitorar o cumprimento: É necessário monitorar o cumprimento das políticas e procedimentos de saúde e segurança do trabalho e fazer ajustes quando necessário.

- Investigar incidentes: Se ocorrer um acidente ou incidente relacionado à saúde e segurança do trabalho, é importante investigar a causa e tomar medidas corretivas para prevenir futuros incidentes.

- Fazer auditorias regulares: É importante realizar auditorias regulares do programa de compliance de saúde e segurança do trabalho para garantir que ele esteja em conformidade com as leis e regulamentos, e que os funcionários estejam aderindo às políticas e procedimentos.

Ao implementar um programa de compliance voltado para a saúde e segurança do trabalho, é importante envolver os funcionários e gerentes em todos os níveis da organização para garantir que as políticas e procedimentos sejam entendidos e adotados em toda a empresa.

Conclui-se que a implantação direcionada de um programa de "compliance" tem a beneficiar todos envolvidos no processo de conflito de interesses, sendo:

Para a empresa:

Redução de riscos: Um programa de compliance efetivo pode ajudar a identificar e gerenciar riscos relacionados a várias áreas, incluindo saúde e segurança do trabalho, ética, privacidade de dados e conformidade regulatória.

Melhoria da reputação: Empresas que demonstram um compromisso com a conformidade e responsabilidade social geralmente desfrutam de uma melhor reputação e imagem junto aos clientes, funcionários e investidores.

Redução de penalidades e multas: Um programa de compliance efetivo pode ajudar a evitar violações de leis e regulamentos, reduzindo a probabilidade de penalidades e multas.

Melhoria da produtividade: Um ambiente de trabalho seguro e saudável pode levar a uma força de trabalho mais saudável e produtiva, o que pode, por sua vez, aumentar a eficiência e a rentabilidade da empresa.

Para o funcionário:

Segurança e bem-estar: Um programa de compliance efetivo pode garantir que os funcionários trabalhem em um ambiente seguro e saudável, minimizando o risco de acidentes e doenças ocupacionais.

Proteção contra assédio e discriminação: As políticas de compliance podem ajudar a prevenir o assédio e a discriminação no local de trabalho, criando um ambiente de trabalho mais inclusivo e respeitoso.

Maior confiança: Um programa de compliance efetivo pode ajudar os funcionários a se sentir mais confiantes de que a empresa está comprometida com a conformidade legal e ética.

Melhoria da cultura: Um programa de compliance pode ajudar a estabelecer uma cultura de ética e integridade, criando um ambiente de trabalho mais positivo e colaborativo.

Sendo importante ressaltar a todo programa de "compliance" é um programa vivo e atuante podendo a todo momento sofrer alterações para que a eficiência do mesmo se torne cada vez maior e mais abrangente.

REFERÊNCIAS

ANTUNES, Ricardo (2020). Os Sentidos do Trabalho: ensaios sobre a afirmação e a negação do trabalho. Boitempo Editorial.

ARISTÓTELES (335 a.C. – 323 a.C.). Ética à Nicômaco.

BRASIL. Constituição da República Federativa do Brasil de 1988. Brasília, DF: Senado Federal, 1988. http://www.planalto.gov.br/ccivil_03/constituicao/constituicaocompilado.htm.

BRASIL. Lei nº 8.213, de 24 de julho de 1991. Dispõe sobre os Planos de Benefícios da Previdência Social e dá outras providências. Brasília, DF: Presidência da República, 1991. http://www.planalto.gov.br/ccivil_03/leis/l8213cons.htm.

BRASIL. Ministério do Trabalho e Emprego. Normas Regulamentadoras. http://trabalho.gov.br/seguranca-e-saude-no-trabalho/normas-regulamentadoras.

CASTRO, Carlos Alberto Pereira de (2021). Compliance trabalhista e previdenciário: uma questão de sobrevivência empresarial. Revista do Tribunal Regional do Trabalho da 2ª Região, v. 61, n. 1, p. 273-292.

DANTAS, Breno Ferreira (2021). Compliance previdenciário: a importância da gestão previdenciária no âmbito empresarial. Revista de Direito Previdenciário, n. 41, p. 103-122.

FUNDACENTRO (2012). Ética e Segurança do Trabalho. São Paulo: Fundacentro.

Instrução Normativa INSS/PRES nº 45, de 06 de agosto de 2010. https://www.in.gov.br/web/dou/-/instrucao-normativa-n-45-de-15-de-junho-de-2020-261921271.

Instrução Normativa INSS/PRES nº 77, de 21 de janeiro de 2015. https://www.in.gov.br/materia/-/asset_publisher/Kujrw0TZC2Mb/content/id/32120879/do1-2015-01-22-instrucao-normativa-n-77-de-21-de-janeiro-de-2015-32120750.

INTERNATIONAL LABOUR ORGANIZATION. Safety and health at work. https://www.ilo.org/global/topics/safety-and-health-at-work/lang--en/index.htm.

KEYNES, John Maynard (2010). A teoria geral do emprego, do juro e da moeda. WMF Martins Fontes.

MANKIW, N. G. (2014). Principles of microeconomics. Cengage Learning.

MINISTÉRIO DA SAÚDE (2021). Manual de Procedimentos de Saúde – Doenças Relacionadas ao Trabalho. Capítulo V, p. 53 a 58. https://bvsms.saude.gov.br/bvs/publicacoes/doencas_relacionadas_trabalho_manual_procedimentos.pdf.

OIT - Organização Internacional do Trabalho (1998). Declaração sobre os Princípios e Direitos Fundamentais no Trabalho. Genebra. https://www.ilo.org/public/english/standards/declaration/declaration_portuguese.pdf

PORTO, Éderson Garin (2022). Compliance & Governança Corportativa 2ª Edição. Lowboratory Press.

SANDEL, Michael (2009). Justiça: O que é Fazer a Coisa Certa. Cambridge: Harvard University Press.

SENNETT, Richard, (2015). A corrosão do caráter: as consequências pessoais do trabalho no novo capitalismo / Richard Sennett; tradução Marcos Santarrita. – 16ª ed. – Rio de Janeiro: Record.

GARANTINDO SEGURANÇA: COMPLIANCE APLICADO A FARMACOVIGILÂNCIA

Autora:

Marina Sousa da Silva

INTRODUÇÃO AO COMPLIANCE EM FARMACOVIGILÂNCIA

A Organização Mundial de Saúde (OMS) define farmacovigilância como "a ciência e as atividades relacionadas à detecção, avaliação, compreensão e prevenção de efeitos adversos ou qualquer outro problema relacionado a medicamentos/vacinas". (World Health Organization, [n.d.]) A farmacovigilância, portanto, monitora o uso de medicamentos, avaliando continuamente os riscos e benefícios dos medicamentos, com o objetivo final de garantir a segurança das pessoas. Para isso, as ações de farmacovigilância compreendem a coleta e gestão de dados sobre a segurança dos medicamentos, a análise de relatórios de casos individuais relacionados ao uso dos medicamentos, a gestão de riscos e a comunicação e disseminação dos dados obtidos. Essa vigilância ocorre tanto antes quanto após a comercialização dos medicamentos. (Fornasier et al., 2018)

As boas práticas em farmacovigilância compreendem a conformidade com regulamentações rigorosas e, neste contexto, um programa de Compliance estruturado se torna uma ferramenta fundamental.

O termo compliance é definido como "o ato de obedecer a uma determinada lei ou regra, ou de agir conforme um acordo".(Cambridge Dictionary, [n.d.]) Embora a cultura do compliance empresarial tenha sua origem nas leis voltadas para o combate à corrupção e a outras irregularidades (Garin Porto, 2020), o que inicialmente pode parecer distante das práticas de farmacovigilância, ao ampliarmos o entendimento de que o compliance é, essencialmente, uma ferramenta para garantir a conformidade regulatória, torna-se clara a relação entre o compliance e a farmacovigilância.

HISTÓRIA DA FARMACOVIGILÂNCIA

Uma séria de acontecimentos históricos levou ao surgimento e a estruturação da farmacovigilância como a temos atualmente. O primeiro grande marco foi a morte da jovem Hannah Greener, aos 15 anos de idade, na Inglaterra após receber anestesia com clorofórmio para retirada de uma unha infectada, em 1948.(Routledge, 1998) Este episódio, trouxe a público preocupações com o uso dos anestésicos e a revista científica The Lancet criou uma comissão para que médicos ingleses reportassem mortes relacionadas a anestesia, os dados foram publicados em 1893, trazendo um alerta a comunidade médica acerca de efeitos nocivos das medicações.

Nos EUA, em 1906, foi criada a lei Pure Food and Drugs Act, a qual exigia pureza e ausência de contaminação nos medicamentos, entretanto, ainda não se exigia eficácia.(Fornasier et al., 2018; Routledge, 1998) Essa lei foi o embrião para a criação do Food and Drug Adminsitration (FDA) nos Estados Unidade. Quase 30 anos após, em 1937, foi lançado um antibiótico em xarope com sabor de framboesa para melhor aceitação das crianças, o Elix Sulfanilamida. O produto foi testado quanto ao sabor, aparência e odor, mas não com relação a toxicidade. O sabor framboesa foi obtido pela dissolução da sulfanilamida em dietilenoglicol, um solvente letal. Pouco mais de um mês após a comercialização do medicamento, a Associação Médica Americana recebeu várias denúncias de morte de crianças que consumiram o xarope, 107 mortes foram confirmadas como relacionadas ao uso do Elixir Sulfanilamida. Neste momento, não havia legislação definindo padrões sanitários, de segurança e de eficácia para a fabricação e comercialização de medicamentos e o FDA não tinha a autonomia que tem atualmente, o que impediu a responsabilização dos químicos responsáveis pelo uso do solvente. Ainda que médicos, autoridades e a própria fornecedora do Elixir, tenham se empenhado para retirar a medicação do mercado, a acusação formal foi a de 'marca incorreta', pois o termo Elixir implicava que o produto era uma solução alcoólica, enquanto na verdade a solução não continha álcool, e, portanto, deveria ter sido intitulada 'solução'. (Ballentine, 1981; Dale Yuzuki, 2019; Fornasier et al., 2018)

Esse episódio resultou na lei The Federal Food, Drug and Cosmetic Act de 1938, a qual instituiu mais poderes e autonomia ao FDA, e iniciou um processo de fiscalização e exigência pré-comercialização de medicamentos. (Ballentine, 1981) Apesar deste aparente avanço, 23 anos após, ocorreu o evento mais determinante na história da farmacovigilância, a tragédia da talidomida.

Em 1961, o médico obstetra australiano, Dr. William McBride, notou e escreveu uma carta ao editor do jornal Lancet um relato de aumento de 1,5% para 20% na incidência de malformação fetal, além da maior prevalência da focomelia[1], em associação com o uso da talidomida na gravidez, medicação utilizada para os enjoos do início da gestação. Aproximadamente 10.000 crianças nasceram com focomelia, na Europa, Austrália e Japão, e este evento sistematizou a notificação espontânea de reações adversos a medicamentos, além de impulsionar a primeira

---

1   Focomelia: anomalia congênita rara em que a face proximal de uma extremidade está ausente com a mão ou o pé fixados diretamente ao tronco. (Davis & Kane, 2023)

lei europeia relacionada a farmacovigilância, a Council Directive 65/65, em 1965.(Fornasier et al., 2018; Kim & Scialli, 2011) Neste momento, a necessidade de regulamentação para fabricação e venda de medicamentos era inquestionável, e houve vários movimentos organizacionais nesse sentido: o Programa Colaborativo de Vigilância de Drogas em Boston em 1966, o Programa da OMS para monitorização internacional de medicamentos (1968) e a publicação de inúmeros estudos e relatos de caso de reações adversas a medicamentos em revistas científicas. Trinta anos após a Council Directive 65/65, em 1995, foi criada a European Medicines Agency (EMA), agência europeia que regulamenta medicamentos antes e após comercialização, a qual existe até os dias de hoje.(European Medicines Agency (EMA), [n.d.]-b; Fornasier et al., 2018)

BOAS PRÁTICAS EM FARMACOVIGILÂNCIA

Assim como o compliance empresarial foi uma reposta às práticas ilícitas, como a corrupção, a farmacovigilância foi uma reação às tragédias com medicamentos. Atualmente, as principais agências regulatórias de medicamentos (FDA e EMA) utilizam um conjunto de medidas, denominadas Boas Práticas em Farmacovigilância (GVP), para facilitar o desempenho da farmacovigilância. (EMA site GPP) Trata-se de uma diretriz, periodicamente atualizada, baseada nas legislações vigentes. Todos os estudos com medicamentos, devem ser registrados e seguir uma série de normas desde a fase mais inicial (pré-clínica, em laboratório) até a fase mais avançada (pós-comercialização). As indústrias farmacêuticas, produtoras e comercializadoras dos medicamentos, assim como a sociedade científica e, até mesmo os médicos prescritores das medicações, atualmente, tem responsabilidades bem definidas, e devem seguir normas específicas para cada papel nessa cadeia de produção-venda-uso de medicamentos. Isso, nada mais é do que compliance!

Como um bom programa de compliance, a farmacovigilância é guiada por princípios, os quais precisam estar claros para os atores desde processo.

Princípios da farmacovigilância:

- "As necessidades dos pacientes, dos profissionais de saúde e do público em relação à segurança dos medicamentos devem ser cumpridos.

- A alta gestão deve proporcionar liderança na implementação do sistema de qualidade e motivação para todos os membros do pessoal em relação aos objetivos de qualidade.

- Todas as pessoas da organização devem estar envolvidas e apoiar o sistema de farmacovigilância de acordo com a sua função e a sua responsabilidade.

- Todas as pessoas envolvidas com toda a organização devem se engajar na melhoria contínua da qualidade seguindo o ciclo de qualidade.

- Os recursos e tarefas devem ser organizados como estruturas e processos de uma maneira que apoie o processo proativo, proporcional ao risco, contínuo e integrado.

- Todas as evidências disponíveis sobre a relação risco-benefício dos medicamentos devem ser procuradas e todos os aspectos relevantes, que possam ter impacto na relação risco-benefício e na utilização de um produto, devem ser considerados na tomada de decisões.

- Deve ser promovida uma boa cooperação entre titulares de autorizações de introdução no mercado, autoridades competentes, organizações de saúde pública, pacientes, profissionais de saúde, sociedades científicas e outros organismos relevantes, em conformidade com as disposições legais aplicáveis."(Medicines Agency, 2012)

Atualmente, o GVP possui 12 capítulos que abrigam módulos relacionados aos principais processos de farmacovigilância. São eles: (European Medicines Agency (EMA), [n.d.]-a)

- Estrutura e processos em farmacovigilância: definições, princípios e responsabilidades;
- Registro e arquivamento dos dados de farmacovigilância;
- Inspeções;
- Auditorias;
- Gestão de risco;
- Notificação, gestão e submissão de suspeitas de reações adversas a medicamentos;
- Relatórios periódicos de atualização de vigilância;
- Segurança pós-autorização;
- Gerenciamento de alertas;
- Monitoramento adicional – define as situações em que é necessário monitoramento adicional de uma medicação antes ou após a sua comercialização;
- Comunicação de segurança – estabelece como deve ser a comunicação dos eventos adversos tanto internamente quanto para a sociedade, e,
- Medidas de minimização de risco.

ESTRUTURAÇÃO DE UM PROGRAMA DE FARMACOVIGILÂNCIA ADEQUADO

Baseado nas Boas Práticas em Farmacovigilância, um bom programa de farmacovigilância, logo compliance, nas empresas farmacêuticas deve ser estruturado da seguinte forma:(Agência Nacional de Vigilância Sanitária (ANVISA), 2009)

1. Profissional qualificado responsável por farmacovigilância

2. Processos definidos e rápidos

a. Reportes e relatórios rápidos

i. Notificações de eventos adversos: as notificações de reações adversas as quais se apliquem os requisitos de notificação rápida devem ser submetidas às autoridades em um prazo de 15 dias

b. Relatórios de segurança periódicos: são registros essenciais para avaliar o perfil de segurança dos medicamentos. São utilizados tanta pela indústria farmacêutica, quanto pelas agencias regulatórias para revisar a segurança das medicações.

c. Resposta às solicitações de informação das autoridades competentes: as solicitações das autoridades sanitárias devem ser respondidas prontamente e seguindo o prazo definido pela legislação local. Neste caso, informações urgentes podem ser enviadas, inclusive parcialmente.

d. Capacidade para processar e avaliar dados urgentes e variações de segurança

i. Reavaliação periódica de risco versus benefício: A farmacovigilância é encarregada da notificação imediata de qualquer alteração na relação entre risco e benefício dos medicamentos. A negligência nessa responsabilidade pode representar uma ameaça substancial para a sociedade e conduzir à violação das diretrizes de Boas Práticas de Farmacovigilância (GVP).

e. Auditorias internas

CONSIDERAÇÕES FINAIS

A farmacovigilância tem papel fundamental na garantia da segurança e da eficácia dos produtos farmacêuticos. Um bom e estruturado programa de compliance é capaz de garantir conformidade com regulamentações e diretrizes, e, no caso específico da produção e comercialização de medicamentos, mostra-se como ferramenta essencial para garantir saúde à sociedade, para promover a transparência na indústria farmacêutica e para garantir a confiança dos pacientes e profissionais de saúde nos medicamentos disponíveis.

Assim como o compliance, a farmacovigilância também tem as suas origens em uma reação da sociedade à situações inadmissíveis, porém potencialmente evitáveis. A farmacovigilância desempenha um papel crucial na identificação precoce de riscos associados a medicamentos e na prevenção de danos aos pacientes. A coleta, a análise e o relato adequados de eventos adversos são as ferramentas principais para que as autoridades reguladoras, e às empresas farmacêuticas, tomem medidas corretivas e proativas, e, portanto, esse processo precisa ser muito bem estruturado.

Dessa forma, a combinação de conformidade regulatória e farmacovigilância eficaz é um pilar fundamental da segurança do paciente e da integridade da indústria farmacêutica. Para isso, é essencial que as empresas farmacêuticas continuem investindo em práticas de compliance sólidas e sistemas de farmacovigilância aprimorado. Assim, o uso de medicamentos torna-se cada vez mais seguro e confiável.

REFERÊNCIAS BIBLIOGRÁFICAS

Agência Nacional de Vigilância Sanitária (ANVISA). (2009). Guide – Good Pharmacovigilance Practices and Inspection (GPPI) for MAHs / ANVISA.

Ballentine, C. (1981). Sulfanilamide Disaster. FDA Consumer Magazine. www.fda.gov

Cambridge Dictionary. ([n.d.]). Compliance definition. Business English. Recuperado 29 de setembro de 2023, de https://dictionary.cambridge.org/us/dictionary/english/compliance

Dale Yuzuki. (2019, março 19). The origin of the FDA and the Elixir Sulfanilamide disaster of 1937. https://singleraoncology.com/the-origin-of-the-fda-and-the-elixir-sulfanilamide-disaster-of-1937/

Davis, D. D., & Kane, S. M. (2023). Phocomelia. StatPearls. https://www.ncbi.nlm.nih.gov/books/NBK559212/

European Medicines Agency (EMA). ([n.d.]-a). Good pharmacovigilance practices. Human Regulatory. Recuperado 1o de outubro de 2023, de https://www.ema.europa.eu/en/human-regulatory/post-authorisation/pharmacovigilance/good-pharmacovigilance-practices#introduction-section

European Medicines Agency (EMA). ([n.d.]-b). History of EMA. About us. Recuperado 1o de outubro de 2023, de https://www.ema.europa.eu/en/about-us/history-ema

Fornasier, G., Francescon, S., Leone, R., & Baldo, P. (2018). An historical overview over Pharmacovigilance. International Journal of Clinical Pharmacy, 40(4), 744. https://doi.org/10.1007/S11096-018-0657-1

Garin Porto, É. (2020). Uma abordagem do compliance a partir da análise econômica do direito. Em É. Garin Porto & F. Anseni Dutra (Orgs.), Compliance Reflexões e Aplicações Setorais (Vol. 1, p. 1–10). AMBRA University Press.

Kim, J. H., & Scialli, A. R. (2011). Thalidomide: the tragedy of birth defects and the effective treatment of disease. Toxicological sciences : an official journal of the Society of Toxicology, 122(1), 1–6. https://doi.org/10.1093/TOXSCI/KFR088

Medicines Agency, E. (2012). Guideline on good pharmacovigilance practices (GVP) Module I – Pharmacovigilance systems and their quality systems. www.ema.europa.eu

Routledge, P. (1998). 150 years of pharmacovigilance. Lancet (London, England), 351(9110), 1200–1201. https://doi.org/10.1016/S0140-6736(98)03148-1

World Health Organization. ([n.d.]). What is Pharmacovigilance? Regulation and Prequalification. Recuperado 29 de setembro de 2023, de https://www.who.int/teams/regulation-prequalification/regulation-and-safety/pharmacovigilance

A IMPLANTAÇÃO DO PROGRAMA DE COMPLIANCE APLICADO AO SETOR DE SAÚDE SUPLEMENTAR

Autora:

Natália Maia Rodrigues Ferreira Pinto Linhares

Embora seja algo "recente", o compliance já se tornou tendencia mundial a ser adotada por todas as empresas que desejam ser vistas como "sérias". No Brasil, a implantação do programa de compliance ou integridade se tornou quase obrigatória com o advento do decreto nº 11.129/2022 que trata especificamente sobre o programa de integridade em seu capítulo V e da Lei.12846/13 Lei Anticorrupção Brasileira.

A implantação do programa de compliance é uma nova forma que as empresas encontraram de garantir mais segurança aos seus stakeholders de que o investimento deles está em uma empresa que gerencia seus riscos, possui governança, é ética, que combate à corrupção, suborno, fraude, e qualquer outra inconformidade, além disso, ao ter um programa de integridade formalmente estabelecido, em caso de sanção administrativa que culmine em multa, está poderá ser reduzida em até cinco por cento. Conforme pontua Paul Mcnulty, "Se você acha que estar em compliance é caro, tente não estar em compliance".

É importante breve diferenciação do programa de compliance e do programa de integridade, já que este é referente ao fomento da cultura de integridade no ambiente organizacional, prevenção de desvios, fraudes, irregularidades e atos ilícitos praticados contra a administração pública, nacional ou estrangeira, voltado à medidas anticorrupção e aquele é o programa que combate à corrupção, mas não somente, abrangendo adequação de processos, estratégias, gestão de riscos e controles internos que atendam às exigências dos stakeholders.

Assim como as demais empresas, as operadoras de saúde se viram obrigadas a adotar formalmente um programa de compliance. Inicialmente cabe citar que a saúde suplementar no Brasil é regulada pelo art. 199 da Constituição Federal, que afirma que a assistência à saúde é livre à iniciativa privada, desta forma, a constituição reconhece que a iniciativa privada pode e deve atuar em saúde suplementar de forma a manter o sistema de saúde público e privado sustentável.

Antes mesmo da saúde suplementar ser instaurada em nossa carta magna a saúde privada já vinha sendo utilizada para atender funcionários das indústrias. A prática se tornou comum a partir da década de 1050, especialmente na região do Grande ABC e no porto de Santos, no estado de São Paulo, localização estratégica para alimentar o fluxo de produção industrial e de distribuição de produtos.

Nesse tempo a saúde suplementar era ouro, embora, ainda o seja atualmente, naquela época a saúde pública apenas era apenas para os trabalhadores que possuíam contrato registrado em carteira de trabalho. Os autônomos, trabalhadores informais, população rural e qualquer outro cidadão que não fosse celetista não tinha direito ao sistema público de saúde, e dependiam dos atendimentos da Igreja, feitos principalmente pelas Santas Casas de Misericórdia, ou tinham que pagar instituições privadas.

Com o advento da Constituição Federal de 1988, todo cidadão passou a ter direito à saúde, sendo dever do Estado, a criação do Sistema Único de Saúde através da Lei 8.080, de 1990, em outras palavras, todos residentes no país têm acesso ao SUS, natos ou naturalizados, estrangeiros ou brasileiros e em contrapartida indireta o Brasil efetua o recolhimento de tributos.

Após esse breve contexto histórico sobre o nascimento do sistema de saúde no Brasil, é necessário demonstrar o quão necessário é a saúde suplementar para sobrevivência da saúde pública, visto que a iniciativa privada é formalmente autorizada a atuar no país em caráter complementar e apenas em 2022 tinha cerca de 50.493.061 milhões de usuários em todo o país.

Sem a iniciativa privada hoje, teríamos um colapso do SUS, por este motivo as operadoras possuem órgãos que regulam sua atuação, tais como a ANS – Agência Nacional de Saúde Suplementar. Todas as operadoras precisam estar em conforme com as resoluções normativas lançadas pelo órgão regulador, assim, além do decreto nº 11.129/2022 e da lei Lei.12846/13, as operadoras precisaram implantar o programa de integridade e gestão de riscos conforme Resolução Normativa 443/2019 que passou a ser a Resolução Normativa 518/2022 da ANS, desta forma, com exceção das operadoras de pequeno porte e autogestão, todas as demais precisam adotar um programa de compliance, visto que todas as operadoras necessitam ter normas mínimas de governança de corporativa.

Cabe ressaltar que em sede de operadoras de saúde, existe uma diferença de porte tratada pela ANS, onde, as operadoras de pequeno porte, a implantação do programa de integridade e demais requisitos é facultativo, isto pode ser observado pela obrigatoriedade de operadoras de grande e médio porte necessitarem enviar anualmente um relatório de procedimentos previamente acordados, sendo o envio facultativo para as operadoras de pequeno porte e as classificadas em autogestão. Embora seja facultativo, é visto como boa prática, além de ter benefícios tangíveis, tais como pautados no art. 12 da Resolução Normativa 518/2022 da ANS conforme abaixo:

> Art. 12. A operadora que comprovar o atendimento a todos os requisitos por meio de envio à ANS de relatório de PPA na forma do art. 11 poderá solicitar a redução de fatores de capital regulatório a ser observado para atuação no setor de saúde suplementar.

O material mais utilizado pelas empresas para implantação de um programa de Integridade é o Manual para implantação de Programas de Integridade (orientações para o setor público, criado pela própria CGU – Controladoria Geral da União). Embora o material trate da implantação de um programa de integridade voltado a práticas contra corrupção e seja voltado ao setor público é certo que o guia é completo e um pontapé perfeito para as empresas privadas que desejam implantar seus programas desde o início.

Tendo por base o Manual para implantação de Programas de Integridade da CGU – Controladoria Geral da União para implementação de um efetivo programa de compliance verifica-se que a implantação do programa pode ser efetuado em etapas, quais sejam: 1- Aprovação da Alta Administração, 2- Ambiente para Implementação, 3 – Identificação e Avaliação dos Riscos, 4 – Identificação, avaliação e adequação de medidas e 5 – Plano de Integridade, cada etapa será pormenorizada abaixo.

O Programa de Compliance é forma que as empresas encontram de mitigar riscos por meio da implantação de controles internos, tais como a criação do código de conduta- ética, normas, políticas, diretrizes internas, diligências, acompanhamento de canal de conduta dentre outros. Para que o programa ocorra e os riscos sejam efetivamente mitigados devem-se seguir as leis vigentes, tais como a Lei anticorrupção a ISO 31000, etc,

Como boas práticas é essencial que equipe de implantação possua qualificação adequada e contenha o apoio da alta administração que irão impulsionar os gestores e colaboradores.

A primeira etapa é a aprovação da alta administração, nesta etapa o programa de compliance é apresentado a alta administração, além dos gestores de cada área, que devem se comprometer a desenvolver o programa, ou seja, se fazer presente em treinamentos, conhecer o código de conduta-ética e as políticas, saber os riscos e fornecer budget para que a empresa possa implantar o programa de forma efetiva e não seja apenas "de gaveta".

Ao invés de efetuar o programa internamente algumas empresas optam pela contratação de um consultor externo para avaliar a empresa e montar um guia de diretrizes de Compliance, mesmo assim o programa precisa ter a identidade da empresa, ser conhecido e feito por seus próprios colaboradores, para que case como planejamento estratégico, ou seja precisa ter a participação ativa de todos os gestores de cada área.

A segunda etapa é o ambiente para implementação, ou seja, após aprovação do programa pela alta administração é necessário o vislumbre de um ambiente adequado que pode ser efetuado com enfoque em três tarefas iniciais, o corpo técnico, informações preliminares e planejamento.

O corpo técnico é a formação de um grupo de trabalho que será responsável pela elaboração de um plano de integridade ou programa de integridade, a junção de áreas com membros titulares e suplentes é interessante que seja pensado por organização. Na área da saúde suplementar é comum ter um membro do jurídico, um membro da área de recursos humanos, um membro da gerência de saúde e um membro do compliance.

Durante as informações preliminares serão levantadas informações prévias tais como competências, histórico de caso de quebra de integridade, relatórios de auditoria e questionários preliminares.

A fase de Planejamento nada mais é do que efetuar um Plano de Trabalho identificando todos os processos e áreas relevantes, documentando-as em etapas, objetivos, produtos e resultados esperados. Destaca-se que nessa etapa é necessário efetuar o planejamento de acordo com os objetivos internos e externos, porte e especificidades da organização, já que não existe forma de bolo para implementação do compliance, ele será único e de acordo com cada organização, orçamento etc.

Destaque-se a pontuação da ISO 37301 conforme abaixo:

O compliance é um processo contínuo e o resultado de uma organização que cumpre suas obrigações.

O compliance se torna sustentável ao ser incorporado na cultura da organização, e no comportamento

e na atitude das pessoas que trabalham para ela. Enquanto mantém sua independência, é preferível

que a gestão de compliance seja integrada com os outros processos de gestão da organização e os seus

requisitos e procedimentos operacionais.

Um sistema de gestão de compliance eficaz em toda a organização permite que uma organização demonstre

seu comprometimento em cumprir leis pertinentes, requisitos regulamentares, códigos setoriais da indústria

e normas organizacionais, assim como normas de boa governança, melhores práticas geralmente aceitas,

ética e expectativas da comunidade.

A terceira etapa é a identificação e avaliação de riscos, que é feita após o Grupo de Trabalho conhecer profundamente a empresa a qual está inserido, tais como estrutura organizacional, contexto interno e externo, econômico, social e político, grau de interação com setor privado etc.

Existem algumas metodologias que podem auxiliar a organização a mapear seus riscos, e deve ser pensado, se a organização irá mapear todos os riscos da empresa ou apenas os de integridade, se haverá uma área de gestão de riscos ou se está tarefa ficará por conta do compliance. Na área de saúde suplementar, é prática ter uma área com nome de GRC – Gerência de Riscos e Conformidade, que unifica as duas áreas em uma única, além de muitas vezes englobar a conformidade com a LGPD – Lei Geral de Proteção de Dados e ESG.

A saúde suplementar exige efetivo gerenciamento de riscos, para tanto é primordial a escolha das normas norteadoras e ferramentas adequadas, atualmente as normas mais usadas são a ISO 31000, a COSO ERM e as ferramentas são FMEA (análise de modos de falha e seus efeitos) identifica potenciais riscos ou causas de falha de um processo, APR – Análise Preliminar de Riscos que pode ser utilizada no dia a dia com o objetivo principal de evitar ocorrências que prejudiquem um projeto, Diagrama de Pareto que é usado para identificar as fontes dos problemas em uma organização, Brainstorms usado em reuniões para aproveitar a expertise dos especialistas, Espinha de peixe, dentre tantas outras.

Alguns riscos são mais frequentes em todas as matrizes de riscos, e geralmente aparecem nas operadoras de saúde, vejamos abaixo:

a)   Risco de Mercado

b)   Risco Operacional

c)   Risco de Subscrição

d)   Risco de Imagem

e)   Risco de vazamento de dados

f)   Descarte incorreto de materiais hospitalares

g)   Pandemia

Frente ao quadro de riscos e seus diagnósticos descritos, é possível constatar que as consequências que a empresa se envolveu: Desprezível, Menor; Moderada; Crítico e Catastrófico, sendo importante destacar que os níveis de impacto são definidos pelo "dono do risco" isto é, pela área responsável por gerir aquele risco.

Também é possível verificar a escala de probabilidades de sua ocorrência como: Frequente, Provável, Remota; Improvável e Raro, sempre levando o cruzamento entre impacto e probabilidade para verificar qual(is) risco(s) colocam a empresa em situação de calamidade, podendo até mesmo ter como consequência o encerramento de suas atividades, sendo estes riscos os primeiros a serem tratados (mitigados, transferidos, excluídos, etc).

Obviamente o tratamento dos riscos mais catastróficos não serão analisados de forma isolada, o que significa que a ocorrência de um dos riscos não importa na exclusão de ocorrência dos demais, muito pelo contrário, a incidência em um dos riscos pode ocasionar na incidência de outro risco previsto na matriz, visto que uma causa pode existir para mais de um risco e a mesma consequência e um tratamento por tratar mais de um evento ao mesmo tempo.

Importante salientar que conforme especifica a ISO 31000 em seu item 6.5.3, "Convém que as informações fornecidas no plano de tratamento incluam: a justificativa para a seleção das opções de tratamento, incluindo os benefícios esperados a serem obtidos", ou seja, não basta apenas escolher um plano de tratamento, é necessário justifica o motivo da escolha.

A quarta etapa é a identificação, avaliação e adequação de medidas, onde o grupo de trabalho deve buscar responder que medidas a organização pode tomar para evitar, mitigar ou transferir os seus riscos de integridade mais relevantes. Devem ser verificadas as medidas já existentes na empresa e a concepção de medidas a serem criadas ou incrementadas, com base nas prioridades estabelecidas pelo Mapa de Calor e nível de tolerância ao risco da empresa/entidade.

Uma forma eficaz de efetuar esta etapa é criar uma Matriz dos Riscos de integridade conforme a ISO 31000 ou COSO ERM, onde constará os níveis de impacto e probabilidade, bem como controles existentes e quais os tratamentos aplicados.

Também nessa fase serão tratados os riscos que foram identificados, tanto os de integridade quanto os demais riscos prioritários da organização.

Outro ponto desta fase é a criação do Código de Conduta-Ética que deve possuir um plano de combate à fraude e a corrupção que envolve o gerenciamento dos riscos da empresa, planos de contingência, disponibilização a todos os colaboradores de um Canal de Denúncias exclusivo para o registro de relatos e dúvidas e deve-se garantir o anonimato e a não-retaliação.

Segue abaixo rol exemplificativo da CGU – Controladoria Geral da União de medidas a serem tomadas para mitigar os riscos de integridade que podem ser adotados pelas operadoras de saúde e empresas em geral:

- Publicação de informações relevantes no endereço eletrônico, tais como planejamento estratégico, fluxos de processos e próximas licitações

- Estabelecimento de políticas, normas e procedimentos internos que definam os procedimentos mais sensíveis do órgão/ entidade

- Verificação periódica de informações classificadas como sigilosas/reservadas

- Previsão de mecanismos formais e regulares de participação cidadã

- Disponibilização da lista dos servidores públicos em quarentena, com informação sobre período da medida e área de proibição para atuação

- Redução do nível de discricionariedade do tomador de decisão em processos sensíveis, como a instituição de segregação de funções

- Padronização de especificações que são mais comuns (limpeza, vigilância, telefonia, material de expediente etc.), como o uso de editais-padrões

- Definição de alçadas de aprovação, dependendo do valor envolvido em licitações, contratos e concessão de benefícios

- Realização de diligência nas empresas contratadas com o intuito de verificar possíveis casos de fraude e conluio

- Implementação de mecanismos de decisão colegiada no órgão, compartilhando o poder de decisão

- Criação de sistemas informatizados que exerçam controle sobre atividades sensíveis à quebra de integridade

- Estabelecimento de critérios objetivos para indicação de ocupantes de cargos diretivos, como capacitação e experiência

- Exigência de motivação detalhada nos casos em que houver discordância entre os posicionamentos da área técnica e da direção superior

- Mapeamento de servidores, ex-servidores e terceirizados visando identificar relacionamentos com empresas e grupos econômicos

- Publicação de informações gerais sobre programas que resultem em renúncia de receitas

A quinta e última etapa é a construção do plano de integridade, tal plano somente terá validade após aprovação pela alta direção e deve conter em suma: objetivos, principais competências, estrutura regimental, organograma, identificação do setor, missão, visão e valores, planejamento estratégico, identificação e classificação de riscos, monitoramento, atualização e avaliação do plano, instâncias de Governança, fatores de riscos e riscos associados.

Por fim deverá ser apresentado um relatório final e um plano de comunicação e treinamento anual para implantação da cultura do compliance, como anexos ao programa de integridade, pois comunicação é a mãe da chave cultural para tudo aquilo que desejamos que nasça e não apenas seja formalizado.

Após implementação do programa diversos benefícios poderão ser visualizados, tais como, melhoria dos padrões de governança, mais solidez e perenidade, ampla proteção da reputação, fortalecimento da cultura institucional com transparência e o principal, combate à corrupção levando a organização a uma imagem ética e de comprometimento com a integridade.

Entretanto, mesmo as operadoras que possuem um forte programa de compliance, com canal de denúncia efetivo, due diligence, comprometimento da alta administração, gestão de riscos e demais pilares funcionando de forma perfeita enfrenta forte dificuldade de combater atitudes antiéticas devido a relação com seus fornecedores de serviços e produtos, entre os quais se encontram, médicos, fabricantes, distribuidores de equipamentos, indústria farmacêutica, dentre outros, isto pois a cadeia de suprimento de saúde privada não possui regulamentação, tal como as operadoras.

Em resumo as operadoras não possuem rede própria, ou quando possuem, não é abrangente o suficiente para atender os beneficiários, por este motivo são obrigadas a contratar rede referenciada para que os usuários possam utilizar e em caso de as operadoras não possuírem tal rede, o beneficiário poderá exercer escolha do profissional e local onde realizará o procedimento.

Ora, não há regulação específica hospitais, médicos, equipamentos, empresas de fármacos, de dispositivos, órteses, próteses, entre outros inúmeros outros que compõem a cadeia de suprimento, e falta de regulação provoca resultados imprevisíveis para as operadoras de saúde que utilizam rede referenciada, na medida que não podem passar aos prestadores as exigências que são efetuadas pela ANS, tais como prazos de atendimento.

Vejamos um exemplo básico, a Resolução Normativa nº 566/2022 da ANS, estabelece em seu art. 3º conforme abaixo:

Art. 3º A operadora deverá garantir o atendimento integral das coberturas referidas no art. 2º nos seguintes prazos:

I – consulta básica - pediatria, clínica médica, cirurgia geral, ginecologia e obstetrícia: em até sete dias úteis;

II – consulta nas demais especialidades médicas: em até quatorze dias úteis;

III – consulta/sessão com fonoaudiólogo: em até dez dias úteis;

IV – consulta/sessão com nutricionista: em até dez dias úteis;

V – consulta/sessão com psicólogo: em até dez dias úteis;

VI – consulta/sessão com terapeuta ocupacional: em até dez dias úteis; VII – consulta/sessão com fisioterapeuta: em até dez dias úteis;

VIII – consulta/sessão com enfermeiro obstetra ou obstetriz: em até dez dias úteis; IX – consulta e procedimentos realizados em consultório/clínica com cirurgião- dentista: em até sete dias úteis;

X – serviços de diagnóstico por laboratório de análises clínicas em regime ambulatorial: em até três dias úteis;

XI – demais serviços de diagnóstico e terapia em regime ambulatorial: em até dez dias úteis;

XII – procedimentos de alta complexidade - PAC: em até vinte e um dias úteis;

XIII – atendimento em regime de internação eletiva: em até 21 (vinte e um) dias úteis;

XIV – atendimento em regime de hospital-dia: em até dez dias úteis;

XV – tratamentos antineoplásicos domiciliares de uso oral, incluindo medicamento para o controle de efeitos adversos relacionados ao tratamento e adjuvantes: em até 10 (dez) dias úteis, cujo fornecimento poderá ser realizado de maneira fracionada por ciclo;

XVI – tratamentos antineoplásicos ambulatoriais e domiciliares de uso oral, procedimentos radioterápicos para tratamento de câncer e hemoterapia, na qualidade de procedimentos cuja necessidade esteja relacionada à continuidade da assistência prestada em âmbito de internação hospitalar: em até dez úteis, cujo fornecimento poderá ser realizado de maneira fracionada por ciclo; e

XVII – urgência e emergência: imediato.

A exigência supracitada é dever da operadora, e o seu não cumprimento pode causar sanção, multas pecuniárias e até suspensões das atividades, entretanto, não há como repassar tal obrigação aos prestadores de serviços, salvo se houver concordância expressamente manifesta em contrato. É fato que o sistema de saúde, mesmo o privado, enfrenta situações adversas, falta de medicamentos, localidades com um único hospital, leitos de UTI lotados.

Como obrigar os hospitais de rede referenciada a agendar uma cirurgia eletiva em 21 (vinte e um) dias, caso o hospital seja o único credenciado na região, ou mesmo que haja outro, alegar que a agenda do hospital está lotada devido a cirurgias de emergência ocorridas durante o mês.

O trabalho do compliance nas operadoras vai muito além do fundamental aculturamento, ultrapassa esse aspecto para chegar a cadeira de suprimento, pois apenas a ética individual de cada membro dessa cadeia pode fazer a diferença para o beneficiário dos planos de saúde que serão atendidos pelas redes referenciadas.

Para a hipótese de indisponibilidade de prestador, a mesma norma da ANS estabelece que:

Art. 4º Na hipótese de indisponibilidade de prestador integrante da rede assistencial que ofereça o serviço ou procedimento demandado, no município pertencente à área geográfica de abrangência e à área de atuação do produto, a operadora deverá garantir o atendimento em:

I - prestador não integrante da rede assistencial no mesmo município; ou

II - prestador integrante ou não da rede assistencial nos municípios limítrofes a este.

§ 1º No caso de atendimento por prestador não integrante da rede assistencial, o pagamento do serviço ou procedimento será realizado pela operadora ao prestador do serviço ou do procedimento, mediante acordo entre as partes.

§ 2º Na indisponibilidade de prestador integrante ou não da rede assistencial no mesmo município ou nos municípios limítrofes a este, a operadora deverá garantir o transporte do beneficiário até um prestador apto a realizar o devido atendimento, assim como seu retorno à localidade de origem, respeitados os prazos fixados no art. 3º.

§ 3º O disposto no caput e nos §§ 1º e 2º se aplica ao serviço de urgência e emergência, sem necessidade de autorização prévia, respeitando as Resoluções CONSU nº 8 e 13, ambas de 3 de novembro de 1998, ou os normativos que vierem a substituí-las.

Todos esses custos com transporte ou com prestador não integrante da rede assistencial em municípios limítrofes, são suportados pelo próprio usuário no momento do reajuste das mensalidades dos planos de saúde. Em praticamente todo plano de saúde os mais novos sustentam o uso dos mais idosos, em nível de balanceamento, pois os idosos são os que mais utilizam o plano enquanto os mais jovens são os que menos usam.

Segundo dados da Agência Nacional de Saúde Suplementar – ANS compilados pela Federação Nacional das Seguradoras de Saúde – FENASAÚDE, os atendimentos na saúde suplementar resultaram em 8 milhões de internações, 274 milhões de consultas e861 milhões de exames, sendo que nenhum prestador de serviço médico está obrigado a cumprir os prazos da ANS.

Essa lacuna de regulação cria vantagem econômica aos prestadores de serviços que movidos por mecanismos de oferta e procura aumentam livremente o custo de seus serviços, tornando-os muitas vezes, abusivo, sendo estes, pagos pelos brasileiros privilegiados que possuem acesso a contratos de plano de saúde.

Um exemplo clássico de como a falta de compliance em toda cadeia de suprimentos dos planos de saúde pode ser crítico são as famosas "máfias das próteses" que foram denunciadas pela imprensa brasileira em 2015 e, geraram a instalação de uma Comissão Parlamentar de Inquérito – CPI na Câmara dos Deputados. O relatório final está disponível para qualquer cidadão na internet.

O modus operandi dos médicos, fornecedores de dispositivos médicos implantáveis, advogados é esclarecedor, permite identificar que se as diversas etapas do procedimento de saúde não forem transparentes, com regras claras de conformidade e regulação firme para todos os envolvidos na cadeia de produção, nunca será possível conter os desperdícios e os riscos que essas práticas representam.

Pedro Ramos, em seu livro A Máfia das Próteses (Ramos, 2017, capítulo o modus operandi da máfia, página 76 e 77): Uma ameaça à saúde, esclarece que o "O truque consistia em indicar cirurgias com o uso de uma prótese específica, com caraterísticas que apenas uma determinada marca poderia atender. Para forçar o plano de saúde ou o SUS a pagar a conta, o grupo muitas vezes recorria ao esquema da judicialização com o concurso de advogados acumpliciados com o médico e o fabricante".

Importante destacar que tais práticas ilegais não são regra, mas a exceção causa protagonizada por algumas empresas, médicos e advogados. Entretanto tal exceção, dos que não são éticos, causam grandes prejuízos aos consumidores, sendo uma estimativa que os custos com golpes, desvios e outros desperdícios equivalem anualmente, a 19% de toda a despesa assistencial, o que representa, um total de 22,5 bilhões de reais. Considera- se ainda que 18% dos gatos totais das contas hospitalares são fraudes e 40% dos pedidos de exames laboratoriais não são necessários, o que eleva o gasto consideravelmente.

É inegável que um programa de compliance efetivo é importante para toda empresa, mas por tudo supracitado, para as operadoras de saúde suplementar ter compliance é equivalente a ter um coração para um humano, sem ele, o fracasso é única opção.

REFERÊNCIAS BIBLIOGRÁFICAS

Ramos, Pedro. (2017). A Máfia das Próteses; Uma ameaça à saúde. Évora. ABRAPP. (2023). Guia de Gestão de Riscos em Planos de Saúde de Autogestão e Boas Práticas.

https://www.editoraroncarati.com.br%2Fv%2Fphocadownload%2Fguia_de_gestao_de _riscos_em_planos_de_saude_de_autogestao_boas_praticas.pdf&usg=AOvVaw1d9qQ1 pj48HOE4nICjKHHV

Associação Brasileira de Normas Técnicas – ABNT. (2023). ABNT NBR ISO 31000. Gestão de riscos — Princípios e diretrizes. https://repositorio.cgu.gov.br/bitstream/1/41825/8/Coso_portugues_versao_2017.pdf.

ISO GUIA 73:2009. (2009). Gestão de Riscos – Vocabulário.

Barrocal, André. (2023). Tudo pelos amigos do rei. Carta Capital, Brasil, ano XXVII Nº 1191, 20-24. https://www.cartacapital.com.br/politica/tudo-pelos-amigos-do- rei/

Agência Nacional de Saúde Suplementar – ANS. (2008). Resolução Administrativa nº 25, de 27 de fevereiro de 2008: Dispõe sobre o Código de Ética da Agência Nacional de Saúde Suplementar - ANS.

Agência Nacional de Saúde Suplementar – ANS. (2022). Comissão de Ética. 1-11. https://www.gov.br/ans/pt-br/acesso-a-informacao/institucional/comissao-de-etica.

Lei Anticorrupção Brasileira nº 12.846/2013. (2023). http://www.planalto.gov.br/ccivil_03/_ato2011-2014/2013/lei/l12846.htm

Associação Brasileira de Normas Técnicas – ABNT. (2009). ABNT NBR ISO 31000. Gestão de riscos — Princípios e diretrizes. https://repositorio.cgu.gov.br/bitstream/1/41825/8/Coso_portugues_versao_2017.pdf.

ISO GUIA 73:2009. (2009). Gestão de Riscos – Vocabulário.

Agência Nacional de Saúde Suplementar – ANS. (2023). Resolução Administrativa nº 25, de 27 de fevereiro de 2008: Dispõe sobre o Código de Ética da Agência Nacional de Saúde Suplementar – ANS.

Ministério da Transparência e Controladoria-Geral da União. (2023). Manual para Implantação de Programas de Integridade: Orientações para o setor público. https://www.gov.br/cgu/pt-br/centrais-de- conteudo/publicacoes/integridade/arquivos/manual-pratico-integridade-par.pdf

Agência Nacionalde Saúde Suplementar – ANS. (2022). Resolução Administrativa nº 518, de 29 de abril de 2022: Dispõe adoção de práticas mínimas de governança corporativa, com ênfase em controles internos e gestão de riscos, para fins de solvência das operadoras de planos de assistência à saúde.

Ribeiro, B. Thiago. (2019). Entenda a diferença entre os Programas de Compliance e Integridade. https://baoribeiro.com.br/blog/entenda-a-diferenca-entre-os- programas-de-compliance-e-integridade/

Decreto n. 11.129/2023. (2023). (Responsabilização administrativa e civil de pessoas jurídicas pela prática de atos contra a administração pública, nacional ou estrangeira). https://www.planalto.gov.br/ccivil_03/_Ato2019-2022/2022/Decreto/D11129.htm#art70

Decreto n. 11.129/2023. (2023). (Responsabilização administrativa e civil de pessoas jurídicas pela prática de atos contra a administração pública, nacional ou estrangeira). https://www.cnnbrasil.com.br/saude/brasil-tem-maior-numero-de-usuarios- de-planos-de-saude-em-8-anos-diz- ans/#:~:text=O%20Brasil%20atingiu%20 50.493.061,2022%2C%20aumento%20de%20 239.466%20clientes

COMO OS PLANEJAMENTOS IMPULSIONARAM A CHIQUINHO SORVETES A TRANSFORMAR SUA SORVETERIA DE BAIRRO EM FRANQUIA MILIONÁRIA

Autora:

Aline Cristina Silva Landim

O ramo de sorvetes tem se destacado cada vez mais no Brasil, prova disso é a sexta colocação que o país ocupa como maior produtor mundial do produto, ficando depois dos Estados Unidos, China, Rússia, Japão e Alemanha. De acordo com os dados da Associação Brasileira das Indústrias e Setor de Sorvetes, o consumo aumentou quase 90,51% de 2003 a 2013, uma vez que o clima tropical favorece a comercialização e a emergência do mercado gourmet abre espaços para novos produtos (Custódio, 2018). Ademais, é uma sobremesa que agrada todo e qualquer tipo de público, desde crianças até idosos, em todas as classes sociais e em se tratando de gastronomia, só tende a expandir, diante da possibilidade de inovação, mistura de sabores, sem olvidar a constante procura do setor para tornar os produtos cada vez mais saudáveis aos consumidores.

Além dos sorvetes tradicionais, como o picolé e o de massa, os sorvetes do tipo soft ganharam espaço, ao aliar ao produto sabor e uma produção menos trabalhosa que os sorvetes convencionais. Nesse cenário, algumas empresas do ramo procuraram aprimorar seus métodos de inovação e expansão e uma delas, alcançou destaque não apenas no mercado interno, expandindo sua marca ao mercado internacional desde 2019, in casu, a Chiquinho Sorvetes.

A empresa consolidou sua marca com uma estrutura atenda às demandas do mercado e a segurança de investimentos, mesmo diante do momento desafiador ocasionado pela pandemia adotou novas estratégias e não parou de crescer e atualmente conta com mais de 720 unidades espalhadas no país, sendo reconhecida por entidades referências do franchising, além da internacionalização da marca com abertura de três unidades nos Estados Unidos (Chiquinho, 2023).

Tudo começou quando Francisco Olímpio de Oliveira, o Chiquinho, presenteou seu filho Isaías Bernardes de Oliveira, com uma pequena sorveteria, de 16 metros quadrados, no interior de Minas Gerais, mas precisamente na cidade de Frutal, no ano de 1980, no modelo tradicional, com sorvetes de massa e picolés. Já no ano de 1986 passou a residir na cidade de Guaíra, no interior de São Paulo, onde teve início a sua expansão.

Sem conhecimento específico do seu negócio, com um mercado limitado localizado no interior no estado de São Paulo e com uma marca difícil de emplacar, já que era complexo relacionar o nome "Chiquinho" ao consumo de sorvetes, Isaías, focou o início de suas atividades na qualidade do produto, sendo de sua responsabilidade toda a parte operacional da fabricação dos sorvetes de massas e picolés. Na década de 1990, decidiu inserir em sua sorveteria a máquina de sorvete "soft" e com ela estudar um sabor que pudesse alavancar a sua marca.

Nos anos de 2010, o empresário e seus familiares já possuíam 80 sorveterias e sentiram a necessidade de inovar e padronizar as lojas, para que tivessem estrutura própria e know-how especializado. Assim, passou a contratar empresas que tinham conhecimento específico para a formatação e padronização da rede, envolvendo aspectos jurídicos e a elaboração de manuais operacionais destinados aos franqueados.

Assim, foi criada a CHQ Companhia de Franchising, com sede em São José do Rio Preto e com ela um centro de distribuição próprio para atender toda a rede, que é responsável pela logística e abastecimento das unidades. A empresa cresceu de forma planejada, sendo controlada por uma holding que forma o Grupo CHQ, composta por familiares que se profissionalizaram, implementaram programas de compliance e se tornaram os gestores do negócio. (Chiquinho 2022)

Desta forma, o objetivo deste trabalho será avaliar o planejamento e as estratégias que transformaram a Chiquinho Sorvetes, numa gigante do segmento, com destaque para a expansão planejada e estrutura completa que possibilita o suporte necessário à gestão das unidades franqueadas. Além do sorvete e da logística, o Grupo CHQ se diversificou e atualmente é detentor de distribuidora alimentícia, empresa de tecnologia que desenvolve programas de vendas e controle da qualidade, agência de comunicação e escritório de arquitetura, responsáveis por toda comunicação e padronização dos projetos das unidades franqueadas. Todo o trabalho desenvolvido por estas empresas passou a ser complementar ao negócio de sorvetes, com o objetivo de manter o padrão, a qualidade, o aperfeiçoamento dos serviços, a formação de franqueados mais criativos e comprometidos com o negócio.

Por fim, o presente estudo se justifica pela carência de pesquisas realizadas sobre os planejamentos e estratégias adotadas pelas empresas que encontraram o caminho do sucesso no segmento de sorvetes, sem olvidar ainda a importância do setor na economia, bem como a necessidade de discutir a temática para o contexto científico e organizacional, para que exemplos corajosos de empreendedorismo possam motivar novas gerações a atuarem em conformidade com a legislação vigente.

DESENVOLVIMENTO

As empresas juntamente com os seus colaboradores e fornecedores passaram, especialmente após a aprovação da Lei 12.846/13, conhecida como Lei Anticorrupção, a assumirem responsabilidades diárias para estarem em conformidade, adotando novos desafios e estratégicas para minimizar os problemas de comunicação, os riscos macroeconômicos, ambientais, sociais, tecnológicos, legais, com o objetivo de possibilitar a elas tanto o cumprimento da legislação vigente bem como para evitar que as fraudes prosperem.

Neste contexto, para as empresas alcançarem sucesso nos dias atuais, Contador (1995), destaca que elas precisam, em primeiro lugar, satisfazer as necessidades, os anseios e desejos dos clientes. Isto implica o crescimento das atividades de pesquisa junto aos consumidores, tanto para conhecer os seus desejos como para saber por que preferem o produto ou serviço de uma empresa em detrimento da outra. Ou seja, as empresas precisam se manter atualizadas quanto às exigências dos consumidores, que estão se modificando muito rapidamente, além de estarem atentas às normas, regulamentos internos e monitoramento contínuo dos seus programas.

Focado nestas lições, Isaías Bernardes, na década de 1980 ao receber do seu genitor Sr.Francisco Olímpio, "Chiquinho", uma pequena sorveteria no interior de Minas Gerais, quis transformar o sonho de "empreender" dos seus familiares sitiantes, que não queriam que ele continuasse como funcionário realizando entregas para um mercado em algo concreto. Com um mercado limitado, sem conhecimento específico no negócio, na cidade de Frutal, Isaías decidiu, após quatro anos administrando uma sorveteria tradicional modificar o empreendimento e expandir o negócio da família. Foi quando mudou para Guaíra, localizada a 40 quilômetros de Barretos, época que abria a sorveteria pela manhã e fechava quase meia-noite, todos os dias.

Com o empenho de produzir produtos com qualidade iniciou seus estudos na fabricação dos sorvetes, ficando tanto com o administrativo como o operacional da empresa, sendo que a partir de 1986, com duas sorveterias e a fábrica de sorvetes na cidade de Guaíra, iniciou a expansão, pois passou a produzir o produto, deixando de ser mero revendedor. Para isso, aprimorou suas técnicas de fabricação, aprendendo a fazer o balanceamento de açúcar, gordura e lácteos e a desenvolver uma receita ideal que foi repassada aos seus irmãos, cunhados, primos e tios, que após receberem as lições de Isaías, começaram a abrir sorveterias no interior dos estados de Minas Gerais e São Paulo, mantendo com eles, o segredo da receita, decisão que foi acertada em razão do comprometimento de todos nos ideais de expansão da empresa.

Na década de 1990, Isaías decidiu inserir no cardápio os sorvetes softs, uma mistura cremosa e gelada tirada de uma máquina diante do cliente, com três opções de sabor: baunilha, chocolate e uma mistura dos dois. Com esses mesmos ingredientes, Isaías desenvolveu uma estratégia de especialização do produto e passou a fazer milk-shakes e combinaões de sorvete, sem ingredientes como castanhas, gotinhas de chocolate ou pedaços de frutas, bem como passou a realizar compras em grande escala, com as unidades que seus familiares eram proprietários, o que ocasionou uma produção 40% mais barata que a dos sorvetes de massa vendidos em outras sorveterias. (Ginesi, 2012)

Em decorrência da grande aceitação do público, em pouco tempo, a marca passou a trabalhar apenas com o mix de soft, deixando de produzir as demais receitas. Assim, a Chiquinho Sorvetes, inicialmente familiar, no ano de 2010, já contava com oitenta unidades, mesmo após enfrentar diferentes planos econômicos e inflação alta, alcançou uma demanda do próprio mercado e as pessoas começaram a procurar a empresa para abrir uma franquia. Como essa busca começou a ficar muito acentuada, Isaías e seus familiares iniciaram um movimento de estudos e profissionalização para adequarem seus custos e cardápio ao cenário econômico, além de realizarem ações mais efetivas para fidelização dos clientes, desta forma, foi criada a Chiquinho Gestão Empresarial e Franchising batizada de CHQ. (Calais, 2020)

Neste período, empresas especializadas foram contratadas para a formatação e padronização da rede, diante da necessidade tanto da elaboração de planejamentos estratégicos que envolviam aspectos jurídicos bem como da elaboração de manuais operacionais destinados aos franqueados. Após essa mudança, todos os familiares migraram para o sistema de franquia e o Grupo CHQ passou a crescer de 30% a 35% nos primeiros meses.

Todavia, não foi tudo tão simples. A empresa não tinha identidade visual, layout, publicidade organizada que relacionasse o nome Chiquinho ao consumo de sorvetes ou até mesmo produção estratégica para abastecer unidades franqueadas em todo o país. Foi nesse contexto que as primeiras empresas da holding CHQ começaram a surgir e a desenvolverem vários trabalhos complementares ao negócio de sorvetes, para que a franquia pudesse ter uma padronização. (Calais, 2020)

Padronização esta que motivou Isaías e sua família, após 25 anos, mudar de Guaíra para São José do Rio Preto, pela estrutura que a cidade oferecia, como aeroportos, mão de obra especializada, rede hoteleira e outros tantos benefícios na área do franchising, pelos quais a cidade é conhecida.

Por trás da fachada, a marca também precisava de consistência nas receitas dos produtos e de uma logística adequada. Assim, vários questionamentos passaram inquietar o empresário e sua equipe, dentre eles, como migrar para a produção industrial sem abrir mão do sorvete artesanal, que já tinha caído no gosto do consumidor e como expandir sua participação de mercado. Deste modo, o Grupo CHQ industrializou o processo de fabricação, passando a contar com uma indústria fornecedora de bebida láctea e uma empresa de logística para percorrer o Brasil com caminhões próprios, alcançando 120 produtos fixos no cardápio, alterando, segundo Isaías, apenas a forma de produção, mas não do sabor, a receita do produto. (Calais, 2020)

A empresa passou a investir em ações de marketing, pesquisas de desenvolvimento e capacitação para manter o bom atendimento dos clientes e o suporte aos franqueados, avaliação de riscos, auditoria e monitoramento, principalmente para enfrentar a sazonalidade deste segmento, realizando campanhas de divulgação dos produtos de inverno com inovação, criatividade e estratégia. Foi então que o Grupo CHQ alicerçou ainda mais a operação logística com a OLP Logística e Armazém, que passou a ser responsável pelo gerenciamento de todos os produtos que integram a cadeia de suprimentos da franquia.

Em meados de 2015, a empresa alugou um galpão na cidade de Mirassol, que fica a 461 quilômetros de São Paulo e abriu seu primeiro Centro de Distribuição, para sanar as demandas motivadas pelas empresas terceirizadas, que não conseguiam atender todas as necessidades da rede. Atualmente, todas as unidades franqueadas realizam suas compras e recebem os produtos com entregas programadas a cada quinze dias.

Além da empresa de logística o Grupo CHQ faz a gestão das marcas IB Foods, Lis Bitencourt Marketing Criativo, ITF Inteligência & Tecnologia em Franchising e a Oca Urbana Arquitetura, que passaram a ser responsáveis por toda a estrutura do grupo, desde a busca pelos fornecedores, marketing, sistemas operacionais como também pelos projetos que padronizaram as unidades franqueadas, uma vez que os designs são renovados a cada cinco anos. (Reis, 2021)

De uma sorveteria típica de cidade pequena, a Chiquinho Sorvetes, se tornou uma grande franquia, que terminará 2023 com quase 800 unidades, incluindo a internacionalização da marca no exterior, mais especificamente no estado norte-americano da Flórida. Como resultado, segundo Martin (2023) a empresa prevê uma receita de R$ 725 milhões em 2023.

Atualmente o Grupo CHQ conta com diversos modelos de franquia e a maior parte das lojas é de rua, especialmente porque nem toda cidade do interior tem shopping centers. A marca passou a se destacar na lista das 50 maiores redes de Franquias do Brasil, divulgado pela Associação Brasileira do Franchising (ABF, 2022), ocupando na edição de 2022, a 24ª posição, atestando a tradição da marca, que há mais de quatro décadas ganha mercado e o fortalecimento de sua organização.

Com esse relato de sucesso, os franqueados passaram a procurar a franquia da Chiquinho Sorvetes para abrir um empreendimento sob condições e regras preestabelecidas, com redução de riscos e garantia de excelência do negócio. Todavia, para chegar ao modelo de gestão atual, várias estratégias e planejamentos foram necessários, para tornar uma sorveteria de bairro em uma franquia milionária, sendo o estudo deles, o objetivo deste trabalho.

A trajetória de sucesso do Grupo CHQ é marcada pela adoção de inúmeras estratégias e visão do negócio que motivaram o empreendedor Isaías a mudar na hora certa e na direção certa, com a alteração do modelo artesanal para a produção industrial e uma grande variedade de itens como casquinhas, milkshakes, sundae, petit gateau, tortilhas, que utilizam o sorvete da máquina como principal insumo, o que reduziu o custo dos produtos, o espaço, risco de perda, permitindo oferecer grandes variedades sem custo alto. (Lima, 2011)

Além disto, houve a contratação de empresas especializadas na padronização da rede em todos os seus aspectos, principalmente no que tange as questões jurídicas, elaboração de manuais operacionais aos franqueados, análises de riscos que pudessem atingir os objetivos corporativos do grupo, tanto é verdade que após entrevista com o solicitante da franquia ele passa por um processo de seleção e análise do comitê interno do Grupo CHQ que verificará se as pretensões dele estão em conformidade com os princípios éticos da franqueadora e se ele tem capacidade em assumir a gestão do próprio negócio e não apenas ser um investidor que não tenha participação no dia a dia da operação. (Chiquinho2023).

Para Júnior (2005) a gestão dos negócios de uma empresa implica tomada de decisões levando-se em conta os riscos associados às operações realizadas no âmbito de seu objeto social e aos processos que gerenciam tais operações. As imputações do gestor moderno vêm evoluindo nesta conjuntura operacional e, atualmente, considera-se que todas as funções administrativas, que incluem o planejamento, a execução, o controle e, em menor grau, a coordenação são responsabilidades do gerente de cada unidade administrativa à qual foi atribuída a gestão de determinado processo ou fase do processo.

Conforme Moreira (2021) estar em conformidade e ter um arcabouço institucional definido pressupõe a existência de "um conjunto de planos, estratégias e ações de direcionamento para que a empresa seja orientada rumo aos objetivos da organização. Entretanto, cada empresa deve fundamentar sua tática de acordo com seu planejamento estratégico e na realidade em que está inserida no mercado, mantendo o foco no que se pretende alcançar."

Inclusive, é com fundamento nas estratégias e nos planejamentos que se tomam iniciativas para cumprir todas as normas vigentes e ter tomadas de decisões mais eficientes, com gerenciamento de riscos em tempo real e com a utilização de uma linguagem comum aos colaboradores, para que eles saibam os riscos que a empresa está submetida e por fim, uma contabilidade confiável.

Assim, as estratégias e os planejamentos são importantes para fornecerem maior estabilidade, foco e alinhamento para a empresa em todos os contextos e situações, garantindo processos mais direcionados, bem desenhados e assertivos. E o impacto disso, segundo Moreira (2021) "é visto em todas as áreas do negócio, até porque em um mercado competitivo, sobrevive quem tiver mais organização, controle e inovação e, com uma estratégia forte, isso acontece".

Foi o que ocorreu com Grupo CHQ Companhia de Franchising que atualmente é uma holding consolidada, que conta com 200 colaboradores na equipe de suporte e atendimento às empresas do Grupo, sendo responsável pela gestão das marcas Chiquinho Sorvetes, OLP- Logística e Armazém, IB Foods Distribuidora Alimentícia e Lis Bitencourt Marketing Criativo e tendo como valores a integridade e transparência, criatividade e inovação, espírito de servir, pensar e agir em rede, fé, foco em resultados com sustentabilidade, valorização e desenvolvimento humano. Já a visão do Grupo CHQ é ser a companhia em gestão de ativos intangíveis referência no Brasil com missão de revelar os caminhos da prosperidade, transformando sonhos individuais em realizações compartilhadas. (Grupo CHQ, 2022)

Além da estratégia da receita exclusiva da base do sorvete, que garantiu sabor único e inconfundível aos produtos, outras ações alavancaram a rede, fazendo com que as unidades chegassem a todos os estados do Brasil e motivassem a internacionalização da marca de forma planejada, mantendo o padrão de excelência no atendimento e qualidade dos produtos, que caracteriza o negócio.

No tocante a estratégia de nicho, é importante destacar que a maioria das lojas da Chiquinho, fica no interior dos estados, sendo um exemplo de como a força do consumo do interior é capaz de gerar um enorme fôlego para o crescimento de uma pequena ou média empresa. Em razão disto, o empreendedor Isaías aproveitou o bom momento e iniciou a expansão da marca, primeiramente nas cidades menores, onde as grandes redes que poderiam ser concorrentes, ainda não tinham chegado, ou ainda não tinham interesse por esse mercado. (Ginesi, 2012).

Atualmente o Grupo CHQ pretende aumentar suas lojas nas grandes capitais, como São Paulo, Rio de Janeiro e Rio Grande do Sul, pois segundo Isaías, a demora em entrar em grades cidades como São Paulo, com maior demanda de novos franqueados, foi ocasionada pelo crescimento do interior, sendo que agora o foco está na capital, com mais 15 novos pontos de vendas. (Pontalonline, 2019)

Um dos maiores desafios da marca foi sair do modelo artesanal para um modelo industrial e em grande escala. Para isso foram necessárias parcerias com grandes indústrias que forneceram insumos para a produção da base de bebida láctea (Sebrae, 2019). A terceirização e os ganhos em escala ajudaram Isaías a manter preços competitivos, estratégia esta, bastante benéfica para empresas que se preparavam para uma expansão geográfica. Ademais, manter a produção dos ingredientes fora da empresa também auxiliou o empresário a não desviar o foco na abertura de novas lojas. (Ginesi, 2012)

Esta alteração no sistema de produção possibilitou também um diferencial ao know-how do Grupo CHQ em relação às demais empresas do ramo, pois com produção própria da base de seus sorvetes, bases essas que recebem uma preparação e mistura especial nas máquinas softs localizadas nas lojas, foi possível elaborar as estratégias de expansão da rede, já que haveria a possibilidade de transporte para as unidades localizadas em qualquer parte do território nacional, sem olvidar que os insumos passaram a ser fornecidos por um número mais restrito de fornecedores homologados, objetivando manter a qualidade do sorvete.

De acordo com a matéria publicada na Revista Pequenas Empresas Grandes Negócios (2019),

"a agilidade proporcionada pela centralização de informações e sistemas em um data center próprio foram estratégias que ajudaram, segundo Isaías, a impulsionar o crescimento iniciado com as franquias e um movimento de absorção das etapas necessárias para expansão e suporte das lojas, como arquitetura, marketing, produção, suprimentos e tecnologia. Cada um desses departamentos foi transformado em uma empresa diferente, com foco na sustentabilidade do grupo CHQ".

Além de atender a classes diferentes foi necessário estudos, estratégias e a elaboração de um plano de controle interno para administrar um negócio que dependia da sazonalidade. Assim, houve o investimento em estratégias de marketing e aprimoramento do cardápio com o lançamento de produtos como fondue, bolos em canecas com edições especiais para burlar os obstáculos do inverno e das chuvas, períodos de menor lucratividade para as empresas do ramo de sorvetes.

Deste modo, alicerçada em estratégias de expansão, a empresa entrou para o franchising e ganhou o Brasil com seus produtos e plano de negócio promissores. Com a criação da CHQ Companhia de Franchising, o crescimento passou acontecer de forma planejada, com estrutura completa para oferecer suporte necessário à gestão das unidades franqueadas. Todavia, novos obstáculos começaram a surgir, uma vez que as empresas terceirizadas que estavam sendo contratadas para fazer a logística de distribuição das unidades franqueadas não estavam dando conta da demanda, o que exigiu do grupo, uma visão apurada de onde estava, onde desejava chegar e o que seria necessário fazer para chegar lá.

Foi quando a holding responsável da marca Chiquinho Sorvetes inovou mais uma vez e passou a ter o controle logístico da operação com a criação do seu próprio centro de distribuição, a OLP Logística e Armazém, na cidade de Mirassol, com o objetivo de sanar os obstáculos enfrentados, principalmente no tocante aos atrasos e desabastecimentos, possibilitando a entrega, a cada quinze dias, de todos os suprimentos da cadeia produtiva nas unidades fraqueadas. (Sua Franquia, 2016)

Além do sorvete e da logística, o grupo teve que se diversificar e passou a ser detentor de distribuidora alimentícia, empresa de tecnologia e agência de comunicação, com o objetivo de manter o padrão, a qualidade e o aperfeiçoamento dos serviços. Todo o trabalho desenvolvido por elas é complementar ao negócio de sorvetes. Para o desenvolvimento de estratégias de inovação, forma o Grupo CHQ a empresa de tecnologia, ITF Inteligência & Tecnologia em Franchising, responsável por toda a demanda de sistemas operacionais da rede e criadora do sistema de vendas, utilizado nas lojas, além da agência de marketing, Lis Bitencourt Marketing Criativo, responsável por toda a comunicação da marca. (Sebrae, 2019)

Dentre estas campanhas, o Grupo CHQ a partir de 2015 realizou investimentos em estratégias de marketing focadas no futebol. Sua estreia ocorreu nas partidas da seleção brasileira contra Argentina e Japão, chegando a aventar o patrocínio da camisa do Santos Futebol Clube, com o objetivo de invadir as capitais do Brasil e aumentar o consumo per capita num país de clima tropical e que tem muito potencial de crescimento. (Adonis, 2015)

Segundo o grupo, estes investimentos são necessários pelo fato de muitas pessoas ainda não conhecerem a história da Chiquinho Sorvetes, a expressão nacional que a marca possui no mercado de franchising e no segmento de sorvetes. Deste modo, para sanar dúvidas ou evitar interpretações precipitadas em algumas situações, a marca passou a priorizar os investimentos em mídias com grande potencial de visibilidade, por entender que jogos, como da seleção brasileira atraem o público em todas as partes do país, expondo a marca para um número grande de pessoas, o que motivou a empresa a patrocinar os amistosos da seleção nos jogos contra a Áustria e a Turquia. O Grupo CHQ não destina uma porcentagem exata ao esporte, pois estuda e planeja cada ação de acordo com os seus objetivos, em um rigoroso controle interno. (Adonis, 2015)

Outros desafios que as estratégias de marketing superaram foram a sazonalidade do produto e as limitações impostas pela pandemia, lançando campanhas mais agressivas com artistas de renome nacional, como a atriz Maisa, o cantor Luan Santana, além de criar novas parcerias, aliando a marca Chiquinho Sorvetes a produtos já conhecidos do mercado como o chocolate Suflair, que é um dos preferidos dos consumidores há mais de trinta anos. Isaías revelou que o resultado da combinação dos famosos chocolates Nestlé com a qualidade e sabor dos sorvetes Chiquinho foi um sucesso de vendas, motivando a ampliação para outras versões com o intuito de agradar ainda mais os clientes e chocólatras. (Grandes Nomes da Propaganda, 2019)

Posteriormente este modelo de parceria foi estendido a outras grandes marcas como Paçoquita, Lacta, Nutella e Ovomaltine, o que agregou um valor muito grande à rede, que encontrou mais um caminho de sucesso, priorizando insumos de excelente qualidade, combinados com a receita do sorvete. Inovar passou a ser uma das missões contínuas da Chiquinho Sorvetes. (Bassaneze, 2021)

Mesmo diante do momento desafiador ocasionado pela pandemia, a marca não parou de crescer. No ano de 2020, foram 86 inaugurações e somente duas operações tiveram que encerrar as atividades. Em 2021, o plano de expansão seguiu em ritmo acelerado e 17 novas lojas foram abertas, apesar do cenário da pandemia. As campanhas programadas continuaram sendo lançadas normalmente para rádios, emissoras locais e posts personalizados para promover a interação com os consumidores nas páginas das redes sociais oficiais. (Grandes Nomes da Propaganda, 2019)

Durante o período pandêmico, o grupo tomou inúmeras medidas, como o parcelamento das taxas de royalties e propaganda, a adesão ao iFood, como sistema de delivery, bem como orientações aos franqueados pelo seu departamento jurídico para estimular as negociações locatícias, no intuito de preservar a relação comercial entre franqueado e locador. Todavia, mesmo com tantos desafios o foco do crescimento da rede continuou sendo a qualidade do produto, uma vez que a saborização dele atendeu todas as classes sociais e faixas etárias.

Assim, o grupo CHQ ampliando a visão do negócio criou também uma empresa com a função de desenvolver projetos de layouts e manter a identidade da marca, a Oca Urbana Arquitetura, ficando sob a responsabilidade da franqueadora Chiquinho Gestão Empresarial e Franchising toda a gestão das franquias, com a divisão em departamentos de implantação, treinamento, financeiro e jurídico.

Deste modo foram padronizados todos os produtos, equipamentos, processos e os fornecedores, o que possibilitou ao franqueado realizar as suas compras diretamente no site da Chiquinho Sorvetes ou via e-mail, exclusivamente aos fornecedores homologados, a fim de que o produto oferecido mantivesse o padrão da franquia. Dentre outras características, a rede passou a otimizar o seu controle interno e a exigir que o sócio operador não exerça outra atividade que não a gestão e administração da franquia de sorvetes, conforme cláusula expressa no contrato, para replicar o empreendimento sob as regras preestabelecidas e compartilhar os resultados. (Dockhorn, Ozomo, 2018)

Ademais, a empresa realiza encontros entre os franqueados e a franqueadora para discutir o futuro da marca, as tendências, o que possibilita as mudanças, de acordo com as oscilações do mercado, a fim de manter o negócio atento às demandas atuais e aos anseios do consumidor. Com isso, se tornou a melhor escolha do empreendedor que pretende investir no ramo, pela forma com que prepara e investe no franqueado, pois soube fazer com que o negócio atingisse todas as faixas etárias e sociais. A taxa de lucro líquido fica entre 15% e 25% do faturamento mensal, representando uma alíquota elevada e bem significativa. Já o tempo de retorno da franquia ocorre, em média, entre 24 e 36 meses (Chiquinho, 2023).

No ano de 2018, o Grupo CHQ, balizado em estratégias de internacionalização da marca inaugurou unidades no estado da Flórida, nos Estados Unidos. Rebatizada de "Chiquinho Ice Cream", a rede investiu 1,8 milhão de dólares nos recém-inaugurados quiosques de Tampa e Sarasota, na Flórida, e no de Miami, tendo como objetivo a abertura de 10 unidades próprias, permitindo a rede o conhecimento do mercado e consolidação da presença da marca na região. (Varella, 2018)

O Grupo CHQ, ao analisar os planejamentos de internacionalização da marca percebeu que o americano considera o açaí uma fruta exótica, ligada à saúde e ao bem-estar, o que permitiu trabalhar a identidade brasileira para capturar o mercado americano, ou seja, mais uma vez, fez a lição de casa e pesquisou com muito cuidado o mercado (Varella, 2018). Desta forma, a empresa soube explorar o potencial do sorvete e diversificar os produtos para o consumidor, de todas as faixas etárias e classes sociais, mas com limites, pois quanto mais escolhas são dadas ao mercado, maior o risco de frustração.

Também foi atenta as medidas de controle interno e monitoramento, com o intuito de avaliar todas as atividades, com a implantação de programas internos e de comunicação onde todos os gerentes dos departamentos se reportam direto a Isaías, presidente do Grupo e ao seu filho Pablo Bernardes, atual vice-presidente. O empresário enfatiza que aprende junto com a equipe:

"Eles transferem know-how, conhecimento, porque eu não tive muito tempo, eu sou um empreendedor, então eu não tive muito tempo de estudar, só trabalhei, o executivo do mercado forma, ele corre atrás, ele faz tantas formaturas para poder trabalhar e o empreendedor, na maioria das vezes, não terminou o segundo grau, como eu não terminei, porque eu não tive tempo de estudar, eu tinha que trabalhar". (Museu da Pessoa, 2011).

No tocante à sucessão empresarial, Isaías já iniciou o caminho e delineou estratégias, pois, além da vice presidência comandada por Pablo, sua filha Bruna, gerencia o escritório de arquitetura, responsável por toda a padronização das franquias e com os dois filhos, envolvidos no negócio, criou a holding familiar Isaías Participações & Filhos, com o objetivo de transferir o bastão da melhor forma possível, com tranquilidade, sem percalço. Segundo ele "tem aquela parte que Deus capacita o simples, né? Então, eu vejo os franqueados felizes, contentes, ganhando dinheiro, a marca prosperando e Deus abençoando" (Museu da Pessoa, 2011).

Empreendedor de sucesso Isaías implantou inúmeras estratégias e planejamentos e não deixou de destacar as dificuldades que os empresários enfrentam para manter o negócio no Brasil, como a alta carga tributária, uma infinidade de burocracias, complexidade fiscal e instabilidade do mercado, que também afeta o segmento de sorvetes, que já tem suas dificuldades peculiares, como a sazonalidade. Nos momentos de dificuldade se recorda dos ensinamentos passados pelo pai no dia a dia dos negócios, principalmente no que tange a ética, bons princípios cristãos, fé, persistência e dedicação ao trabalho, que foram os combustíveis de sua trajetória. Como afirmou Bassaneze (2021), Seu Francisco, o Chiquinho, estava certo quando pensou no futuro do filho.

CONSIDERAÇÕES FINAIS

Analisando a trajetória de sucesso e os planejamentos adotados pelo Grupo CHQ, é possível constatar que o empresário Isaías sempre foi muito ligado à família e não deixa de ressaltar que a presença dos parentes nos negócios foi fundamental para a expansão da marca e crescimento da empresa, pois foram eles que após receberem seus ensinamentos, começaram a desbravar o interior para abrir inúmeras Sorveterias "Chiquinho" e motivar a expansão do negócio.

A empresa até hoje usa a receita do seu fundador para a fabricação de sorvetes e tem um mix de produtos variados. Atualmente o insumo, um tipo de bebida láctea vem da Itália e é distribuído a todos os pontos de venda, o que permitiu a expansão da rede, pois a bebida sai do laticínio e já vai pronta para ser colocada na máquina da loja, de rápida higienização, que além de garantir um padrão de qualidade permite a saborização na hora, de acordo com que o consumidor pede.

Desta forma, a Chiquinho Sorvetes tem uma dinâmica diferente. Não existe uma fábrica do sorvete, mas, sim, um laticínio que produz a bebida láctea, com exclusividade, que vai servir de base para o preparo do sorvete nas máquinas instaladas nas lojas. Este primeiro momento foi marcante para rede, ao conseguir vencer o processo do congelamento dos sorvetes convencionais no transporte e oferecer aos seus clientes um produto sempre cremoso, alcançando a "fórmula do sucesso" com o sorvete soft.

O segundo momento foi, sem dúvidas, a entrada para o franchising que proporcionou ao Grupo CHQ o aumento do número de lojas e outras pessoas, além dos familiares de Isaías, puderam adquirir as unidades da Chiquinho Sorvetes. A iniciativa permitiu que todas as unidades tivessem o mesmo conceito visual e a padronização da linha de produtos, além de processos e procedimentos especiais, adotados em campanhas de marketing, lançamento de novos produtos e estratégias de vendas, superando inclusive a sazonalidade do setor.

Estar em conformidade e ter um arcabouço institucional definido pressupõe a existência de um conjunto de planos, estratégias e ações de direcionamento para que a empresa seja orientada rumo aos objetivos da organização. E assim, a empresa cresceu de forma planejada, sendo controlada por uma holding que forma o Grupo CHQ, composta por familiares que se profissionalizaram, implementaram programas de compliance e se tornaram os gestores do negócio.

Deste modo conclui-se que a holding que administra as sete empresas do Grupo CHQ permitiu mais controle e qualidade das unidades da rede, além de superar os problemas dos serviços que eram terceirizados, como o de logística. O empreendedor apostou na qualidade e aceitação dos produtos pelos consumidores e a forma como trabalhou garantiu o sucesso da empresa, além de continuar atento a ela, pois ao ser questionado por Portari (2019) acerca de eventual mudança para o exterior, Isaías é preciso ao afirmar que a operação no Brasil é muito grande para ele ficar de fora, comprovando toda a sua resiliência e acompanhamento incansável ao seu negócio, que se tornou milionário.

Muito além de fabricar e vender produtos, o empreendedor e os seus familiares souberam o valor da marca Chiquinho Sorvetes e como mantê-la no mercado, otimizando sempre a qualidade do seu produto e dos insumos utilizados em toda a cadeia produtiva, o que permitiu a eles maior tranquilidade para gerirem o administrativo do negócio e desvencilharem-se do operacional, já que a base do sorvete começou a vir preparada.

Tudo isso reforça o que foi destacado no decorrer de todo o trabalho, apesar da Chiquinho Sorvetes ter se iniciado como um negócio familiar houve a elaboração de um plano exequível que exigiu qualidades do planejador, que atualmente prepara seu filho, vice-diretor do grupo para continuar no caminho do sucesso. Assim, após vários anos atuando no mercado consumidor, Isaías aliou a qualidade dos produtos postos em circulação e inúmeras estratégias de inovação, especialização do produto, marketing e novas receitas inseridas no cardápio, que enfrentaram a sazonalidade do segmento, fazendo com que a rede se tornasse um negócio milionário, apta a sempre atrair novos clientes, motivando inclusive, a internacionalização da marca.

Sem formação qualificada, o empreendedor Isaías esteve atento às necessidades de sua empresa, soube buscar conhecimentos e planejamentos que foram importantes para ganho de vantagem competitiva em relação à concorrência, para a identificação de riscos e prevenção de problemas, a melhoria de eficiência e qualidade dos serviços, além do ganho de credibilidade para a consolidação da marca. Por fim a solidificação de uma cultura organizacional foi capaz de enfrentar situações adversas, principalmente aquelas abrolhadas nos planos econômicos, na logística e na pandemia. Um exemplo encorajador de empreendedorismo.

REFERÊNCIAS BIBLIOGRÁFICAS

ABF (2020). Contra coronavírus, grupo CHQ adota medidas em prol de colaboradores, franqueados e clientes. Consultado em https://www.abf.com.br/grupo-chq-adota-medidas-contra-coronavirus/ Acesso em: 01.out.2023.

ABF (2022). Estudo da ABF retrata as 50 Maiores Redes de Franquia por Unidades no Brasil e traz novo líder. Consultado em https://www.abf.com.br/estudo-abf-retrata-50-maiores/ Acesso em: 01.outubro.2023.

Adonis (2015). Chiquinho, o pequeno gigante. Blog do Adonis. Consultado em https://www.blogdoadonis.com.br/2015/06/09/chiquinho-o-pequeno-gigante-do-patrocinio/19898/ Acesso em: 01.out.2023.

Bassaneze S. (2021). Chiquinho Sorvetes expande negócios mesmo na crise. Revista do Shopping Center. Consultado em https://revistashoppingcenters.com.br/varejista/chiquinho-sorvetes-expande-negocios/ Acesso em: 01.out.2023.

Calais, B. (2020). A história da sorveteria de bairro em Minas que virou franquia milionária. Forbes. Consultado em https://forbes.com.br/negocios/2020/12/a-historia-da-sorveteria-de-bairro-em-minas-que-virou-franquia-milionaria/ Acesso em: 01.out.2023.

Chiquinho Sorvetes. Consultado em https://chiquinho.com.br/ Acesso em: 01.out.2023.

Custódio, Ana Carolina A. Processos de Inovação: Um Estudo de Caso no Segmento de Sorvetes de Capinópolis-MG. Consultado em https://repositorio.ufu.br/bitstream/123456789/23937/3/ProcessosInovacaoEstudo.pdf Acesso em: 01.out.2023.

Dockhorn, M.S., Ozomo, G.S (2018). O perfil do empreendedor na gestão de franquias: Um estudo de caso sobre a Chiquinho Sorvetes – Ivinhema. Consultado em file:///C:/Users/Usuario/Downloads/7306-Texto%20do%20Artigo%20(Sem%20Identifica%C3%A7%C3%A3o%20dos%20Autores)-23437-1-10-20181219%20(4).pdf. Acesso em 25.jan.2024

Ginesi, C. (2012). Chiquinho Sorvetes cresce com sorveteria em série. Exame. Consultado em: https://exame.com/pme/chiquinho-sorvetes-cresce-com-sorvetorias-em-serie/Acesso em: 01.out.2023.

Grandes Nomes da Propaganda. (2019) Chiquinho Sorvetes lança produtos em parceria com a Nestlé. Consultado em: https://grandesnomesdapropaganda.com.br/anunciantes/chiquinho-sorvetes-lanca-produtos-em-parceria-com-a-nestle/ Acesso em: 01.out.2023.

Grupo CHQ Companhia de franchising. Consultado em https://grupochq.com.br/. Acesso em: 01.out.2023.

Ingizza, C. (2020). Com 500 lojas no Brasil, esta rede de sorveterias vai a Europa em 2020. Exame. Consultado em https://exame.com/negocios/com-500-lojas-no-brasil-rede-de-sorveterias-vai-a-europa-em-2020/ Acesso em: 01.out.2023.

Junior, S. (2005) Controles Internos como um Instrumento de Governança Corporativa. Revista do BNDS, 12(24), 149-186.

Lima, V. (2011). Chiquinho Sorvetes: Variedade e custo Baixo. Divirjo, 2011. Consultado em https://divirjo.com.br/estrategia/chiquinho-sorvetes-variedade-e-baixo-custo/ Acesso em: 01.out.2023.

Martin Erica, Do interior para o Brasil, Chiquinho Sorvetes quer chegar a 800 lojas em 2023. Consultado em https://investnews.com.br/investnews-entrevista/do-interior-para-o-brasil-chiquinho-sorvetes-quer-faturar-r-725-mi-em-2023/ Acesso em: 01.outubro.2023.

Mercado de Sorvetes. (2019). Tudo sobre o mercado de sorvetes no Brasil. Consultado em https://www.alphagel.com.br/blog/tudo-sobre-o-mercado-de-sorvetes-no-brasil/ Acesso em: 01.out.2023.

Moreira, K. (2021). Estratégia empresarial: o que é e como elaborar em 4 passos. Consultado em https://mereo.com/blog/estrategia-empresarial/ Acesso em: 01.out.2023.

Museu da Pessoa (2021). O sucesso da Chiquinho Sorvetes. Consultado em https://acervo.museudapessoa.org/pt/conteudo/historia/Isaías-bernardi-chiquinho-sorvetes-e-a-franquia-do-sucesso-196199. Acesso em: 01.out.2023.

Pontalonline (2019). Com 500 lojas no Brasil, esta rede de sorveterias vai a Europa em 2020. Consultado em https://97fmpontalonline.com.br/geral/com-500-lojas-no-brasil-esta-rede-de-sorveterias-vai-a-europa-em-2020?fb_comment_id=1426145354176591_2859740094150436 Acesso em: 01.out.2023.

Portari, Rodrigo (2019). Chiquinho Sorvetes: de Frutal para a Europa. Consultado em https://www.rodrigoportari.com.br/chiquinho-sorvetes-de-frutal-para-a-europa/ Acesso em: 01.out.2023.

Reis, J. (2021). Isaías Bernardes transformou a sorveteria da família em franquia de sucesso. Diário da Região. 2021. Consultado em https://www.diariodaregiao.com.br/vidaearte/lifestyle/carreira/Isaías-bernardes-transformou-a-sorveteria-da-familia-em-franquia-de-sucesso-1.18654 Acesso em: 01.out.2023.

Sebrae. (2019). Fórmula de sucesso: Chiquinho Sorvetes começou em uma pequena loja e agora chega ao exterior. Pequenas Empresas Grandes Negócios, 2019. Consultado em https://revistapegn.globo.com/Banco-de-ideias/Alimentacao/noticia/2019/03/formula-de-sucesso-chiquinho-sorvetes-comecou-em-uma-pequena-loja-e-agora-chega-ao-exterior.html Acesso em: 01.out.2023.

Sua Franquia. (2016). Chiquinho Sorvetes assume operação logística e otimiza processos. Consultado em https://www.suafranquia.com/noticias/alimentacao/2016/10/chiquinho-sorvetes-assume-operacao-logistica-e-otimiza-processos/ Acesso em: 01.out.2023.

Varella, C. (2018). Chiquinho Sorvetes, do interior de SP, investe US$ 1,8 mi e chega aos EUA. Consultado em https://economia.uol.com.br/empreendedorismo/noticias/redacao/2018/02/01/chiquinho-sorvetes-sorveteria-expansao-eua-franquia.htm?cmpid Acesso em: 01.out.2023.

REFLEXOS DO COMPLIANCE E DOS PRINCÍPIOS ESG NO ÂMBITO DO AGRONEGÓCIO BRASILEIRO E COMO APLICÁ-LOS NA MAXIMIZAÇÃO DA RENTABILIDADE DAS PROPRIEDADES RURAIS

Autor:

Pedro Henrique Meirelles Borsari

Como já se sabe, a implementação de um programa eficiente e funcional de Compliance é, sem dúvidas, termômetro indispensável à verificação da saúde, maturidade e longevidade de uma organização, e quando se trata do setor específico do agronegócio, é automática a percepção de que um dos pontos mais importantes do programa de integridade de uma empresa desse nicho é justamente a sustentabilidade.

Inclusive, a obrigação de conformidade e a necessidade de se garantir o desenvolvimento sustentável são pautas tão necessárias à coletividade atualmente que além do que já se conhecia enquanto o instituto do Compliance, tomaram protagonismo no mercado os princípios ESG que, em apertada síntese, exigem das organizações a adoção de políticas que perpassam o mero cumprimento da letra fria da norma.

Nesse espeque, o que se pretende com o presente estudo é justamente analisar as nuances da aplicação do Compliance ambiental e dos princípios ESG no âmbito do agronegócio brasileiro, bem como expor mecanismos de garantir a valorização da organização que os aplica, seja nos seus objetivos financeiros e econômicos, seja no âmbito mercadológico e reputacional e, ao final, apresentar alternativas capazes de agir na conciliação entre a promoção da preservação ambiental e a maximização da rentabilidade da produção rural.

Impende salientar, apenas, que a presente atividade não pretende esgotar a cognição de todos os mecanismos possíveis de valorização de uma empresa em relação ao estabelecimento de programas de integridade, mas sim expor suas vantagens e desafios e, a partir desses dados, tecer conclusões sobre mecanismos capazes de viabilizar a efetivação dos princípios ESG sem comprometer o desenvolvimento econômico do empreendimento rural, sempre com enfoque na seara ambiental.

INTRODUÇÃO AO COMPLIANCE, SUA APLICAÇÃO NO AGRONEGÓCIO BRASILEIRO E A PROTAGONIZAÇÃO DO DESENVOLVIMENTO SUSTENTÁVEL

De início, importante ressaltar que o termo "Compliance", de acordo com o Macmillan English Dictionary significa, em tradução livre, "o ato de se obedecer a uma lei, regra ou requisição".

Essa definição, ao primeiro olhar, não se assemelha ao que comumente se espera de um instituto amplamente considerado como inovador, até porque o estabelecimento e a imposição de regras de conduta intersubjetiva é um dos pilares de sustentação da organização social em que vivemos.

Contudo, como apresentado durante as aulas desta disciplina, é importante lembrar que termo "Compliance" não se traduz unicamente sob a ótica de subordinação à norma, mas também na obrigação de adoção de medidas impeditivas ao seu descumprimento dentro de uma organização e na responsabilização desta caso não cumpra essa obrigação preventiva.

Em outras palavras, estar em Compliance não é unicamente obedecer às regras, mas agir ativamente para que nem você nem aqueles com que você se relaciona as descumpram, sob pena da sua própria responsabilização caso não adote medidas preventivas efetivas.

Importante ressaltar, ainda, que o dever de conformidade não se impõe unicamente às regras positivadas no ordenamento jurídico, mas sim a todo o ecossistema normativo que, de uma forma ou de outra, influencia a atuação de uma organização, seja ele regulatório, mercadológico, social ou ético, por exemplo.

É o que defende Bottini (2013, p. 01) ao citar Vogel na descrição do Compliance como "conceito que provém da economia e que foi introduzido no direito empresarial, significando a posição, observância e cumprimento das normas, não necessariamente de natureza jurídica".

A afirmação de que o conceito de Compliance teria sido originado da economia, e não das ciências jurídicas, é feita por Bottini com base nos ensinamentos de Coimbra (2010) que defende que sua implementação inicial se deu a partir de exigência das instituições bancárias, mas assumiu protagonismo após os escândalos mundiais de governança como da Enron, Parmalat e a crise financeira de 2008.

Antes desses escândalos, contudo, não se pode olvidar que já havia, num contexto internacional, instituições e atos normativos que exigiam das organizações práticas de conformidade e integridade.

De acordo com Coelho e Junior (2021) pode-se considerar que a história do Compliance mundial se iniciou a partir de três marcos principais: (i) A criação da SEC (Security and Exchanges Comission) a versão americana da nossa Comissão de Valores Mobiliários, inaugurada após a Grande Depressão de 1929, cuja responsabilidade precípua é velar pela aplicação das leis e regular opções de câmbio e valores mobiliários; (ii) A publicação do FCPA (Foreign Corrupt Practices Act) uma lei federal dos Estados Unidos, de 1977, que visa combater a corrupção e dispõe acerca de normas contábeis e antissuborno; (iii) A publicação do UK Bribery Act, que vigora no Reino Unido de 2011 e é também uma legislação voltada ao combate à corrupção.

Independentemente da sua origem, o que se observou foi que a tendência iniciada no eixo anglo-saxão se espalhou rapidamente por todo o mundo globalizado, e o que outrora se reduzia ao espectro de prevenção ao suborno ou corrupção envolvendo a Administração Pública se estendeu, por influência da exigência do próprio mercado, ao combate de todo o tipo de má prática corporativa.

O efeito dessa epidemia de integridade e conformidade, por sua vez, foi extremamente benéfico. Tanto no aspecto ético, quanto no próprio desempenho econômico das empresas. É o que afirmam Coimbra e Manzi (2010) ao compartilhar resultado de estudo que concluiu que para cada U$ 1,00 gasto em Compliance dentro de uma organização, são economizados outros U$ 5,00 com mitigação de passivos judiciais, danos reputacionais e perda de produtividade.

E o Brasil seguiu a tendência. Antes mesmo da publicação da Lei Anticorrupção, regulamentada pelo Decreto 11.129/2022, nosso próprio regramento de combate à corrupção, os efeitos da cultura internacional de Compliance já eram sentidos nas empresas brasileiras por meio da imposição de cumprimento de normativas internacionais para realização de negócios em outros países, principalmente por parte daquelas companhias envolvidas no comércio de importação e exportação, o que, no contexto do nosso país, engloba grande parte do setor do agronegócio.

Nesse espeque, o que se tem é que o agronegócio brasileiro há tempos já se preocupa com o cumprimento de imposições regulatórias externas a fim de qualificar seus produtos para o comércio internacional. Só como parâmetro, Willians (2019) expôs levantamento da Confederação Nacional da Indústria (CNI) que concluiu que no ano de 2019 o produtor rural exportador do Brasil se submetia a ao menos 43 (quarenta e três) barreiras comerciais diferentes à comercialização de seus produtos para países membros do G-20. As principais barreiras foram cotas, questões sanitárias e regulações ambientais.

Conclui-se, pois, que o ponta pé inicial da conformidade do agronegócio brasileiro veio do exterior, mas as políticas internas avançam na mesma proporção.

Para se ter uma ideia, são várias as instituições financeiras que exigem a implementação de programas efetivos de compliance para liberação de crédito a empresas do setor, sem contar que a regularização do nome do produtor no CAR (Cadastro Ambiental Rural) depende também de um programa de integridade, sob pena de contenção do crédito rural no ano subsequente.

No mesmo sentido, também vale destacar que desde 2017, por meio da Portaria nº 2.462/17, o MAPA (Ministério da Agricultura, Pecuária e Abastecimento) anunciou a certificação "Selo Agro + Integridade", que busca qualificar o setor do agronegócio brasileiro por meio da adoção e implementação de medidas de compliance, como boas práticas de gestão, avaliação de riscos, integridade, sustentabilidade e ética.

E no meio de toda a tendência de conformidade que hoje circunda o setor do agronegócio brasileiro, um aspecto específico merece especial distinção: o desenvolvimento sustentável.

Não é de hoje que a pauta mundial principal é o desenvolvimento de alternativas capazes de conciliar o desenvolvimento econômico e a preservação ambiental, e, ao mesmo tempo, é também consenso internacional de que o Brasil, país detentor da maior área de floresta tropical do mundo, é uma importante chave para o sucesso dessa empreitada. Não é à toa que a COP-30, em 2025, será sediada em Belém-PA.

Nesse norte, em efeito semelhante à sedimentação do Compliance no país, outros institutos e regras de conduta passam a nos ser apresentados, como é o caso dos princípios ESG, sobre os quais se discorrerá no tópico a seguir.

DEFINIÇÃO, EVOLUÇÃO E APLICAÇÃO DOS PRINCÍPIOS ESG NO CONTEXTO DA VALORIZAÇÃO DO AGRONEGÓCIO BRASILEIRO

Por todo o exposto anteriormente, é possível apreender que estar em Compliance não é simplesmente cumprir a normativa positivada em legislações e regulamentações, mas também se preocupar com a conformidade da organização com todo o contexto social no qual se insere, bem como adotar medidas eficazes de prevenção à prática de atos ilícitos, ímprobos e antiéticos tanto por parte do seu corpo interno de colaboradores, quanto por outras organizações com as quais se relaciona, seja no âmbito público, seja no privado.

Mais especificamente a respeito do cerne do presente estudo, concluiu-se também pela imprescindibilidade da adoção de medidas para garantia do desenvolvimento sustentável, principalmente por parte das empresas inseridas no setor do agronegócio brasileiro, de modo que o Compliance Ambiental surge como um dos maiores pontos de atenção nesse nicho do mercado.

Com isso em mente, no presente tópico, faz-se necessária a introdução de outro conceito, igualmente de extrema importância, que instrumentaliza a compreensão de que o foco ambiental é um dos pilares do mercado mundial atualmente, e que não é mais suficiente apenas seguir as regras já postas, mas também inovar e desenvolver novas técnicas para a maximização do efeito do objetivo intangível de preservação plena do meio ambiente e cumprimento da função social das empresas.

Trata-se dos princípios ESG (sigla em inglês para Environmental, Social and Governance; traduzida para o português como ASG: Ambiental, Social e Governança).

Para Kishi (2021) os princípios ESG originaram-se a partir do setor financeiro, na área de investimentos responsáveis, e são definidos pelo World Business Council for Sustainable Development (WBCSD) como "o compromisso permanente dos empresários de adotar um comportamento ético e contribuir para o desenvolvimento econômico, melhorando, simultaneamente, a qualidade de vida de seus empregados e de suas famílias, da comunidade local e da sociedade como um todo".

Em se tratando da relação dos princípios ESG com a noção de Compliance, vale trazer à baila os ensinamentos de Platiau (2004) que diferencia os dois conceitos justamente na indicação de que ESG preconiza a independência das partes interessadas na criação de regras de conduta em nome da coexistência socioambiental harmoniosa, uma vez que, em muitos casos, se vê o Compliance puro unicamente como o ato de conformidade de entidades em relação a diretrizes prefixadas por organizações internacionais reguladoras, o que não poderia se aplicar ao ESG, principalmente porque não há uniformidade regulatória internacional quanto a gestão de recursos naturais da biodiversidade. Cada país aborda o tema com seriedade e rigor diferentes, de maneira que seria dever do próprio particular interessado adotar as medidas que entender necessárias para a garantia do desenvolvimento social sustentável, independentemente da normativa regulamentadora que lhe é aplicável.

No final das contas extrai-se a conclusão de que a constante profissionalização do agronegócio, bem como sua protagonização no contexto da economia brasileira, geram sobre o agrobusiness não só o aumento do olhar regulatório do estado, mas também a imposição mercadológica de conformidade com outros tipos de diretrizes que outrora não eram usualmente impostas aos produtores rurais e empresas do setor, nem tampouco tinham adesão mercadológica interna suficiente para serem consideradas cogentes, como é o caso dos princípios ESG.

O que se tem, portanto, é que o desenvolvimento sustentável e a preservação ambiental são conceitos de definição muito pouco uniforme, de maneira que um dos maiores desafios da sedimentação dos princípios ESG é reduzir a subjetividade acerca do que significa cumpri-los, bem como estabelecer macro objetivos principais às organizações.

Nesse espeque, os efeitos da popularização desses princípios no setor do agronegócio brasileiro, assim como se teve durante a popularização das medidas de Compliance, já são realidade para quem mantém relações comerciais internacionais.

Evidente, pois, a importância e necessidade de adoção de medidas para persecução dos objetivos gerais supracitados. Contudo, também não se pode olvidar que a conformidade e a efetivação dos princípios ESG, apesar de imprescindíveis, não são tarefas fáceis, e exigem inteligência, investimento e, sobretudo, disposição das empresas para que possam ser atingidos.

Assim, buscando construir panorama geral de todo o esquema, necessária se faz a abordagem dos maiores desafios encontrados atualmente na implementação de programas de integridade, alinhados aos princípios ESG, por parte de empresas do setor do agronegócio brasileiro.

MAIORES DESAFIOS À IMPLEMENTAÇÃO DE PROGRAMAS DE COMPLIANCE E AO CUMPRIMENTO DOS PRINCÍPIOS ESG NO CONTEXTO DO AGRONEGÓCIO BRASILEIRO

Fixada a necessidade de implementação de programas de Compliance e da adoção de medidas para efetivação dos princípios ESG nas empresas do setor do agronegócio brasileiro, resta discorrer acerca dos mecanismos mais eficazes para tanto, e para isso é preciso apresentar os maiores desafios impostos à conquista desses objetivos.

De início, traz-se à baila dados retirados de relatório realizado pela PWC que elenca os principais desafios da implementação de medidas de conformidade no âmbito do agronegócio brasileiro, de acordo com as próprias organizações: (i) Recursos para viabilização do plano estratégico; (ii) Entrada de sócios estratégicos; (iii) Novas tendências internacionais: ESG, regulamentações sanitárias e rastreabilidade dos produtos; (iv) Capital para ampliação dos investimentos; (v) Mudança de comportamento do consumidor global; (vi) Desafio tecnológico; (vii) Concorrência global.

Percebe-se que são inúmeros os desafios, sendo a implementação dos princípios ESG um dos mais citados na pesquisa.

Contudo, para Faria (2020) todas as questões supracitadas podem ser rastreadas ao denominador comum da própria natureza das organizações que compõem a cadeia e à ausência de incentivos públicos e particulares. De acordo com o autor, seria necessário resolver o claro distanciamento existente entre a cultura empresarial que impera nas indústrias, que é altamente influenciada pelas práticas adotadas nos mercados mundiais, e a simplicidade própria da gestão exercida atualmente em grande parte das propriedades rurais brasileiras, pautadas, em sua maioria, na base familiar.

Entendimento oriundo da obra de Selhorst (2018) que defende que os programas de compliance das indústrias, como já é sabido, não se reduzem à estrutura interna da própria companhia, mas se preocupam também com o alinhamento da conduta dos terceiros, fornecedores e outros agentes de mercado que com ela se relacionam. E é dessa necessidade de divulgação da conformidade que surge uma das mais importantes barreiras.

Buranello (2018) explica muito bem que, tratando-se de propriedades rurais no Brasil, estas compreendidas como aquelas voltadas à exploração da terra com finalidade econômica, de subsistência e beneficiamento de produtos, há clara resistência na organização da própria produção no formato de empresa. Na maioria dos casos, o que se observa é que a gestão da propriedade é compartilhada pela própria família, de modo que os negócios servem a este núcleo, o que faz com que toda a operação seja pautada por baixíssimos níveis de controle e gestão, o que dificulta tanto a inovação dos processos adotados quanto a própria governança.

Nesse tipo de organização, é muito comum se deparar com a consciência de que não há riscos relacionados à atuação da "alta direção", simplesmente porque com exerce seu papel são os líderes do núcleo familiar (Selhorst, 2018).

Assim, o que se observa é que grande parte das produções rurais brasileiras, apesar de se relacionarem intimamente com indústrias altamente reguladas e inseridas na cultura da integridade, principalmente pela forma com que se organizam, representam verdadeiro entrave à inovação dos processos, adoção de técnicas de controle de riscos, implementação de canais e denúncia e desenvolvimento de novos mecanismos para promoção do desenvolvimento sustentável, ainda que haja forte pressão mercadológica, advinda principalmente das indústrias distribuidoras e exportadoras, para a adoção dessas medidas.

Observa-se ainda outro ponto de origem dos desafios levantados pela PWC, qual seja a ausência de incentivos dirigidos à implantação de programas de Compliance (Faria, 2020).

O que se vê é que atualmente o MAPA dispõe de gama muito mais vasta de sanções aplicáveis aos descumpridores de regulamentações do que incentivos positivos propriamente ditos. Mesmo se tratando do selo "Agro + Integridade", já especificado anteriormente, observa-se que a vantagem propagandeada se unifica no reconhecimento reputacional da empresa que o detém, mas peca ao oferecer nenhum tipo de apoio econômico, fiscal, ou de qualquer outra natureza capaz de efetivamente torná-lo um diferencial competitivo, que realmente incentive a adoção de práticas de integridade dentro do setor do agronegócio brasileiro.

Isso ainda sem contar com o fato de que não há, atualmente, nenhum incentivo estatal dirigido ao estímulo da adoção de boas práticas nas relações horizontais, entre particulares, sendo, a partir disso, justo concluir que o principal mecanismo estatal utilizado na tentativa de garantia da popularização da cultura de integridade no setor em questão é a fiscalização e a punição, o que, por simples impressão histórica geral, se mostra praticamente ineficiente.

Coelho (2018) vai ainda mais além: Para o autor, a ausência de políticas de incentivo positivo se traduz como desafio à popularização da cultura de integridade porque atualmente o escopo da regulamentação do MAPA se dirige unicamente com ao cumprimento de regras anticorrupção, isto é, à relação Estado – Particular, não havendo qualquer normativa destinada à regulamentação das relações firmadas entre particulares. Esse fato se mostra especialmente dificultoso ao estabelecimento de programas efetivos de compliance justamente porque o Estado Brasileiro não dispõe de condições e recursos bastantes para fiscalizar efetivamente a totalidade de produções rurais do país, sendo, pois, imperioso que a adoção da cultura de integridade se origine de forma voluntária no setor, e, para o autor, o incentivo positivo, em contraposição à sanção regulatória atualmente adotada no país, seria a melhor alternativa para o alcance desses objetivos.

Nesse mesmo norte, vale também reiterar dado já mencionado por Willians (2019) que divulgou que, de acordo com a CNI, a exportação de produtos rurais brasileiro enfrenta ao menos 43 (quarenta e três) barreiras comerciais diferentes impostas pelos países do G-20.

Essa estatística revela outro desafio importantíssimo: Num país líder em exportação de produtos rurais como é o Brasil, não basta que a cultura de conformidade se confine dentro de nossas fronteiras, é necessário se dispor e investir no mapeamento das regulamentações estrangeiras, principalmente no que se diz respeito à área ambiental, já que, nos termos do que já se expôs, não há conceito uniforme a respeito que significa preservação ou desenvolvimento sustentável. Ainda que dirigida ao mesmo fim abstrato, toda relação trata desses institutos de forma diferente, e é papel do exportador, no caso o Brasil, se adequar a essas questões, inclusive para superar barreiras muitas vezes levantadas por puro protecionismo econômico.

Não obstante, é importante ressaltar que a exposição do que se entende como sendo as principais dificuldades à implementação de programas de integridade no agrobusiness brasileiro não se trata de tentativa de desmotivação do setor, mas simplesmente de mapeamento de riscos e elencar pontos de atenção, até porque os benefícios advindos do esforço dessa implementação, sobre os quais se tratará em tópico a seguir, são tão atrativos quanto necessários.

PRINCIPAIS VANTAGENS DA IMPLEMENTAÇÃO DE PROGRAMAS EFETIVOS DE COMPLIANCE E ESG NO ÂMBITO DO AGRONEGÓCIO BRASILEIRO.

Apesar de todos os desafios supramencionados, é importante não se esquecer que a implementação de programas de compliance e a atuação dirigida à efetivação dos princípios ESG vale o esforço.

Diz-se isso justamente porque, além de cumprirem a função social de contribuir para a preservação do planeta, igualdade social e divulgação de boas práticas negociais, a adoção da cultura de integridade e conformidade opera de maneira extremamente benéfica à própria organização, agregando-lhe valor relevantíssimo nos aspectos financeiros, reputacionais e mercadológicos.

O primeiro dos benefícios que vale mencionar é justamente a vantagem creditícia: De acordo com estudo realizado pela Agrotools, plataforma voltada ao desenvolvimento de soluções inovadoras para o agronegócio brasileiro, os produtores que atuam de acordo com o princípio ambiental dos pilares ESG gozam, desde já, de taxas de juros menores na obtenção de crédito, inclusive por meio do próprio Banco Central; acesso facilitado a novos mercados e consumidores, principalmente no setor alimentício; maior lucratividade e maior apelo a investidores nacionais e internacionais.

Essas regras de crédito baseadas nos princípios ESG são reflexos da própria origem desses pilares, que se deu no setor de investimentos responsáveis do mercado financeiro. Ao invés de se aterem exclusivamente a indicadores financeiros, Bancos, Seguradoras e Tradings Investidoras também recorrem aos fatores ESG para fixar as condições de crédito que oferecem. Essa vantagem é inclusive corroborada pela própria legislação brasileira, instrumentalizada na Lei 13.896/2020, originada a partir da MP do Agro, que contribui para que produtores rurais busquem financiamentos de menor custo.

Nessa mesma esteira, vale ressaltar acerca do Plano ABC – Plano Setorial de mitigação e adaptação às mudanças climáticas para consolidação de uma economia de baixa emissão de carbono.

Originado a partir do Decreto nº 7.390/2010, o Plano ABC tem como objetivo organizar processos e estabelecer planos de ação para viabilizar o cumprimento dos compromissos assumidos pelo país de redução de Gases do Efeito Estufa (GEE) no setor agropecuário brasileiro.

Para tanto, o referido plano é subdividido em 07 (sete) programas principais, e conta com linha de crédito específica já aprovada pela Resolução 3.896/2010 do BACEN para seus aderentes. Os programas são: (i) Recuperação de pastagens degradadas; (ii) Integração Lavoura-Pecuária-Floresta (ILFP) e Sistemas Agroflorestais (SAFs); (iii) Sistema Plantio Direto (SPD); (iv) Fixação Biológica do Nitrogênio; (v) Florestas Plantadas; (vi) Tratamento de Dejetos Animais; (vii) Adaptação a mudanças climáticas.

Em geral, empresas tendem a ser avaliadas por seus stakeholders sob dois aspectos: Seu desempenho no mercado competitivo e sua conduta e valores não financeiros (Walter, 2020). A adoção de práticas de integridade, nos termos do já mencionado, melhora substancialmente a imagem das empresas nesses dois aspectos.

Apesar da ausência de incentivos positivos às boas práticas no Brasil, ainda são expressivos os efeitos vantajosos percebidos por aqueles que os aderem. Com o crédito mais acessível e menos oneroso, é possível balancear contas e investir em inovação, inclusive em técnicas de controle e redução de riscos, como a rastreabilidade dos produtos rurais, o que, por sua vez, garante maior aderência do mercado ao próprio produto, em razão das novas políticas internacionais, o que tem como consequência o aumento da lucratividade. É um círculo virtuoso.

A implementação de um programa de compliance pode atuar inclusive na redução sancionatória em caso de eventual descumprimento legal ou regulamentar. É o que já prevê a Comissão de Valores Mobiliários (CVM) (Carvalho, 2021).

O mesmo acontece no CADE (Conselho Administrativo de Defesa da Concorrência) na CGU (controladoria-Geral da União) e no Ministério Público, que já têm em suas diretrizes a negociação de acordos de leniência ou Termos de Compromisso de Cessação com empresas que comprovem a implementação de programas de compliance.

Além disso, é necessário também desmistificar a defasada ideia de que a preservação ambiental é instituto inversamente proporcional ao do aumento da receita direta de uma produção rural.

Fora as vantagens já expostas, que advêm quase que instantaneamente da sedimentação do compliance e dos pilares ESG dentro de uma organização, é possível observar que a própria preservação ambiental dá aos produtores rurais brasileiros a oportunidade de diversificar suas produções e aumentar suas receitas.

Um exemplo disso é a utilização da CPR Verde e do Pagamento por Serviços Ambientais como instrumento tanto de maximização da rentabilidade das produções, quanto de preservação ambiental.

Com isso, é possível não só maximizar a contribuição ambiental já realizada pelo produtor, mas também diversificar e incrementar a rentabilidade da produção, gozando, assim, tanto dos incentivos creditícios, mercadológicos e reputacionais das medidas supracitadas, quanto do aumento direto do faturamento da atividade rural desenvolvida pelo produtor a partir da adoção de técnicas como a emissão de CPRs Verdes e o pagamento por serviços ambientais, que tem na comercialização de créditos de carbono uma de suas espécies.

A CPR VERDE E O PAGAMENTO POR SERVIÇOS AMBIENTAIS COMO INSTRUMENTOS DO DESENVOLVIMENTO SUSTENTÁVEL NO BRASIL.

A CPR Verde é instituto introduzido no ordenamento brasileiro a partir do Decreto 10.828/21 e idealizado no intuito precípuo de fomentar o desenvolvimento econômico sustentável no Brasil por meio da disponibilização ao mercado de mecanismo lucrativo de preservação ambiental.

Essa característica de duplo benefício, inclusive, foi, de acordo com comunicado divulgado pelo então Ministro da Economia Paulo Guedes e publicado pela Agência Brasil (Nascimento, 2021) um dos focos principais do projeto de idealização da CPR Verde como instrumento de fomento do desenvolvimento sustentável no país.

Para tanto, ainda nos termos do que divulgou o próprio Ministério da Economia, seriam diversas as situações nas quais se admitiria a emissão de CPR Verde para o recebimento de PSA (Pagamento por Serviços Ambientais).

Esse é o caso de todas as operações destinadas à conservação e recuperação de florestas nativas e seus biomas, como se vê compensação voluntária da emissão de gases do efeito estufa por parte de agentes financiadores interessados. É o que se conhece popularmente como "pagamento pela floresta em pé".

Também se encontram previstas no Decreto de regência como ações em que é cabível a emissão de CPR Verde aquelas voltadas ao aumento da biodiversidade, dos recursos hídricos e da conservação do solo.

Dessa maneira, o lastro do título recai sobre todo e qualquer ativo ambiental, sendo este compreendido como a atividade direcionada à preservação de recursos naturais e ao desenvolvimento sustentável.

De acordo com Nascimento (2021) a operacionalização da CPR Verde se dará mediante a emissão e circulação da cédula entre entes privados interessados no recebimento de PSA e na compensação do impacto ambiental das atividades que desenvolvem, de maneira que, em vista da tendência mundial de adoção de práticas econômicas de baixo carbono, estima-se que o valor negociado por meio de CPRs Verdes será de até 30 bilhões de reais no ano de 2025.

Referida previsão demonstra com clareza a compreensão do próprio Governo Federal da necessidade de regulamentação e fomento do mercado de PSAs, de maneira que o ganho econômico do produtor que se incluir nesse nicho tem potencial expressivo.

Isso sem se olvidar que a emissão de CPR Verde a partir da adoção de atividades voltadas ao desenvolvimento sustentável não prejudica a manutenção da atividade rural convencional por parte do produtor. Em verdade, o recebimento de PSA e a comercialização de produção rural tradicional coexistem pacificamente no mesmo plano, inclusive complementando-se.

É o que sustenta Buranello (2022) ao afirmar que o aspecto principal do provável sucesso da CPR Verde é justamente a garantia de remuneração do produtor rural pela adoção de práticas ambientalmente positivas e a possibilidade de utilização dos recursos obtidos por meio do PSA para fomento, inclusive, da sua atividade rural principal.

De acordo com o Ilustre Professor, essa conciliação se vislumbra na própria natureza do instrumento eleito para o desenvolvimento de atividades sustentáveis, que se enquadra no mesmo regime jurídico do título de crédito mais popular do agronegócio nacional: a CPR.

O que se apreende é que a utilização do modelo original de CPR para a idealização de título de crédito voltado ao fomento de atividades ambientalmente positivas, em verdade, pode ser considerada como estratégia do legislador para facilitar a popularização do PSA e a adesão do mercado à utilização da CPR Verde como meio hábil a contribuir com a preservação ambiental e atender a padrões internacionais de conformidade.

Em vista disso, forçoso faz-se concluir que com o advento da CPR Verde e dos mecanismos a ela relacionados, torna-se cada vez mais interessante ao produtor rural brasileiro investir no desenvolvimento sustentável, já que a geração de receitas advindas do PSA pode, inclusive, servir como instrumento de fomento da sua própria atividade rural principal.

Noutro lado, vê-se também como extremamente positiva a comercialização do referido título aos entes financiadores, principalmente em razão da obrigação mercadológica e regulatória de adoção de medidas de conservação ambiental hoje impostas mundialmente.

Com olhos na previsão do Governo Federal para 2025, já supracitada, o mercado de PSA pode significar a movimentação de até 30 bilhões de reais, de maneira que resta mais do que óbvia a expressiva fatia do mercado que atualmente se encontra basicamente inexplorada pela maior parte dos produtores rurais brasileiros.

Importante lembrar também que a emissão e circulação da CPR Verde não se reserva unicamente aos grandes produtores e agroindústrias, mas sim a todos os entes que hoje integram a cadeia de produção do agronegócio, visto que, como já mencionado, as atividades capazes de lastrear esse título de crédito são exercitáveis em qualquer tipo de propriedade.

Inclusive, a emissão de CPR Verde é realidade no Brasil desde 2022, e foi inaugurada a partir do projeto "BB CPR PRESERVAÇÃO" do Banco do Brasil em parceria com o produtor Francisco Malta Cardozo, proprietário da fazenda Alpes, localizada no município de Santa Lúcia-SP.

Assim, o que se observa é que se trata de inovação de mercado extremamente benéfica e rentável ao produtor rural, com expectativas de faturamento realmente expressivas, e que deve, sem dúvida alguma, ser explorada de forma mais abrangente e popular no país. Pelo bem da preservação ambiental e do próprio desenvolvimento do agronegócio, este cada vez mais globalizado e obrigado a se adequar às tendências internacionais de adoção de processos e formação de negócios voltados a atividades ambientalmente positivas.

CONSIDERAÇÕES FINAIS

Ante o exposto, e por tudo o que consta do presente estudo, é possível concluir que as noções de Compliance e dos princípios ESG não só são aplicáveis à realidade do agronegócio brasileiro, como extremamente necessárias.

Como se pôde perceber, o dever de integridade e conformidade para com regulações já faz parte da própria atividade rural, principalmente àqueles entes que, de alguma forma, se relacionam com organizações do exterior, que há muito já impõem a adoção de certas medidas e condutas de integridade a seus stakeholders.

Da mesma forma, além da pressão externa para adoção de políticas de conformidade e obediência aos pilares ESG, foi possível vislumbrar também a evolução legislativa, regulatória e cultural do Brasil em direção a esses objetivos, o que, por sua vez, também influi na necessidade de ação por parte das organizações brasileiras.

Esse fenômeno é, inclusive, mais evidente no âmbito das obrigações ambientais, um dos pontos de sustentação dos princípios ESG e, ao mesmo tempo, pauta recorrente no debate internacional.

Sabendo disso, foi possível apreender ainda acerca dos maiores desafios enfrentados pelas empresas que integram a cadeia produtiva do agronegócio brasileiro à implementação de medidas efetivas de cumprimento aos pilares ESG, as quais, por tudo o que se expôs, poderiam muito bem ser dirimidas pela própria implementação de um programa de integridade e conformidade.

Diz-se isso justamente porque o acesso a melhores condições de crédito, o contato com novos mercados e consumidores, o aumento do valor agregado do produto comercializado e o incremento reputacional já são efeitos comprovados da adoção de ações dirigidas à efetivação das boas práticas e dos princípios ESG.

No mesmo norte, há de se mencionar que a conformidade não pode ser vista pelo produtor rural brasileiro como passivo, mas sim como mecanismo capaz até de aumentar a lucratividade direta da sua produção.

Além dos efeitos indiretos supramencionados, foi exposto que áreas de preservação ambiental podem ser utilizadas pelos produtores rurais como fonte de renda extra a partir da emissão de CPRs Verdes e a aderência às modalidades de PSA disponíveis no país. Mercado que, além de contribuir imensamente com o objetivo de aumento da preservação, tem condições de movimentar quase 30 bilhões de reais até o ano de 2025.

Assim, o que se tem é que a preservação ambiental e o desenvolvimento sustentável, além de extremamente necessários, não são só obrigações impostas aos produtores rurais e indústria do setor do agronegócio, mas devem ser vistas como ótimas oportunidades de inclusive maximizar a rentabilidade de seus negócios a partir da diversificação da receita por meio do pagamento por serviços ambientais. Algo que, sem dúvida alguma, deve ser, como já é, bem visto por toda a coletividade mundial, que ora se junta na busca universal de adoção de medidas cada vez mais ambientalmente positivas e responsáveis.

REFERÊNCIAS BIBLIOGRÁFICAS

Brasil (2022). Decreto nº 11.129, de 11 de julho de 2022. Disponível em < https://www.planalto.gov.br/ccivil_03/_ato2019-2022/2022/decreto/d11129.htm > Último acesso em 25/09/2023, às 20:18.

Brasil. (2021). Decreto nº 10.828, de 01 de outubro de 2021. Disponível em < https://legislacao.presidencia.gov.br/atos/?tipo=DEC&numero=10828&ano=2021&ato=5a0kXW65UMZpWTa63 > Último acesso em 28/09/2023.

Buranello, R. (2018). Manual do Direito do Agronegócio. Ed. Saraiva. São Paulo 2018.

Carvalho, A.C., Bertoccelli, R. P., Alvim, T. C., Venturini, O. Manual de Compliance. 3ª Edição. Rio de Janeiro: Forense, 2021.

Coelho, C. C. B. P., Junior, M. C. S. Apostila de Compliance. Fundação Getúlio Vargas. 2021.

Coelho, A. A. S. Em defesa do cross-compliance no agronegócio brasileiro. In. Cueva, R. V. B., Frazão, A. Compliance: perspectivas e desafios dos programas de conformidade. Belo Horizonte: Forum, 2018.

Coimbra, M. A., Manzi, V. A. Manual de Compliance: preservando a boa governança e a integridade das organizações. São Paulo: Atlas, 2010.

Faria, R. S. Compliance no agronegócio: Possibilidades e desafios para a cadeia produtiva do tomate industrial em Goiás. Universidade Federal de Goiás. Goiânia/GO. 2020.

Kishi, S. A. S. ESG e os Desafios Jurídicos Para a Governança Corporativa. Projeto Conexão Água do MPF. Câmara Brasileira do Livro. SP. 2021.

Macmillan English Dictionary for Advanced Learners. (2007). 2ª Edição. Londres, Inglaterra. Editora Macmillan. P. 299. Texto original: "the practice of obeying a law, a rule or request".

Selhorst, F., Dupont, F., Araujo, M. T. Desafios para a implementação de programas de compliance no Brasil. In: Cueva, R. V. B., Frazão, A. Compliance: perspectivas e desafios dos programas de conformidade. Belo Horizonte: Forum, 2018. p. 219-231.

Varella, M. D.; Platiau, A. F. B. Princípio da precaução. Belo Horizonte: ESMPU/ Editora Del Rey, 2004.

Walter, I. Sense and Nonsense in ESG Ratings. Journal of Law, Finance, and Accounting. p. 35

SITES VISITADOS

Almeida, S. N. O. (2018). O impacto financeiro na implantação do Programa de Compliance. Disponível em < https://www.jusbrasil.com.br/artigos/o-impacto-financeiro-na-implantacao-do-programa-de-compliance/582925100 > Último acesso aos 27/09/2023

Brasil, B. (2022). BB inova em solução de crédito para preservação ambiental no campo. Disponível em < https://www.bb.com.br/pbb/pagina-inicial/imprensa/n/66397/#/ > Último acesso aos 29/09/2023.

Bottini, P. C. (2013), O que é compliance no âmbito do Direito Penal?. Disponível em: < https://www.conjur.com.br/2013-abr-30/direito-defesa-afinal-criminal-compliance > Acesso em: 25/09/2023.

Legal Ethics Compliance - LEC, Redação. (2023). Desafios de Compliance no Agronegócio. Artigo publicado na edição 36 da Revista LEC com o título "Efeito Colateral". 2023. Disponível em < https://lec.com.br/desafios-de-compliance-no-agronegocio-brasileiro/ > Último acesso aos 25/09/2023.

PricewaterhouseCoopers - PwC. (2021). A importância da agenda ESG no agronegócio.pg 9 Disponível em: https://www.pwc.com.br/pt/estudos/setores-atividade/agribusiness/2021/importancia-da-agenda-esg-noagronegocio.html. Último acesso em 28/09/2023.

Serra, A. P. R. (2021) A importância da aplicação das normas de Compliance no agronegócio. 2021. Disponível em < https://www.migalhas.com.br/depeso/341202/a-importancia-da-aplicacao-das-normas-de-compliance-no-agronegocio > Último acesso em 27/09/2023

Tuffi, L. (2021). ESG: solo fértil para finanças verdes. Disponível em < https://agrotools.com.br/blog/esg-sustentabilidade/esg/ > Último acesso aos 28/09/2023.

Willians, N. (2019) O Compliance e os Desafios Ambientais do Agronegócio. Revista Forbes. Disponível em < https://forbes.com.br/colunas/2019/12/o-compliance-e-os-desafios-ambientais-do-agronegocio/ > Último acesso aos 26/09/2023.

World Business Council for Sustainable Developement. (2020). ESG Litigation Roadmap. Disponível em: < https://www.wbcsd.org/Programs/Redefining-Value/Making-stakeholder-capitalism-actionable/Enterprise-Risk--Management/Resources/ESG-Litigation-Roadmap > Último acesso em 25/09/2023.

IMPLANTAÇÃO DO PROGRAMA EM EMPRESA FAMILIAR DE OUTSOURCING DE IMPRESSÃO E CÓPIAS

Autora:

Laura Mesquita Costa de Carvalho

O presente artigo propõe uma discussão teórica com base em pesquisas bibliográficas, artigos e aulas online. O enfoque será acerca do Compliance trabalhista em empresas familiares visando o combate a práticas ilícitas, discriminatórias e antiéticas, através de códigos, regulamentos e políticas considerados essenciais um programa de sucesso.

Antes de tudo é pertinente que entendamos o conceito. Compliance é uma palavra inglesa que vem do termo to comply with, significa agir de acordo com uma regra ou comando, possui um pilar de sustentação voltado a Ética, transparência e integridade e contribui para melhoria cultural da organização. É um fenômeno mundial e deve ser tratado de dentro pra fora.

O traço cultural do Brasil em relação a outros países é bastante distante: o nosso jeitinho, a flexibilidade, formalismo.

O Brasil é o segundo país mais complexo em termo de compliance, ao mesmo tempo é isso que nos descortina um grande mercado e nos instiga a estudar e entender ainda mais este fenômeno.

No Brasil o Compliance parece um tema novo, mas se observado muitas de suas ferramentas estão inseridas dentro do ambiente corporativo, o tema ganhou força após escândalos envolvendo fraudes e corrupção e motivou a criação da Lei nº 12.846/2013, mas conhecida como Lei anticorrupção ou Lei da Empresa Limpa.

No que tange ao Programa de Compliance Trabalhista é apenas um dos diversos tipos de compliance, e consiste na conformidade às normas e leis e tem como objetivo prevenir passivos, preservar a imagem reputacional, gerar boas práticas de trabalho, evitar multas, fraude e ilícitos que venham a ser cometidos por qualquer dos envolvidos nos trâmites da empresa, sejam eles: diretores, terceiros, colaboradores, entre outros. Traz consigo diversas ferramentas que auxiliam na sustentabilidade e transparência do dia a dia da empresa entre elas: Código de Conduta, Políticas, Canal de Denúncia, Regimento Interno, entre outras.

Muitas empresas não querem perder tempo implantando o Programa e acabam ignorando-o. Até que acontece a primeira multa a primeira reclamação trabalhista pra começarem a agir. Aconteça muito em empresas de pequeno porte como este caso, a alta administração imagina que pela quantidade de funcionários seria impossível acontecer tais infrações.

Engana-se quem tem este pensamento, pois a corrupção, assédios e desvios acontecem em qualquer ambiente e parte tanto dos colaboradores quanto do mais alto nível hierárquico.

O Compliance atua de forma preventiva evitando passivos judiciais e promovendo um ambiente saudável, valorização da imagem, respeito pelos colaboradores e alinhando os objetivos da empresa no que diz respeito a sua missão, visão e valores.

Vale ressaltar que o mercado tem sido cada vez mais seletivo e muito em breve certamente aquelas empresas que possui um programa efetivo e consequentemente se comprometem com as leis e normas terão maiores chances de negociação.

O QUE É OUTSOURCING DE IMPRESSÃO E CÓPIAS?

Outsourcing significa terceirização de serviços.

O objetivo é reduzir e controlar os custos de cópias e impressões de uma empresa através da locação de equipamentos multifuncionais, impressoras, plotters, scanners. Todo o gerenciamento é feito pela empresa contratada, bem como, envio de suprimentos, atendimento técnico, gerenciamento de qualidade. O que se espera da prestação de serviço é: lucro, satisfação e aumento de produtividade.

Geralmente não são empresas de porte grande, mas muita tem um número de colaboradores considerável. E os departamentos envolvidos neste modelo de negócio são: Rh, departamento pessoal, jurídico, departamento de contratos, departamento comercial, Ti, logísitica, patrimônio, equipe de manutenção e equipe técnica.

Em suma, uma empresa de outsourcing de impressão e cópias desempenha um papel significativo para organizações que buscam otimizar seus processos, reduzir custos e focar em suas atividades principais. Alguns das principais razões de que uma empresa de outsourcing de impressão é importante são: eficiência operacional, redução de custos, tecnologia avançada, sustentabilidade ambiental, suporte técnico especializado, entre outros.

A ampla maioria dos contratos estabelecidos pela empresa ocorre por meio de processos licitatórios. Nesse contexto, destaca-se a relevância de manter um Programa de Compliance operacional. Isso se deve ao fato de que empresas públicas, por exigência normativa, são obrigadas a adotar programas de compliance. Dessa forma, elas só estabelecem acordos com entidades que também possuam tal programa, assegurando, assim, a integridade e a observância de princípios éticos.

O PROGRAMA DE INTEGRIDADE

Programa de Integridade e Programa de Compliance é a mesma coisa, está relacionado à gestão de práticas com fim de prevenir passivos, subornos e ilícitos no âmbito da empresa. Nasce com a realidade de cada organização, se desenvolve juntamente com aquilo que cada empresa objetiva alcançar dentro do mundo dos negócios.

O Programa de Compliance tem fundamentos legais que o respaldam, tanto no âmbito internacional quanto no nacional. No contexto global, destaca-se o Foreign Corrupt Practices Act (FCPA) nos Estados Unidos e o UK Bribery Act no Reino Unido, que são leis que tratam da corrupção e têm implicações diretas em programas de compliance.

No cenário brasileiro, a Lei Anticorrupção (Lei nº 12.846/2013) é a principal legislação que trata do tema. Essa lei estabelece a responsabilidade objetiva das pessoas jurídicas por atos lesivos contra a administração pública nacional ou estrangeira, e prevê a aplicação de sanções, como multas e até mesmo a dissolução da empresa, em casos de práticas corruptas.

O Programa de Compliance apoia a governança corporativa, ambos agem com o mesmo propósito. A Ética.

Faz-se necessário destacar que, a governança corporativa que tem o papel de Controladoria traz consigo quatro princípios fundamentais, capazes de garantir uma gestão íntegra:\

- Transparência – É quando se disponibiliza aos interessados informações além daquelas elencadas por disposição de leis ou regulamentos.

- Equidade – Manifesta-se pelo tratamento isonômico de todos os interessados (stakeholders), levando em consideração seus direitos, deveres e expectativas.

- Prestação de Contas (accountability) – Está relacionado à obrigatoriedade de prestação de contas por parte dos agentes da governança acerca da sua atuação de forma clara, tempestiva, concisa e entendível, e por último.

- Responsabilidade corporativa – viabilidade econômico-financeira das organizações.

Diante do exposto, nota-se a seriedade e importância do programa que tem foco em agregar valores, princípios e visibilidade a empresa.

OS PILARES DE SUSTENTAÇÃO DO PROGRAMA DE COMPLIANCE

Um programa de Compliance envolve a conformidade às leis e normas bem como procedimentos internos relacionados à cultura da empresa. Objetivando corrigir e prevenir desvios que possam trazer conflitos judiciais para o negócio.

Para se alcançar este propósito, o programa deve está estruturado em ações, criatividade, documentos, sistemas, treinamentos. E todo este procedimento encontra-se nos pilares do Programa, que é o alicerce.

A implementação se sustenta em 9 pilares que auxiliam no desenvolvimento da cultura ética na organização. Se seguidos estas etapas com engajamento e otimismo, certamente o Programa terá sucesso garantido.

- Suporte da alta gestão
- Avaliação de riscos
- O Código de Conduta e Políticas
- Controles Internos
- Treinamento e Comunicação
- Canais de Denúncia
- Investigações Internas
- DueDiligence
- Auditoria e Monitoramento

O primeiro deles é o Suporte da Alta Gestão também conhecido como Tone at the Top, ocorre quando todos os diretores se comprometem e apóiam o Programa. Sem este compromisso ele se torna ineficaz como considera a CGU – Controladoria Geral da União. O suporte da alta gestão tem previsão no Decreto 8.420/13, art. 42, I que regulamenta a Lei n. 12.846/13.

> *A expressão Tone from at the Top (ou Tone at the Top) pode ser explicada por "O exemplo vem de cima". O sucesso de um mecanismo de integridade e sistema de compliance estará nas mãos do "número um" da organização (dono, CEO, presidente ou equivalente). Ele precisa, de fato, apoiar, engajar-se, desejar e promover o desdobramento dos pilares em atividades práticas na empresa, tomando para si a responsabilidade de fomentar a comunicação, permeando todos os níveis a partir do primeiro escalão até alcançar todos os empregados". (compliancetotal.com. br)*

A influência do grupo diretivo de uma empresa são cruciais na implementação bem-sucedida de um programa de compliance. Ao indicar o Compliance Officer, responsável por liderar esse programa, a alta gestão desempenha um papel vital na definição do tom e na promoção de uma cultura ética robusta.

Não se limitando apenas à nomeação do profissional responsável, a alta gestão deve ser ativa e envolvida em várias etapas do processo:

- Participar das palestras e treinamentos

É imperativo que os membros do grupo diretivo participem ativamente de palestras e treinamentos relacionados ao programa de compliance. Essa presença não apenas demonstra comprometimento, mas também permite que líderes compreendam profundamente a importância do programa.

- Inserir a temática em discursos, manifestações e comunicados internos

Os discursos, manifestações e comunicados internos proferidos pela alta gestão devem incorporar a temática do compliance. Transmitir a relevância do programa através desses canais comunica de maneira eficaz os valores éticos da organização.

- Declarar de forma pública a importância do Programa

Manifestar publicamente o apoio e a importância do programa de compliance é um passo fundamental. A alta gestão deve declarar, de forma transparente, seu comprometimento com a integridade e o cumprimento das regras estabelecidas.

- Supervisionar o Programa

A supervisão ativa por parte da alta gestão é essencial para o sucesso contínuo do programa de compliance. Monitorar e avaliar regularmente o desempenho do programa demonstra um comprometimento constante com a ética e a conformidade.

- Ser acima de tudo ser exemplo ao cumprimento das regras

Acima de tudo, os membros da alta gestão devem ser exemplares no cumprimento das regras estabelecidas pelo programa de compliance. Sua conduta ética serve como modelo inspirador para toda a organização.

Ao seguir esses pontos, a alta gestão não apenas endossa a importância do programa de compliance, mas também cultiva ativamente uma cultura ética dentro da empresa. Esse comprometimento permeia todos os níveis da organização, estabelecendo bases sólidas para a integridade e o sucesso duradouro.

A Avaliação de Riscos trata do conhecer a empresa e conhecer os riscos que cada área da empresa apresenta. Os riscos são individuais de cada empresa e são avaliados considerando a sua probabilidade e impacto.

A exposição a penalidades legais e a perda financeira e de reputação que a empresa pode enfrentar seria o que chamamos de Risco.

Todo profissional de Compliance tem que atentar-se aos riscos ao qual a empresa esteja sujeita. De forma prática, a análise de riscos envolve: Planejamento, mapeamento, parcerias, documentos e planos de ação.

A avaliação de riscos dura pouco tempo e é extremamente necessário fazê-la para se ter um programa alinhado com o propósito da empresa.

Os profissionais de compliance devem instigar conversas francas e aprofundadas com membros-chave de diferentes setores, sobretudo nos setores mais críticos. Esse diálogo estratégico não apenas fornece insights valiosos, mas também estabelece uma ponte de confiança entre a equipe de compliance e os colaboradores, consolidando uma parceria essencial no fortalecimento da cultura ética.

O Código de Conduta e Políticas a expressão da integridade de uma empresa ganha forma e substância através das diretrizes estabelecidas para seus colaboradores e todos aqueles que mantêm relações comerciais com a organização. Esse guia, delineado por meio de políticas práticas, não apenas resguarda a integridade da empresa, mas também promove a integridade no seu todo.

As políticas falam a linguagem única da empresa, capturando suas características distintas, sua história e suas crenças fundamentais. Este documento, conhecido como Código de Conduta e Políticas Internas, representa o ponto de partida crucial na fase documental do programa de compliance. Após minuciosa avaliação de riscos e uma meticulosa adaptação às leis, regulamentos e normas pertinentes, estas políticas estabelecem a bússola ética que orientará a jornada corporativa.

O Código de Conduta e as Políticas Internas não são meros registros normativos; são um reflexo da identidade da empresa. Moldadas para falar a linguagem única da organização, essas diretrizes delineiam os direitos e obrigações de diretores, gerentes, supervisores, colaboradores, fornecedores e terceiros que compartilham parcerias comerciais com a empresa.

Neste compêndio, cada cláusula é meticulosamente elaborada para traduzir os valores e princípios fundamentais da empresa em ações tangíveis. Define-se não apenas o que é esperado, mas também como essas expectativas contribuem para a construção de um ambiente onde a ética prospera.

Cada página do Código de Conduta e das Políticas Internas é um contrato moral, estabelecendo um pacto de responsabilidade mútua entre a empresa e todos os envolvidos em sua jornada. É a promessa documentada de alinhar-se a padrões éticos elevados, assegurando que cada interação e decisão estejam enraizadas na integridade.

As diretrizes expressas no Código de Conduta e nas Políticas Internas vão além de simples documentos; elas se tornam a espinha dorsal que sustenta uma cultura corporativa ética e robusta. Mais do que palavras escritas, representam uma promessa ativa de comprometimento. Esses documentos não são apenas registros; são a garantia viva de que a empresa está decidida a seguir o caminho da integridade em todos os aspectos de suas operações.

Controle Interno São os mecanismos de controle que a empresa possui para demonstrar a realidade do negócio, e envolve todas as atividades e rotinas de natureza contábil e administrativa, com intuito de organizar a empresa e fazer com que suas políticas e procedimentos sejam cumpridos.

Assi (2018) argumenta que os controles internos são formados por pessoas, ferramentas e metodologias, refletindo a diversidade de abordagens para realizar tarefas similares. Para garantir eficácia, é essencial estabelecer padrões, criando um ambiente onde as responsabilidades técnicas e limites são claros, proporcionando uma compreensão comum das atividades a serem realizadas.

Através de atividades rotineiras e permanentes minimizando riscos operacionais e assegurando que os livros e registros contábeis e financeiros refletem de fatos negócios e operações da empresa.

O exemplo são exatamente os registros contábeis e financeiros.

Treinamento e Comunicação é importante que cada colaborador entenda o seu papel dentro desta construção. Os objetivos, regras e normas devem ser compreendido de forma clara para que não haja dúvida. Por isso é tão importante treinar os colaborares no sentido de certificar que de fato a cultura da empresa está sendo absolvida por cada um.

É parte fundamental do programa. A CGU (Controladoria Geral da União), em suas diretrizes para empresas implementação de Programas de Compliance diz que: "o investimento em Comunicação e Treinamento é essencial para que o programa de integridade da empresa seja efetivo".

Mas, pra quem são direcionados os treinamentos?

- Diretores
- Colaboradores
- Terceiros
- Fornecedores

Canal de denúncia utilizada no ambiente corporativo que permite sugestões, elogios e denúncias que venham ferir a integridade ou vão contra os princípios regidos no código de conduta da empresa. Mecanismo importante, seguro, sigiloso de governança corporativa, capaz de identificar práticas abusivas e intoleráveis aos limites éticos da empresa.

Empresas de outsourcing de impressão, em sua maioria, possuem um porte que varia de pequeno a médio. De acordo com Assi (2018), é comum que o canal de denúncias esteja vinculado aos setores de Recursos Humanos ou Departamento Pessoal. Nesse contexto, a utilização de cartas coletoras é uma prática bastante frequente.

A condução de investigações internas em resposta a alegações e denúncias de irregularidades é uma realidade para as empresas, e os impactos resultantes podem ser significativos. As empresas recebem vários tipos de alegações através de seu canal de denúncia. Alguns são:

- Assédios
- Fraudes em controles financeiros
- Conflitos de interesse
- Ataques cibernéticos

Qualquer investigação deverá ser conduzida por alguém imparcial e é importante documentar as ações e conclusões da investigação, pois futuramente esses procedimentos servem como fundamentação.

Uma boa dica e que é necessária, é que ao final de cada investigação seja criado um plano de remediação.

Neste plano, questões importantes podem ser consideradas, como por exemplo: Que ações foram tomadas? Que ações deveriam ter sido tomadas? Que alterações podem ser feitas no Código de Conduta, nas políticas para evitar novas ocorrências?

Por fim as investigações dentro do ambiente corporativo devem respeitar o direito dos trabalhadores.

Due Diligence também conhecida como diligência de terceiros. Conforme a LEC (2021) significa diligência devida ou prévia, representa um ato investigativo com o propósito de analisar e diagnosticar riscos em diversas áreas, como financeira, ambiental, jurídica, contábil e fiscal.

A Due Diligence busca identificar e avaliar a oportunidade de negócio, as empresas que realizam negócios por meio de parceiros, representantes ou revendedores devem adotar um processo de Due Diligence vigoroso. É uma ferramenta vital que capacita as empresas a avaliar, entender e mitigar riscos, bem como a identificar oportunidades que podem impactar diretamente seu desempenho, conformidade e sucesso a longo prazo.

No processo de parceria, a elaboração de normas de contratos com terceiros, bem como a presença de mecanismos para interrupção de irregularidades ou infrações identificadas, são componentes fundamentais de um Programa de Compliance, os quais devem ser analisados por avaliadores à luz da Lei n.º 12.846/2013 (Veríssimo, 2017).

Ao desvendar os segredos embutidos nos contratos, a Due Diligence revela a vigência e as condições para renovação, eliminando possíveis armadilhas temporais e garantindo que as partes estejam alinhadas em relação aos prazos e obrigações. Além disso, ela se debruça sobre as obrigações e responsabilidades, criando um quadro abrangente que antecipa desafios e garante que ambas as partes estejam comprometidas com o cumprimento de suas promessas.

Alguns dos tipos mais comuns de Due Diligence são:

- Due Diligence de Terceiros - São passos ou métodos utilizados para avaliar a reputação de parceiros, fornecedores e prestadores de serviços.

- Due Diligence Trabalhista - No contexto de Recursos Humanos, essa avaliação garante que a empresa parceira esteja em conformidade com as leis trabalhistas e adote práticas éticas e legais de compliance.

- Due Diligence Ambiental - É necessário realizar essa avaliação ao lidar com empresas que causam impactos ambientais significativos, verificando se estão em conformidade com as leis e procedimentos ambientais obrigatórios.

Auditoria e Monitoramento é melhoria contínua. Quando chega neste pilar quer dizer que é hora de estabelecer parâmetros e indicadores de desempenho para todo o processo.

LEC (2017) sugere que essa necessidade de avaliação contínua se faz presente, garantindo a eficácia na execução e o comprometimento efetivo das pessoas com as normas. É crucial verificar se cada um dos pilares está desempenhando seu papel conforme o esperado. É momento de melhorar o processo.

A auditoria de compliance é extremamente relevante para a conquista de uma empresa com imagem sólida e positiva, através dela que se pode Avaliar se a empresa efetivamente emprega todas as normas propostas e adere ao plano de governança implementado durante a gestão é crucial para garantir sua conformidade e eficácia operacional

MÉTODO DE GESTÃO PDCA

No âmbito dos pilares fundamentais da gestão empresarial, destaca-se o método PDCA, uma abordagem consagrada no cenário corporativo. PDCA é a sigla para Plan (Planejar), Do (Executar), Check (Verificar) e Act (Agir), representando um ciclo dinâmico voltado para a análise e aprimoramento contínuo.

Este método é uma ferramenta indispensável para gestores, oferecendo suporte decisivo nas tomadas de decisões e estabelecendo a padronização essencial dos processos. O ciclo PDCA não apenas delineia as etapas cruciais do planejamento, execução, verificação e ação, mas também incute uma mentalidade de aprendizado e adaptação constante dentro da organização.

Ao se imergir nesse ciclo, os gestores se beneficiam da estruturação sistemática que o método proporciona. Ele não apenas guia a implementação de mudanças e a correção de desvios, mas também contribui para a eficiência operacional e a busca incessante por melhorias.

Na a parte central do método PDCA reside à essência da gestão moderna, onde a busca pela excelência é contínua e a inovação é incorporada como parte integrante dos processos organizacionais. Este ciclo dinâmico não apenas auxilia na resolução de desafios imediatos, mas também serve como uma bússola estratégica, orientando as organizações na trilha da melhoria contínua e da sustentabilidade empresarial a longo prazo.

O COMPLIANCE TRABALHISTA

O compliance trabalhista é uma das diversas modalidade de compliance (temos também: compliance ambiental; compliance tributário; compliance fiscal, entre outros) este visa assegurar que os colaboradores e seus gestores cumpram com as normas internas e legislações pertinentes e são passíveis inclusive de punições.

Compliance é estratégia, é você observar aonde há um risco existente e criar soluções para mitigar os riscos, é observar o ambiente no todo, tanto em relação ao colaborador quanto ao cliente.

Compliance Trabalhista envolve várias áreas na empresa como por exemplo: contratação,demissão, armazenamento de curriculuns, regras de boa convivência no ambiente corporativo, Segurança no e jornada de Trabalho e até plano salarial.

Podemos dizer que ele se relaciona com todas as áreas da empresa.

O Programa de Integridade Trabalhista traz consigo ferramentas que auxiliam na construção da cultura ética. Entre elas destaco as principais: O Código de Conduta, Regimento interno; canais de denúncia.

Antes da implementação prática destas ferramentas a empresa precisa designar uma pessoa responsável pela elaboração e acompanhamento do processo. Esta pessoa é conhecida como Compliance Officer.

O Compliance Officer pode ser qualquer pessoal designada pela empresa, não é exigido para a função formação em Direito. O ideal é que seja um profissional íntegro, honesto que conheça a empresa, tenha bom relacionamento com os colaboradores e facilidade em comunicar-se.

Muitas vezes o Compliance Office é visto como uma pessoa chata que esta na empresa pra fiscalizar apenas e perseguir os colaboradores ou passa o dia observando se você vai cometer uma infração.

Quando na verdade o objetivo dele é garantir um ambiente íntegro aonde boas práticas serão geradas e cumpridas com o fim de tornar a empresa idônea, íntegra, justa e quem acaba ganhando mais são os próprios colaboradores.

Tendo definido esta figura a empresa está pronta pra iniciar o processo de criação do programa.

O DESAFIO DA CULTURA EM EMPRESAS FAMILIARES

Cultura envolve todo o processo de uma empresa, é aquilo que a empresa carrega como sendo o seu lema, sua história e até mesmo a sua marca. Ela está presente na sua missão, visão, valores, propósitos, comportamentos entre outros.

A cultura do Compliance tem um aspecto mais profundo. Ela não se revela apenas pelo fato de se ter um Código de Conduta, Regimento ou Políticas, e sim através de práticas do dia-a-dia. É uma construção diária, em outras palavras como dizem: "É um trabalho de formiguinha".

É legal observar estes pequenos grupos com propósitos de assegurar à ética e integridade se relacionando com outros pequenos grupos que, por vez tem também o mesmo propósito e até aqueles que muitas vezes não se preocupam tanto com este movimento, e acabam tendo que se adequar pra fazer parte de uma negociação.

No fim, quem ganha é a sociedade num todo. E este é o alcance esperado, que eu consiga mudar com as empresas que me relaciono e um trabalho que nasce de dentro pra fora.

Mudar a cultura organizacional de uma empresa familiar é tarefa desafiadora, a grande maioria não acha que seja necessário ter um programa de compliance por acharem que a empresa não possui riscos de assédios, fraudes. Outra dificuldade está relacionada no Problema de agência que é quando os interessados nos negócios entram em conflito de interesse, aonde um quer tirar vantagem sobre o outro.

Um exemplo mais comum ocorre entre acionistas majoritários e minoritários. Por outro lado, ocorre também entre os stakeholders, que são fornecedores, terceiros, clientes, entre outros. Que muitas vezes tendem a agir de acordo com seu próprio interesse.

Segundo Porto (2020, pg. 30) "O problema de agência surge quando o bem- estar de uma parte, denominada 'principal', depende da conduta a ser tomada por outra parte, denominada agente".

Um problema de agência pode ser evitado com boas práticas de Governança, ou seja, o alinhamento dos interesses com a finalidade; ter um ambiente saudável e transparente com orientações constantes acerca da cultura organizacional também contribui para mitigação deste fenômeno.

A cultura do compliance deve estar alinhada a cultura da empresa. É necessário que se conheça a missão, visão e valores que são considerados o propósito ao qual ela está fundamentada e estima que seus colaboradores compartilhem do mesmo alvo, bem como clientes, fornecedores, etc.

As empresas familiares são responsáveis por 75% das contratações, demonstrando que a implementação do programa de compliance trabalhista é sim importante.

EVIDÊNCIAS DE UM PROGRAMA EFETIVO

A maior evidência tangível de um Programa de Compliance reside, inquestionavelmente, na cultura organizacional que emerge a partir dele. Iniciar a edificação de uma cultura sólida através do Compliance Trabalhista é uma abordagem eficaz para a implementação do Programa. É por meio desse componente que se delineiam os direitos e deveres tanto da empresa quanto dos colaboradores, dando origem a um propósito compartilhado que fomenta o engajamento mútuo.

A aspiração de todo colaborador é contar com um ambiente de trabalho onde possa desempenhar suas atividades com satisfação e reconhecimento. Afinal, é no ambiente laboral que dedicamos a maior parte do nosso dia. Um Programa efetivo não se limita à teoria, mas se revela diariamente por meio das atitudes de todos os envolvidos. Esse impacto tangível se traduz em aumento de produtividade, engajamento, criatividade, proatividade e na entrega de serviços de alta qualidade.

Um programa bem sucedido inclui uma cultura organizacional impregnada de valores éticos e conformidade com as leis e regulamentações aplicáveis, bem como o engajamento ativo e demonstração de apoio constante por parte da alta administração.

Ainda, a demonstração de um compromisso com a melhoria contínua, com ajustes regulares do programa em resposta a mudanças no ambiente regulatório ou nas operações da empresa, e também a busca por procedimentos estabelecidos para lidar prontamente com incidentes de não conformidade, incluindo investigações internas e correções adequadas, a disponibilidade de canais de denúncia efetivos e confidenciais que encorajam a comunicação de práticas inadequadas.

A utilização de questionários representa uma ferramenta valiosa para criar um clima organizacional favorável. Esses questionários, com perguntas simples como "Você se sente valorizado trabalhando nesta empresa?" ou "A comunicação recebida da diretoria e RH é satisfatória?", proporcionam insights valiosos sobre o estado emocional e de satisfação dos colaboradores, subsidiando estratégias para aprimorar o ambiente de trabalho.

Além dos questionários, as avaliações de desempenho, realizadas semestralmente, surgem como outra prática fundamental. Essa ferramenta estratégica visa medir o desenvolvimento dos colaboradores, abordando competências técnicas, assiduidade, produtividade, habilidades, conhecimento e comportamento. As avaliações de desempenho não apenas destacam os pontos fortes de cada colaborador, mas também apontam áreas que demandam atenção, fomentando o crescimento e a maturidade através de feedbacks construtivos.

OS PERIGOS DA NÃO HÁ CONFORMIDADE

Quando dizemos que em uma empresa existe uma não conformidade, queremos dizer que aquela empresa não está agindo de acordo com as normas e isso pode ser um problema, pois gera vulnerabilidade esituações diversas, como: exposição à imagem, multas e um ambiente totalmente contrário a ética.

Observa-se também a não conformidade quando o resultado é insatisfatório. E isto pode ser resolvido através de uma avaliação de riscos que também é uma ferramenta de compliance e facilita no levantamento de dados com intuito de identificar, tratar e criar estratégias com o fim de sanar o problema.

A não conformidade gera vários prejuízos pra empresa como: perda financeira, dano na reputação e causam prejuízos inclusive ao bem estar do colaborador.

Muito se fala em doenças causadas no âmbito do trabalho, e uma delas considerada pela OMS como doença do trabalho é a Síndrome de Burnot.

Síndrome de Burnot é conhecida como a síndrome do esgotamento profissional é quando a pessoa chega ao extremo, é um distúrbio psíquico que ocorre quando as condições de trabalho se tornam desgastantes gerando um mal estar crônico como: dor de cabeça, dores musculares, insônia, problema de pressão, crises de asma, problemas gástricos que não cessam.

Os principais sintomas são:

- Ausência ao trabalho

- Falta de produtividade

- Ansiedade

- Depressão

- Falta de concentração

- Isolamento

- Choro repentino

- Baixa auto estima

Tais sintomas atingem o físico e podem desencadear até Síndrome do pânico. Então como dito o prejuízo financeiro é grande.Sim, mas o psicológico pode durar até mesmo após o desligamento da empresa.

Compliance Trabalhista é também ferramenta de prevenção a doenças relacionadas à saúde moral e psicológica dos colaboradores.

Em razão disso que vem surgindo novas resoluções acerca do compliance na saúde uma delas é a RN n. 443/2019 da Agência Nacional de saúde que dispõe sobre adoção de práticas mínimas de governança corporativa, com ênfase em controles internos e gestão de riscos.

E este número tende a crescer, especialmente por causa da COVID-19 que acabou gerando grandes escândalos de corrupção na área da saúde.

LGPD E COMPLIANCE TRABALHISTA

Lei Geral de Proteção de dados (LGPD) Lei 13.709/2014, foi sancionada em 14 de agosto de 2018 e entrou em vigor em 18 de setembro de 2020. É uma legislação brasileira que tem com principal objetivo a proteção, o tratamento adequado e a privacidade dos dados dos cidadãos.

No contexto de proteção de dados pessoais relacionados a funcionários e processos de recursos humanos. Aqui estão três tópicos da LGPD que têm relevância específica para o compliance trabalhista:

1. Tratamento de Dados Sensíveis:

Dados sensíveis de acordo com Porto (2020)

A LGPD estabelece que o tratamento de dados sensíveis, como informações sobre a saúde do empregado, deve ser feito com especial atenção e cuidado. O compliance trabalhista precisa assegurar que as práticas de coleta e gestão desses dados estejam em conformidade com as exigências da LGPD. Isso envolve a implementação de medidas técnicas e organizacionais que garantam a segurança e privacidade dessas informações.

2. Consentimento e Transparência:

A LGPD enfatiza a importância do consentimento informado no tratamento de dados pessoais. No contexto trabalhista, é crucial que os empregadores obtenham o consentimento adequado dos funcionários para coletar, processar e armazenar seus dados pessoais. Além disso, as práticas de transparência devem ser observadas, garantindo que os funcionários sejam informados sobre como seus dados serão usados e que possuam acesso fácil às políticas de privacidade da empresa.

3. Direitos dos Titulares dos Dados:

A LGPD confere diversos direitos aos titulares dos dados, incluindo os funcionários. Os profissionais de compliance trabalhista devem estar cientes desses direitos, como o direito de acesso, correção e exclusão de dados pessoais. As empresas precisam estabelecer procedimentos para lidar com solicitações relacionadas a esses direitos, garantindo que os colaboradores possam exercer essas prerrogativas de maneira eficaz e em conformidade com a lei.

CONSIDERAÇÕES FINAIS

As organizações enfrentam, incontestavelmente, um significativo desafio pela frente: a mudança de cultura. Este processo não é uma empreitada simples, demandando esforço, engajamento e um planejamento meticuloso. Um fator inegociável para o êxito desse empreendimento é o comprometimento da alta gestão. Sem ele, os demais pilares não se desenvolvem, pois acredita-se que o exemplo deve emanar do topo.

O anseio por um programa de compliance com resultados excepcionais é o sonho de todo profissional dessa área. Se almeja essa conquista, é imperativo investir na formação do caráter das pessoas. Abra espaço para resgatar valores, ouça atentamente, trate todos com isonomia e cultive uma postura acessível, cordial e disponível. Aja com prudência, seja íntegro e honesto. Seja, acima de tudo, o exemplo inspirador.

A ascensão do Compliance Trabalhista dentro do cenário corporativo é evidente, ganhando terreno através de suas ferramentas especializadas. A atenção aos detalhes e ações torna-se crucial. Não procrastine questionamentos sobre más condutas para o dia seguinte. Seja preciso e objetivo em suas ações.

O Compliance Trabalhista não é apenas uma obrigação legal, mas uma meta empresarial. Demonstrar respeito às leis e normas tornou-se um diferencial essencial para a sobrevivência da organização.

Antes de qualquer ação de compliance, é sugerido um profundo entendimento da missão, visão e valores da empresa. O sucesso do programa depende dessa prévia análise estratégica.

Empresas com programas bem estruturados e efetivos geram não apenas credibilidade e transparência para o mercado, mas também fortalecem a confiança de seus colaboradores.

O exemplo da Petrobrás, outrora marcada pelo segundo maior escândalo de corrupção do mundo, hoje serve como modelo a ser seguido. Após a implementação eficaz do programa, a empresa vem modificando sua imagem, resgatando-se de uma postura antiética e corrupta.

É crucial salientar que um programa de integridade não erradica todas as fraudes e ilícitos de uma empresa, mas certamente diminui e previne tais atos. Essa busca pela mitigação não é um desafio exclusivo do Brasil, sendo um imperativo desde os primórdios da era Compliance.

O programa continua a se adaptar às práticas emergentes que ameaçam a integridade e ética empresarial. Torna-se, assim, uma ferramenta cada vez mais sólida de controle para as organizações.

Os benefícios gerados pelo compliance são incontáveis. O interessante é que o efeito não se limita à empresa, alcançando toda a sociedade.

Por fim, o Programa de Integridade não é estático, mas uma busca contínua pela melhoria de todos os processos da empresa. Visa fortalecê-la, tornando-a íntegra, e manter um ambiente organizacional positivo tanto para colaboradores quanto para stakeholders.

Em meio a esse desafio, é pertinente lembrar de um versículo bíblico que diz: "Quem procede com integridade viverá seguro, mas quem procede com perversidade de repente cairá" (Provérbios 28:18). Viver com integridade é viver em paz, evitando brechas para conflitos. Se um cair, certamente o outro sentirá.

REFERÊNCIAS BIBLIOGRÁFICAS

Aurum. (n.d.). Compliance Trabalhista: O que é, como funciona e como se preparar? In Aurum. Recuperado de https://www.aurum.com.br/blog/compliance-trabalhista/.

Assi, M. (2018). Compliance como implementar. In M. Assi (Ed.), Compliance como implementar. Editora Trevisan.

Carlotto, S. (2019). Compliance Trabalhista. In S. Carlotto (Ed.), Compliance Trabalhista. São Paulo: LTr.

Coimbra, M. A., & Binder, V. A. M. (2010). Manual de Compliance: preservando a boa governança e a integridade das organizações. In M. A. Coimbra & V. A. M. Binder (Eds.), Manual de Compliance: preservando a boa governança e a integridade das organizações. São Paulo: Atlas.

Jus Brasil. (2019). Consequências do não Compliance: Burnout. In Jus Brasil. Recuperado de https://jusmagalhaes.jusbrasil.com.br/artigos/744880575/consequencias-do-nao-compliance-burnout.

LEC. (n.d.). O que é due diligence: entenda o conceito e sua aplicação. In LEC. Recuperado de https://lec.com.br/o-que-e-due-diligence-entenda-o-conceito-e-sua-aplicacao/.

LEC. (n.d.). Os 10 Pilares de um Programa de Compliance. In LEC. Recuperado de https://lec.com.br/os-10-pilares-de-um-programa-de-compliance/.

LEC News. (2018, 20 de março). Os Programas de Compliance e seus reflexos na sociedade. Recuperado de http://www.lecnws.com.br/blog/os-programas-de-compliance-e-seus-reflexos-na-sociedade/.

Porto, É. G. (2020). Compliance & Governança Corporativa: uma abordagem prática e objetiva. In É. G. Porto (Ed.), Compliance & Governança Corporativa: uma abordagem prática e objetiva. Porto Alegre: Lawboratory.

Project Builder. (s.d.). Ciclo PDCA: Uma ferramenta imprescindível ao gerente de projetos. In Project Builder. Recuperado de https://www.projectbuilder.com.br/blog/ciclo-pdca-uma-ferramenta-imprescindivel-ao-gerente-de-projetos/.

Veríssimo, C. (2017). Compliance: incentivo à adoção de medidas anticorrupção. In C. Veríssimo (Ed.), Compliance: incentivo à adoção de medidas anticorrupção (pp. 312-328). São Paulo: Saraiva.

www.ingramcontent.com/pod-product-compliance
Lightning Source LLC
Chambersburg PA
CBHW081239220326
41597CB00023BA/4114